指文® **战史系列** 061

基辅1941

史上最大合围战

★ КИЕВ 1941 ★

САМАЯ БОЛЬШАЯ ОКРУЖНАЯ
БИТВА В ИСТОРИИ

张向明 著

台海出版社

图书在版编目（CIP）数据

基辅1941：史上最大合围战 / 张向明著. -- 北京：
台海出版社, 2016.8（2025.5重印）
　ISBN 978-7-5168-1145-0

　Ⅰ.①基… Ⅱ.①张… Ⅲ.①苏联卫国战争－史料
Ⅳ.①K512.54

　中国版本图书馆CIP数据核字(2016)第199899号

基辅 1941: 史上最大合围战

著　者：张向明

责任编辑：刘　峰　　　　　　　　策划制作：指文文化
封面设计：郭　娜　　　　　　　　责任印制：蔡　旭

出版发行：台海出版社
地　　址：北京市东城区景山东街20号　　　邮政编码：100009
电　　话：010－64041652（发行，邮购）
传　　真：010－84045799（总编室）
网　　址：www.taimeng.org.cn/thcbs/default.htm
E－mail：thcbs@126.com

经　　销：全国各地新华书店
印　　刷：重庆长虹印务有限公司
本书如有破损、缺页、装订错误，请与本社联系调换

开　　本：787mm×1092mm　　　　1/16
字　　数：379千　　　　　　　　印　张：18.25
版　　次：2016年8月第1版　　　　印　次：2025年5月第2次印刷
书　　号：ISBN 978-7-5168-1145-0

定　　价：149.80 元

出版寄语

《基辅1941：史上最大合围战》一书从国内少有的苏军视角，利用冷战后新解密的资料，生动而清晰地描述了1941年夏天发生在乌克兰大地上苏联西南方面军70万大军惨遭围歼的悲剧，通过该书我们可从苏方视角对1941年基辅战役有一个很清晰的了解。

——张大卫，《哈尔科夫1942》作者

提到二战东线战场，基辅会战无疑是前期的重中之重，然而在国内著述中，如此重要的会战却只是揉在东线前期的各种大部头著作里，实为遗憾。《基辅1941》以轻松的笔触为我们拉开基辅数月动荡，同时也尽可能挖掘每一个细节，不仅在军事上尽情挥洒，更在人心上侃侃而谈，展现了时代大背景下的军旅百态。

——萧西之水，日本历史作家

没有几场战役能够像基辅之战一样，仅凭交战方付出的高昂代价，就能在史册上留下浓墨重彩的一笔。这场血战正如1812年的博罗季诺之战一样，交织着俄罗斯人的英勇与怯懦、机智与迟钝、正直与狡诈。读过苏方视角的基辅之战，你会更加理解为什么这个民族生的骄傲、活的热烈、死的无畏。

——王轩，《冬季风暴：斯大林格勒的围与解》作者

在苏德战场的1418个日夜中，基辅战役作为这场战争第一阶段的一个重要组成部分，一直是广大军事爱好者热议的话题。正是由于苏军在这场战役中英勇奋战了3个月，某种程度上延缓了德军中央集团军群的进攻，为日后德军莫斯科会战败北埋下了伏笔。德军在基辅战役后尽管倾全力进攻莫斯科，不过此时任何突然性与乱而取之的时机都已不复存在，德军仅凭已遭削弱且分散的装甲部队力图突破苏军的坚固防御，必败无疑。此外，德军在集中兵力的同时，又使得南方与北方集团军群打击力量被削弱，而曾遭重创的苏军在当地战区兵力得以恢复，又为后来打败德军对罗斯托夫与提赫文的进攻奠定了基础。可以说，基辅战役导致了德军1941年整个战场的全线失败，而这场战役又是德军战略指挥与指导失误酿成的苦果！

长期以来，关于这场战役的书籍缺少当事人之一苏联方面的记载，而张向明先生不负众望，将这本佳作奉献给广大读者，填补了一个空白。

最后祝张向明先生更多佳作问世！

——吴荣华，《苏俄战略火箭军全史》《苏联国土防空军全史》作者

前　言

1941 年 7—9 月间，苏联乌克兰境内西南方向发生了一场重大的保卫战。在那个艰难的岁月里，英勇的苏联红军各级指战员们为保卫乌克兰首府基辅，在该城以及周边区域内顽强地抗击了德军从各个方向的进攻。尽管苏军各级指战员和当地居民付出了诸多努力，但这次战役却仍以悲剧收场——几支苏联红军惨遭德军包围歼灭。然而此刻，伟大的苏联卫国战争才刚刚开始……

笔者研究该战役 3 年有余，阅读学习了大量相关书籍，翻阅考证了众多中外文献资料，查找地图考证了大量的苏联地名，包括俄文作战命令原始资料、苏军部队单位战史、苏德双方将领日记和回忆录等。在写作时，也参考了俄罗斯国防部档案馆解密资料，边写边学习，历时 1 年有余，经过反复推敲修改，才终于写成此书。

本书以苏军视角详细描述了这场被希特勒称为"战争史上最大规模的围歼战"。在汗牛充栋的中文二战军事战役书籍中，以苏军视角介绍东线战场战役的却很少，特别是基辅战役，所以填补以往军事历史书籍的空白，这也是笔者创写的初衷。另外，本书还详细介绍了被西方称为"斯大林防线"的苏联防御工事上的各筑垒地域的修建历史背景、配属和作战情况，介绍了参加基辅会战的海军平斯克区舰队的命运、参战苏军主要将领的生平及命运等。

本书秉持揭秘历史、呈现军史知识的宗旨，谨以翔实鲜见的史料、客观的笔触，向读者呈现出这场战役中的那些鲜为人知的战事，揭秘西南方面军悲剧的全过程。但因作者水平有限，以及认知上的局限，书中定然会有谬误以及不足之处，欢迎各位专家学者、军迷、史学爱好者们批评指正。

最后，由衷感谢长期以来支持我，给予我鼓励和帮助的各历史群的朋友们，如赵国星（二手翻译小熊猫）、挖坑专家我蓝马、赵玮（天聪汗）、孟持（古德里安）、冯经龙（彼得雷鸟斯）……此外，还特别感谢对我写作提供帮助、指导的董旻杰（本垒打）先生。特别鸣谢在本书出版过程中，给予我极大帮助的朱章凤和王晓兰女士、刘晓和何单先生。同时，这本书我要献给我的家人，如果没有他们的支持，我想自己不可能坚持到现在，因此，谢谢了！

张向明
2016 年春于长沙

目 录

|第一章|
战争拉开帷幕

1941 年 6 月 30 日，在经历了乌克兰的血战后，苏联最高统帅部大本营命令西南方面军后撤至 1939 年旧国境线处，并以旧国境线上现有的钢筋混凝土机枪永备火力点为基础，构筑一条配以少量反坦克炮为依托的坚固野战防御工事体系（西方国家称之为"斯大林防线"，而苏联官方从未使用过此称呼）。西南方面军可依托科罗斯坚筑垒地域（第 5 号）、沃伦斯基新城筑垒地域（第 7 号）、列季切夫筑垒地域[1]（第 3 号）以及苏联于 20 世纪 30 年代在东部旧国境线上构筑的 50~100 千米的永久防御工事建立火力体系，各部队在 1941 年 7 月初要做好战斗准备。除此之外，还要加上莫吉廖夫—波多利斯基筑垒地域（第 12 号）。截至 1941 年 5 月 28 日，苏联人在旧国境线上的整个防御体系内拥有 1290 座防御性永备火力点。然而，在这些塞群体系内仍然存在 30~40 千米的防御缺口。

西南方面军的部队必须在 8 天内向苏联境内后撤 200 千米，这一行动的首要难点是苏军第 26 集团军和第 12 集团军如何撤出，并在撤退过程中消除从北而来的德军第 1 装甲集群（指挥官：保罗·路德维希·埃瓦尔德·冯·克莱斯特上将）和第 17 集团军（指挥官：卡尔·海因里希·冯·施蒂尔普纳格尔步兵上将）对苏军部队后方的不断威胁，其中最大的威胁来自克莱斯特的第 1 装甲集群。德军第 3 摩托化军正全速赶往基辅方向，以阻止后撤的苏军加强第聂伯河[2]的防御力

▲ 1933 年型 T-26 坦克的乘员照，现藏于俄罗斯国家影片与照片档案馆。1941 年 7 月隶属于西南方面军的该车组在中尉车长 C.M. 费奥多罗夫（С.М.Фёдоров）的指挥下共击毁 2 辆德军装甲车。

隶属于苏军西南方面军的45毫米口径反坦克炮正在做向德军坦克开火的瞄准装弹准备。照片摄于1941年7月，现藏于俄罗斯国家影片与照片档案馆。

量。苏军在沃伦斯基新城和列季切夫筑垒地域的交界处、舍佩托夫卡[3]以南部署兵力，准备阻击德军第48摩托化军的兵锋。

由于德军南方集团军群在战争初期没有达成其在苏德战场南翼的既定战略目标，现在摆在南方集团军群面前的问题依旧是：在第聂伯河东岸夺取渡口，占领基辅，并在同一时间从东南方向穿过白采尔科维[4]向苏军左翼做纵深机动；第1装甲集群和第6集团军将所有处在右岸乌克兰[5]区域内的苏军分割包围、肢解和消灭。

7月初，德军第1装甲集群所属的第13和第14装甲师在沃伦斯基新城[6]南部地区渡过斯卢奇河[7]，逼近了日托米尔[8]，其主力部队的深入从东南方向威胁到了苏军第5集团军。

为了阻击克莱斯特第1装甲集群的突进，并为撤出己方部队提前争取宝贵时间，苏军

第5集团军在兵力损失较重且尚未得到良好补充的情况下，以步兵第27军一部约1500人和机械化第22军（只装备了153辆坦克，且缺乏弹药），对从北而来的第1装甲集群2个装甲师的侧翼展开了反击。

反击的准备工作是在仓促中进行的，随后，苏军在延绵100千米的前线上，于不同的时间向德军发起了反突击。事实上，这次有组织的反击有效地打击了德军装甲集群的后方，德军第3摩托化军因此被阻滞了两天时间，这次行动有利于西南方面军的部队撤出战斗。

苏军西南方面军往东退却的部队与难民夹杂在一起，导致行军速度非常缓慢，而天空中不时出现的德军战机常常会给行进中的人群造成恐慌，德军坦克也时不时出现，因此在此情形下聚拢残兵进行有效抵抗显得不

▲ 德国国防军陆军总司令冯·布劳希奇元帅视察南方集团军群的部队。

▲ 1941 年 7 月，在冯·布劳希奇元帅视察乌克兰期间，克莱斯特上将向其汇报战役进展情况。

▲ 行进在乌克兰境内的德军。沿途路过的德军正在查看因机械故障被苏军遗弃在路边的 T-37 轻型坦克。该照片现藏于俄罗斯国家影片与照片档案馆。

▲ 给新兵派发步枪并教授他们如何使用枪支。

是那么现实。正如西南方面军政治报告中所指："所有指战人员、党政机关和办公室人员，在退却的途中须具有严格的纪律性和组织性，以消除恐慌，提高自身的警觉性。对于懦夫行径和危言耸听等制造内部恐慌的行为必须严肃处理。就地组建阻敌分队。"

近期特别令指挥员们担忧的是，从苏联西乌克兰地区动员征召的士兵大部分在征召之前都未曾接受过军事训练。第 5 集团军司令部甚至得出结论：有必要将西部地区征召来的士兵投入到更多的战斗中，因为他们在战斗中表现欠佳，需要接受战火的洗礼。

部队在退却的过程中损失惨重，特别是技术性装备不得不自行破坏，即使是轻微的损坏都会因为缺乏维修器材和更换零件而不得不丢弃。仅机械化第 22 军在某一天中就自行炸毁了 58 辆有故障的坦克。

7 月 6—7 日，德军的装甲师推进到沃伦斯基新城筑垒地域，后撤下来的苏军第 6 集团军的部队被用来加强此处的防御，而第 5 集团军的一些单位可以从此处撤出。在这里，布兰克上校以 2 个师的残部组建了一个防御战斗群（约 2500 人）。临时拼凑起来的部队和筑垒地域内的战斗单位虽然连续与德军激战两天，但克莱斯特的装甲师仍于 7 月 7 日占领了别尔季切夫[9]，次日又占领了沃伦斯基新城。7 月 10 日，德国第 1 装甲集群从北至南绕过苏军筑垒地域，与德军第 6 集团军的步兵师会师。至此，苏军在旧国境线上的阻敌计划宣告失败。

而德军从别尔季切夫方向的突破，已经威胁到了苏军西南方面军主力部队的后方。西南方面军司令员米哈伊尔·彼得罗维奇·基尔波诺斯（Михаил Петрович Кирпонос）上将亲自来到第 6 集团军的司令部，帮助

▲ 隶属于德国国防军第 1 装甲集群第 14 装甲师的一名 III 号坦克的车长。摄于 1941 年 6 月。

▲ 德国国防军第 1 装甲集群指挥官克莱斯特上将，摄于 1941 年 7 月初的乌克兰。

伊万·尼古拉耶维奇·穆济琴科（Иван Николаевич Музыченко）中将组织防御。为此组建了别尔季切夫战斗群，目的是将其与机械化第 16 军的防线连接起来。然而直到德军攻占了别尔季切夫，机械化第 16 军才赶到莫济里[10]地区，而且该军军长师级指挥员亚历山大·德米特里耶维奇·索科洛夫（Александр Дмитриевич Соколов）只将部分兵力投入到别尔季切夫的战斗中。索科洛夫所指挥的部队得到了机械化第 15 军麾下谢尔盖·雅可夫列维奇·奥古尔佐夫（Сергей Яковлевич Огурцов）少将指挥的坦克第 10 师的支援。他们与德军的战斗一直持续到 7 月 15 日。

北面的德军第 13 装甲师于 7 月 9 日占领了日托米尔，虽然米哈伊尔·伊万诺维奇·波

塔波夫少将（Михаил Иванович Потапов）的第 5 集团军（下辖步兵第 31 军、第 19 军、机械化第 22 军和反坦克第 1 旅，另有 1 个步兵师的残部并入集团军突击部队中）继续对从北而来的德军进行反击，甚至曾一度切断德军从西面进入日托米尔公路的通道，但仍然无法阻滞德军装甲部队的推进势头。两天里，德军的装甲兵团向前推进了 110 千米，并于 7 月 11 日接近了基辅筑垒地域，直至推进到由乌克兰首府驻军和基辅人民构筑的防线前，德国人的前进步伐才停了下来。

虽然西南方面军司令员早在 6 月 24 日已下达指示，要求基辅筑垒地域内的人员实施备战，但当苏联共产党（布尔什维克）中央委员会批准在基辅筑垒地域四周着手构筑防御，并为该筑垒地域配齐有战斗力的部队

时，时间已经到了 1941 年的 7 月 6 日。作为基辅城防司令部的代表加入到西南方面军司令部的成员有：亚历山大·费奥多罗维奇·切尔内绍夫上校（Александр Федорович Чернышов，城防司令部警备司令）、米哈伊尔·德米特里·丘卡列夫少校（Михаил Дмитрий Чукарев，工程勤务主任）、基辅州党委书记米哈伊尔·彼得罗维奇·米辛（Михаил Петрович Мишин）、基辅州执行委员会主席特罗菲姆·雅科夫列维奇·科斯秋克（Трофим Яковлевич Костюк，1901—1941 年，基辅会战期间牺牲）、苏共基辅市委书记季莫费伊·弗拉索维奇·沙姆雷洛（Тимофей Власович Шамрыло，生于 1905 年 12 月 31 日，1941 年失踪）、К.Ф.莫斯卡列茨（К.Ф.Москалец）和苏共基辅市委执行委员会主席伊万·萨夫维奇·舍夫佐夫（Иван

▲ 季莫费伊·弗拉索维奇·沙姆雷，苏共基辅市委书记。基辅会战期间是基辅城防司令部领导班底成员之一，他在基辅会战期间失踪。

▲ 米哈伊尔·彼得罗维奇·米辛（1906—1941 年），基辅州党委书记。基辅会战期间是基辅城防司令部领导班底成员之一，他在基辅会战中牺牲，死后被安葬在基辅市巴依科夫公墓。今基辅市有一条街道以他的名字命名。

▲ 伊万·萨夫维奇·舍夫佐夫（1901—1941 年），苏共基辅市委执行委员会主席。基辅会战期间是基辅城防司令部领导班底成员之一。1941 年 9 月 19 日牺牲在突围过程中。

Саввич Шевцов）。

基辅城防司令部发布了城市防御编制的详细计划，根据此计划在基辅筑垒地域后方和城市内构建防御工事（估计时间开始于1941年6月30日）。该防御体系在通往工事周边的各个交通要冲、基辅市区与基辅筑垒地域之间构筑。

根据该计划，第一道防线将布置在基辅市的北部，从伊尔平河[11]连通别洛哥罗德卡村（село Белогородка），穿过邻近的维塔波奇托瓦亚村（село Вита-Почтовая）、列斯尼基村（село Лесники）、姆雷加村（село Мрыги）和靠近第聂伯河右岸的居民点。整个防线呈两个大的扇形分布。

基辅市北面的扇形防线，从现在已经被水淹没的波尔基村（село Борки）到别洛哥罗德卡村部署，由空降兵第3旅、内务人民委员部摩托化步兵第4团、独立机枪第161和193营、步机枪第2营、基辅第2炮兵学校和榴弹炮兵第377团进行防御。

刚完成后勤军需指挥课程的旅级指挥员[12]德米特里·瓦西里耶维奇·阿维林（Дмитрий Васильевич Аверин）担任北部防区的防御总指挥。值得一提的是，负责指挥北部防线的阿维林，他原本指挥属于基辅筑垒地域的常备驻军，而现在则指挥野战部队。

南面扇形防御阵地（从别洛哥罗德卡村至姆雷加村和第聂伯河）由隶属步兵第147师的步兵第600和第640团、基辅第1炮兵学校、榴弹炮炮兵第344团、反坦克歼击第538和第555营防守。原本谢尔盖·彼得罗维奇·卢奇尼科夫少校（Сергей Петрович Лучников）被任命为该防御阵地的指挥员，其预备队为步机枪第1营。由于卢奇尼科夫少校是各防御阵地指挥员中唯一的一位少校衔军官，因而作为野战支援部队中的步兵第147师师长萨夫瓦·卡利斯特拉托维奇·波

萨夫瓦·卡利斯特拉托维奇·波捷欣（生于1891年8月2日，卒于1944年8月11日），坦克兵少将（1944年授衔）。1918年参加红军，曾参加过俄国内战。卫国战争爆发首日即上前线。1941年8月2日—1941年12月27日担任步兵第147师师长，期间参加了基辅保卫战。1942年6月14日之前指挥步兵第30师，1943年1月9日—1943年4月担任近卫机械化第5军副军长，这之后担任近卫机械化第4军副军长，同年荣获红旗勋章，1944年8月22日，他在摩尔多瓦特瓦尔季察村的战斗中牺牲，死后安葬在敖德萨。在他牺牲的地方现在矗立着一座纪念碑。

被德国空军击毁的一辆 T-28 坦克正燃烧着熊熊烈火。该坦克隶属于西南方面军机械化第15军。照片摄于1941年7月初，现藏于俄罗斯国家影片与照片档案馆。

捷欣（Савва Калистратович Потехин）上
校对他指挥和管理部队的能力提出了质疑。
因此最终决定由卢奇尼科夫少校作为波捷欣
上校的副手指挥隶属基辅筑垒地域的守备营，
而该防区里包括野战炮兵部队在内的所有部
队都必须服从步兵第 147 师师长波捷欣上校
的指挥。该师师部还负责组织和协调城防守
备部队与野战部队之间的协同作战事宜。

　　第二道防线始于维什哥罗德[13]市地区，
并穿过布沙沃季察[14]—别利奇[15]—尼科利斯克
波尔夏戈夫卡[16]—波斯特沃伦斯基[17]—乔科
洛夫卡[18]—格洛谢耶沃森林（Голосеевский
лес），由步兵第 206 师把守。而从波斯特沃
伦斯基至科尔切瓦特方向一线则由空降兵第
2 旅把守。

　　部署在达尔尼察[19]地区左岸的是已经做
好迎敌准备的内务人民委员部第 227 团（由
隶属内务人民委员部第 4 师第 57 团的加强炮
兵营和工兵营组成），该团由 Т.Н. 瓦金少
校（Т.Н.Вагин）指挥。

　　在此阵地前，第 227 团还布置了反
坦克壕沟和雷区。这一工事部署在卡林诺
夫卡村（село Калиновка）、罗热夫卡村
（село Рожевка）、克拉西洛夫卡村（село
Красиловка）一带。该部队的前沿阵地沿鲍
里斯波尔[20]市方向展开。

　　部署在达尔尼察阵地上的第二防御梯队，
由内务人民委员部第 4 师分队、该师师属学
校的教官和学员以及独立混成第 34 营组成。
此地的第聂伯河大桥则由内务人民委员部第
4 师第 56 团的 1 个连负责把守。

　　由尼古拉·瓦西里耶维奇·邦达列夫上
尉（Николай Васильевич Бондарев）指挥的
独立营被部署在旧达尔尼察（达尔尼察的一
个地区）地域内的防御阵地上。该营由 2 个

▲ 1941 年 7 月，在一辆 T-28 坦克旁，西南方面军的车
长库巴列夫中尉（左一）正在跟他的成员说明战斗任务。

▲ 隶属于德国空军"赫尔曼戈林"团的半履带牵引车（车
辆编号为 WL-24313）正在将指挥车拉出泥潭。

▲ 一辆被击毁的苏军 KV-2 型重型坦克炮塔上用德文
写着空军赫尔曼戈林团第 2 营，或许是用来彰显该车是
由第 2 营摧毁的。该坦克于 1941 年 6 月 29 日被击毁
于杜布诺市。

步兵连、1 个迫击炮连和 1 个机枪连构成。

内务人民委员部第 4 师第 57 团负责守卫基辅洞窟修道院（Киево-Печерская лавра）地区，随时准备击退德军对第聂伯河大桥周边的攻击。

基辅筑垒地域守备司令费奥多尔·瑟索耶维奇·瑟索耶夫（Фёдор Сысоевич Сысоев，7 月 9—19 日领导该筑垒地域）上校指挥的混成团作为预备队被部署在基辅市内，该团由坦克第 132 团的部分单位、摩托车营、T-28 独立坦克分队（未配备坦克）和边防第 20 支队（随后与边防第 98 支队一起防守斯维亚托希诺西北面的防御阵地）组成。

在此期间，基辅筑垒地域的阵地上总共部署了大约 4 万名士兵、29 辆坦克、288 门火炮和 148 门迫击炮。

必须说明的是，直至 7 月 8 日，西南方面军军事委员会才决定从内卫部队和边防部队抽调人手组建 4 个混成支队投入到基辅方向的战斗。在此期间，总共集结了内务人民委员部第 4 师、第 10 师、第 13 师和第 23 师的部分单位以及隶属于科洛梅亚[21]边防司令部的边防第 17、第 18、第 20、第 22、第 90、第 91、第 93、第 94、第 95、第 97、第

▲ 党卫军"阿道夫·希特勒"警卫旗队师师长、党卫队全国副总指挥（上将）泽普·迪特里希（左）与自己的得力下属——党卫队二级突击队大队长（少校）库尔特·迈尔（右）的合影。摄于 1941 年夏季。

98 支队。

直接负责保卫基辅铁路设施的是内务人民委员部第 4 师（下辖第 55、第 56、第 57、第 114 团和第 34 独立营）和摩托化步兵第 23 师（下辖在基辅组建的摩托化步兵第 4、第 6、第 16、第 18 团和独立骑兵第 21 团）。费奥多尔·马克西莫维奇·马日林（Федор Максимович Мажирин）上校任内务人民委员部第 4 师师长，团级政委帕维尔·米哈伊洛维奇·叶菲莫夫（Павел Михайлович Ефимов）任政治委员，叶菲莫夫在 1941 年 8 月 24 日的战斗中阵亡后，其政委职务由团级政委 П.Г.科诺瓦洛夫（П.Г.Коновалов）接替。格奥尔吉·伊万诺维奇·卢基亚年科（Георгий Иванович Лукьяненко）上校任摩托化步兵第

▲ 1941 年 7 月初隶属于德国国防军第 11 装甲师的 Ⅲ 号中型坦克正在乌克兰境内集结。

▲ 基辅特别军区的演习部队（1939—1941年）。他们经过这样的技能训练所获得的经验，对后来防守基辅起到了重要作用。在1941年7—8月，基辅地区的部队设法阻止了德军迅速攻入基辅市的企图。

▲ 费奥多尔·马克西莫维奇·马日林上校。

◀ 战士们正围坐一圈，仔细聆听战友阅读报纸内容。

23师师长，团级政委伊格纳季·费多罗维奇·沃佳哈（Игнатий Федорович Водяха）任政治委员，后者在1941年9月的战斗中牺牲。

　　基辅城防司令部还额外制定了另一套作战计划，目的是应对第一道和第二道防御阵地被德军攻破的情况，并组织该地区的战斗。因此基辅市区被划分为3个区域，每个区域都设有自己的防御指挥部。

右翼防区覆盖基辅城内西北方的一部分，即从第聂伯河到日托米尔公路，防区指挥部设在基辅坦克技术学校，下辖2个歼击营[22]（约700人）和由波多利斯基行政区共产党员、共青团员组成的2个民兵支队（约4600人）。基辅坦克技术学校的А.В.舍维列夫中校（А.В. Шевелев）任该防区总指挥，波多利斯基行政区党委第一书记伊利亚·伊利奇·米罗诺夫（Илья Ильич Миронов）担任政委。

中央防区覆盖基辅市的西面部分（约11千米）——（станции Пост-Волынский）一线。防区指挥部设在市区高射炮阵地内。下辖从十月行政区、列宁行政区和斯大林行政区征召的约13000人编成的9个民兵支队和5个歼击营。内务人民委员部摩托化步兵第4团团长米哈伊尔·亚历山大罗维奇·科萨列夫（Михаил Александрович Косарев）上校任该防区总指挥，十月行政区党委第一书记阿列克谢·约瑟福维奇·达维多夫（Алексей Иосифович Давыдов）担任政委。

左翼防区从波斯特沃伦斯基火车站一直延伸到第聂伯河。由从莫斯科行政区和普乔尔斯基行政区征召的共计约12000人组成的歼击营和民兵支队把守。基辅红旗第1炮兵学校校长谢尔盖·谢尔盖耶维奇·沃尔肯施泰因上校（Сергей Сергеевич Волкенштейн）任该防区总指挥，莫斯科行政区区委第一书记Ф.П.奥斯塔片科（Ф.П. Остапенко）任防区政委。

位于第聂伯河左岸的基辅达尔尼察地区作为反德军登陆的防区，部署了防止德军从第聂伯河渡河登陆的防御阵地。由民兵们协助第聂伯河支舰队的水兵们守卫"阿森纳"工厂地区，从东面掩护第聂伯河渡口，共同打击德军可能在此处实施的登陆行动。达尔尼察区委第一书记Е.Р.托洛克（Е.Р. Толок）任该防区政委。另外，由基辅市内务人民委员部有关部门人员、指挥人员、内务人民委员部基辅进修班的学员组成的2个营划归基辅城防司令部管辖。

由5个连组成的第1营于7月13日进驻基辅市西南郊区阵地（从横跨第聂伯河的

▲ 演习中的红军士兵冲过铁丝网障碍。

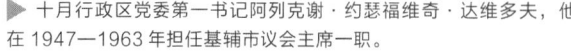

▶ 十月行政区党委第一书记阿列克谢·约瑟福维奇·达维多夫，他在1947—1963年担任基辅市议会主席一职。

▲ 照片最左边是一辆 T-27 坦克（车辆编号为 3544），其后依次为运输卡车和"莫兰"SU-1-12 型 76 毫米轮式自行火炮，上述装备皆隶属于基辅特别军区机械化第 45 军。照片摄于 1933 年秋季的乌克兰某地。

▲ FAI 轻型装甲车。20 世纪 30 年代的演习和阅兵仪式上令人印象深刻而且数量庞大的苏联装甲车编队，在 1941 年 6—7 月间的战斗中几乎损失殆尽。照片摄于 1936 年 5 月 1 日，现藏于俄罗斯国家影片与照片档案馆。

▲ 基辅阅兵式上的各种变种型号的 T-37 轻型坦克。照片摄于 1936 年 5 月 1 日，现藏于俄罗斯国家影片与照片档案馆。

▲ 基辅市阅兵式上的 BA-10 型装甲车方队。照片摄于 1939 年五一劳动节，现藏于乌克兰影片与照片档案馆。

钢铁桥到斯塔罗日塔米尔公路），该营所面临的艰巨任务是：短时间内在该地域构筑起防御工事，特别是构筑反坦克壕沟。7 道宽约 4~6 米，长约 15 米的反坦克壕沟的挖掘工作终于在 7 月 28 日完成。该营还在瑟列茨街上的一家砖厂前构筑了 2 道 2 米高的砖墙和其他障碍物以阻击德军。值得一提的是，该营在 8 月的战斗中表现突出，与其他苏联红军作战单位一起坚定地坚守着自己的信念和立场。

第 2 营（又称内务人民委员部第 4 特种营）的主要成员由基辅培训班的学员组成。帕维尔·阿法纳西耶维奇·多布雷切夫（Павел Афанасьевич Добрычев）上尉担任该营营长，亚历山大·萨布罗夫（Александр Сабуров）任政委。该营进驻伊尔平河地域阵地。

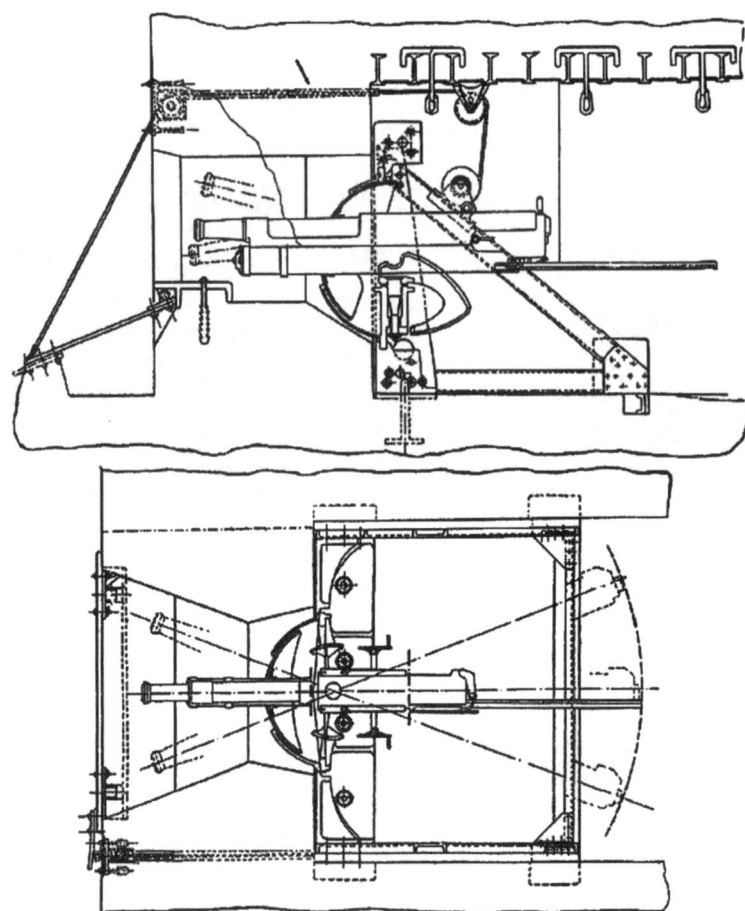

永备火力点中装备的76毫米火炮的侧视图（上）和俯视图（下）。苏军永备火力点中所配置的76毫米火炮的性能为：最大仰角12度，最大偏角7度，射界40~60度，最大射程5.5千米。

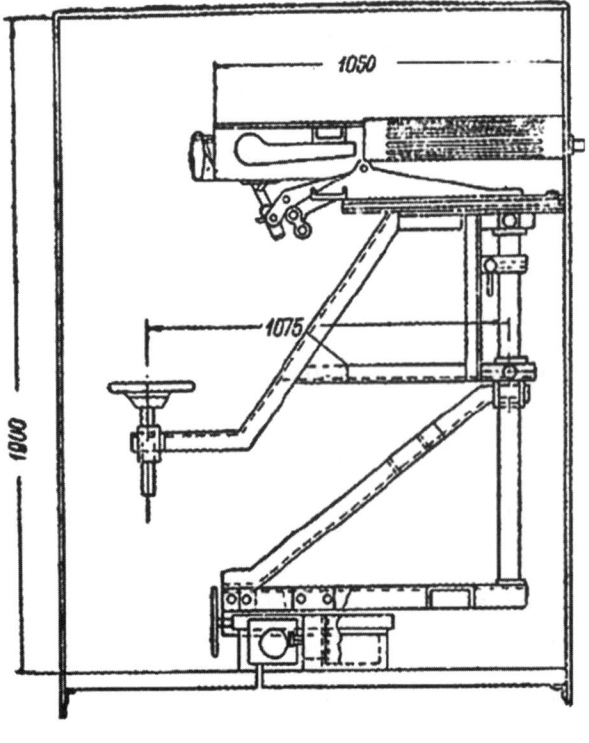

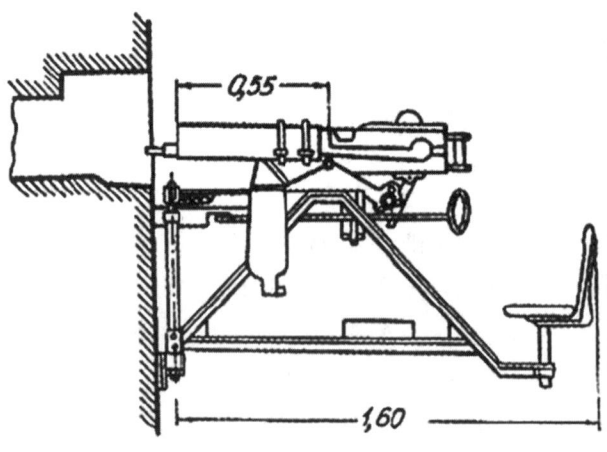

▲▲装备重机枪的封闭式装甲炮台侧视图（左）和装备马克沁机枪的金属炮塔侧视图（右）。

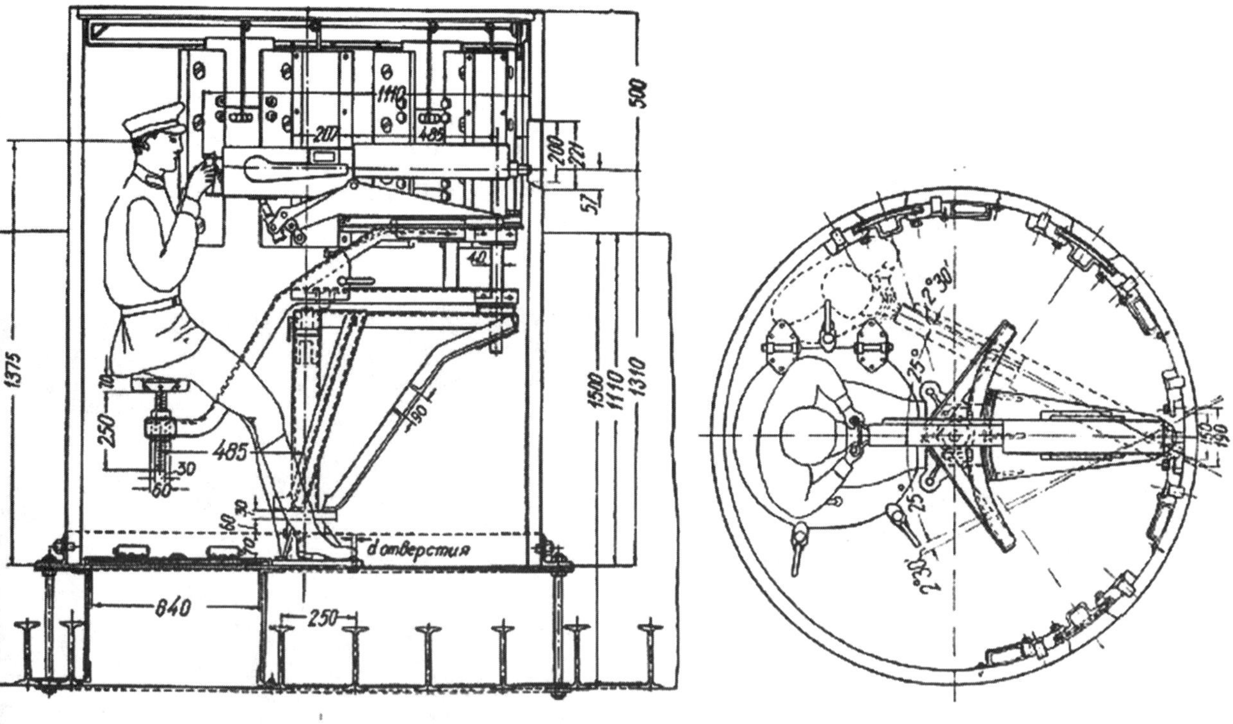

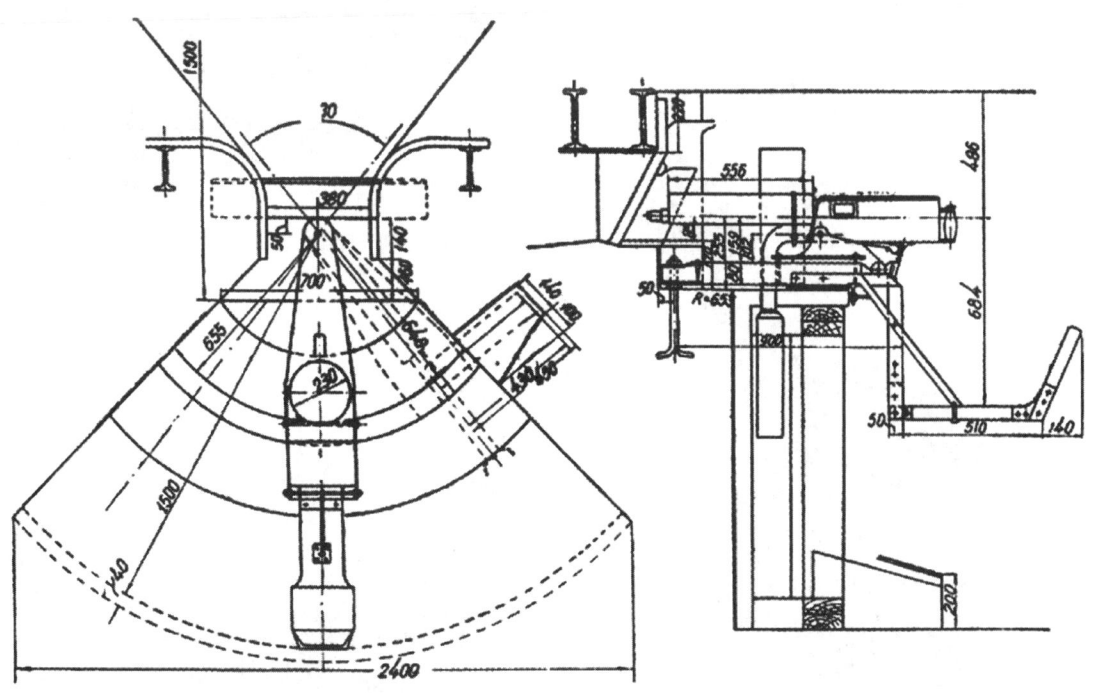

▲ 机枪永备火力点的侧视图（左）和俯视图（右）。

▲ 马克沁机枪在木质结构和钢筋混凝土结构永备火力点内的布置示意图（左为俯视，右为侧视图）。机枪可通过上图所示的射击孔进行射击。每挺机枪的允许射界不超过 60~75 度，交叉射击的射界不低于 10 度。

基辅市城防司令部组织了 2 条铁路运输线、3 条汽车运输线、4 座浮桥和 30 艘渡轮用来执行兵员运输任务。平斯克区舰队第聂伯河支队对运输线实施保护。

基辅筑垒地域所属空军（防空第 3 师和航空兵第 26 师）的战斗机大队为方面军部队提供空中支援。

1941 年 7 月 8 日，根据西南方面军下达给基辅市城防司令部的命令，由基辅坦克兵技术学校（又名铁木辛哥学校）的军官和学员组建装甲坦克团以加强基辅城的防御。该校战术系主任 K.M. 洛加诺夫斯基中校担任该团团长，学校教务处副主任 E.Φ. 德列克列尔少校任该团参谋长。营级指挥员有战术教官叶梅里亚诺夫少校和军校学员连连长巴拉辛大尉。许多学员、司机和学校教官都被编入了该团。

此外，7 月 8 日，苏军在基辅组建了大约由 3500 人组成的 13 个歼击营和总人数约为 29400 人的 19 个民兵支队。每个民兵营的营长、政委和参谋长的任命都得到了苏共乌

▲ 1941 年 7 月，乌克兰境内，席梅尔曼少校（左二）正与第 11 装甲师师长路德维希·克吕威尔少将（右二）讨论进攻细节。

▲ 德军第 11 装甲师第 15 装甲团第 2 营营长特奥多尔·席梅尔曼·冯·林登堡（Theodor Graf Schimmelmann von Lindenburg）少校。

▲ 站在第 11 装甲师师长路德维希·克吕威尔少将（右二）右边的便是该师第 15 装甲团第 2 营营长席梅尔曼少校。

克兰基辅地区区党委和基辅市市党委的批准。

当德军第3摩托化军毫无顾虑地扑向基辅时，局势已变得清晰。此时苏军城防司令部将步兵第147师和空降兵第2军的2个旅（该军的第3个旅被部署在了基辅城区，用以保卫横跨第聂伯河的铁路桥）派往阻击德军。

从包围圈中突围出来的步兵第206师的部分单位奉命集结于法斯托夫市[23]，并进驻了该市的外围防御工事。在基辅周边地区的步兵第147和第206师的一部分单位位于上述防御阵地内，而一部分还在德军的包围圈中，这造成了有时长官的命令自相矛盾的情况。例如，因第147师师长和他麾下的一部分部属一起被包围在新米罗波尔[24]以北，西南方面军司令员基尔波诺斯上将又任命了作风积极主动的波捷欣上校担任该师师长，而该师原师长的职务并未被撤销，这就造成了147师在同一时间内有2个师长的尴尬局面。

在基辅周边经过几天激战后，苏军陆续撤出了一些军事单位，如坦克第132团和摩托化第213师的其他单位以及独立高射炮兵第407营。这些单位陆续成为防御基辅筑垒地域的单位，并接到了加强某些区域防御的任务。

基辅作为乌克兰首府已被打造成了一个筑垒地域，它作为整个防御体系的核心，其军事代号为1号。这个筑垒地域分布在以基辅市为中心，向周边辐射80~85千米的地区（其左右翼毗邻第聂伯河），以1938年底完工的257个永久性钢筋混凝土结构的碉堡群为主体。碉堡群内主要以机枪永备火力点为主，辅以若干203毫米口径火炮。基辅筑垒地域可以与芬兰在1939年竣工的含有将近280座永久性钢筋混凝土结构的曼纳海姆防线媲美。

▲ 被德军俘获的1931年型T-26轻型坦克，该车车体为绿色，并用白漆刷上车辆编号8314。照片摄于1941年7月的乌克兰。

德军针对基辅筑垒地域所收集到的情报其实并不充足，如下列几组数字所表示的意思就并未弄清楚：3（表示火炮永备火力点）、184（表示机枪永备火力点）、21（表示反坦克阵地，也可能是固定位置的暗炮）、12（表示观测所）、220（表示永久性钢筋混凝土工事）。

基辅筑垒地域的永备工事纵深为1~4千米，其中在别洛哥罗德卡村地区的防御纵深达6千米（此地段的前沿阵地均为钢筋混凝土永久性防御工事）。前沿阵地从波尔基村沿伊尔平河右岸部署至舍夫琴科沃村（село Шевченково），并在此转弯，沿途经过塔拉索夫卡村（село Тарасовка）、尤罗夫卡村（село Юровка）、维塔波奇托瓦亚村（село Вита-Почтовая）、克鲁格里克村（село Круглик）、克列门尼谢村（село Кременище），直至第聂伯河附近。而伊尔平河以其湿软的河岸和岸边覆盖的大面积水草，成为阻挡坦克的天然屏障。

1941年7月11日，在伊尔平河大桥附近（距日托米尔公路19千米处），苏德双方爆发了在基辅周边的首次交锋。防守该地段

的是苏军独立机枪第 161 营、内务人民委员
部摩托化步兵第 4 团、由基辅第 2 炮兵学校
的学员们组成的第 11 和第 12 炮兵连、边防
第 20 支队、基辅步兵学校的学员们、摩托化
第 213 师坦克第 132 团的军需机关和少数单
位（未配备重武器）。

据亲历战斗的目击者称，战斗发生在
1941 年 7 月 11 日晚间。当 4 辆德军坦克欲通
过大桥时，苏军工兵启动了事先安放在大桥
上的炸药，一瞬间，德军的坦克便随着剧烈
的爆炸飞向了空中。剩余的德军坦克见此情
况，一边用车载机枪向苏军开火，一边迅速
后撤。只有这样，他们才能避免被附近的永
备火力点和步兵单位的反坦克枪击毁。

7 月 11—14 日，德军在日托米尔公路地
区的其他地段进行了频繁的侦察行动，以便
找到苏军防御的薄弱点，并以此为突破点来
打通通往基辅的道路。

希望借由占领别洛哥罗德卡村地区的桥
来渡河的德军，遭到了日托米尔公路以南苏
军的迎头痛击，导致行动失败。7 月 12 日，
德军的 2 个装甲营到达伊尔平河边的格列尼

▲ 隶属德国国防军第 13 装甲师的 II 号指挥型坦克正
深入苏联境内。苏德战争初期，由于德军掌握了制空权，
作为空中识别，以免友军误炸，坦克上放置了一面纳粹
德国国旗。不远处有一辆中弹燃烧的坦克，从轮廓上推
断是一辆苏军的 T-26 坦克。摄于 1941 年 7 月的乌克
兰。

◀ 德军第 13 装甲师
的摩托车和坦克部队。
图中右下方为 2 营的
II 号坦克，车辆编号为
12。从照片看，这辆 II
号跟上图那辆是同一辆
坦克。摄于 1941 年 7
月乌克兰境内。

奇村（село Гореничи）并试图从此处渡河，但仍被苏军发现，行动再次失败。

7月11—14日，守卫斯维亚托希诺[25]西南面和西面，隶属基辅筑垒地域的苏军守备部队（内务部摩托化步兵第4团的分队、基辅第2炮兵学校和被分配到此地加强防御的其他单位）与德军发生了激战，并成功粉碎了德军从此处渡过伊尔平河的一切企图。在此期间，德国空军的轰炸机频繁出现在该地区上空。防御第一线的很多苏军战士必须在承受德军大规模的空中轰炸，以及对岸的迫击炮和其他火炮的炮火打击的同时，对德军发起反击。

7月12—14日，疯狂反击的苏军步兵和坦克迫使德军指挥官采取应急措施。15日，德军试图在博亚尔卡村（село Боярка）以东地区开辟一个大的登陆点，但几乎立即就被苏军摧毁掉了。与此同时，德军从若尔诺夫卡村（село Жорновка）地带——位于佩列沃兹村（село Перевоз）与基辅筑垒地域交界处——形成突破，成功强渡伊尔平河，并向苏军防御阵地纵深推进了2~3千米。

苏军步兵第147师640团3营在榴弹炮兵第344团的火力支援下，大胆地向德军发起了穿插式进攻。激烈的短兵相接造成了德军的大量伤亡，最终德军扔下大量的枪支弹药后败退了。

指挥员阿纳托利·季霍霍德（Анатолий Тихоход）在装甲列车上指挥着基辅地区的铁道狙击营的战士们不畏牺牲、奋勇杀敌。

这些投入到沃伦斯基新城周边的战斗中的苏军战士们经受住了首波战火的洗礼。7月11日黎明，德军对亚布洛涅茨火车站发起了攻击，其目的是打通进入科罗斯坚[26]的道路，进而攻入基辅。当德军对火车站发起攻击时，苏军依托铁路设施予以还击，并且苏军装甲列车"维列杰尔号"也向德军猛烈地倾泻着弹药，最终德军扔下200具尸体撤退了。这预示着基辅围攻战正式拉开了序幕。

1941年7月发生了一起重要事件，根据苏联国防人民委员会1941年7月10日的决定，谢苗·米哈伊洛维奇·布琼尼（Семён Миха́йлович Будённый）元帅被任命为西南方向总指挥，负责指挥包括西南方面军和南方面军在内的整个南方战线，这将对南方面军和西南方面军交界处的布局产生重大影响。

|第二章|
乌曼包围圈

苏军西南方面军和南方面军的部队顽强地抵抗着德军南方集团军群的攻势，使后者进展缓慢。与此同时，德军中央集团军群攻占了维捷布斯克[27]，从莫吉廖夫[28]的南面和

北面渡过了第聂伯河，造成斯摩棱斯克[29]有被突破的危险。而目前南方集团军群中只有第 13 装甲师按照原定计划推进到了基辅附近。当克莱斯特上将的第 1 装甲集群的主力推进到距离第聂伯河 100~200 千米处时，德军第 6 和第 17 集团军的部队却被其远远地甩在身后，距离克莱斯特装甲集群仍然有数天的路程。而战斗力较弱的其他德军部队和罗马尼亚部队仍然停留在摩尔多瓦。为了突破莫吉廖夫—波多利斯基筑垒地域，德国南方集团军群只能设法向别尔齐[30]、索罗基[31]方向实施机动，7 月 9 日，其兵锋被苏军阻拦在普鲁特河[32]和德涅斯特河[33]之间的地带。

7 月 5 日，德军南方集团军群指挥官卡尔·鲁道夫·格尔德·冯·伦德施泰特元帅决定，克莱斯特装甲集群占领日托米尔和别尔季切夫后，通过敖德萨公路从基洛沃格勒调 2 个军从东面紧紧咬住右岸乌克兰地区和摩尔多瓦的苏军主力，不给他们渡过第聂伯河的机会，而第 3 个军的任务是在第聂伯河上开辟通往基辅的渡口。瓦尔特·卡尔·恩斯特·奥

▲ 西南方面军司令员米哈伊尔·彼得诺维奇·基尔波诺斯上将。拍摄这张照片时，他还是列宁格勒军区的中将司令员，站在其前方（右）的是苏联英雄维克多·哈尔拉姆皮耶维奇·布伊尼茨基（Виктор Харлампиевич Буйницкий）。

▲ 在基辅远郊，BA-10 装甲车的车长正在指导他的乘员们。照片摄于 1941 年 7 月，现藏于俄罗斯国家影片与照片档案馆。

▲ 德军第 11 装甲师的部分单位正闯入乌克兰境内。照片前方显示的是一辆隶属于第 15 装甲团的 III 号坦克。摄于 1941 年 7 月。

▲ 隶属于德军第 16 装甲师第 2 装甲团 3 营 5 连的 II 号轻型坦克，该车车长正沿着其手下所指方向进行对敌侦查，车上可清晰见到一面用作空中识别的纳粹国旗。摄于 1941 年 7 月乌克兰境内。

古斯特·冯·赖歇瑙元帅指挥的德第 6 集团军一分为二，其北部兵团威逼基辅，而南部兵团则与克莱斯特的第 1 装甲集群主力合兵一处，与南面的欧根·冯·朔贝特上将的第 11 集团军一起对苏军西南方面军的部队实施包围和歼灭。这是在假设施蒂尔普纳格尔上将的德军第 17 集团军被西面的苏军压制住的情况下制定的作战计划。

因此，伦德施泰特元帅重点关注己方部队在基辅东南面文尼察[34]地区实施的对苏军的合围行动，而此时西南方面军司令员和苏军最高统帅部大本营都认为最危险的是基辅方向，因此他们认为无论如何都必须阻止基辅周边的德军继续前进，并折断被誉为德意志旗杆（步兵师）上的"标枪"——装甲部队。波塔波夫少将的苏军第 5 集团军的坦克部队离开科罗斯坚筑垒地域，奉命集中全部力量阻断从北面来的德军。而南面之敌则交给了苏军第 6 集团军。

然而战争总是有它自己的逻辑。苏军第 6 集团军由于正面临着一个困难的局面而未能完成上级下达的预定任务目标：它的右翼被德军纵深绕过，而其正面只能勉强抵挡住德军第 6 和第 17 集团军的攻势。波塔波夫少将的第 5 集团军仅应付当面的德军就已经疲于奔命了。苏第 6 集团军多次截断沃伦斯基新城至日托米尔的公路，这对克莱斯特的第 1 装甲集群的后方构成了威胁。对此，克莱斯特不得不投入更多的人力物力以确保自己的左翼安全。

7 月 12 日，西南方面军司令员基尔波诺斯上将抽调方面军预备队里的第 26 集团军进驻白采尔科维的东部重点区域和东北地区，以抵御德军从东南方对第 5 集团军发起的攻击。为此伦德施泰特元帅不得不暂时放弃对基辅的猛攻，改变原有部署，以北面集群对阵苏军第 5 集团军，以南面集群的 2 个军对阵苏军的第 26 集团军。

仅 7 月 15 日一天，德军的猛烈攻势就逼退了索科洛夫少将指挥的苏军机械化第 16 军（下辖坦克第 15 师、坦克第 39 师、摩托化第 19 团、独立通信第 546 营、独立摩托化工兵第 78 营）一部，随后占领了卡扎京[35]，并切断了沿前线运行的唯一一条铁路。苏军指挥员因此做出了德军将南移，并且可能从第聂伯河切断己方部队退路的假设，尤其在获悉西南方面军侦察处处长的报告——"来自日托米尔地区的德军装甲师和摩托化师在波佩尔尼亚[36]突然折向东南，该德军集群的其他兵团在卡扎京东面绕过苏军第 6 集团军右翼"——之后，苏军更加肯定了这一假设。基尔波诺斯上将随即命令麾下的部队抵御德军来自 3 个方向的攻击：机械化第 16 军阻击从日托米尔—卡扎京方向而来的德军；第 5 集团军和步兵第 27 军阻击从布鲁西洛夫[37]和日托米尔北面而来的德军；骑兵第 5 军（战前由工农红军骑兵第 3 和第 14 师组建而成）

和步兵第 6 军阻击从布鲁西洛夫和波佩尔尼亚南面而来的德军。

鲍里斯·瓦西里耶维奇·卡姆科夫（Борис Давидович Камков）指挥的骑兵第 5 军用来对付西南方向的德军。这些骑兵师战前兵员充足、装备精良：战时满编约在 9000 人，全师装备有 64 辆 BT 型快速坦克，并配备师属高射炮兵团。

卡姆科夫少将指挥的骑兵第 5 军由于参加了 1939 年 11 月在西部乌克兰的解放运动而被授予列宁勋章。骑兵第 5 军由以下部队构成：

骑兵第 3 师：下辖骑兵第 34、第 60、第 99、第 158 团和坦克第 44 团；

骑兵第 14 师：下辖骑兵第 31、第 76、第 92、第 129 团和坦克第 29 团。

然而，实际上，在反击时，该军的兵力充其量只有 1 个未满员的骑兵师，因此骑兵第 5 军得到了菲利普·尼古拉耶维奇·马特金（Филипп Николаевич Матыкин）少将的战斗群（支队）和机械化第 16 军摩托化团的加强。

◀ 部署在基辅周边的苏军正在操作 1937 年制 82 毫米迫击炮，做炮击前的最后校准。照片摄于 1941 年 7 月乌克兰境内，现藏于俄罗斯国家影片与照片档案馆。

▲ 匍匐着准备射击的德军 MG34 轻机枪小组。

▲ 埋伏起来的德军士兵。照片摄于 1941 年 7 月乌克兰境内，现藏于俄罗斯国家影片与照片档案馆。

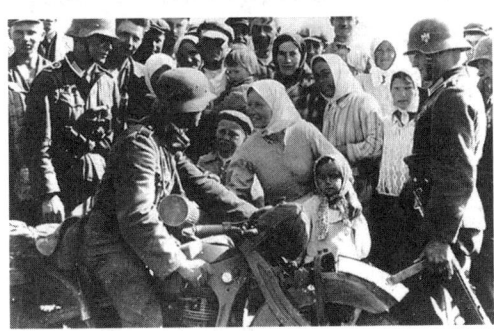

▲ 符合德国作为"乌克兰解放者"形象的宣传照。主要"演员"是德军第 16 装甲师的摩托车车队，乌克兰当地居民则充当了宣传照片中的"临时演员"。摄于 1941 年 7 月乌克兰境内。

伊万·伊万诺维奇·阿列克谢耶夫（Иван Иванович Алексеев）少将的步兵第 6 军战前由步兵第 41、第 97、第 159 师和军属炮兵第 209、第 229 团构成。此时，苏军步兵第 6 军各师由于之前在与德军的战斗中损失惨重，所有的步兵师都只保有"基本构架"：苏军步兵师满编不少于 10300 人，而这些师的兵力只有满编时的 4%。

根据决议，步兵第 6 军和骑兵第 5 军将由第 26 集团军司令员费奥多尔·雅科夫列维奇·科斯坚科（Фёдор Яковлевич Костенко）中将直接指挥。科斯坚科中将下令将他的指挥部从佩列亚斯拉夫－赫梅利尼茨基 [38] 搬到了博古斯拉夫 [39]，并且只用了一天时间就将上述 2 个军牢牢地掌握在自己手中。

1941 年 7 月 15 日早晨，科斯坚科中将见到了西南方面军作战部部长伊万·赫里斯托福罗维奇·巴格拉米扬（Иван Христофорович Баграмян）上校。他要求向方面军司令员报告，至少需要 1~2 天时间才可以发起进攻，因为需要从不同的地方集结被他称作"七拼八凑"的骑兵第 5 军的各单位。

"现在是上午 10 点，"将军说道，"而我今天已经将命令下达到了法斯托夫和波佩利尼亚。但就目前而言，我仍然不知道我的骑兵军现在所处的位置，以及他们何时可以发起进攻。"

虽然科斯坚科中将一贯以执行命令出色著称，但巴格拉米扬意识到他刚刚接到命令，现在就迫使他执行并不现实。而此时基尔波诺斯上将还在基辅市，巴格拉米扬允诺科斯坚科可以与方面军参谋长商量，参谋长如果同意，则他不反对科斯坚科的请求。然而，西南方面军参谋长马克希姆·亚历山大耶维奇·普尔卡耶夫（Максим Алексеевич

Пуркаев）中将断然拒绝了科斯坚科，并要求后者必须按照最初的命令执行。

苏军第 26 集团军按照原计划本应在当日发起的攻势全部没有组织起来，只有步兵第 6 军和混成边防支队（边防第 94 支队，摩托化步兵第 6、第 16 团）的 3 门火炮和 2 辆轻型坦克与德军发生了战斗。他们没有进攻，他们在扼制德军第 9 装甲师的进逼。当 7 月 15 日苏军查明只有小股部队来得及与德军接战后，方面军司令员不得不放弃给第 26 集团军下达新的命令，仅将原命令的进攻时间更改到第二天早晨。根据这道命令，苏军必须在当天结束前到达法斯托夫—克拉斯诺列瑟村（село Краснолесы）—杜利茨科耶村（село Дулицкое，位于法斯托夫以南）防线。这又是一个不可能完成的任务，这意味着每天不仅要战胜德军装甲师和摩托化师的进攻，而且同时还要向西北行军数十千米，第 26 集团军仍然不具备完成此项任务所必需的兵力和手段。

虽然科斯坚科的第 26 集团军获得了方面军预备队中的亚历山大·杰米亚诺维奇·库列绍夫少将（Александр Демьянович Кулешов）指挥的步兵第 64 军（下辖步兵第 165、第 175 师，军属炮兵第 394、第 596 团）的支援，但与德军战斗的同时，会削弱步兵军和边防部队的实力。马特金少将的支队仍未到达前线，而步兵第 64 军则距离前线更远：他们从北高加索地区调遣而来并被部署到第聂伯河东岸。而把他们调配过河并投入到德军持续空袭的战场上是一件相当棘手和费时的事情。

15 日、16 日过去了，到了 7 月 17 日，第 26 集团军司令员仍然无法集结好部队赶到前线，而没有这支生力军，苏军则无法展开

◀ 苏联红军西南方面军的优秀通信员尼古拉·伊里奇·伊万诺夫（Николай Ильич Иванов）在德军的炮火下联络其他部队。摄于1941年7月。

◀ 西南方面军政治指导员 Д. А. 涅思科罗姆内正在给战士们读最新一期的《真理报》。在其身后的是一门152毫米ML-20加农榴弹炮。摄于1941年7月。

◀ 给法西斯的特别"礼物"！西南方面军战士亚历山大·阿斯拉姆别科夫（А.Асламбеков）正在为一门ML-20型152毫米榴弹炮装弹。摄于1941年7月。

有效反击。

在此期间，位于卡扎京地区的德军进一步推进到苏军第 6 集团军右翼的西南面，与苏军机械化第 16 军咫尺相隔。此时从苏军第 12 集团军处也获悉了一个令人沮丧的消息：德军装甲部队在 4 个地方突破了苏军防线，并急速奔向日托米尔和文尼察。

根据这一点，西南方向总指挥布琼尼元帅责令西南方面军司令员果断采取行动，并对正在实施进攻的德军投入己方全部的作战飞机。同时，他表示，将战区总预备队中乘火车到达切尔卡瑟[40]和卡涅夫[41]地区的 3 个步兵师配属给西南方面军。

当基尔波诺斯上将收到总指挥下达的命

▲ 苏联军事专家正在检查一辆被击毁的德军 III 号突击炮。通过战术标识来分析，这辆是隶属于德军第 197 独立突击炮营的突击炮。摄于 1941 年 7 月乌克兰境内。

▲ 在与德国侵略者的战斗中，这辆隶属于西南方面军的 BA-10 型装甲车的乘员共击毁 2 辆德国 II 号坦克。该车指挥官 K.B.科列斯尼克中士（中）和坦克炮射手 K.И.格鲁门斯基（左）因此战斗荣获红旗勋章，驾驶员 И.A.西多连科（右）因此战荣获红星勋章。摄于 1941 年 7 月。

▲ 德第 11 装甲师的摩托化步兵趁着战争间隙休息。我们可以从照片中看出，德军步兵的主要制式装备为 7.92 毫米口径的毛瑟 98K 步枪。摄于 1941 年 7 月乌克兰境内。

▲ 1941 年 7 月乌克兰境内，一辆 T-20 "共青团员"轻型火炮牵引车在遭德军空袭后被苏军遗弃。远处可见一辆德军的八轮重型装甲车。

▲ 1941 年 7 月，克莱斯特的德军第 1 装甲集群从南面向基辅推进，照片中德军第 13 装甲师正向基辅周边的法斯托夫市奔去。

令时，他皱起了眉头，思考了很长时间，然后才接通了方面军空军司令员费奥多尔·阿列克谢耶维奇·阿斯塔霍夫空军中将（Фёдор Алексеевич Астахов）的电话，电话内容如下：

"阿斯塔霍夫同志！我方面军左翼局势急剧恶化，具体情况巴格拉米扬上校将向您详细汇报。请集中所有的空中力量攻击白采尔科维和卡扎京东北面的敌军坦克纵队。截住他们！你们的主要任务是扰乱敌人的行动。"

挂掉电话后，基尔波诺斯仿佛自言自语地说道："总指挥许诺的这3个步兵师应该不会到位得太快。在此期间，我军的第6集团军必须阻止敌人进一步向南推进。大概克莱斯特是试图从此处突破第聂伯河。所以抵达的步兵师要用来加强对渡口的保护：要知道，第6集团军的退却，将会造成第聂伯河防线出现空缺，暴露在敌人面前。"

次日，阿斯塔霍夫将军派遣他手中大部分的轰炸机和强击机针对突破过来的德军集群实施了打击。苏联空军通过追踪敌方战斗机的方式来攻击敌方坦克纵队，但仍然无法阻止德军对苏军整个战线的进攻。

7月17日，马特金少将的支队对法斯托夫发起了一次大胆袭击，激战过后，苏军打败了德守军，攻入法斯托夫并夺回了这座城市。生力军的投入使苏军对白采尔科维的攻势愈发激烈。德军难以抵挡苏军第6集团军的攻势，直到投入了预备队，才得以恢复进攻。科斯坚科中将不得不重新考虑夺回白采尔科维的战略意义，以及如何固守阵地不让德军从城市东面攻入。该军的师和边防支队的指战员们一如既往地尽最大努力来击退德军的坦克和摩托化步兵。无数苏军边防部队战士誓死保卫法斯托夫和白采尔科维，虽然他们中的很多人被德军子弹击中而倒下，一些人甚至被德军坦克残忍碾死，但幸存者并没有退缩，仍然在继续战斗。

至7月18日，苏军第6集团军的右翼与第26集团军的步兵第6军之间的缺口几乎达到100千米，德军从这个新缺口中源源不断地涌入。得到这一报告后，基尔波诺斯上将注视着地图思索。与往常一样，他十分镇静，但低沉冷静的声音无法掩饰他内心的焦急："必须立即让总指挥（西南方向总指挥布琼尼元帅）明白事态的严峻。再拖延，部队就撤不出来了。"

但基尔波诺斯上将在未经苏联最高统帅部大本营授权的情况下，不敢擅自下令把部队撤到第聂伯河。

据了解，布琼尼元帅非常关注西南方面军左翼部队的情况。一天晚上，布琼尼司令部的阿尔贝特·伊万诺维奇·斯特龙贝格（Альберт Иванович Штромберг）少将来到

▲ 德军第11装甲师第15装甲团的坦克，我们可以从照片中看到这辆隶属1营的Ⅲ号坦克上的可更换工具箱上，除了有一个该师标鬼魂外，还有1个大的字母K，这是克莱斯特装甲集群的标志。

▲ 行进在乌克兰乡间小道上的德军装甲纵队。

▲ 1941 年 7 月，被苏军基辅特别军区机械化军遗弃在乌克兰的 T−34/76 坦克。

◀ 德军侵入乌克兰境内。照片近处的指挥车有可能隶属于德军第 11 装甲师。而照片远处的 II 号坦克则有可能属于德军第 16 摩托化师。照片由德军第 48 摩托化军的部队于 1941 年 7 月在乌克兰境内拍摄。

西南方面军司令部转交了总指挥发给最高统帅大本营的电报："第 6 和第 12 集团军已没有任何预备队可以投入战斗，各师已相当疲惫，只能勉强守住现有防线。迂回包抄的敌军侧翼丝毫未见松动，如果此时不开始撤军，我军将面临被敌军包围的严重后果。"

可是 7 月 18 日，当德军第 11 集团军克服莫吉廖夫—波多利斯基筑垒地域和索罗基（位于摩尔多瓦）附近的德涅斯特河时，苏军最高统帅部大本营这才意识到，西南方面军和南方面军的部队面临双双被德军包围的危险。大本营旋即下令第 6、第 12、第 18 集团军不必退过第聂伯河，转而调往白采尔科维—中国城—盖辛[42] 防线，即距离第聂伯河 100 千米处，甚至更西面的地方布防。为了在德军突破防线后确保南方面军部队后方无虞，

南方面军总指挥伊万·弗拉基米罗维奇·秋列涅夫（Иван Владимирович Тюленев）大将奉命将机械化军第 2 军（据 1941 年 7 月 17 日的资料显示，该军此时还拥有 10 辆 KV 重型坦克、46 辆 T-34 中型坦克、275 辆 BT-7 快速坦克、38 辆 T-6 轻型坦克、9 辆化学坦克和 13 辆 T-37/38 坦克）调往乌曼地区。

这显然是一个不明智的决定，因为此时行动为时已晚。7 月 18 日，苏军丢下白采尔科维，而预先计划撤退的苏军第 6 集团军、第 12 集团军和第 18 集团军的绝大部分部队已经陷入了德军的包围圈。7 月 21 日，德军克莱斯特的装甲师抵达塔拉夏[43] 和乌曼[44]，深入敌境的他们成功包抄到了苏军第 6 集团军和第 12 集团军主力部队的后方。苏军西南方面军司令员基尔波诺斯上将命令第 26 集团

▲ 1941年7月，西南方面军的狙击手Ф.И.费奥多罗夫正隐蔽在松树上准备伏击敌人。此时他已经消灭了28名德军。

▲ 1941年7月，西南方面军的瓦西里·康斯坦丁诺维奇·戈帕德科夫中尉指挥着自己的炮兵组在一次战斗中击毁了德军3辆坦克。

▲ 一辆行驶中的德军Ⅱ号坦克。可见一名坦克乘员正躺在车尾晒太阳，车长正悠闲地坐在指挥塔上。

军司令员科斯坚科中将率部继续在西南面发动攻势，以保障第6集团军和第12集团军能够撤离。

苏军集团军左翼与方面军司令部之间的宽阔地带被德军占领了，司令部与左翼集团军之间的有线通信被中断。苏军西南方面军司令部决定不通过无线电来传递如此重要的命令，而是派遣了巴纽霍夫少将和波德拉斯少将飞抵这两个集团军的司令部传达命令。

与此同时，苏军最高统帅部大本营要求

西南方面军司令员向北发动攻势，并与后撤的部队在日托米尔—卡扎京—捷季耶夫[45]一线构筑防线，从而缩短方面军左翼的防御阵地。如果苏军能够完成这个任务，那么将有可能消除基辅的危险，亦可以消除德军对苏军西南方面军左翼的威胁，但这需要苏联统帅部投入更多的兵力。苏军的攻势始于7月19日早晨。苏军第5集团军分兵沿着科罗斯坚到日托米尔的公路发起攻势，向切尔尼亚霍夫[46]实施机动。苏军步兵第27军继续从拉

▲ 隶属于德军第 9 装甲师第 33 装甲团第 3 营第 5 连第 2 排的一辆编号为 2 的Ⅲ号战车（Ⅲ号 H 型中型坦克，坦克编号为 522）。摄于 1941 年 7 月乌克兰境内。

▲ 一辆 Sd.Kfz.10/5 型半履带式车载单管 20 毫米高射炮，它属于德军第 9 装甲师。摄于 1941 年 7 月乌克兰境内。

▲ 一辆额外配备了电台的Ⅲ号 G 型中型指挥坦克，它属于德军第 9 装甲师。摄于 1941 年 7 月乌克兰境内。

多梅什利向南面发动攻击。苏军第 26 集团军步兵第 64 军的一个师和马特金少将的支队从法斯托夫向西北面的德军发起了袭击，以接应苏军步兵第 27 军，而第 5 骑兵军的 2 个师的攻击目标是塔拉夏。但苏军步兵第 6 军在当日未发动攻势，它麾下的各师正忙于应对德军装甲和摩托化部队的猛烈攻势。

虽然苏军投入了兵力，但却远远不够。因为接下来的几日，在基辅周边的整条战线上战斗都很激烈。苏军的部队在一些地区顽强地反击，而其他地区，他们的对手所做出的回应同样激烈。苏军第 5 集团军的左翼前线和苏军步兵第 27 军的防线时而混到一起时而又分开。德军在这里投入了第 6 集团军的 3 个军，但战斗仍然处于胶着状态，因此德国统帅部不得不从别尔季切夫地区调来第 4 个军（即第 55 军）投入到这里的战斗。

苏军第 26 集团军在规定时间内抵达了指定位置并有效地展开了攻势。然而苏军的行动在受到一些状况的影响后变得更加复杂，例如一些军人违反了战时保密措施，使德军提前一天便获知苏军将于次日发起反击。德国南方集团军群指挥官伦德斯泰特元帅非常注重收集苏军第 26 集团军的进攻情报，这连德军统帅部都知晓。德国陆军总参谋长弗朗兹·哈尔德在他的日记中写道："*南方集团军群的行动成功地遏制住了苏第 26 集团军即将发动的攻势。*"

在此之前，集结在基辅周边的德军摩托化步兵师和装甲师迅速向此方向扑来，但遭到苏军第 26 集团军的迎头痛击后，德军暂时后撤。斩获最大的要数卡姆科夫少将指挥的骑兵第 5 军的 2 个师，他们在塔拉夏地区包围和歼灭了一支规模很大的德军力量。

尽管科斯坚科将军的反击部队战果有限，

▲ 1941 年西南方面军的机枪手 В.Д. 弗罗洛夫用捷格加廖夫 DP14 型轻机枪射杀了不少德军士兵。

未给苏军带来一个良好的局面（部分原因在于，苏军指挥员未在某个攻击点上组织起强有力的战斗群，而是将部队分散地投入到 100 千米长的进攻线上），但德国陆军总参谋长哈尔德上将仍然特别关注基辅地区的事态发展，他对德军的表现很失望："第 1 装甲集群的主力部队仍然被苏军第 26 集团军的进攻束缚着……"

苏军的最终设想是达成缩小和收拢第 26 集团军和第 6 集团军侧翼之间差距的既定目标。然而克莱斯特上将的德军第 1 装甲集群的装甲师和摩托化步兵师并未受到苏军反击的束缚，继续朝着苏军第 6 集团军的撤退路线前进，对其紧追不舍。移动到白采尔科维东部的德军装甲师迫使苏军的撤退路线向东南偏离，这也使得后者离己方方面军其他部

队越来越远。

在这种情形下，苏军第 6 集团军迫不得已向西南移动。骤然打乱的撤退路线，不仅导致第 6 集团军与邻近的第 12 集团军挤到了一处，还使它们与西南方面军的另外 2 个集团军分离开来。被切断与方面军主力联系的第 6 集团军与第 12 集团军需要更加机智、更加顽强地抵御德军对其前方和后方的两面夹击。例如 7 月 22 日，当第 6 集团军步兵第 49 军在机械化第 16 军的掩护下前进到奥拉托夫 [47] 时，才发现此地早已被德军占领。因此伊万·阿列克谢耶维奇·科尔尼洛夫（Иван Алексеевич Корнилов）少将的步兵第 49 军果断向占领这里的德军发起了猛烈攻击。此战苏军共缴获 100 辆汽车、300 辆摩托车，并抓获了 80 名俘虏。与此同时，与苏军步兵第 37 军相邻的瓦西里·伊万诺维奇·普罗霍罗夫（Василий Иванович Прохоров）少将指挥的苏军步兵第 80 师冲入了奥瑟奇基村（село Осычки），捣毁了德军设在那里的一个重要指挥部。事实上，在这样的条件下，让第 6 集团军继续退却显得并不那么容易，并且这样做的结果是第 12 集团军部队的左翼始终暴露在德军的威胁下。

直到 7 月 25 日，苏军第 26 集团军的攻

▲ 1941 年 9 月乌克兰境内，一辆德军的 II 号坦克（右侧）在泥地上前行。照片左侧还有一辆被苏军遗弃的 1933 年制 T-26 轻型坦克。

势还在牵制着克莱斯特集群的主力——德军第3和第14摩托化军，但德军第48摩托化军的部队于7月20日成功脱离战斗并向乌曼移动。当日结束时，该部队已经抵达莫纳斯特里谢村[48]地区，换句话说，此时德军第48摩托化军已经抄了苏军第6集团军和第12集团军的后路。幸亏尤里·弗拉基米洛维奇·诺沃谢利斯基（Юрий Владимирович Новосельский）中将的苏军机械化第2军及时赶到救援，才没有让德军第48摩托化军与德军第17集团军的战线连成一片，将文尼察以东的苏联军队包围住。苏军把机械化第2军投入到战斗中，也是考虑到德军的攻势将蔓延到南方面军的防区内。

7月21日，德军第1装甲集群麾下的第11装甲师、第16装甲师和党卫军"阿道夫·希特勒"警卫旗队师一起闯入了切尔卡瑟地区。这3个师从北面向乌曼扑来，造成了赫里斯

京诺夫卡[49]火车站面临被攻占的危险。那儿有苏军多达上千名等待疏散的伤员，以及大量的弹药和燃料等物资，而且此处如果被占领将会威胁到苏军南方面军第18集团军的右翼及后方。为了消除这一威胁，正在赫里斯京诺夫卡地区的苏军南方面军司令员下令部署在科托夫斯克市[50]的机械化第2军急行军前往此地，于7月22日向在乌曼集结的德军发起了反击。

苏军机械化第2军大致由以下单位构成：坦克第11和第12师、摩托化第15师、摩托车第6团、独立通信第182营、独立摩托化工程第49营、第102独立航空中队、第243独立野战邮局。截至1941年7月20日，该军尚有358辆坦克（包括10辆KV重型坦克、46辆T–34中型坦克、215辆BT快速坦克和87辆T–26轻型坦克）和168辆装甲车。然而该军在向乌曼行军的过程中，由于技术故

▲ 1941年7月一次战斗后，苏军西南方面军的一名士兵正在清点所缴获的德军手榴弹和机枪弹药。

▲ 1941年7月乌克兰境内，德军步兵和炮兵在一辆"野牛"自行火炮前合影。该型车是在 I 号 B 型轻型坦克底盘上加装了一门150毫米 sIG33 型步兵炮和防盾。此车隶属于德国南方集团军群第9装甲师第102炮兵团。

障、缺乏修理零件等诸多原因，导致坦克第11师和坦克第16师的坦克散落在约200千米的行进路线上，这显然严重削弱了苏军机械化第2军的战斗力。

1941年7月22—29日，苏军机械化第2军与德军第9和第11装甲师在伊万诺夫卡村（село Ивановка）和尤斯金格勒[51]地区爆发了激烈的战斗，德军第6集团军和第12集团军投入了200辆坦克，并在飞机和步兵的协同下向苏军阵地发起了进攻。到7月底，苏军机械化第2军的防御似乎已经到了极限。德军从不同的方向攻来，空中几乎没有遇到过什么抵抗，德机长驱直入，在苏军阵地上空横行肆虐。苏军机械化第2军向位于后方的南方面军司令部的汇报印证了这一糟糕局面："我军在弹药和燃料几近于零的情况下已无力发动攻势。每门火炮只剩下5发炮弹，车辆的仪表盘显示油料已见底，燃料及润滑材料仅剩0.25个单位，飞机和坦克也已无可用弹药和燃料。最近两天所尝试的公路补给运输也没有成功，空投物资亦无法奏效。"

苏军第6集团军和第12集团军已面临被包围的危险。截至7月21日，苏军的这2个集团军还剩下24个师、1个空降旅和2个反坦克炮兵旅。卫国战争爆发后一直持续的激烈战斗使苏军第6集团军和第12集团军共计阵亡46844人，另外有27667人在战争中失踪。由于粮食无法按时供应等多种原因，造成人员战斗力不断减弱。一些士兵的军服和军鞋磨损严重，又无法得到及时更换，甚至不少的战士是在赤着双脚、光着膀子的情况下与敌作战，而他们的对手有13个师和4个旅。很遗憾的是，德国历史学家们甚至未提及过己方投入的兵力人数。这里引用《德意志帝国与第二次世界大战》一书中作者的推测：7月23日德国陆军总参谋长哈尔德上将的报告称，步兵师的战斗力平均下降了20%，而装甲师和摩托化师的战斗力甚至下降高达50%。基于这些数据，可以假设乌曼合围开始后，除开匈牙利旅和捷克斯洛伐克旅外，包括德国陆军总司令部预备队在内的南线总兵力可能共计拥有10万人，约3000门火炮、迫击炮，超过200辆坦克。

参与乌曼合围战的匈牙利快速兵团[52]的编制如下：

第1摩托化旅：下辖第1、第2、第3摩托化步兵营，第9坦克营，第10自行车营，第1侦察营，第2摩托化炮兵群。

第2摩托化旅：下辖第4、第5、第6摩托化步兵营，第11坦克营，第12自行车营，第2情报营，第2摩托化炮兵群。

▲ 照片中的这辆Pz.Bf.Wg. III Ausf. J型坦克隶属于德军第9装甲师第33装甲团。

▲ 照片中的这辆Pz.Bf.W g.III Ausf. H坦克属于德军第9装甲师第33装甲团第1营营部所有。上述照片由德南方集团军群随军记者摄于1941年7月乌克兰境内。

▲ 西南方面军反坦克营最棒的侦察兵——红军战士亚历山大·杜苏努索夫（Александр Дусунусов）。摄于 1941 年 7 月。

▲ 1941 年 7 月，隶属于德军南方集团军群的 Sd.kfz.223 型轻型装甲车车队正在乌克兰境内实施战术侦察。

第 1 骑兵旅：下辖第 3、第 4 骑兵团，装甲骑兵支队，第 14 自行车营，第 1 骑兵摩托化炮兵群。

第 2 骑兵旅：下辖第 1、第 2 骑兵团，第 15、第 16 自行车营，第 2 骑兵摩托化炮兵群。

匈牙利军的坦克营由 3 个坦克连组成，每连配备 18 辆坦克，其中第 1 连作为预备教导连使用。装甲骑兵连队拥有 2 个配备了 CV3/35 坦克和托尔迪 I 型轻型坦克的混成连。所有被派往前线的匈牙利快速兵团都配备了 81 辆托尔迪 I 型轻型坦克。这些混成作战单位被划归给德军第 17 集团军指挥。

1941 年 7—8 月，捷克斯洛伐克的机动集群（由坦克营、摩托化步兵营、工兵营和炮兵营组成）亦作为德国南方集团军群的组成部分参与了乌曼合围战。他们的坦克营为 2 连编制，每连装备 30 辆 LTvz.35 轻型坦克、少量的 LTvz.38（德国编号为 Pz.Kpfw.38(t) Ausf.S，即著名的 38T 坦克）和只装备有机枪的 LTvz.40 轻型坦克。

截至 7 月 20 日，苏军第 6 集团军和第 12 集团军尚有约 13 万人、384 辆坦克、千余门大炮和迫击炮。此时德军已完全掌控空权。德军的军用物资供应正常，而与之截然相反的是，当前苏军急需补给，弹药和燃料已经严重匮乏。

为了确保能够完成苏军最高统帅部所下达的命令，穆济琴科中将的第 6 集团军和帕维尔·格里戈里耶维奇·波涅杰林（Павел Григорьевич Понеделин）少将的第 12 集团军向东发起攻击，接应他们的是苏军第 26 集团军。根据德军所言，苏军的这 2 个集团军所发动的攻势是有组织的，给克莱斯特的装甲师造成了很大损失。据了解，德军合围部队中的第 48 摩托化军额外得到了 2 个步兵师和党卫军"阿道夫·希特勒"警卫旗队师的 1 个摩托化团的加强。

随着德军在乌曼周边投入的兵力逐渐递增，苏军的进攻阻力也越来越大。由于严重缺乏弹药，穆济琴科中将和波涅杰林少将不得不下令停止进攻。苏军所处的形势变得越来越严峻。根据波涅杰林少将向方面军军事

◀1941 年 7 月，德军在苏联乌克兰境内。德国空军医务士官面带微笑地给生病的俄罗斯老太太送上药品和水。最有可能炮制这张“温馨”画面的是德国宣传机构。该照片现藏于俄罗斯国家影片与照片档案馆。

▶这辆Ⅲ号坦克，可能隶属于德军第 1 装甲集群。该车在坦克炮塔上安装了一排附加燃油箱。摄于 1941 年 7 月的乌克兰境内。

委员会呈交的报告显示：“事态已经相当严峻……我们的部队已处于完全丧失战斗力边缘这样一种非常严重的态势。每个师的现有火炮数量已不足原有的 1/4，每个师剩下的兵力约在 1000~4000 人不等。2 个集团军的后方已经被敌人挤压到了一起，被转移到后方的伤员很多，所幸已安全疏散了一部分（3620 人），照这样的事态发展下去，预计敌军将在 8 月 2 日对我军实现合围。”

7 月 25 日早晨，西南方向总指挥布琼尼元帅向总参谋长朱可夫发去了电报，以下是电文内容：“我军第 6 集团军和第 12 集团军所有向东和向东北的突围行动均告失败。在这种情况下，须要求这些部队尽快向东南方向突围。为实现这一目标，我认为有必要将第 6 集团军和第 12 集团军重新分配给南方面军司令员，并要求南方面军将他们从塔利诺耶[53]、赫里斯京诺夫卡和乌曼地区救出来。除了需要第 6 集团军和第 12 集团军组织上相互掩护撤退外，还需要南方面军的右翼在此行动中做到更好的配合。请大本营批准该解决方案。”

当这个问题的解决方案放到格奥尔吉·康斯坦丁诺维奇·朱可夫（Георгий Константинович Жуков）手中时，大本营立刻回应并批准：将第 6 集团军和第 12 集团军划归到南方面军的战斗序列中。

同一天，南方面军司令员秋列涅夫大将收到了将部队从兹文尼哥罗德卡[54]、塔利诺耶、赫里斯京诺夫卡和乌曼防线撤回的命令，也就是说率部队向东突围。因此他不得不与德军第 48 摩托化军的师交战，并加强自己的部队。与此同时，苏军南方面军第 18 集团军的交界处和东南面约 100 千米的地区尚未被德军占领。苏军第 6 集团军和第 12 集团军可以撤往这里。但无论是西南方向总指挥，还是大本营都未曾考虑到撤往此地的好处，仍然命令部队向东突围。而且秋列涅夫大将同样也力求执行莫斯科的“正确命令”：下令苏第 6 集团军和第 12 集团军向东突围。但在 7 月 26 日以后，这条命令已完全失去意义，由于科斯坚科中将的军队缺乏兵力，因此被迫停止用于策应第 6 和第 12 集团军撤退的进攻。

　　南方面军只能让第 6 集团军和第 12 集团军自己掌握命运——自行突围。当第 6 集团军和第 12 集团军正式划归给南方面军秋列涅夫大将指挥的 3 天后，秋列涅夫大将向苏联大本营提交了一份报告，报告称："由于无法与第 6 集团军和第 12 集团军取得联系，因此无法获知这 2 个集团军目前所在的具体位置……之后南方面军派出了部队在此区域内设法搜寻，结果仅找到了 29 名成功突围者。"

　　这种状况是苏军对形势的未知和之后的错误判断造成的。事实上 7 月 28 日晚间，秋列涅夫大将签署过一道命令，而苏军大本营在 7 月 25 日向第 6 集团军和第 12 集团军下达过相同的命令。此时南方面军更关心的是麾下第 18 集团军的命运，因为第 18 集团军的侧翼防线有被德军突破的危险。更不幸的是，苏军大本营此时认为德国人将穆济琴科和波涅杰林的这 2 个集团军包围的意图是为了进一步向顿巴斯进攻，夺取基辅至切尔卡瑟之间第聂伯河上的渡口，而仅仅将他们孤立在乌克兰的南部。苏军大本营低估了德军此时包围这 2 个集团军的危险性。7 月 28 日苏军最高统帅部下达给西南方面军和南方面军的指令是阻止德军接近第聂伯河，而此时德军却继续横扫乌克兰的东部和东南部，并未因此减弱对乌克兰西部和北部的攻击。

　　波涅杰林少将麾下英勇顽强的苏军战士们在乌曼地区阻滞了德军克莱斯特麾下的装甲师近 8 个昼夜，被包围苏军的顽强抵抗使德军第 17 集团军陷入战争的泥潭。克莱斯特担心，如果就此陷入乌克兰东南战场，将拖慢整个向东推进的进度，那么即将到来的俄国冬季将会使德军面临很尴尬的局面。因此在 7 月 29 日，克莱斯特上将下令第 48 摩托化军从东面绕过乌曼，占领五一城[55]。第 49 山地步兵军接替了施蒂尔普纳格尔上将的第 17 集团军的相应任务——转向东南。德军的这次行动，似乎给苏军消除威胁并向东南撤退腾出了宝贵时间，但苏联南方面军司令员却错失了这次"命运"给予的最后机会，他仍然坚持执行大本营下达的苏军第 6 集团军和第 12 集团军向东突围的命令。

　　8 月 1 日这一天是乌曼战役的转折点。这天早晨，波涅杰林少将和穆济琴科中将通过无线电向方面军军事委员会和大本营报告："形势变得非常严峻，故军已完成了对我军第 6 集团军和第 12 集团军的包围。我军被孤立在以巴班卡村[56]和捷克利耶夫卡村[57]为中心的周边地区，迎面而来的直接威胁使第 6 集团军和第 12 集团军的整体战斗秩序崩溃，我部已无预备队可派。请求肃清捷尔诺夫卡村[58]和新阿尔汉格尔斯克镇[59]地段新涌入的德军，我部的弹药已用光，燃油也即将耗尽。"

　　此时苏军第 26 集团军已经撤过了第聂伯河，他们在第聂伯河右岸的勒日谢夫[60]和卡涅夫桥头堡站稳了脚跟。与波涅杰林集群南部毗邻的第 18 集团军也开始向东南方向退却，苏军机械化第 2 军的大部分作战单位按照苏军南方面军司令员的指令（1941 年 7 月 25 日签发的第 24 号令）也从战斗中撤出。7 月 31 日，机械化第 2 军还剩 147 辆坦克和百余辆装甲车：1 辆 KV 重型坦克、18 辆 T-34 中型坦克、68 辆 BT 快速坦克、26 辆 T-26 轻型坦克、7 辆喷火坦克、27 辆 T-37 坦克、90 辆 BA-10 装甲车和 64 辆 BA-20 装甲车。格里戈里·伊万诺维奇·库济明（Григорий Иванович Кузьмин）少将的坦克第 11 师的许多装甲单位（拥有不少于 50 辆坦克和装甲车）被留在了德军的包围圈内。除了机械化第 2 军的单位外，主力部队被切断的机械化第 16 军的残部，截至 7 月 31 日，仅剩下 5 辆 T-28 坦克、11 辆 BA-10 装甲车和 1 辆 BA-20 装甲车。

8 月 2 日，德军第 1 装甲集群和第 17 集团军在多布良卡村[61]旁的锡纽哈河[62]河畔会师，关闭了包围圈。第二天，德国第 16 装甲师和匈牙利军在五一城会师，构成了另外一个包围圈。然而南方面军司令员是不容许他的部队被双层包围的。他认为波涅杰林少将的东面只有德军 1 个装甲师和 1 个摩托化师，于是秋涅列夫大将命令他们向东采取积极的军事行动来消灭德军，攻占并坚决守住兹文尼哥罗德卡、布罗杰茨科耶[63]、新阿尔汉格尔斯克、捷尔诺夫卡和克拉斯诺波利耶[64]的防线。然而事实上，仅从东面扑向波涅杰林少将的德军就有第 1 装甲集群的 2 个军（由 6 个师组成），从北面和西北面而来的部队还有 2 个步兵师——他们是属于德军第 6 集团军、第 17 集团军和匈牙利快速兵团的单位。

8 月 4 日，苏军这 2 个集团军被德军完全包围，至此包围圈内的苏军只能靠自己了。南方面军司令员曾尝试过给被围部队空投弹药，但据亲历过乌曼战役的德国老兵回忆，绝大部分空投物资落入了他们的手中。此时被围部队的指挥员并没有失去对部队的控制，仍然在不断地尝试着突围。对于被围苏军而言，最接近成功的一次突围行动是在 8 月 6 日晚——该夜，苏军第 12 集团军向东突围，而第 6 集团军则向南突围。然而，德军包围圈的纵深，特别是在南面是如此之广，以至于苏军所投入的微弱力量完全不可能穿透重重包围。在黎明前 1 小时的那场瓢泼大雨中，苏军的拼死攻击确实打了德军一个措手不及，也使苏军向前推进了数千米，但是很快德国人就醒悟了，突围中的苏军在德军优势兵力的打压下损失惨重，不得不退到波德维索科

耶[65]地区。在这里他们继续战斗着。德军第 49 山地步兵军战史中写道："在乌曼附近的包围圈内，尽管敌军经历了我军的猛烈攻击，但敌人所呈现出来的是这样一种状态——虽然大势已去，但没有人想成为俘虏。"

在巴班卡居民点区域内，苏军坦克第 11 师的残部进行了他们的最后一战。战后，在此区域内可以找到超过 50 辆被击毁的苏军坦克和装甲车。在居民点西面，被烧焦和击毁的苏军坦克、装甲车散落在阵地上，旁边横七竖八地躺着许多被打死的苏军坦克手和步兵。

苏军最后一次尝试突围是在 8 月 7 日深夜。苏军设法突破德军第 1 山地步兵师和第 24 步兵师的防御阵地。苏军的突围最终被德军第 16 摩托化师和党卫军"韦斯特兰"团粉碎在其向德军指挥部方向突围的途中。次日白天，苏军的抵抗被彻底击垮，但据德军报告显示，在卡片科瓦托耶村[66]以东的地方，由残存的苏军军官和红军战士组成的战斗群仍坚持战斗到了 8 月 13 日。

不幸的是，由于缺乏历史文献资料，获悉苏军在乌曼战役中的具体损失显得非常困难。我们只知道截至 7 月 20 日，苏军第 6 集团军和第 12 集团军上报统计的兵力总人数为 129500 人，而根据南方面军司令员于 8 月 11 日向大本营发去的报告显示，逃出包围圈的约有 11000 人，这些人主要来自后勤部队；在乌曼附近被俘的苏军指战员有 103000 人，再加上根据德军每日向最高统帅部上报的消灭苏军人数，综合推断苏军在乌曼的损失达到了 20 万人。

这意味着，目前可提供给历史学家研究的信息是存在争议的，但不管结果是什么，乌曼所上演的悲剧，在失去亲人的苏联人民心中留下了深深的痛苦烙印。苏军在西南方

向损失了 2 个集团军，穆济琴科中将和波涅杰林少将麾下的指挥体系中被俘的有 4 名军长和 11 名师长。德军承认他们为此付出的代价也是出人意料的高。遗憾的是，没有关于德军在乌曼战役中的总损失人数的相关数据，目前可获得的信息仅有一条，就是仅德军第 4 山地步兵师便阵亡了 1778 人。

在乌曼周边被俘的苏军命运悲惨，起初他们被关押在围有铁丝网的空旷地面上，到了寒冷的冬季来临才被转移到没有暖气设备的冰冷营房，那些在犹如地狱般的法西斯因牢中侥幸存活下来的人，战争结束后还要喝下一杯"苦酒"——祖国对他们的"回报"。

波涅杰林少将所面临的命运是：1941 年 8 月，当斯大林获知苏军第 12 集团军司令员投降德国的消息时，旋即下令对他进行审判，波涅杰林在本人未出席的情况下被判处死刑。

苏联红军最高统帅部大本营于 1941 年 8 月 16 日签署的第 270 号令与乌曼悲剧直接相关。该命令所述："第 12 集团军司令员波涅杰林中将（此处所写的中将属于命令中的笔误，实际上波涅杰林是少将）被敌人包围后，尽管像他的大部分部队一样有很多机会可以实施突围，但是他没有表现出坚定的决心和

必胜的信念，相反，他惊慌失措、胆小怯懦，无耻地投靠了敌人，作为一个曾经宣誓过的军人，他违背了自己的誓言，对祖国犯下了不可饶恕的罪行。" 实际上第 270 号令中的上述描述是违背事实的。

战争结束后，波涅杰林少将再次入狱，讽刺的是，这一次是在他自己的祖国服刑，5 年后，他被执行枪决。枪毙这位前司令员的理由是，在他被德军关进罗夫诺监狱的第一天，他写下了一张纸条，上面有 1941 年 8 月 4—5 日期间他的部队所在位置和兵力数量，但很显然这些信息在当时对德军统帅部而言已经毫无价值了。

类似的命运同样降临在步兵第 13 军军长尼古拉·库兹米奇·基里洛夫（Николай Кузьмич Кириллов）少将头上，这亦是由第 270 号命令决定的。

8 月 7 日下午，在别尔季切夫伦德施泰特元帅的司令部里，希特勒和扬·安东内斯库（罗马尼亚军队总司令）获悉了乌曼的胜利。希特勒为此沾沾自喜，为了庆祝这一胜利，他给扬·安东内斯库颁发了骑士十字勋章，并向他保证，秋天寒冷来临之前，德军将夺取苏联的主要中心，这其中包括莫斯科和列宁格勒。

▲ 1941 年 8 月，希特勒在视察乌曼附近机场时与伤员亲切握手。

▲ 1941 年 8 月，希特勒来到乌曼附近的机场视察取得胜利的德军官兵。

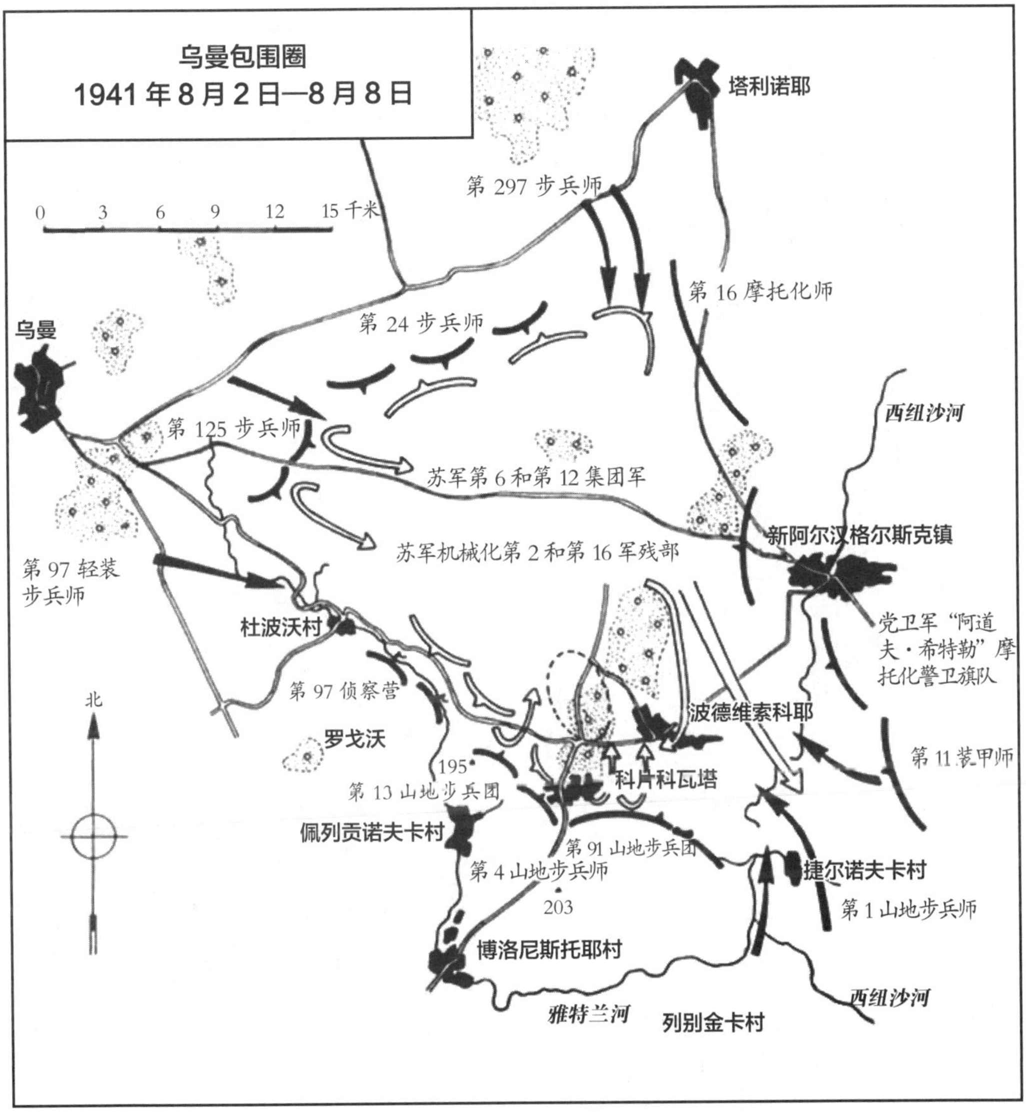

乌曼包围圈
1941年8月2日—8月8日

0   3   6   9   12   15 千米

塔利诺耶

第297 步兵师

第16 摩托化师

乌曼

第24 步兵师

西纽沙河

第125 步兵师

苏军第6和第12集团军

新阿尔汉格尔斯克镇

苏军机械化第2和第16军残部

第97 轻装
步兵师

党卫军"阿道
夫·希特勒"摩
托化警卫旗队

杜波沃村

第97 侦察营

波德维索科耶

北

罗戈沃

科片科瓦塔

第11 装甲师

195

第13 山地步兵团

佩列贡诺夫卡村

捷尔诺夫卡村

第91 山地步兵团

第4 山地步兵师

第1 山地步兵师

203

博洛尼斯托耶村

西纽沙河

雅特兰河   列别金卡村

▲ 1941 年 8 月 2—8 日乌曼包围圈的态势图。

▲ 被摧毁在乌曼附近苏军机场上的波利卡尔波夫 I-16 战
斗机。

▲ 1941 年 8 月初乌克兰境内乌曼地区，被苏军机械化第
2 军坦克师遗弃在战场上的 1933 年制 T-26 坦克。该照
片现藏于俄罗斯国家影片与照片档案馆。

▲ 1941年7—8月，匈牙利陆军第1摩托化旅的一辆"萨巴"（Csaba）匈牙利装甲车正在牵引着另一辆渡河，这两辆装甲车都装备着20毫米反坦克步枪和8毫米机枪。该照片现藏于俄罗斯影片与照片档案馆。

▲ 1941年7月，西南方面军摩托车传令兵 Л.В. 斯托利亚罗夫携带着报告前往苏军第5集团军司令部。

▲ 被苏军丢弃在乌曼地区的1辆BA-10装甲车。

▲ 在乌曼附近被苏军丢弃的武器装备。照片中可见BA-10装甲车、ZIS-5卡车、GAZ-АА卡车、1939年制85毫米高射炮。这些装备可能属于苏军机械化第2军坦克第11师。这种一片狼藉的景象在1941年8月初的乌克兰乌曼地区随处可见。

▲ 一门被苏军遗弃的M10-152毫米榴弹炮，其后方一片狼藉，可见车队遭遇了炮火或空中轰炸的袭击，致使牵引这门火炮的车辆被炸毁。

▲ 1941 年 8 月初，乌克兰境内被苏军遗弃在乌曼包围圈内的 T-20"共青团员"轻型火炮牵引车，车辆的前方可见一名被打死的士兵尸体。此车最有可能是苏军第 6 集团军的部队遗弃的。该照片现藏于俄罗斯国家影片与照片档案馆。

▲ 1941 年 8 月初，乌曼地区被击毁的 STZ-5 中型火炮牵引车。周遭可见被打死的苏军士兵尸体。此车可能属于苏军第 12 集团军的炮兵单位。

▲ 被俘的苏军将领第 12 集团军司令员帕维尔·格里戈里耶维奇·波涅杰林少将（中），其右后方的是步兵第 13 军军长尼古拉·库兹米奇·基里洛夫（Николай Кузьмич Кириллов）少将。

▲ 被德军车辆带走的波涅杰林少将（右）和基里洛夫少将（左）。

▲ 由于履带断裂被苏军遗弃在乌曼地区的 KV 重型坦克。

▲ 在乌曼地区被德军击毁的 T-34 坦克。

▲ 德军在1941年8月乌克兰境内乌曼周边收集的苏军武器装备，包括火炮、步兵武器、钢盔等。

▲ 上面2张照片中，车辆编号为WH408832和WH408823的2辆宝马R75摩托车都隶属于德军第1装甲集群的第691宣传连（德国纳粹时期在国防军和党卫军中设立的军事单位，其任务是对德国军民以及敌对国家进行政治宣传）。摄于1941年7月的乌克兰境内。

▲ 隶属于苏军机械化第16军坦克第39师的1939年型T-26轻型坦克，该坦克车车组成员长眠于此。摄于1941年8月初的乌曼地区。

▲ 三名苏军步兵长眠于此，远处是一辆T-26坦克。

▲ 被集中看管的乌曼地区被俘苏军。

▲ 1941 年 8 月，在乌曼附近的党卫军 "维京" 师的士兵正在盘问 2 名苏联妇女。

▲ 德军在乌曼附近同样也遭受了巨大损失。仅德军第 4 山地步兵师就阵亡了 1778 人。这张照片记录下了一名山地步兵师的战士在十字架墓碑上写下战友——战地记者埃米尔·格林（Emil Grimm）的名字。战地记者埃米尔·格林于 1941 年 8 月 5 日在乌克兰阵亡。

第270号命令
关于贪生怕死和叛国投降的问题以及禁止这种行为所采取的措施

　　不仅我们的朋友认为，而且我们的敌人也不得不承认，在同德国法西斯侵略者进行的解放战争中，我们伟大的红军，特别是他们的指挥员和政治委员，表现出了不屈不挠、坚忍不拔、顽强勇敢的英雄气概。就连那些被敌人切断和包围的部队也保持了高昂的士气和坚定的信念，他们没有向敌人投降，而是想方设法给敌人造成更大的破坏，并规避敌人的合围。众所周知，我们被孤立的部队，当发现自己被敌人包围时，会利用各种方法打击敌人，摆脱敌人的包围。

　　西方面军副司令员博尔金中将，在别洛罗斯托克附近被德第10集团军包围时，组织成立了红军分遣队，在敌人的后方坚持战斗45个日夜，最后成功突围，与西方面军主力部队会合。在此期间，他们消灭了敌人2个团指挥部，摧毁了敌人26辆坦克、1049辆轻型车、运输车和参谋车辆、147辆摩托车、5个炮兵阵地、4门迫击炮、15挺重型机枪、5个重机枪连、1架停在机场的飞机和1个航空炸弹储藏库，击毙了数千名德军士兵和军官。8月11日，博尔金中将从后方向德军发起进攻，突破了德军前线，紧接着，他又带领1654名红军战士和指挥员一鼓作气地突破了敌人的封锁，与我部胜利会师，其中受伤人数仅有103人。

　　机械化第8军旅级政委波佩尔和步兵第406团团长诺维科夫上校成功地率领一支1778人的队伍突破了敌人的包围。在与德军进行的持久战中，诺维科夫和波佩尔的部队穿行了650千米，给敌人的后方造成了重大损失。

　　第3集团军司令员库兹涅佐夫中将和军事委员会委员、2级集团军政治委员比留科夫带领第3集团军的498名武装了的红军战士和指挥部成员，成功突破德军第108和第64步兵师的合围。

　　在所有这些以及数不胜数的类似事件中，我们的部队表现出了坚强的决心，我们的战士、指挥官和政治委员表现出了高昂的斗志。

　　但是我们也不能掩盖这样一些事实：近期发生了数起向敌人投降的可耻事件。个别将军的恶劣表现玷污了我们部队的荣誉。

　　第28集团军司令员卡恰洛夫中将及其参谋部在发现自己被敌人包围后，贪生怕死，向德国法西斯投降。但是，卡恰洛夫的部分参谋人员和部队却成功地进行了突围，而卡恰洛夫中将则选择投降，成为敌人的阶下囚。

　　第12集团军司令员波涅杰林中将被敌人包围后，尽管像他的大部分部队一样有很多机会可以实施突围，但是他没有表现出坚定的决心和必胜的信念，相反，他惊慌失措、胆小怯懦，无耻地投靠了敌人，作为一个曾经宣誓过的军人，他违背了自己的誓言，对祖国犯下了不可饶恕的罪行。

　　步兵第13军军长基里洛夫少将在敌人的包围下，既没有履行报效祖国的职责，也没有组织所属部队反击敌人和设施突围，而是临阵脱逃，向敌人投降，导致步兵第13军被敌人歼灭，部分部队在没有进行激烈抵抗的情况下成了俘虏。

　　必须指出，在上述这些向敌人投降的事例中，集团军军事委员会成员、指挥员、政工人员以及内务部队，在被敌人包围的情况下，表现得惊恐万状、手足无措，简直不可思议！他们甚至没有设法阻止，诸如卡恰洛夫、基里洛夫这样贪生怕死的人向敌人投降了！

　　这些向我们不共戴天的敌人投降的可耻事例说明，在我们的红军当中，既有不畏牺牲、全心全意保卫祖国不受敌人侵略的勇士，也有一些动摇不定、胆小如鼠、卑躬屈节的懦夫。这些懦夫不仅存在于红军部队当中，而且还存在于红军的指挥机构当中。众所周知，一些指挥员和政工人员在前方没有表现出英勇顽强、坚贞不屈和誓死保卫祖国的英雄气概，不但不能成为红军战士们学习的楷模，相反，他们还把自己隐藏在掩体里，忙于一些文字工作。他们看不到也不去了解战斗情况，因此一旦在战斗中遇到一些严重的困难，他们就会投靠敌人，撕下他们的徽章，逃离战场。

　　在红军部队中，我们能够容忍一旦被敌人包围就投降的胆怯士兵的存在吗？能够容忍一旦遭到敌人打击就丢掉军装逃向后方的胆怯指挥员的存在吗？不，这是绝对不可能的！如果我们向这些懦夫和逃兵屈服，那么他们很快会毁掉我们的军队，毁灭我们的国家。懦夫和逃兵必须被彻底清除。

　　我们还能够将那些在战斗中把自己隐藏在掩体里、对战场情况和战斗进程不闻不问的营团指挥员看作是指挥员吗？不，这是绝对不可能的！他们是骗子，不是营团指挥员。如果我们向这些骗子让步，他们很快会把我们的军队转变成官僚机构。我们必须撤掉这些骗子的职务，将他们降为士兵。如有必要，立即就地处决，用下级军官或红军战士中勇敢、坚强的人取代他们。

　　命令：

　　1. 在战斗中丢掉、撕掉徽章逃往后方或投降的指挥员和政工人员将被视为逃兵，他们的家庭成员将作为违背誓言者、叛徒和逃兵的亲属而被逮捕。

　　高一级的指挥员和政治委员有权对军官中的这类逃兵就地处决。

　　2. 陷入敌人包围的各单位和部队应义无反顾地战斗到底，用生命保护自己的装备，从敌人的后方对敌实施打击，消灭法西斯走狗。

　　如果自己的部队被敌人包围了，那么每个军人，不管职务多大，都有责任听从上级的指挥，战斗到底，突破封锁。如果军官或士兵不组织积极的抵抗，反击敌人，而是选择投降，那么可以从空中或地面采取任何手段除掉他们。

　　向敌人投降的红军成员的家庭将被剥夺所享受的国家权利和救助。

　　3. 所有师级指挥员和政治委员都有权立即免除那些在战斗中设法保全自己、害怕在战场上行使指挥权的营团指挥官的职务，可将他们视为骗子，降为士兵。如有需要，可对他们就地处决，用下级军官或红军战士中勇敢、坚强的人取代他们。

　　该命令下发至所有的步兵连、骑兵连、炮兵连、航空大队、指挥员和指挥部阅读。

　　最高统帅部大本营

　　国防人民委员会主席：约瑟夫·维萨里奥诺维奇·斯大林

　　国防人民委员会副主席：维亚切斯拉夫·米哈伊洛维奇·莫洛托夫

　　苏联元帅：谢苗·米哈伊洛维奇·布琼尼

　　苏联元帅：克利缅特·叶夫列莫维奇·伏罗希洛夫

　　苏联元帅：谢苗·康斯坦丁诺维奇·铁木辛哥

　　苏联元帅：鲍里斯·米哈伊洛维奇·沙波什尼科夫

　　大将：格奥尔吉·康斯坦丁诺维奇·朱可夫

　　1941 年 8 月 16 日

|第三章|
围困基辅城

　　乌曼战役改变了基辅周边地区的战争格局。由于德军未能从西面突破苏军的筑垒地域，德军南方集团军群指挥官伦德施泰特元帅决定从南北2个方向绕过基辅筑垒地域，从背面攻占基辅。主要实施打击的是位于马林方向、日托米尔以西的德军第6集团军，他们将从苏军第5集团军的后方实施打击。

同时，他还计划将德军第6集团军和第1装甲集群的部分单位投入突破苏军第26集团军部署在法斯托夫至塔拉夏一线的防御阵地的行动中，进而从南面攻占基辅。

　　7月16日，苏军第5集团军的部队遭受了德军的严厉打击。德军不断增兵，试图巩固在马林方向取得的战果。

▲ 1941 年基辅五一劳动节阅兵式上的苏军空降兵第 1 军的官兵们。在 1941 年 7—8 月的基辅周边防御战中，苏联伞兵们出色的表现证明了自己。

▲ 1941 年 7—8 月乌克兰境内，苏军空降兵第 204 旅的伞兵们正奔向基辅周边的防御阵地。

▲ 1941 年 7—8 月乌克兰基辅地区,一门做了伪装处理的德国 Pak 35/36 型 37 毫米反坦克炮正在向苏军部队开火射击。其不远处可见一辆苏军的"共青团员"T-20 轻型火炮牵引车。

▲ 1941 年 7—8 月乌克兰境内,德军士兵们正在奋力抢救一辆陷入壕沟的德军 Stoewer R200 型汽车(车辆编号为 WH-307445)。该车隶属于德军第 691 宣传连队。

▲ 乌克兰境内的一辆苏军 T34-76 坦克残骸。由于车内弹药殉爆,巨大的爆炸冲击力将这辆坦克的炮塔直接掀起,落下时偏离了炮塔座圈。摄于 1941 年夏季。

▲ 苏军西南方向(下辖西南方面军和南方面军)总指挥谢苗·米哈伊洛维奇·布琼尼元帅(右)。这张照片是 20 世纪 30 年代后半期在他自己的办公室内拍摄的。

西南方面军司令员基尔波诺斯上将决定从马林东北地区的布鲁西洛夫调集步兵第27军的兵力，以及从同样位于布鲁西洛夫方向的白采尔科维以东地区调集第26集团军的兵力予以增援。这些部队原本计划是用于消灭基辅郊外的德军以及掩护方面军主力部队从别尔季切夫—奥斯特罗波利—列季切夫防线[67]撤下来的。

7月16日黎明时分，一轮炮火准备后，苏军步兵第27军的单位向德军发起了进攻。他们花费了4天时间从30千米外的拉多梅什利[68]——马卡罗夫[69]防线赶来，路途上顽强抵抗并战胜了德军的拦截。苏军山地步兵第28师第144团第3连在舍佩连科少尉的率领下，作为先锋部队的一部分封锁了基辅交通要道——斯塔维谢村[70]附近的日托米尔公路。情报显示，村内停着许多德军坦克，而且此时德国人正在村庄中沉睡。苏军战地指挥员下令用燃烧瓶（又称"莫洛托夫鸡尾酒"）摧毁德军的坦克。被枪声惊醒的德国人用机枪和单兵武器从屋内对屋外的苏军予以还击。

一边倒的战斗持续了一整天，苏军共摧毁了26辆坦克，消灭了100多名德军士兵，但苏军的损失也相当严重：苏军的先锋部队仅存几名战士，指导员米哈伊洛夫和舍佩连科少尉都壮烈牺牲了，他们倒在了用集束手榴弹炸毁坦克的途中，身中数弹壮烈殉国。但他们完成了自己的任务：在己方主力部队赶来前，设法将德军阻滞在村中。

胜利并没有维持多久，紧接着苏军的部队便遭遇了败仗。苏军步兵第27军被迫从别拉亚克林尼察[71]防线撤往瓦布利亚村[72]。

苏军步兵第27军和第5集团军在别尔季切夫地区采取的积极行动削弱了德军集群，并牵制住了对方5个师。第26集团军从7月16—22日在白采尔科维至法斯托夫方向顺利采取了行动，特别是在法斯托夫、白采尔科维、塔拉夏爆发的激烈战斗。苏军第26集团军的反击为先前提到的第6集团军和第12集团军的后撤争取了时间。

而与此同时，基辅周边地区却相对平静。

▲ 1941年7月底乌克兰境内，德军第14装甲师师长库恩少将（右前方）正与第9装甲师的装甲兵亲切交谈。照片中的这辆坦克（坦克编号为R02）属于第33装甲团副官。德军第691宣传连通过相机和胶片记录下了这一幕。

▲ 1941年7月，一辆悬挂着一门50毫米 Pак38 反坦克炮的德军半履带牵引车正载着几名步兵穿过泥泞的乌克兰村庄。该车隶属于德军第48摩托化军。

▲ 照片中的这辆Ⅲ号中型坦克（坦克编号为R01）是属于德军南方集团军群第9装甲师第33装甲团团长的座车。摄于1941年7月乌克兰境内。

▲ 乌克兰境内的德军第48摩托化军的军官团，摄于1941年7月。照片最前方的是第11装甲师师长路德维希·克吕威尔少将。

▲ 1941年7月，乌克兰境内隶属于南方集团军群党卫军"阿道夫·希特勒"警卫旗队师的2名士兵正在调整一门50毫米迫击炮的射击参数。

▲ 从照片上看，德军的第16摩托化师可能将自己的指挥所搬到了一辆大型巴士上。中间戴眼镜者为师长齐格弗里德·亨里茨中将。摄于1941年7月乌克兰境内。

基辅筑垒地域指挥部没有足够兵力和预备队将城市周边打造成一个强大的防御圈，因此在组建和训练民兵部队的同时，他们还积极训练、组建和部署情报机构，为开展敌后谍报工作做准备。为此，基辅筑垒地域指挥部组建了一支专门的情报组，负责在德军后方开展密切的侦察行动。

7月26日，基尔波诺斯上将乘车离开了设在瓦西里科夫市[73]的方面军左翼的步兵第64军指挥所，而西南方面军新任参谋长瓦西里·伊万诺维奇·图皮科夫（Василий Иванович Тупиков）少将于次日抵达了斯维亚托希诺。同日，前任参谋长普尔卡耶夫中将动身前往莫斯科的苏军大本营。

▲ 1941年7月底乌克兰境内，隶属于西南方面军第26集团军的 B.C. 菲多谢耶夫少校（右三）正在将任务交给反坦克枪营的战士们。

▲ 1941年8月乌克兰境内，正在休息的德军Ⅲ号中型坦克的乘员们。该坦克隶属于德军第14装甲师第36装甲团第1营（坦克编号为 IN 1）。

7月30日，德军动用了3个步兵师的兵力对苏军第26集团军步兵第64军麾下的步兵第165和第175师防区的交界处——位于平丘基居民点至文尼察斯塔维村（село Винницкие Ставы）的一块东西走向的狭窄地段实施了一次有力的打击。德军渴望沿着白采尔科维至基辅的公路，从南面攻入基辅城。

由于苏军步兵第165师师长在指挥、调度上的无能，对下属的放任不管，导致了该师的几个营在战斗中陷入包围圈，与师主力分隔开来这一严重后果。为了避免被包围和消灭，7月31日早晨，步兵第165师麾下被断绝联系的部队被迫向与其东北面毗邻的步兵第175师的侧翼阵地靠拢。在未受到德军强攻的情况下，步兵第175师和马特金少将的混成支队（下辖坦克营、摩托化步兵营和炮兵团）主动向基辅筑垒地域的南部防区退却。而步兵第165师退到了第聂伯河对岸，占领了从博尔特尼奇村（село Бортничи）至沃隆科夫村（села Воронков）的地带。与此同时，西南方面军的其他阵地上发生了激烈战斗。

必须要指出的是，这些部队和另外一些苏军部队一样一溃千里，几乎直接就退到了乌克兰边境，他们士气低落，迅速穿越横跨第聂伯河的大桥向后方撤退是他们的唯一目标，但是他们最终被阻截部队拦了下来，用来加强基辅城的防御。所以并不是所有的战士在德军进攻时都能有勇气进行顽强抵抗。相当多的情况下，当德军发起进攻时，个别单位（营级）会一触即溃，从自己守卫的战壕中跑出来，逃离战场。其中的几个事例便发生在基辅筑垒地域南部防区的正面——霍多索夫卡村（село Ходосовка）和塔拉索夫卡村地区。

▲ 1941 年 8 月乌克兰境内，隶属于德军第 14 装甲师第 36 装甲团第 1 营的 Ⅲ 号中型坦克编队。

▲ 1941 年 8 月乌克兰境内，一名德国步兵中校在装甲运兵车的指挥室里对表查看发起攻势的时间。

次日，德国人沿着瓦西里科夫至基辅的公路集结。同时另一集群推进到了卡涅夫市，试图打破苏军第 26 集团军的阻截并从东南面向基辅前行。

7 月 30 日，在克列门尼谢村南面的一座永备火力点附近发生了激烈的战斗。这座永备火力点就是基辅筑垒地域中最著名的一座——第 131 号机枪永备火力点。

第 131 号永备火力点中总共有 11 名驻军，他们的指挥官瓦西里·彼得罗维奇·亚库宁（Василий Петрович Якунин）非常年轻，当时只有 19 岁，而其他的战士几乎也都未满 20 岁。

7 月 31 日早晨，28 处永备火力点（包括第 131 号永备火力点）的政委——高级指导员（政工系军衔，该军衔低于营级政委，高于政治指导员）米哈伊尔·伊万诺维奇·萨福诺夫（Михаил Иванович Сафонов）来到第131号永备火力点，亲自仔细检查了驻军的战备情况。萨福诺夫只称赞了战士们，并未做任何批评。当天下午，步兵第600团的部队和炮手们几乎拼光了。撤退中，苏军炮手们艰难地携带着武器穿过灌木丛和树林，而推进中的德军拦住了他们的退路。此时，第131号永备火力点开火，掩护己方部队撤退。位于德军右侧的这座苏军永备火力点向外喷射的火舌不断地收割着德军的生命，不久德国人便撤退了。这使得苏军的这个步兵团的残部能够顺利撤退到新的阵地并重新构筑阵地。

第二天，德国人占领了克列门尼谢村（基辅州基辅—斯维亚托希诺地区的村庄）。这一天内，永备火力点内的苏联守军击退了德军的数次进攻，显然他们决定留下来，战斗到最后。

不久，德国人分散部署在永备火力点四周，并开始围攻。德国人用迫击炮攻击它的装甲门，但很快就发现这只是徒劳而已，因为迫击炮弹根本无法击穿厚重的装甲板。夜晚，德国人的侦察兵爬上了该永备火力点的顶部，一边敲打一边大喊道："罗斯，投降吧！"但守军置之不理。一次，德国人试图带着炸药包接近永备火力点，但是被守军发现，他们大胆地主动出击，用手榴弹和机枪扫射，粉碎了德军的这一企图。

据当时在场的目击者称，最后时刻，驻军唱起了《瓦良格之歌》。该永备火力点喷出的火舌吞噬了将近100个德军士兵的生命。

关于这场战斗的另一种说法是：在永备火力点的装甲门上未找到任何的火焰喷射器留下的诸如金属边缘融化、污渍、烧黑等痕迹（德军在攻击一些基辅筑垒地域永备火力点时会采用这种使用火焰喷射器的攻坚战术）。

最有可能造成这一结果的是，当驻军弹药耗尽时，德军工兵炸毁了永备火力点的装甲门和后部的射击孔（战后可见爆炸的痕迹），然后引爆了通往下层的舱口。在一段留存下来的历史影像资料中，我们可以看到，当永备火力点被破坏时其实仍有幸存的战士，而且我们还能看到永备火力点内壁的墙上刻有其中一位英雄米哈伊尔·费多罗维奇·马克西莫夫（Михаил Федорович Максимов）的名字，这显然是守军战士们留下的。最终苏军将其余驻军战士的档案从"阵亡"改成了"失踪"。

5名战士驻守在第131号左侧的第127号机枪永备火力点中，他们整整阻挡了德军3天，没有让其穿越该永备火力点附近河上的堤坝。德军从列斯尼基村附近一举突破了苏军防御，从霍多索夫卡村村后接近了该永备火力点。苏军步兵们在慌乱中撤退了，周边所有的永备火力点几乎都被遗弃并"沉默了"，唯独第127号机枪永备火力点仍然在向外喷吐着火舌。当驻军弹药耗尽，它也"沉默了"。德国人设法破开了它的装甲门，并从该永备火力点内抬出了5名红军战士，其中仍有3人是活着的。此时他们已经无法自行行走，德国人把他们抬到汽车上，之后就也再没有了他们的消息。时至今日，这些被抬出来时还活着的士兵们的经历已鲜为人知，留下的只有只言片语：他们中间有一个是来自波尔塔瓦[74]的老士官（军衔是大士，大士是苏军士官中的最高军衔），名叫米哈伊尔·卡尔诺维奇（Михаил Карнович），他是一个黑发高个儿的鞑靼人；非常年轻的丹科·洛佐夫斯基（Данько Лозовский），他来自布希沃季察；个儿不高、性格认真的瓦西里·舒米洛夫（Василий Шумилов），战争时期他的妻子和孩子在斯摩棱斯克。

据未经证实的资料显示，这种永备火力点在设计时，出口的阀门被设置在外面，而且战时驻军是被锁在里面无法撤离的。

▲ 1941 年 7—8 月乌克兰境内，一辆在战场上被摧毁的苏联 1939 年型 T-26 坦克的残骸。该战车很有可能隶属于苏联红军机械化第 4 军。该照片现藏于俄罗斯国家影片与照片档案馆。

▲ 德军纵队穿桥而过，近处的水中躺着一辆搁浅的 T-26 坦克，或许是渡河时出现了机械故障。

▲ 1941 年 7—8 月乌克兰境内基辅地区，一小队全副武装的苏联红军战士正徒步前往基辅筑垒地域防御体系内的阵地。

7 月 31 日，德军沿着瓦西里科夫至基辅的公路集结。在此方向，德军第 244 营的突击炮遭遇了苏军的攻击，其中一辆被苏军俘获后重新投入战斗，这辆突击炮被证实曾在基辅市欧洲广场的爱乐音乐厅和歌剧院附近出现过。

与此同时，向基辅城推进的德军另一个集群则试图阻止苏军第 26 集团军从东南方向向基辅退却。

8 月 1 日 14 点，德军朝别洛哥罗德卡村—霍多索夫卡村—姆雷加村一线的苏军阵地发起了进攻。但结果是自身损失惨重，并且未获得实质性的进展。当日夜间和第二天，德军对格洛谢耶沃森林进行了侦察和探索。德军在此处空降了伞兵，结果被巡逻的苏联民兵连队及时发现，他们朝半空中的德国伞兵射击，德国伞兵最终被民兵们彻底消灭。德军借着苏军退却的机会，趁乱急袭基辅的行动未能取得成功。

8 月 3 日早晨，经过一轮猛烈的炮火覆盖打击和空中轰炸后，德国人再一次向苏军阵地发起了进攻。他们的主攻方向是维塔波奇托瓦亚村至基辅公路上的一处狭窄地段，这里是苏军步兵第 147 师和步兵 175 师防御阵地的交界处。

苏军步兵第 175 师负责别洛格罗德克村东南部的防御，马特金少将的混成支队则负责第聂伯河的防御。这些天，基辅筑垒地域的指挥部被转移到了附近的姆雷加村，西南方面军司令员下令步兵第 64 军军长济诺维·扎哈罗维奇·罗格兹尼（Зиновий Захарович Рогозный）少将将麾下的步兵第 165 师调往第聂伯河东岸，与摩托化步兵第 7 师一起组织防御，防止德军从城市南面渡过第聂伯河。

▲ 1941年8月6日，在基辅东北面第聂伯河岸边伪装待命的德军第99步兵师的士兵们。

▲ 1941年8月初，在基辅附近作战的一名德国步兵。

◀ 1941年8月，苏德战场上，一辆德军的Ⅲ号J型中型坦克（车辆编号为313）正从俄罗斯南部村庄的街道上经过。该照片现藏于俄罗斯国家影片与照片档案馆。

苏军步兵第 175 师步兵第 728 团的指挥所设在了克留科夫希纳村[75]的南部。当天，基辅桥头堡成了苏联西南方面军守军部队最西端的防御点。波塔波夫少将的第 5 集团军的部队进驻了科罗斯坚筑垒地域，并一直坚守到 8 月 21—25 日才撤退到第聂伯河左岸。

德国步兵师在 4 个独立炮兵团、迫击炮单位和大批坦克、装甲运兵车的支援下，从南面多次强攻苏军的防御工事。德国人通过空军和炮兵火力越过第聂伯河上的桥梁和渡口向基辅郊区倾泻着炮弹和炸弹。

德军攻势之猛烈只能以前赴后继来形容，尽管苏军顽强抵抗，8 月 5 日，德军依然攻破了苏军的第一道防御带，并抵达苏军部署在尤罗夫卡村—塔拉索夫卡村—加特诺耶村（село Гатное）—列斯尼基村以西的霍托夫村（село Хотов）一线的防线。他们攻占了维塔波奇托瓦亚村和洽巴内村（село Чабаны）。8 月 6 日苏德双方间的争夺战进入了白热化。

特别是在塔拉索夫卡村的局部地区，德军展开了一系列的进攻。他们遭到了 К.Г.卡扎良上尉（К.Г.Казарян）指挥的步兵第 175 师轻炮第 63 团炮兵连的猛烈反击，而且此时步兵第 175 师第 632 团 2 营也加入了战团。最终苏军依托基辅筑垒地域的永备火力点取得了胜利。

为了加强战斗区域内基辅集群的实力，苏军从第聂伯河东岸紧急调集瓦西里·阿法纳西耶维奇·格拉祖诺夫（Василий Афанасьевич Глазунов）少将的空降兵第 3 军（下辖空降兵第 5、第 6、第 212 旅）前来增援。

基辅市郊再次爆发激烈的战斗。

|第四章|

战斗仍在继续

希特勒认为乌曼附近的胜利使南方集团军群实现了战略目标的第一步，但其实这并不符合实际，因为按照"巴巴罗萨"计划所制定的第一步战略目标，伦德施泰特元帅的南方集团军群需要完成的任务是摧毁位于右岸乌克兰的苏军主力部队，而后者进度缓慢未按时完成第一步任务，这就是为什么8月12日德国陆军总司令部会根据国防军统帅部7月30日签发的第34号指令，下令伦德施泰特元帅消灭第聂伯河和扎波罗热之间的苏军部队。

该计划如果实施顺利，那么将使黑海沿岸的苏军南方面军的主力——第9和第18集团军以及滨海边疆集团军成为德军的瓮中之鳖。从西南面接近基辅的赖歇瑙元帅的德军第6集团军对于波塔波夫少将的苏军第5集团军（下辖步兵第15、第31军和机械化第19、第22军）而言，犹如悬挂在头上的一把"达摩克利斯之剑"。苏军第5集团军觉察到向自己扑来的德军第6集团军的所有部队都来自同一个方向，波塔波夫下令不给德军

任何机会靠近基辅。然而，另一面，他们又受到德军中央集群对其侧翼和后方的威胁。与苏军第5集团军对阵的是德军第6集团军麾下的第56、第62、第79、第98、第113、第262和第298步兵师。

1941年8月上旬，苏军第5集团军所处位置很是让德军统帅部头疼，德军对此做出了如下评价："我军需要投入大量的部队来对付科罗斯坚的敌人。他们犹如磐石一般死死地挡在了我们面前，这使我军的局面尤为尴尬。"

西南方面军的残余部队——第5集团军、步兵第27军、基辅筑垒地域、第26集团军和第38集团军做出了以下部署：

苏军步兵第27军（下辖步兵第87、第28和第171师）奉命防守库哈雷村和博罗江卡镇[92]防线。与其对峙的是德军第111步兵师和第296步兵师。

基辅筑垒地域（下辖步兵第147、第175师，步兵第206师的部分单位，空降兵第2、第3旅，以及其他混成单位）防守

库比扬卡村（село Кубянка）—戈斯托梅利村（село Гостомель）—索菲耶夫卡村（село Софиевка）—皮罗戈沃村（село Пирогово）防线，这一防线的对面部署着德军第44、第168、第75、第99、第299、第71和第95步兵师。

苏军步兵第64军（下辖步兵第165师和摩托化第7师）防守位于德涅斯特河东岸的博尔特尼奇村和古先齐村（село Гусенцы）的前沿阵地。

第26集团军（下辖步兵第41、第97、第146、第159、第196、第199、第227、第264、第289师和骑兵第5军）防守勒日谢夫桥头堡（步兵第146师）和卡涅夫桥头堡。苏军第26集团军阵地对面的是德军第9、第68、第94、第132步兵师和第57步兵师的部分单位。

8月4日新组建的第38集团军，其麾下的步兵第116师和摩托化第212师防守位于别洛泽里耶村（село Белозерье）、斯捷潘基村（село Степанки）、胡佳基村（село Худяки）前沿的切尔卡瑟桥头堡。

步兵第301、第289师和骑兵第34师作为西南方面军的总预备队，这3个师于8月10日抵达基辅地区。

新组建完成的部队有：步兵第293师，8月12日在苏梅[76]完成组建；步兵第295师，8月12日在丘古耶夫[77]完成组建；步兵第300师，8月6日在克拉斯诺格勒[78]完成组建。

西南方向预备队序列中于7月10—15日组建的师级单位有：步兵第261师，于8月16日在别尔江斯克[79]整装完毕；步兵第270师，于8月12日在梅利托波尔[80]整装完毕；坦克第8、第11、第12、第16、第47师和摩托化第218师于一个月后在巴甫洛格勒[81]

和斯大林诺戈尔斯克[82]地区整装完毕。这些师是根据苏军№ 010/44新编制的要求组建的。上述新组建的坦克师共接收了215辆坦克，包括20辆KV重型坦克、42辆T-34中型坦克、153辆T-26和BT轻型坦克。实际上，上述坦克师与战前整编师相比，无论是在兵员数量上还是所配给的技术装备上都明显缩水了很多。

▲ 照片中这两辆多炮塔中型坦克T-28隶属于苏联红军西南方面军机械化第8军。前方这辆T-28是1937—1940年生产的（坦克编号为3323），后面那辆T-28是1936—1937年生产的（坦克编号为2023）。摄于1941年8月初。

▲ 1941年8月乌克兰境内，一队被苏军西南方面军俘虏的德军战俘。

截至1941年8月1日，苏联西南方面军所属装甲部队的装甲数量和兵力配备表

军番号	人员编制				装甲车、坦克数量								辅助性车辆数量	
	指挥人员数量	初级指挥人员数量	士兵数量	合计	KV	T-34	БТ-2 БТ-5 БТ-7	T-26	T-35	T-28	T-37 T-38 T-40	БА	运输车辆	专用车辆
机械化第4军	2096	2068	10348	15092	—	3	4	—	—	—	1	38	1111	306
机械化第8军	2488	2967	12182	17637	6	47	98	45	—	22	3	63	1602	299
机械化第9军	1696	864	11302	13862	—	—	8	—	—	—	4	27	1335	162
机械化第15军	1913	1447	7250	10610	—	3	10	2	—	—	—	35	431	265
机械化第19军	1159	1005	6216	8380	—	4	—	24	—	—	—	2	614	59
机械化第22军	1456	1600	8513	11569	1	—	1	3	—	—	—	14	871	346
合计	10808	10531	55811	77150	7	57	121	74	—	22	8	179	5964	1437

注：1. 1941年8月份，机械化第9军支援了步兵第15军的战斗。

2. 机械化第22军被配属给了第5集团军。

▲ 1941 年 8 月乌克兰境内，一辆隶属于德军第 14 装甲师第 36 装甲团的 III 号坦克正尝试牵引一辆有故障的苏军 T-34/76 坦克。

▲ 2 名德军站在被苏军遗弃的 T-26 坦克上合影。

正如此间结束时，苏联最高统帅部大本营和西南方向总指挥给西南方面军司令员基尔波诺斯上将下达的指示：当前首要工作是将第 5 集团军从普里皮亚季河[83]东岸撤出来，而将西南方面军的主力部署到第聂伯河桥头堡的防御上。因此，基尔波诺斯于 8 月 7 日下达了第 0049 号作战令：

第 5 集团军：将部队撤回并部署到普里皮亚季河的左岸做机动性防御。

步兵第 27 军：把部队调动到第聂伯河东岸从普里皮亚季河河口至基辅市的地域内。

基辅筑垒地域：组织部队发起反攻，夺回左翼的防御阵地。

第 26 集团军：守卫卡涅夫桥头堡，调遣骑兵第 5 军和坦克第 12 师在勒日谢夫方向发动反击以协助其麾下的步兵第 146 师守住该桥头堡。

第 38 集团军：防御切尔卡瑟桥头堡。

步兵第 301 师（预备队）：占领沿第聂伯河东岸设立的从勒日谢夫到安德鲁希村（село Андруши）的防御阵地。骑兵第 34 师划归给骑兵第 5 军节制。

尽管 1941 年 6—7 月西南方面军经历了较大的挫折，但随后也及时得到了补充。仅西南方面军的机械化军在 1941 年 8 月 1 日便接收了 289 辆坦克和 179 辆装甲车。但是军一级编制却是按照单一兵种组建的。换句话说，就是装甲军中只有坦克师，而步兵军中只有步兵师。这样的编制配属单一，不太灵活。

仅花费了 8 月 6 日一天时间，德国人就突破了苏军防线，推进到了基辅郊外。德国人在此处集结了 4 个师的兵力——第 44、第 299、第 73 和第 95 师。但是，在德军最高统帅部 8 月 9 日的日志中却出现了"暂停对基辅进攻"的字眼。苏军中所有保卫基辅筑垒地域的部队都于 8 月 10 日被编入第 37 集团军（包括筑垒地域内的固定驻军、空降兵第 1 军和步兵第 147、第 175、第 206、第 284、第 296 师），安德烈·安德烈耶维奇·弗拉索夫（Андрей Андреевич Власов）少将担任该集团军司令员，康斯坦丁·列奥尼多维奇·多布罗谢尔多夫（Константин Леонидович Добросердов）少将任参谋长，师级政委波波夫（Н. К. Попов）任军事委员。弗拉索夫曾于 1924 年 7 月—1925 年在列宁格勒高级骑兵学校训练班深造，与朱可夫、罗科索夫斯基、巴格拉米扬和叶廖缅科等人是同学。1938 年他被苏联政府派往中国，作为援华军事顾问帮助蒋介石的国民政府训练军队，卫国战争爆发前被任命为苏联红军机械化第 4 军军长，同年 7 月成为新组建的第

37集团军司令员，该集团军在他的指挥下成功击退了德军的攻击。

为了渡过第聂伯河并攻入基辅，德军不计损失地狂热进攻。8月10日早晨，德军恢复了对瓦西里科夫至基辅公路沿线的攻击，德国人投入到这次进攻中的兵力不低于5个师。当日苏军第37集团军的防御正面承受着巨大的压力，因此苏军不得不将内务人民委员部第4师和方面军所属铁道兵部队的一部分调去增援。铁路建筑与运输第75、第76、第77营和铁路桥梁建筑第31营在基辅西南郊区遇到了德军，所幸他们得到了平斯克区舰队舰艇支队的 П.С.克拉维茨海军上校所指挥的水兵们的支援。英勇的苏联正规军和民兵们并肩作战，而且基辅民兵指挥员 Л.В. 华西列夫斯基（Л.В. Василевский）所指挥的装甲列车也对德国人实施了大胆的突袭。

每天的战斗都给德军造成数以千计的兵员损失，但是伤敌一千自损八百，苏军同样也失去了他们最优秀的指战员们。有些作战单位甚至战至几人。例如，步兵第147师，此时只剩下150~200人[84]，空降兵第3旅只剩375人，马特金少将指挥的混成支队只剩300人，步兵第206师只有几人尚存。出于这一点考虑，西南方向总指挥布琼尼元帅抽调总预备队的步兵第284师，紧急派往前线。当夜，步兵第284师师长根纳季·彼得洛维奇·潘柯夫（Геннадий Петрович Панков）上校和一群参谋人员匆匆抵达第37集团军的指挥所。次日，该师的部队便投入了梅舍洛夫卡[85]地区的战斗中，苏军在此地的用兵，使梅舍洛夫卡成了一个真正的"捕鼠器"[86]：相当多的德军被苏联人包了饺子，被围困在这里的德军士兵们至死都未曾逃脱出来。

▲ 1941年8月乌克兰境内，一名德国坦克手正站在一辆Ⅲ号G型中型坦克上远眺。

▲ 1941年8月乌克兰境内，一支德国小分队正悄然渡河。该照片现藏于俄罗斯国家影片与照片档案馆。

▲ 1941 年 8 月乌克兰境内，在德军第 3 摩托化军责任区内第聂伯河附近的某个村庄中，德军士兵架设好迫击炮，正在往迫击炮里放入炮弹，目标是不远处的苏军阵地。该照片现藏于德国联邦档案馆。

▲ 1941 年 9 月乌克兰境内，苏军正在检查一辆在第聂伯彼得罗夫斯克地区被击毁的德军 II 号 F 型或 C 型轻型坦克。该坦克隶属于德军第 13 装甲师第 8 连。

▲ 1941 年 8 月 14 日乌克兰境内，德国 III 号 F 型坦克乘员趁着战斗间隙稍作休息。该照片现藏于德国联邦档案馆。

▲ 西南方向总指挥谢苗·米哈伊洛维奇·布琼尼元帅。他于 1941 年 9 月中旬被免职，接任其职务的是谢苗·康斯坦丁诺维奇·铁木辛哥（Семён Константинович Тимошенко）元帅。这张照片是 20 世纪 30 年代后半期所拍摄的。

▶ 1941 年 7—8 月，乌克兰境内的德军第 14 摩托化军责任区内，德军第 9 装甲师的 II 号 C 型坦克和 III 号坦克搭乘着步兵正冲上山坡向苏军发起进攻。该照片现藏于德国联邦档案馆。

▲ 1941 年 7—8 月，德军第 11 装甲师的装甲部队搭乘着步兵正深入苏联境内。图中战术编号为 45 的 II 号 C 型坦克隶属于德军第 3 摩托化军第 15 装甲团。该照片现藏于德国联邦档案馆。

苏军步兵第284师的参战，给第37集团军带来了新的生力军，使其恢复了反击态势。8月12日，德国人被击退了。基辅的捍卫者们渐渐稳定了战线，但乌克兰南部的苏联守军却仍然在苦苦支撑。

两天后，德军部队接近了苏军第37集团军的防御阵地，而苏军第37集团军在8月12日向德国人发起的反击中，将之前丢失的筑垒地域的前沿阵地几乎重新夺了回来。就在同一天，希特勒下令："地面部队暂停对基辅的进攻，尽可能地向前线部队输送弹药物资，通过空军实施轰炸来炸毁城市。"

在这些天里，西南方面军的阵地上传来了未知的呼啸声，后来我们才知道这是秘密武器"喀秋莎"。8月15日早晨，在苏军步兵第147师发起进攻前，"喀秋莎"实施了一轮火箭弹齐射。"喀秋莎"的攻击对德军造成了令人吃惊的毁灭效果。步兵第147师师长波捷欣上校在第二天的报告中写道："那些炮弹落点处，人畜皆无，周边阵地上劫后余生的德国人惊慌失措地逃出了自己的阵地。"

从8月15日起，基辅筑垒地域的前沿战地得以喘息。无论是苏军还是德军，都暂时进入了防御状态，而主要战事再次集中了苏军第5集团军的防区。

西南方面军军事委员会在8月7日向大本营提交了报告，报告中汇报了他们的想法，并请求授权将位于普里皮亚季河左岸的第5集团军撤下来，同时将步兵第27军派往第聂伯河。西南方向总指挥批准了此报告，并上报给最高统帅部大本营。大本营答复，让西南方面军同基辅筑垒地域内的部队一起，8月7—19日在第5集团军前沿阵地右翼采取以掩护科罗斯坚方向为目标的军事行动。因此苏军第5集团军和步兵第27军的部队在200千米宽的前沿阵地上对德军第6集团军的左翼集群部队发动了防守反击。

在12天的战斗中，德国人只攻破了苏军第5集团军防守的部分防御带，并且仅仅只向其阵地腹地艰难地推进了10千米。步兵第27军与基辅筑垒地域之间的防御间隙大约有30千米宽，守卫此处的只是一支规模很小的部队，差不多只有1个加强营的兵力。而且此处正好在基辅筑垒地域内炮兵和步兵第27军军属炮兵的火力覆盖范围内。德国人自从之前（7月15日）试图从此突破攻入基辅而遭受失败后，到8月底前都不敢再派部队攻击此地，直到步兵第27军撤退到第聂伯河才采取行动。

8月7—13日，在苏军第5集团军的防区内发生了迄今为止最激烈的战斗。当德军投入第98、第111和第113步兵师，尝试突破第5集团军的前沿阵地并从东面绕过科罗斯坚集群时，苏军步兵第15军和机械化第9军的部队对其予以坚决抵抗，因此8月9日和10日这两天所发生的战斗尤为激烈。局势在这几天中持续恶化，第5集团军司令员和西南方面军司令员向西南方向总指挥布琼尼元帅提出将位于防线侧翼和中央的第5集团军向东撤退到斯罗维齐诺—戈绍夫—科萨维罗夫一线的请求。这一请求得到了上级的同意。但苏军成功的反击并未能阻止德军继续向前推进，挽救糟糕的局势，因此第5集团军的这一撤退行动未能执行。随后战斗的力度开始衰减，8月15日德军开始在第5集团军和步兵第27军的阵地前沿全面转入防御。同样，苏军第26集团军和步兵第64军的部队守住了其在第聂伯河构筑的防御阵地。

步兵第64军[87]的步兵第146师、步兵第

一辆编号为405的Ⅱ号坦克正驶在一片泥泞的道路上。

1941年7—8月,一辆德军Ⅲ号坦克正停在乌克兰一座村庄的路边,车长探出指挥塔外,向屋边的老妪问路。

1941年7—8月乌克兰境内,德军第9装甲师第33装甲团团长(左一,指挥塔内者)在自己的坐车(战术编号为B01的Ⅲ号指挥型坦克)中进行战术侦察。不远处可见一座破旧的风车。该照片现藏于德国联邦档案馆。

165 师和摩托化第 7 师被部署在第聂伯河附近的特里波利耶村[88]及勒日谢夫的桥头堡。从 8 月 8 日起，苏军在这些桥头工事上击退了德军的连续性攻击，并且直到 8 月 16 日这两个桥头堡仍然掌握在苏军手中。但 8 月 17 日，苏军步兵第 146 师没能守住勒日谢夫，阻止德军渡过第聂伯河抵达该河东岸。尽管德军对特里波利耶桥头阵地发起了猛烈的攻击，但苏军步兵第 165 师仍然坚守此处将近 3 个昼夜。奋战在卡涅夫和切尔卡瑟桥头堡的苏军突显出了顽强和坚毅的品质。

由步兵第 41、第 97、第 169、第 196、第 199、第 227、第 264、第 289、第 301 师及骑兵第 5 军、坦克第 12 师组成的第 26 集团军从 8 月 8 日起便奋战在卡涅夫桥头堡，并与步兵第 64 军（位于勒日谢夫桥头堡）互为犄角。西南方面军司令部对位于勒日谢夫北面的骑兵第 5 军寄予厚望，认为他们从北向南发起攻势能够起到压制德军的重大作用。但由于后者"组织管理不善"（方面军的第 80 号汇报报告中所称），骑兵第 5 军的突击收效甚微。

8 月 10—12 日，苏军又发动了几次不成

功的反攻。与此同时，苏军第 26 集团军的左翼集结了从乌曼地区新调来的德军第 24、第 297 师。8 月 13 日，这 2 个德军师的部分作战单位在苏军第 26 集团军和第 38 集团军防御阵地的交界处发动了攻势，其任务是将切尔卡瑟桥头堡收入囊中。8 月 14 日，苏军第 26 集团军被责令停止进攻并转入防御，但他们未在卡涅夫桥头堡留下部队防守。8 月 16 日夜间，苏军第 26 集团军决定从第聂伯河东岸退却。骑兵第 5 军和坦克第 12 师被调入方面军预备队，部署在第 38 集团军的防区内。

8 月 19 日夜间，苏军第 38 集团军将摩托化第 212 师和步兵第 196 师的残部从前线阵地上撤了回来。与此同时，第 26 集团军也将步兵第 41、第 159、第 227、第 264、第 289 和第 301 师从第聂伯河东岸撤出，投入到恰帕耶夫卡村（село Чапаевка）、勒日谢夫的前沿防御阵地上。步兵第 97 和第 199 师的残余部队被调入该集团军的预备队。

苏军第 38 集团军麾下的部队逐渐得到加强，除了 8 月 10 日从第 26 集团军划归过来的步兵第 116、第 196 师和摩托化第 212 师外，还有从西南方向总预备队中抽调过来的骑兵第 37 师和步兵第 297、第 300 师。因此，该集团军防御的前沿阵线相应得以延长，其防御正面为从第聂伯河的切尔卡瑟到基舍尼基村[89]，长达 180 千米。

截至 8 月 16 日，苏第 38 集团军的部队一直在加强切尔卡瑟桥头堡的防御，并在前沿阵地以外的德占区内展开了侦察。应该指出的是，第 38 集团军进行的侦察产生了良好的效果，他们收集到了德军为进攻切尔卡瑟桥头堡所做的准备和在第聂伯河克列缅丘格[90]地区加强战备的情报，这些情报都很有价值。

8 月 17 日，德军发动了对切尔卡瑟桥头

▲ 1941 年 7—8 月，行进中的德国 Ⅳ 号 F 型中型坦克。该照片现藏于德国联邦档案馆。

堡的攻势。苏德双方在此地的争夺相当激烈。此处崎岖的地形以及茂密的植被有利于防守一方。8月18日，苏军第38集团军得到了步兵第97师和方面军总预备队序列中的空降兵第4旅的支援。苏军因此暂时阻滞了德军第24、第57和第287步兵师的进攻步伐。

8月19日当天战斗结束时，切尔卡瑟桥头堡仍然牢牢地掌握在苏军第38集团军步兵第97、第166、第196、第212师和空降兵第4旅的手中，而骑兵第37师和步兵第297、第300师也守住了第聂伯河东岸从切尔卡瑟至基舍尔科夫村（село Кишеньков）的防御阵地。第38集团军预备队序列中由波尔塔瓦炮兵学校的教官和学员们组成的战斗单位守住了谢苗诺夫卡[91]。西南方面军预备队序列中的骑兵第5军被配属给了第38集团军，部署在了第38集团军的防区内。

苏军西南方向部队8月8—19日实施的军事行动挫败了德军南方集团军群在基辅地区和第聂伯河下游的军事行动，并使后者损失惨重。但苏军西南方向的整体战略态势依然很紧张，特别是在西南方面军的防区与其左、右翼友军的防区衔接处。

8月19日结束时，在科罗斯坚、基辅、切尔卡瑟、克列缅丘格方向，苏军西南方面军麾下的第5集团军、第26集团军、第38集团军、步兵第27军、步兵第64军依旧对德国人的第6集团军、第17集团军和第1装甲集群展开着防御战。

苏军第5集团军（下辖科罗斯坚筑垒地域守备部队、步兵第15军、步兵第31军、机械化第9军、机械化第22军以及一些其他单位）在别洛科罗维奇村（село Белокоровичи）和库哈雷村（село Кухары）的前沿阵地上抵御着德军第56、第62、第

▲ 1941年夏季，在乌克兰境内被德军包围的苏联红军战士，他们在陷入绝望后向德国人投降。

▲ 1941年7—8月乌克兰境内，被关押在西南方面军中转战俘营的德军战俘。

79、第 98、第 111、第 113、第 262 和第 298 步兵师所发动的攻势。苏军步兵第 27 军（下辖步兵第 28、第 87 和第 171 师）防守着库哈雷村和博罗江斯卡镇防线，其正面之敌是德军第 168 和第 296 步兵师。

苏军第 37 集团军（下辖基辅筑垒地域守备部队，空降兵第 1、第 3 军，步兵第 147、第 175、第 206 和第 295 师）防守基辅桥头堡和基辅筑垒地域，与其对峙的是德军第 44、第 71、第 75、第 95、第 99、第 168 和第 299 步兵师。

苏军步兵第 64 军（下辖步兵第 146、第 165 师和摩托化第 7 师）防守一个位于第聂伯河东岸勒日谢夫、博尔特尼奇地段，靠近特里波利耶村的面积不大的桥头堡。与该军对峙的是德军第 132 和第 294 步兵师。

苏第 26 集团军（下辖步兵第 41、第 159、第 199、第 227、第 264、第 289 和第 301 师）防守位于第聂伯河东岸的勒日谢夫—卡涅夫—恰帕耶夫卡—切尔卡瑟一线的前沿阵地，与其对峙的是德军第 57、第 68 和第 94 步兵师。

苏军第 38 集团军（下辖步兵第 97、第 116、第 196、第 297、第 300 师，空降兵第 4 旅，骑兵第 37 师，摩托化第 212 师）作为切尔卡瑟桥头堡的防御力量和第聂伯河东岸从切尔卡瑟至基舍尼基村的防守主力，其正面之敌是德军的第 24、第 57、第 297 步兵师和第 3 摩托化军的部分单位、新组建的集群（下辖第 97、第 125、第 257 步兵师和第 100、第 101 轻步兵师）。这些德军师隶属于德军第 17 集团军和第 1 装甲集群。

苏军西南方面军预备队由骑兵第 5 军（下辖 3 个骑兵师）和由波尔塔瓦炮兵学校师生组成的团组成，这些部队全部被部署在第 38 集团军的防区内。

|第五章|
德军的"新计划"

直到 1941 年 8 月中旬，苏联红军才终于在沿黑海至波罗的海的整条苏德战线上暂时稳定下来：将德军的进攻步伐挡在了列宁格勒城前；在西线，将德军拖入了斯摩棱斯克战役的泥潭；在南方，成功守住了敖德萨[93]。另外，在基辅附近的德国人也未能在苏军的手中获得显著战果。但是，挫败并没有使德国人改变原有的战略构想——在 1941 年冬季来临之前彻底击垮苏联。德国人调整了自己的战役战术计划：希特勒决定让中央集团军群分出部分军队转向南方，与南方集团军群形成南北两面夹击之势，以此消灭苏军西南方面军的主力。

但这样的安排违背了原先制定的"巴巴罗萨"计划，德军的主要精力也从西面莫斯科方向转到了西南面。

希特勒在 1941 年 8 月 21 日的指示中称：

建议德军陆军总司令部更改于 8 月 18 日递交的关于在莫斯科方向的用兵计划，因为这不符合我的计划。

我命令：

▲ 战前苏军的军事力量：1936 年基辅市五一劳动节阅兵式上的轻型装甲车方队。

1. 冬季来临前，主要战略目标不是占领莫斯科，而是攻占克里米亚，夺取顿巴斯的产煤区和工业区，并且切断俄国人在高加索地区的石油供应；北部战线的主要目标是包围列宁格勒，并且与芬兰人在此会师。

2. 南方集团军群和中央集团军群，必须毫不迟延地利用我军在戈梅利[94]至波切普[95]

1938年，参与基辅特别军区演习的BT-5型快速坦克。到1941年9月初，隶属于基辅特别军区的数量众多的装甲单位几乎已损失殆尽。西南方面军实力最强劲的10个坦克师在1941年9月初也只剩下数十辆坦克。该照片现藏于俄罗斯国家影片与照片档案馆。

荷枪实弹的苏联空降兵，其中一些人肩扛着捷格加廖夫型轻机枪。此图拍摄于1935年的空降兵演习。苏军空降兵第1军（下辖空降兵第1、第204、第211旅）、空降兵第2军（下辖空降兵第2、第3、第4旅）和空降兵第3军（下辖空降兵第5、第6、第212旅）从1941年6月28日开始加入保卫基辅的行列。该照片现藏于俄罗斯国家影片与照片档案馆。

一线形成的有利态势，以其内翼兵力实施一次协同作战。此次作战的目的，不仅仅是通过第6集团军单独实施的进攻将苏第5集团军赶过第聂伯河，而且要在俄国人抵达杰斯纳河[96]—科诺托普[97]—苏拉河[98]一线前将其歼灭。这样，就可以使南方集团军群在第聂伯河中游以东地区站稳脚跟，并保障其中央和左翼部队继续向罗斯托夫—哈尔科夫方向实施突击。

3. 中央集团军群不必顾及以后的作战问题，务必派出足够兵力完成歼灭敌第5集团军的目的，同时还需在兵力较少的情况下击败敌人对我方战线中央地带的进攻……

4. 能否掌握克里米亚半岛，这对我们是否能够顺利从罗马尼亚获得石油至关重要……

中央集团军群指挥官费多尔·冯·博克元帅在接到希特勒的指示后，于1941年8月24日对接下来的行动下达了如下命令：

1. 接元首令，为了防止苏军第5集团军向苏拉村[99]—科诺托普—杰斯纳河一线撤退，使我中央集团军群与南方集团军群相邻的侧翼受到影响，必须在此之前将其歼灭。此次任务应巩固第聂伯河中游东侧区域，进而继续向哈尔科夫方向采取行动。

2. 为了完成这一任务，中央集团军群必须穿越位于南面的斯塔罗杜布[100]至列奇察[101]一线。其中，第2集团军（由第13军、第14军和临时组建的第35军组成，整个集团军下

▲ 2 名参加 1939 年基辅军区战前演习的苏联红军空降兵,他们面带微笑,肩上扛着著名的捷格加廖夫轻机枪。

辖 7 个步兵师和 1 个骑兵师)向位于切尔尼戈夫[102]的苏军右翼展开进攻;第 2 装甲集群(直接听命于中央集团军群)中具备战斗力的第 24、第 47 摩托化军则南下。

第 2 集团军和第 2 装甲集群的当务之急是夺取切尔尼戈夫与诺夫哥罗德－谢韦尔斯基[103]之间的桥头堡。占领之后,视事态进展情况,可进一步向南面或东南面推进……

但苏军统帅部已经提前洞悉了德军的这一意图。8 月 19 日,苏军总参谋长朱可夫大将向最高统帅斯大林发送了以下电文:

我深信敌人已知晓我军在通往莫斯科的道路上集结了大批部队——在我军中央方面军侧翼集结的部队和在大卢基集结的部队。我认为敌军此时会暂时放弃向莫斯科方向发起攻势,他们将主动转入积极防御,以应对我西方面军和预备队方面军的进攻。并且他们会将自己所有的机动打击力量和部分装甲力量投入到攻击我中央方面军、西南方面军和南方面军上。

敌人可能计划:击溃我中央方面军,进而推进到切尔尼戈夫、科诺托普、普里卢基[104]地区,从西南方面军的后方击溃其部队。这之后他们将会通过绕过布良斯克森林,以及对顿巴斯发起攻势来实现打击莫斯科的目的……

为了应对敌人的这一军事行动并防止其击溃我中央方面军、推进到西南方面军的后方,我认为目前我们需要尽快集结重兵集群,并部署到格卢霍夫[105]、切尔尼戈夫和科诺托普地区。现在必须将这支用来抵挡敌人而集结起来的梯队兵力派往杰斯纳河。

该重兵集群必须包含以下兵力:

1. 不少于 1000 辆坦克,可以从外高加索军区、陆军总司令部坦克预备队和其他地区调集（其中300辆坦克可以从远东地区调集）。

2. 不少于10个步兵师的兵力。

3. 3~4个骑兵师的兵力。

4. 400~500架作战飞机，可以从外高加索军区、海军舰队编制中的航空兵单位以及莫斯科防空区的空军单位调集。

如果您愿意采取更加积极的进攻方式来应对敌人即将实施的这一非常危险的行动，那么我建议将这个重兵集群全部集中部署到布良斯克地区，它将成为一支可对敌侧翼进行有力打击的力量……

斯大林和鲍里斯·米哈伊洛维奇·沙波什尼科夫元帅联合署名回电：

关于你做出的德国人可能在切尔尼戈夫—科诺托普—普里卢基一线发动攻势的预测，我相信是正确的。德国人如果在这一方向发动攻势，则意味着他们将从第聂伯河东岸绕过我基辅集群，进而包围第3和第21集团军。据已知情报，敌人的一支纵队已经越过了乌涅恰[106]并出现在了斯塔罗杜布。前车

之鉴，为了防止他们对即将成立的由叶廖缅科领导的布良斯克方面军构成威胁，特别是出于对敌人会采取其他措施的担忧，我们希望阻止德国人的进攻。

1941年8月19日，苏军最高统帅部大本营下达了第001084号指令，重申了基辅的防御任务，并强调在部署上必须考虑到将来可能发生的状况，如侧翼受到威胁甚至被包围等。

为了避免西南方面军被德军合围，撤退中的第5集团军和步兵第27军必须尽快构筑一条新的防线。此后，战局的势态迅速变得清晰明朗。苏军西南方面军的部队按照上文提到的命令，于8月21日夜间，在德军跟踪追击中开始从第聂伯河东岸有组织地撤退。在撤退中，最重要的是不惜一切代价阻止德军渡河。由于中央方面军的左翼形势不容忽视，因此根据命令，之前已经向东南方向撤退的苏军第21集团军被勒令留在了戈梅利。这样一来，危险将笼罩在切尔尼戈夫，因为

▲ 1941年9月，西南方面军的高级指导员 B.H. 阿夫杰耶夫将从梅利托波尔市的工人处收到的礼物分发给苏军红军战士 И. С. 巴兹捷夫（И. С. Баздев）和 Ф.И. 阿斯塔菲耶夫（Ф.И. Астафьев）。

▲ 1941年8月苏德战场上，德国投降士兵马库斯·赫尔穆特（Маркус Гельмут）正在与苏联统帅部代表交谈。

▲ 1941 年 9 月，西南方面军的 A.A. 格里辛（A.A.格里申）中士正骑着 IZ–9 型摩托车飞速地奔往目的地传递作战任务。

德军第 2 野战集团军已经开始向该处扑来。在这种情况下，从第聂伯河撤退的苏军应通过各种手段来确保位于切尔尼戈夫前线北面和东面的右翼安全。

不幸的是，上述任务几乎无法完成。

8 月 16 日，西南方向总指挥布琼尼元帅向大本营提出的让第 5 集团军和步兵第 27 军撤退到第聂伯河左岸的请求得到了上级的许可。他在请求中这样写道：

由于大本营提出的在此区域发动进攻的命令已无法实现，就地展开防御变得无任何意义，不对称的战斗只会进一步削弱我军实力。如果将西南方面军右翼（第 5 集团军和步兵第 27 军）向东撤过第聂伯河，则对我军而言更加有利。

撤出西南方面军右翼的时机已然成熟，因为与其相邻的中央方面军已经与逼近布良斯克和乌涅恰防线的敌人接战了。我们越早着手组建西南方面军右翼的预备队，我军的

防线就会越加稳固。对于争夺基辅的战斗，预备队是关键所在。就目前而言，基辅筑垒地域内的兵力是不足的，同时，由于我军撤过第聂伯河，将有机会集结到能够投入到基辅筑垒地域抵御敌人进攻的生力军。如果大本营最高统帅允许第 5 集团军和步兵第 27 军撤过第聂伯河，将会在方面军预备队中多保有 2~3 个步兵师，这样我们可以着手将这些师改编成坦克师和摩托化师。这将使我方面军的预备队中再拥有 2 个步兵师。

苏军大本营迅速同意了这一请求。两天后，大本营向南方面军下达了任务：首要目标是牢牢守住第聂伯河左岸从洛耶夫镇[107]至佩列沃洛奇诺耶村[108]的防御阵地。由于西南方面军的整体防线正面长度缩短了，因此可以在总预备队里保有至少 8 个步兵师。就在同一天，即 8 月 19 日，西南方面军军事委员会签发了一份关于第 5 集团军和步兵第 27 军的作战指令。

由于苏军步兵第 27 军急需解决一个当前问题——调整麾下各师编制，因此前 3 天他们在休整时，波塔波夫少将指挥的第 5 集团军不得不独自稳住防线，以确保步兵第 27 军侧翼的安全。步兵第 27 军于 8 月 22 日深夜开始了行动。随着该军进入第聂伯河左岸，其麾下的步兵第 28 师按照原计划转移到了基辅筑垒地域内，并加强筑垒地域内的驻军，而空降兵第 2 旅和空降兵第 3 军则转入了西南方面军预备队序列。

组织第 5 集团军撤出第聂伯河右岸阵地时，西南方面军司令员要求步兵第 27 军从南面掩护第 5 集团军的左翼，以确保他们实施这一机动。这意味着第 27 军撤退时间不能早于 8 月 22 日——第 5 集团军甩开敌军，徒步从瓦洛维奇村[109]和沃尔乔克村[110]防线撤退的

▲ 1941年8月乌克兰境内，德军步兵拿起武器迅速进入村庄内的前沿阵地。该照片现藏于俄罗斯国家影片与照片档案馆。

▲ 1941年7—8月乌克兰境内，一辆隶属于德军第9装甲师第33装甲团的Ⅲ号H型中型坦克上，乘员们正站在坦克炮塔上进行对空侦察。该照片现藏于德国联邦档案馆。

▲ 1941年8月乌克兰境内，德军第9装甲师的士兵们正在消遣自己的闲暇时光. 睡觉、吃饭、玩扑克。左下角的这张照片中，远处可见一辆战术编号为R02的Ⅲ号中型坦克。上述3张照片现藏于德国联邦档案馆。

▲ 德军第 9 装甲师的装甲兵正在用煤油炉加热食物。该照片现藏于德国联邦档案馆。

▲ 德军装甲兵们正在修理 Ⅲ 号坦克的传动件。该照片现藏于德国联邦档案馆。

时间。8 月 21 日，第 27 步兵军军长和第 5 集团军司令员针对如何执行行动命令（第 0029 号）进行了战前讨论。但就如何执行这次行动，两支部队的最高指挥员产生了分歧，并最终不欢而散。步兵第 27 军军长帕维尔·丹尼洛维奇·阿尔乔缅科（Павел Данилович Артеменко）少将认为：首先，从 8 月 24 日起他的军将转入第 37 集团军的作战序列，而在 8 月 24 日前该军直接听命于西南方面军司令部；其次，在指挥权的分配上，他认为从马林穿过戈尔诺斯塔伊波尔村（село Горностайполь）到奥库尼诺沃[111]的路途上，以及在奥库尼诺沃附近渡河期间，第 5 集团军都要听从他的指挥。而第 5 集团军司令员波塔波夫少将认为在这次有组织的撤退行动中，步兵第 27 军更适合担任掩护的角色，因为他认为在当前情形下，由步兵第 27 军掩护第 5 集团军撤退更为合理。众所周知，在敌人强大的攻势下实施有组织的撤退，特别是两支部队在交替撤退时，对两支部队的衔接和纪律监管要求特别严格。可想而知，两位最高指挥员互不妥协的协同方式将导致一系列严重后果。

步兵第 27 军会被划归第 37 集团军，这完全可以理解，因为由第 37 集团军接管该军的指挥权能够对战局产生积极的影响。但步兵第 27 军没有必要从奥库尼诺沃渡口渡河，因为第 37 集团军可以通过自己在斯瓦罗梅耶村（基辅以北 25 千米处）附近的渡口帮助其渡河。

而且，在撤退过程中，第 5 集团军和步兵第 27 军交界处几乎完全没有掩护部队。在这种情形下，正如我们了解到的接下来将要发生的情况一样，德军很快就利用了苏军的这一破绽。

一开始，第 5 集团军的撤退在有计划、有组织地进行着。不过，在组织撤退的过程中，他们被要求加快行军速度。这势必导致撤退难度不断加大，因为他们必须克服两条大河——第聂伯河和普里皮亚季河。这意味第 5 集团军得迅速通过纳沃兹村和切尔诺贝利[112]附近的 2 个渡口以及涅丹奇奇村[113]附近的铁路桥。为此第 5 集团军组织了 3 种运输方式：

1. 通过奥夫鲁奇[114]、切尔尼戈夫的铁路运输，运送步兵第 135 师的技术装备和步兵

1941 年 8 月乌克兰境内，以中将（右一）为首的德军军官团正在讨论进攻方案。该照片现藏于德国联邦档案馆。

第 200 师的火炮和后勤部队。

2.通过公路运输,运送摩托化第 131 师、步兵第 62 师和空降旅。为此至少需要组织准备 900 辆汽车。

3.该集团军的剩余部队将通过徒步来完成转移。

所有的这一切都将在德军的跟踪追击下完成。更令人担忧的是,切尔尼戈夫方向的情况尚不明了。

另一方面,西南方面军司令员基尔波诺斯上将显然并不清楚中央方面军的情况,只有这样,我们才能理解他为何给波塔波夫少将下达了这样的命令:"第 5 集团军应坚定地、不可动摇地捍卫第聂伯河左岸切尔尼戈夫北部的我方面军右翼。"这一命令,在接下来的战争事态中被证明是完全错误的。很快,策应第 5 集团军撤退的第 21 集团军的部队从切尔尼戈夫地区的北面撤退了,这导致步兵第 125 师被迫在巴赫马奇[115] 地区的杰斯纳河河段中途下车。上述情况的发生,导致了第 5 集团军的右翼阵地处在了危险中。

虽然苏军在撤退过程中显示出了良好的

▲ 1941 年 8 月乌克兰境内,苏联专家正在研究被击毁的德国坦克上的弹痕。

▲ 一张名为"苏联女坦克兵俘虏"的德军宣传照片,这张照片可能是德国人让被俘的苏军女护士戴上飞行员皮帽冒充坦克兵拍摄的。该照片摄于 1941 年 8 月乌克兰境内,现藏于德国联邦档案馆。

▲ 第 37 集团军的一群苏军官兵在俘获的德军八轮装甲车旁合影。1941 年,弗拉索夫的第 37 集团军一直守卫着基辅市。

▲ 1941 年 7—8 月，在乌克兰境内行驶的德军装甲列车。单从照片上看我们无法确认具体是哪一列，我们只能从德军南方集团军群在这一时期的序列资料中查找。德军南方集团军群麾下共有 3 列装甲列车，分别是 4 号、7 号（第 6 集团军序列中）和第 31 号（隶属于南方集团军群预备队），目前只知道照片中的这列装甲列车是隶属于克莱斯特第 1 装甲集群的。这几张照片是在德军第 9 装甲师的进攻区域内拍摄的。上述照片现藏于德国联邦档案馆。

组织性，但我们纵观历史，仍能发现许多缺陷，最致命的是，此时德军已洞悉了他们的战略意图。从现今已解密的资料中可以看出，德国人早在 8 月 21 日就已经发现了苏军在准备撤退。哈尔德在自己的日记中写道："第 6 集团军指挥官（赖歇瑙元帅）非常肯定敌人（苏军第 5 集团军）会在此时撤退，而且他已经想好了明天（即 8 月 22 日）就开始展开对敌追击……这一点非常令人惊讶。"

而苏军第 5 集团军的左翼发生了更加危险的状况：第聂伯河左岸已受到绕道过来的

德军的威胁。怎么会这样呢？敌人为什么会出现在这里？

其实在苏军着手撤过第聂伯河时，第 5 集团军和其左邻步兵第 27 军的交界处就已被德军第 98、第 111 和第 113 步兵师以及第 11 装甲师一部攻破。8 月 23 日，上述德军部队来到了奥库尼诺沃的渡口处，迅速击溃了守卫此处的苏军步兵第 27 军步兵第 171 师的一个团，并占领了该渡口。虽然步兵第 27 军在该渡口部署了部队进行把守，但位于此处的第聂伯河大桥的守备力量显然很薄弱。

当德军侦察到苏军开始从科罗斯坚撤退时，为了缩短追击的路途，便选择强攻捷捷列夫河[116]沿岸，但德军发起的这些进攻均被包括内务人民委员部第 4 师在内的苏军左翼部队成功击退了。

德军没有成功切断苏军第 5 集团军的撤退路线。

然而，苏军步兵第 27 军就没有第 5 集团军这么幸运了。苏军步兵第 27 军军长阿尔乔缅科少将和他的幕僚们将此次撤退行动指挥得非常糟糕。很显然，他们低估了德军为阻止其撤退所投入的真正实力，更不幸的是，西南方面军司令部同样也没有预见到这种威胁。德军第 6 集团军指挥官赖歇瑙元帅立即利用了苏军的大意，对苏军步兵第 27 军所实施的既不隐秘也不清晰的行动进行了侦察。随后，他命令奥托·施塔普夫（Otto Stapf）中将的第 111 步兵师提前渡过第聂伯河。施塔普夫的快速战斗群通过唯一一条公路急速奔向苏军步兵第 27 军的右翼。不知何故，阿尔乔缅科少将并没有与同在撤退路线上、位于其右翼的山地步兵第 28 师师长康斯坦丁·伊格拉季耶维奇·诺维克（Константин Игнатьевич Новик）少将进行沟通，而亚历山大·叶菲莫维奇·布德霍（Александр Ефимович Будыхо）少将的步兵第 171 师目前已经接近基辅了。然而，布德霍少将麾下由 1 个步兵团和轻炮第 357 团 1 个营组成的机动支队堵塞了道路，致使后续部队都被阻滞在后面的森林和湿地无法前行。这导致德军装甲部队在未遭遇到任何抵抗的情况下，就成功地通过了公路，进而穿过了位于奥库尼诺沃村（село Окуниново）附近地区的唯一一座第聂伯河大桥。

在德军坦克的行进路途上，苏军仅部署了轻炮第 357 团 2 营。德军偶然间在伊万科沃村（село Иванково）地区发现了该营的 1 个炮兵连。大约 10 辆德军坦克向苏军炮兵连的火炮开火，其中 2 辆坦克设法摧毁了苏军的火炮，但它们自己也几乎被苏军如雨点般的炮火吞噬。最后只剩下唯一一名苏军战士，但他仍然独自操作着火炮向德军开火。当德国坦克靠近时，他依然活着，还击毁了 2 辆德军坦克。德国坦克只好停了下来，向他所在的火炮猛烈开火，而德国冲锋枪战斗组也从侧面绕了过来。此时这名苏军炮手仍然有时间撤退，但他没有离开自己的岗位。当德国人的坦克再次移动时，他干掉了第三辆德军坦克。该门火炮后面的房子在熊熊燃烧着，火花落在了战士的身上，灼烧着他，但他浑然不觉，仍然在忘我地战斗着。又一辆德军坦克冒起了黑烟！火炮最终沉默了，因为它耗尽了所有弹药。德军立即奔向这门火炮。炮手站了起来，向奔来的德军挥了挥拳头，然后拖着受伤的躯体走进了燃烧着的房子。他宁愿选择死亡，也不愿当俘虏。当附近的苏联红军赶来时，他们意外地发现一名幸存的战士，从他的口中了解到这里所发生的一

▲ 战时，德军直接将 37 毫米反坦克炮搬到了 Sd.Kfz.10 型半履带运输车上。另外可见该车发动机前部还加装了装甲板。该照片摄于 1941 年 8 月乌克兰境内，现藏于德国联邦档案馆。

切。后来为了纪念这名英勇的红军战士，苏联将一支红军旅以这名炮手的名字命名。

德军坦克继续在公路上推进着，稍后在戈尔诺斯塔伊波尔村附近的捷捷列夫河上的跨河大桥处与苏军发生了激战，驻守在这里的苏军部队是谢尔盖·乌戈利亚连科（Сергей Угляренко）中尉领导的一支小规模边防支队。这里只有少数苏军战士，仅仅阻挡了德军数小时。德军在这里花了一个早上的时间，然后继续前进。当天下午，内务人民委员部第4师的少数单位赶往奥库尼诺沃进行支援，但已无济于事。1941年8月23日18时，第聂伯河上的公路大桥完全落入了德国人的手中。

听到这个消息后，苏军西南方面军司令员基尔波诺斯上将的脸上顿时失去了平时特有的沉着。据在场的目击者回忆称，当时将军愤怒地将拳头砸向了桌案上的地图，大声地喊道："怎么可以让这种事情发生！"

苏军西南方面军参谋长图皮科夫少将报告称，与步兵第27军军部的通信联系遭到了破坏。图皮科夫继续说道："当前我们应不惜一切代价与撤退中的各师取得联系，并

▲ 德军第9装甲师师长胡比奇中将正与自己的幕僚一起工作。

▲ 1941年8月乌克兰境内，胡比奇中将正在会见匈牙利快速兵团（摩托化军）的军官们。该照片现藏于德国联邦档案馆。

▲ 1941年8月乌克兰境内，2辆配备了远程通信设备的德军Ⅲ号H型指挥坦克，它们隶属于第9装甲师第33团。坦克上面还放置了扶手椅，方便乘员在开阔地进行远距离观察。该照片现藏于德国联邦档案馆。

▲ 德军第9装甲师师长阿尔弗雷德·里特·冯·胡比奇中将。照片摄于1941年8月的乌克兰境内，现藏于德国联邦档案馆。

把它们送到基辅以北的第聂伯河左岸。应责令西南方面军工程部队主任伊林米特科维奇（Александр Федорович Ильин-Миткевич）少将带领人手重新前往奥库尼诺沃以南地区，就地取材赶制木筏，将步兵第 27 军从那里撤过第聂伯河。据侦察反馈的情报显示，越过第聂伯河的德军坦克被送上了 2 个工程营的汽车，这两个营拥有大量的后备反坦克地雷。"

基尔波诺斯点了点头，说道："这很好，瓦西里·伊万诺维奇（指的是西南方面军参谋长图皮科夫少将）用你自己的权限立即采取措施，控制住步兵第 27 军的渡河渡口。我们必须采取紧急措施破坏奥库尼诺沃大桥并摧毁敌人刚刚建立的桥头堡。还有一件事就是迅速在奥斯乔尔[117]附近的杰斯纳河河段处构筑防御阵地，哪些单位可以调配到那儿？"

图皮科夫回答道："那附近的部队有海军陆战队的 1 个连、空降兵第 212 旅和马日林指挥的内务人民委员部第 4 师的 1 个高射炮兵连。"

基尔波诺斯认为这些兵力太少，立即下令从其他防区（包括基辅筑垒地域）调遣部分兵力增援此处，优先从格奥尔吉·尼古拉耶维奇·米库舍夫（Георгий Николаевич Микушев）少将的第 41 师和空降军中选择。基尔波诺斯还决定从方面军司令部中挑选一名合适的指挥员派往奥库尼诺沃地区详细了解情况，向他汇报那里究竟发生了什么。

"瓦西里·伊万诺维奇，不要拖延，"基尔波诺斯不耐烦地挥了挥手，"快去发布命令吧。"

"奥库尼诺沃渡口究竟发生了什么？"基尔波诺斯自言自语道。

西南方面军防空部队参谋长瓦连京·安东诺维奇·佩尼科夫斯基（Валентин

Антонович Пеньковский）少将被基尔波诺斯派往了奥库尼诺沃地区。他回来时，神情阴郁，而且看上去苍老了许多。以下是他的汇报内容：

原本大桥是由 2 个配备了 18 门高射炮的高射炮兵营和马日林上校的内务人民委员部第 4 师的一支小规模步兵分队把守的，但不知何故，在德国人的坦克分队攻破此地的前一晚，其中一个营被调往了其他地区。在此之前，当地居民在河两岸已经修筑了以一些土木火力点为主的坚固防御工事，这些土木火力点都以步兵壕和交通壕连接。但当德军攻过来时，这些原本应该有士兵把守的土木

▲ 曾属于苏军西南方面军的一门残破的 M3A 型 37 毫米炮和一辆牵引它的 GAZ-АА 型卡车。该照片摄于 1941 年 8 月，现藏于德国联邦档案馆。

▲ 1941 年 8 月，一辆装载着步兵的德军 Sd.Kfz.10 型半履带运兵车引领着一支运输车队奔驰在苏联领土上。该照片现藏于德国联邦档案馆。

▲ 行驶中的一辆德军半履带运输车，远处可见若干名举着双手投降的苏军士兵。

▲ 行驶在乌克兰境内的德军第9装甲师的坦克纵队。照片正中的是一辆编号为403的Ⅳ号F型中型坦克。

▲ 德军摩托化步兵分队的军官们正在一辆Ⅱ号坦克旁商讨进攻计划。该照片现藏于德国联邦档案馆。

火力点竟然都是空的！而且掩体内也没有配备反坦克武器。

竟然如此不考虑后果！8月23日当晚，直到德军坦克接近大桥时，高射炮兵们才发现他们并开火。事实证明，该高射炮兵营的营长很是草率，甚至在高射炮炮位的部署上，都未做任何伪装处理，似乎是刻意给德国人安排固定靶子。仓促间平射开火的高射炮未对德军坦克造成任何损失，部署在河右岸的苏军炮兵阵地轻易地被德军坦克部队粉碎，德军坦克只受到短暂的抵抗，便冲上了桥梁。只有少数排长指挥的炮手冲上去对付坦克，他们用燃烧瓶摧毁了2辆坦克，但自己也被其余冲上来的德军坦克打死。

令人恼火的是，虽然炸药已事先安装好了，但由于组织结构僵化，工兵部队在未得到上级命令指示的情况下，无权擅自炸毁桥梁。工兵部队的指挥员曾通过电话和电报与方面军司令部联系，在德军坦克出现时，他曾试图接通西南方面军司令部作战部部长巴格拉米扬的电话，但当他准备报告现场情况时线路却突然断掉了。他旋即想到了用莫尔斯电报机向司令部发报，但这时报务员已来不及发送电报，因为就在此时爆破装置的引线断掉了，大桥已无法被及时炸毁。

步兵第27军军长阿尔乔缅科少将铸成了不可饶恕的大错！被德国人的机动部队抓住了在捷捷列夫桥附近的防御弱点，迅速攻破并占领了这里，这是不可原谅的。至此，奥库尼诺沃村附近的这座公路桥成了第聂伯河上众多桥梁中唯一落入德国人手中的一座。

德国人迅速将此处作为前进的桥头堡，当夜德军指挥部便往此处调遣了兵力，并连夜构筑了更为坚固的防御阵地。苏军步兵第27军曾试图夺回该地，但第二天的反攻并未

成功。苏军第 5 集团军和第 37 集团军之间的
交界处出现了空隙。

与此同时，苏军第 5 集团军主力部队
正行军越过切尔诺贝利和纳沃佐夫村（село
Навозов）的交叉路口。苏军步兵第 31 军（下
辖步兵第 45、第 62 和第 200 师）也从切尔尼
戈夫东面和北面的防线阵地中抽调了出来。
苏军步兵第 15 军则在第聂伯河东岸构筑了防
御工事，其前沿阵地朝西，部分朝北。至于
他们空出来的阵地，则由中央方面军第 3 集
团军接管。

由于该桥梁被德国人占领了，第 5 集团
军在 8 月 25 日渡过第聂伯河时，立即发现自
己已陷入危局，而且德军对苏军第 5 集团军
左翼的威胁也与日俱增，最终导致在第聂伯
河左岸防守的步兵第 31 军的后方被德军拉开
了一个口子。

奥库尼诺沃渡口发生的状况令西南方面
军司令部为之震惊，苏军第 5 集团军司令员
则被责令率部返回渡口并消灭这里的德军。
波塔波夫少将动用了手中所有能够调配的兵
力——机械化第 22 军、摩托化第 131 师、步
兵第 228 师和步兵第 124 师的部分单位来执
行这项任务。虽然苏军第 5 集团军和步兵第
27 军分别从北面和南面尽力赶往奥库尼诺沃
地区，但德国人已经巩固了这里的防御，并
开始着手探明从奥库尼诺沃东面渡过杰斯纳
河前往奥斯乔尔市的道路。守卫通往奥斯乔
尔市必经之路上的杰斯纳河大桥的是内务人
民委员部的 2 个机枪连和 1 个高射炮兵连。
虽然德军的侦察部队被他们击退了，但杰斯
纳河大桥随时都有被德军攻占的危险。

因此，苏军紧急调动在布罗瓦雷[118] 地区
组建的后备工程工兵营，命其立即驱车奔向
奥斯乔尔市，渡过杰斯纳河。他们的任务是

▲ 一辆有步兵伴随的 II 号 C 型轻型坦克正行驶在乌克兰
的原野上，其左侧可见一个 MG34 机枪组。该照片现藏
于德国联邦档案馆。

▲ 1941 年 8 月乌克兰境内，一辆向基辅驶去的德军 Sd.
Kfz. 222 型四轮轻型装甲车的乘员们正在谈笑着。苏德战
争初期，德军士兵普遍都很乐观，这从照片中装甲车乘员的
面容就能看得出来。值得一提的是，抗日战争爆发前，中国
国民党政府曾从德国进口了少量这种装甲车用于装备部队。

▲ 跌入谷中的苏军 STZ-5 中型火炮牵引车，其身旁是
一门 1938 年制 M-10 型 152 毫米榴弹炮。该照片拍摄于
1941 年 8 月乌克兰境内。

设法炸毁第聂伯河和杰斯纳河之间的所有桥梁，并破坏从奥库尼诺沃村到奥斯乔尔市的公路。这次他们成功阻滞了德军坦克纵队的进一步推进。

苏军继续采取了摧毁奥库尼诺沃大桥的措施，他们首次尝试用飞机和河面舰船来完成摧毁大桥的任务。夜里，苏军的舰船赶到大桥附近，但被德军密集的炮火给击退了，此战苏军共损失了7艘炮艇。苏军水兵们又采用了一些别的方法，比如运用漂浮的水雷接近桥梁，只要其中一只水雷触碰到了桥梁支座，桥梁就会坍塌。不过驻守此地的德军排除了这种危险，他们沿着河边，将刚好上浮的水雷从水中捞起。

为了消除奥库尼诺沃地区的威胁，波塔波夫少将将手中所有能调遣的部队都派去执行这一任务。他先派去了机械化第22军的残部及步兵第131师、步兵第228师，随后又派去了步兵第124师、摩托化第215师。等这些部队到达奥库尼诺沃地区后，才发现德军已经在奥斯乔尔地区的杰斯纳河与奥斯乔尔河交汇处附近集结了大量部队。

苏德双方围绕着奥库尼诺沃展开了相当激烈的争夺战。有时，苏军第5集团军的部队设法驱逐了德国人，但仍无法完全将他们驱逐出去。德军在奥斯乔尔市方向的第聂伯河左岸成功建立了一个渡口，他们可以通过这个渡口渡河，抵达基辅筑垒地域部队的侧翼和后方。

考虑到奥库尼诺沃附近的战斗异常艰难，苏军在奥斯乔尔公路附近的杰斯纳河东岸防御阵地上部署了一支被称为"奥斯乔尔支队"

▲ 被攻破的苏军指挥部。可见一辆被遗弃的 ZIS-5 汽车前来不及撤走的文件散落一地。该照片现藏于德国联邦档案馆。

◀ 被俘的苏军。其中一名士兵手中举着类似纳粹标志的旗帜，但很明显这个标志是错误的，可见在当时苏军基层官兵心中，"纳粹"还只是一个模糊的概念。该照片摄于1941年乌克兰境内，现藏于德国联邦档案馆。

的强大武装力量。

8月27日，苏军步兵第124师被调出第37集团军的作战序列，转而与机械化第22军和步兵第228师一起组建了奥斯乔尔支队，他们奉命完成消灭奥库尼诺沃桥头堡的任务。

对于秋列涅夫大将的南方面军部队而言，渡过第聂伯河同样存在困难，因为布琼尼元帅于8月18日责令驻扎在扎波罗热[119]的内务人民委员部第157团的工兵执行了炸毁第聂伯河水电站的任务，过早地将该河段水电站上能够通行的大坝炸毁了。爆破后，扎波罗热南面的第聂伯河水位上涨，河面宽度甚至达到了1.5千米，这更加大了第9集团军和第18集团军的渡河难度。值得一提的是，这些部队的部分指挥员在指挥部队渡河时很有组织性，尽管轮渡渡来回河面两岸需要1个多小时，但苏军集群的主力却在8月22日接近尾声时全部抵达了该河左岸。截至8月底，西南方面军和南方面军的部队都撤过了第聂伯河。德军在包围西南方面军的军事行动中，投入了超过苏军一倍的作战飞机和4.2倍的坦克。为了保卫第聂伯河左岸从沃尔斯克拉河[120]河口到黑海沿岸一段，南方面军除了投入第9和第18集团军外，还投入了被击溃后重新入编的第6集团军和第12集团军，而滨海集团军则被德军逼往海边，被迫留在了德军的后方保卫敖德萨。

前文提到，德军第2装甲集群可能穿越布良斯克向东挺进，进而威胁到莫斯科，或者从北面突入，威胁到东南方向的西南方面军基辅集群后方，因此苏联最高统帅部大本营于8月14日决定组建布良斯克方面军。

8月16日，布良斯克方面军以苏军第13集团军和第50集团军为基干组建而成。8月25日，中央方面军的第21集团军和重建的第

▲ 1941年8月，德军南方集团军群的第14摩托化军获得了刚刚运来的油料补给，并开始分装到油箱中。该照片现藏于德国联邦档案馆。

3集团军也被编入布良斯克方面军，安德烈·伊万诺维奇·叶廖缅科（Андрей Иванович Ерёменко）中将（后来晋升上将）担任该方面军司令员，师级政委彼得·伊万诺维奇·马泽波夫（Петр Иванович Мазепов）担任军事委员会委员，格奥尔吉·费奥多罗维奇·扎哈罗夫（Георгий Фёдорович Захаров）中将担任参谋长。

布良斯克方面军组建后的首次行动就成功地让德军第2装甲集群指挥官古德里安上将感到了压力，他毫不犹豫地向中央集团军群指挥部寻求帮助，要求给他紧急划拨新的装甲部队和摩托化部队。

事态的后续发展证明，苏军最高统帅部大本营高估了布良斯克方面军的实力。不幸的局面出现在了刚刚调入布良斯克方面军的第21集团军头上。该集团军与方面军主力之间的间隙被扩大了，越来越多的敌人迫使第21集团军向东南退却。德军第2集团军如洪水般从缺口涌了进来，他们来势汹汹地扑向切尔尼戈夫，占领了苏军第5集团军部署在第聂伯河东岸从洛耶夫[121]到奥库尼诺沃桥头堡的防御阵地。苏军西南方面军军事委员会

▲ 德军南方集团军群第 3 摩托化军辖区内的路标，它清晰地指出了德军第 13 和第 14 装甲师以及编号为 Pz. Zug. 3/3 的装甲列车所在方向。该照片摄于 1941 年 9 月，现藏于德国联邦档案馆。

要求波塔波夫少将立即采取紧急措施防止德军进一步向切尔尼戈夫攻击。波塔波夫少将下令将右翼的步兵第 31 军从第聂伯河调往东面，步兵第 15 军从切尔尼戈夫调往北面。

但西南方面军的主要威胁还是来自北面的古德里安第 2 装甲集群，后者已成功攻占了科罗普[122] 和诺夫哥罗德 - 谢韦尔斯基附近的杰斯纳河上的 2 个渡口，这对基尔波诺斯上将的部队后方纵深构成了威胁。9 月的头几天里，苏德双方在这里发生了激烈的战斗。

苏联最高统帅部大本营（1941 年 8 月 8 日其俄文全称发生变化，以前的缩写是 CBK，而之后的则是 CBГK，但翻译成中文都是最高统帅部大本营）发现了古德里安的第 2 装甲集群向南扑来后，于 8 月 19 日批准

了西南方面军将部队撤到第聂伯河对岸，在该河左岸组织防御的请求。后者奉命在第聂伯河右岸保留一支部队用于保卫基辅市。为了应对德军从北面迂回突破苏军西南方面军的后方，西南方面军将新组建的第 40 集团军以及第 37 和第 26 集团军的部分作战单位部署在了杰斯纳河沿岸。

苏军西南方面军与其右邻友军的交界处的情况从 8 月 25 日开始急剧恶化。苏军第 13 集团军和中央方面军所属的第 3、第 21 集团军的部队此时已没有了统一的指挥调度，以致他们在撤退时犹如一盘散沙。第 13 集团军的部队从克林齐[123] 退到了布良斯克方面军防区的波加尔[124] 和诺夫哥罗德 - 谢韦尔斯基；第 21 集团军从戈梅利退到了西南方面军防区内的科诺托普和巴赫马奇；第 3 集团军的残部从莫济里退到了切尔尼戈夫，后并入到了第 21 集团军中。

德军第 2 装甲集群楔入到了苏军第 13 集团军和第 21 集团军之间，紧紧地缠住了向科诺托普南面移动的第 21 集团军的右翼。楔入苏军第 21 集团军和第 3 集团军之间的是德军第 2 集团军的第 13 军、第 35 军和第 48 军，

▲ 一辆行进在苏联国土上的 III 号 H 型坦克。这辆坦克可能属于德国国防军第 14 装甲师，其旁边可见一辆熊熊燃烧的苏军 BT-5 轻型坦克。该照片摄于 1941 年 9 月，现藏于德国联邦档案馆。

他们缠住了苏军第 21 集团军的左翼和苏军第 3 集团军的右翼及后方。因此，中央方面军 2 个集团军的部队和后勤单位从北面撤退到西南方面军的右翼，但由于他们隶属于中央方面军，基本上不受西南方面军的约束。

苏军统帅部采取了应急措施，目的在于确保科诺托普和巴赫马奇方向已经暴露在古德里安部队面前的西南方面军右翼的安全。他们将在这里部署一支新组建的集团军。

库兹玛·彼得罗维奇·波德拉斯（Кузьма Петрович Подлас）少将被任命为新组建的第 40 集团军的司令员。他本人在西南方面军的部队中拥有很高的威望。战争爆发后，他高超的指挥水平使他在西南方面军的前线指挥员中脱颖而出，这也让他指挥的部队常常被派到最关键的战场上去。当然，这样的安排还与他一贯沉着冷静地执行上级指派的任务密不可分。也正因为在战场上表现出的优异指挥能力，他获得了基尔波诺斯上将的关注。当大本营责令基尔波诺斯上将立即组建一支新集团军时，他想到了波德拉斯："库兹玛·彼得罗维奇同志，一切就托付给你了。

我没有想到比你更适合指挥这支部队的人选。话又说回来，你应尽快使部队形成战斗力，时间紧迫不等人。"

新编第 40 集团军在仓促中完成了组建。起初，它包括步兵第 135 师、第 293 师、坦克第 10 师、内务人民委员部的战斗支队和空降兵第 2 军。步兵第 135 师原属于第 5 集团军，曾参加过战争爆发初期的边境战役。历经 2 个月的殊死战斗后，不难想象当它被撤下来，并从第 5 集团军划归到波德拉斯麾下时，部队的建制是什么样的糟糕状态。而步兵第 293 师则是由从前线撤下来的残兵败将拼凑出来的，战斗力如何可想而知。坦克第 10 师也是以残存的骨干人员于 7 月重新组建的，截至此时，该师仅获得了数十辆战斗车辆的补充，徒有个坦克师的番号而已。而空降旅在基辅的战斗过程中也遭受了不小的损失。且整个集团军的反坦克力量仅仅只有反坦克第 5 旅所装备的数十支反坦克步枪！

8 月 28 日，苏军第 40 集团军司令员波德拉斯少将向方面军司令部报告称，他的部队已经做好了战斗准备。就在同一天，他接

▲ 德国战俘正在苏军西南方面军所设的改造营中阅读着反法西斯的文章。

▲ 乌克兰境内的苏联劳改营中，战俘们正在自己做饭。摄于 1941 年 8 月。

▲ 1941 年 7—8 月，苏德战场上被德军折磨致死的苏军士兵的尸体。他们生前曾被德国人用刺刀和枪托殴打虐待过，其中一具尸体被发现头骨骨折，另一具被割掉了舌头。

到了上级的命令：立即率部进入科诺托普和巴赫马奇以北的绍斯特卡[125]—科罗普—马洛耶乌斯季耶村[126]防线的防御阵地，封锁古德里安装甲集群的前进道路，防止德军突破该防线进而沿着杰斯纳河攻占斯捷潘诺夫卡村（село Степановка）。

虽然这支可谓是七拼八凑的新编集团军的战斗力尚未经过血与火的考验，但局势的吃紧迫使他们不得不在到达指定地区后，立即投入到战斗中，以堵住古德里安的装甲师和摩托化师楔入后造成的防御缺口，阻止他们接近杰斯纳河。

第 40 集团军的部队在科诺托普、巴赫马奇以北，谢伊姆河[127]和杰斯纳河之间的地区遏制住了古德里安麾下坦克的攻势。德军总参谋长哈尔德上将非常关注发生在这里的战斗，他在日记中写道："第 2 装甲集群在强攻杰斯纳河时，其左翼被敌人遏制住，因此南下的攻势暂时陷入了僵局。"

8 月底，苏军仅在绍斯特卡至沃洛温村（село Воловин）长达 125 千米的防御阵地上部署了 2 个步兵师——步兵第 135 师和步兵第 293 师。他们的防御阵地正在遭受德军的攻击，并且步兵第 293 师的阵地上已经出现了危机：德军利用苏军新编第 40 集团军和布良斯克方面军第 13 集团军之间的防御空隙，移动到了该师的右翼，从南面向 293 师阵地的后方发起了攻击。在此我们必须称赞拉古京（Лагутин）上校和他麾下的士兵们，他手下从未上过战场的战士们爆发出了惊人的毅力和勇气，无论是德军坦克对步兵第 293 师的后方发起的袭击，还是德军机枪手的猛烈扫射，都没有击倒他们。波德拉斯少将对拉古京上校率部赶来救援空降兵第 2 军和坦克第 10 师表示感激。

战斗中，一些德军士兵被苏军俘虏了，甚至在某些阵地上，苏军士兵们在指挥员的带领下跃出阵地反攻到了德军的阵地上。这给诺夫哥罗德–谢韦尔斯基的布良斯克方面军的部队帮了大忙，而且也使新编第 40 集团军的防御阵地得到了暂时的喘息。

由于苏军的顽强抵抗，德军原计划突破第聂伯河的时间推迟了。德军南方集团军群指挥官伦德施泰特元帅担心苏军为了避免在左岸乌克兰被己方包围，将进一步向东撤退，因此他下达命令：第 1 装甲集群、第 6 集团军和第 17 集团军于 8 月 28 日抵达指定出发地，并于次日早晨在不用顾及自身侧翼和友邻部队安全的情况下，开始在第聂伯河的多个地段发动强攻。

虽然苏军指挥部无疑可以粉碎德军的这

▲ 一名在Ⅲ号突击炮车内待命的德军炮兵。

▲ 1941 年 8 月，一支德军野战部队将临时指挥部设在了被攻克的苏军永备火力点前。

一计划，但是西南方面军司令部与工农红军总参谋部之间在判断西南方面军各防御地段所受威胁的程度上存在着实质上的差异。

早在 8 月 22 日，苏军总参谋长沙波什尼科夫元帅就表达了他认为西南方面军司令员在分配方面军预备队上存在问题。以下是沙波什尼科夫发出的第 00178 号文件中的内容：

你决定对西南方面军总预备队中的 4 个步兵师、3 个骑兵师和 1 个反坦克炮兵旅做出以下部署：将 4 个步兵师和 1 个反坦克炮兵旅部署在右翼，而将 3 个骑兵师部署在波尔塔瓦方向。那么，在波尔塔瓦方向上，完全没有步兵预备队。西南方面军司令部所呈报的作战文件中称敌人在集结兵力，并且在波尔塔瓦方向建立了桥头堡，但是我军在波尔塔瓦方向所投入的防御力量只相当于其他地段所投入的一半。请对你的部署给予合理的解释。

沙波什尼科夫
第 00178 号文件

通过沙波什尼科夫元帅的这个要求可以判断出，相比切尔尼戈夫和科诺托普周边的战事，元帅更关心波尔塔瓦方向。西南方面军参谋长回复，在战事瞬息万变的情况下，西南方面军司令部比总参谋部更加了解前线的处境。"敌人集群对毗邻西南方面军侧翼的友军部队发动了攻击……我方面军两翼也都受到了敌人的威胁……其中右翼受到的威胁更大……"

如果我们用西南方面军司令部于 8 月下旬向上级呈报的其对侦察结果的分析报告来进行比较的话，分析报告的结论是与当时的实际情况完全吻合的。但这并没能引起大本营的注意。

"我军在特里波利耶村、勒日谢夫、卡涅夫、切尔卡瑟均发现了敌人的动向，但唯独未在克列缅丘格发现。"情报中提到了在奥斯乔尔、基辅和切尔卡瑟方向发现了德军，而只字未提切尔尼戈夫和克列缅丘格—波尔塔瓦方向的情况。西南方面军司令部情报处对即将到来的危机的考虑似乎并未完全从实际情况出发。

根据基尔波诺斯自己的估计，他认为西南方面军需要保有与两翼兵力相等的预备队。但事实上，这种情况是无法实现的，因为西南方面军的预备队既没有其部署在左翼的兵力多，同样也比其右翼的兵力少。唯一可以作为预备队的是位于波尔塔瓦—克列缅丘格方向、西南方面军左翼的骑兵第 5 军（此时兵力只相当于 1 个步兵师），而部署在科诺托普地区的方面军右翼的预备队也仅仅大约拥有2个步兵师的兵力（属于新编第40集团军管辖），但这两个步兵师在8月25日已经投入到战斗中了。苏军统帅部总预备队最早也要到9月15日才能够调配出预备队，这一点是事先没有预料到的。

在这种情况下，只有减少位于方面军正面中央地带、基辅和切尔卡瑟方向的兵力，通过对方面军兵力重新进行调整，并从上述方向后方的科诺托普、罗姆内[128]、波尔塔瓦一线立即撤出8~10个师的兵力，才可能组建一支强大的预备队。但是，这个主要在第聂伯河以及基辅周边继续防御的可行性方案遭到了统帅部的质疑。由于德军并没有以苏军所预想的这种方式对西南方面军的侧翼发动攻击，因此西南方面军的主力部队被限制在了第聂伯河的防御上。这为德军开展新的机动创造了机会。

8月25日，苏军大本营在西南方面军和中央方面军防线的交界处做了复杂的组织性安排，事实证明，这样做并没有解决当前苏军兵力捉襟见肘的困境。

▲ 1941年9月，出现在乌克兰克列缅丘格市街道上的德军南方集团军群部队。照片中的路标上清晰地指示着德军第9装甲师的所在方向。该照片现藏于德国联邦档案馆。

从8月25日起，苏军撤销了中央方面军，其麾下的第3、第13和第21集团军被编入布良斯克方面军，并重新任命了这3个集团军的司令员。第3集团军的野战指挥所被转移到了布良斯克方向，其部队被划归到第21集团军的序列中。上述所有的部队的调配工作预定在德军推进到临近区域前完成，并设法收拢溃退的第3集团军、第13集团军和第21集团军的部队。

同时，苏联最高统帅部大本营要求布良斯克方面军和中央方面军司令部合二为一，但下令第3集团军和第21集团军对外仍然声称自己属于中央方面军的建制，以免被俘人员泄露情报。随后，第3集团军司令部将麾下的师交给了第21集团军，向新的方向撤离。然而，第21集团军司令部为了接收第3集团军的师浪费了宝贵的撤离时间。眼下，在前线仅剩下第40集团军仍在苦苦支撑。

有趣的是，原本挡在古德里安指挥的第2装甲集群前进道路上的苏军2个方面军，仅从番号来看变成了3个方面军——中央方面军、布良斯克方面军和西南方面军。其中，西南方面军对当前所面临的危险做出的应对只能用组织混乱来解释，这似乎得归咎于接替朱可夫任总参谋长的沙波什尼科夫元帅。值得注意的是，这一情形与8月头几天发生在乌曼附近（西南方面军和南方面军）的围歼战极其相似。

苏军最高统帅部于8月30日给布良斯克方面军下达了第001428号指示：

第3、第13和第21集团军向位于斯塔罗杜布和科诺托普的西南方面军后方的敌第2装甲集群发起进攻，并战胜该装甲集群，第50集团军的部分兵力向罗斯拉夫尔[129]方向实施攻击……

▲ 延绵不断的德军第 14 摩托化军的车队正朝着基辅方向奔驰。该照片摄于 1941 年 9 月乌克兰境内，现藏于德国联邦档案馆。

▲ 1941 年 9 月，一支德军车队行驶在乌克兰克列缅丘格市区的街道上。可以在照片中辨别出欧宝公司的两款车辆——欧宝的卡登特型卡车和闪电型轻型卡车。该照片现藏于德国联邦档案馆。

此时，西南方面军第 26、第 37 和第 38 集团军的防御地带出现了如下情景：

位于第聂伯河东岸的苏军第 26 集团军的防御阵地迎来了暂时的宁静，除了苏德双方彼此对对方展开的侦察行动外，至 8 月底前，交战双方都未实施过其他的军事行动。8 月 20 日，苏军步兵第 97 和第 196 师被编入第 38 集团军作战序列，用以加强切尔卡瑟地区的防御；步兵第 41 和第 199 师被调入第 26 集团军预备队。

苏军第 37 集团军从 8 月 24 日起一直被对手束缚在奥库尼诺沃桥头堡的战斗中，这使基辅筑垒地域的前沿阵地显得比较平静。步兵第 27 军（下辖步兵第 28、第 87 和第 171 师）归入第 37 集团军麾下，而原为该集团军序列中的空降兵第 1 和第 2 军则被划归到方面军预备队中。第 37 集团军步兵第 64 军得到了步兵第 146 师的加强。

苏军第 38 集团军的阵地上又是另一番景象。8 月 22 日夜间，苏军放弃了切尔卡瑟桥头堡，两座桥梁和市内的重要工业设施都被苏军自行炸毁。第聂伯河切尔卡瑟漫滩地

区的小岛群，尤其是其中的克罗列韦茨群岛（остры Кролевец）成了苏军争夺的苦战对象。这场博弈具有很大的战术意义，这需要进行专门研究，因此这里不加以赘述。

德军在切尔卡瑟地区不断向苏军发动攻势，可见他们在苏军第 38 集团军位于克列缅丘格地区的左翼当面拥有强大的兵力。

苏军的骑兵第 37 师、步兵第 116 师、步兵第 297 师、步兵第 300 师和摩托化第 212 师被部署在了第聂伯河东岸进行防御。位于切尔卡瑟方向充当西南方面军右翼预备队的是步兵第 97 和第 196 师，而克列缅丘格的左翼则没有预备队。最高统帅部总预备队的步兵第 304 师预计要到 9 月初才可以到达这里的科贝利亚基[130] 地区。

德军第 17 集团军的进攻部队于 8 月 31 日开始在克列缅丘格地区渡过第聂伯河。德军的主攻位置是位于沃尔斯克拉河和普肖尔河[131] 之间的克列缅丘格和佩列沃洛奇纳亚村[132] 地段。

为了在此地区打击德军，苏军组建了由骑兵第 5 军、步兵第 297 师和步兵第 300 师

组成的战斗集群，由骑兵第5军军长卡姆科夫少将出任战斗群的总指挥。

8月31日，德军第17集团军在克列缅丘格周边靠近捷里耶夫卡村（село Дериевка）的地方建立了桥头堡。苏军西南方向总指挥布琼尼元帅立刻意识到敌军在此地建立的桥头堡对苏军来说意味着怎样的危险，他要求立即向第聂伯河左岸的德军发起攻击，但巧妇难为无米之炊，如何让已经没有进攻能力的苏军执行呢？

与此同时，德国人迅速巩固和扩大了该桥头堡。9月4日，南方集团军群指挥官伦德施泰特元帅决定将第1装甲集群调往此处。1941年9月12日早上，胡贝少将指挥的德军第16装甲师向彼得·巴甫洛维奇·丘瓦绍夫（Петр Павлович Чувашов）上校指挥的苏

▲ 一辆被德军击毁的苏军 T-34/76 中型坦克残骸堵在前往基辅的道路上。该照片摄于 1941 年 9 月乌克兰境内，现藏于德国联邦档案馆。

军步兵第297师发起了突然袭击。当日深夜，第16装甲师在瓢泼大雨的掩护下，顺利渡过了第聂伯河。第二天，德军装甲部队推进到卢布内[133] 以南的苏拉河边。但在这里，法国战役中的"英雄"被当地的城市自卫支队和苏军的高射炮兵部队挡住了去路。经历了杜布诺[134] 和乌曼挫折后，胡贝的士兵们已经变得相当谨慎，并不急于向前推进。

在9月的头几天里，德军大军压境，西南方面军与撤退中的布良斯克方面军第21集团军的衔接处出现了问题。稍微了解战役学的人都知道，在战场上组织相互毗邻的集团军侧翼之间的协同行动是一件很困难的事情，即使他们同属一个方面军管辖。而当集团军分属不同的方面军时，操作起来更为复杂，其结果也可想而知。

并入布良斯克方面军的第21集团军由3个步兵军（步兵第28、第66和第67军）和1个骑兵集群（下辖骑兵第32、第43和第47师）组成。

苏军步兵第28军（下辖步兵第187、第219和第117师）被部署在该集团军防线中间地带西南面的奥尔利科夫卡村（село Орликовка）—季哈诺维奇村（село Тихоновичи）—肖尔斯[135] 一线的防御阵地上。其部署在奥尔利科夫卡村的右翼阵地（由步兵第187师把守）毗邻步兵第67军麾下步兵第277师的阵地，而部署在肖尔斯的左翼阵地与步兵第66军麾下步兵第55师的阵地相邻。苏军步兵第28军的当面之敌是德军第1骑兵师的部分单位和第45、第112步兵师。

步兵第66军（下辖步兵第55、第75和第232师）部署在肖尔斯和波尔基村的前沿阵地上，其当面之敌是德军第1骑兵师的部

分单位和第 131、第 260 步兵师。

步兵第 67 军（下辖步兵第 24、第 42 和第 277 师）守卫该集团军防线东面的奥波洛尼耶村（село Оболонье）—列伊门塔罗夫卡村（село Рейментаровка）—让多沃村（село Жадово）—谢苗诺夫卡一线的前沿阵地。他们主动向德军发起了进攻，目的是为了阻止德军第 2 装甲集群的部队成功推进到奥波洛尼耶村和谢苗诺夫卡地区。

骑兵集群（下辖骑兵第 32、第 43 和第 47 师）作为该集团军的预备队被部署在科留科夫卡[136]和洛谢瓦村（село Лосева）地区。被撤换下来的步兵第 266 师得到了完整补充。

瓦西里·伊万诺维奇·库兹涅佐夫（Василий Иванович Кузнецов）中将是在 1941 年 7 月 26 日接替费奥多尔·伊西多罗维奇·库兹涅佐夫（Фёдор Исидорович Кузнецов）上将成为第 21 集团军司令员的。他并没有立即与友邻部队（第 5 和第 40 集团军）建立密切联系，而且没有将他的进攻计划告诉这两个集团军的司令员。这导致 3 个集团军的行动极不协调，以致库兹涅佐夫所付出的努力大打折扣。这很有一种"亲者痛仇者快"的感觉，纵观整个第二次世界大战，苏军中类似这种情形的战事屡有发生。

要知晓西南方面军与布良斯克方面军交界处的当前局势，就需要了解两个方面军之间的相互关系，特别是第 21 集团军与友邻部队的关系。这可以从西南方面军司令部发给第 21 集团军的电报中看出。

1941 年 9 月 1 日，西南方面军发给第 21 集团军的电文如下：

致第 21 集团军司令员：
抄送红军总参谋长、西南方向总指挥和参谋长
4 天前，你们进入了西南方面军的防线边缘。而 3 天前，你们所发动的攻势，却未曾事先通知我方面军和毗邻你部的友军。

对于我部提出的让步兵第 15 军协助步兵第 66 军共同完成任务的建议，你甚至都没有做出任何回应。除了对友邻部队的行动投诉外，你们没有向我方面军司令部提出过任何请求。在这种情况下，我部很难与你部进行协同作战，虽然这种需求形同空气。

我曾下达过命令，让第 5 集团军和第 40 集团军的司令员与你进行充分沟通。但他们反馈称，不仅没有与你建立一个良好的沟通，甚至不知道你部现在所在的位置。很难想象在这点上，他们是唯一的过错方。

步兵第 15 军由于缺乏与其右侧友邻的你部沟通，以致他们陷入了被动状态。一支你部的友邻部队由于不知晓你部集团军的前线情况，而以你在之前的电报中所使用的相同表达方式向我进行了投诉，我已经批评了他的这一失礼行为，并禁止他再次犯相同的错误。

请提供你部当前所处位置的详细信息，并主动及时与友邻部队建立联系，第 5 和第 40 集团军已再一次向我提出了这个问题上的明确指导意见。

1941 年 9 月 1 日

基尔波诺斯、米哈伊尔·阿列克谢耶维奇·布尔米斯坚科（Михаил Алексеевич Бурмистенко）、叶甫根尼·巴甫洛维奇·雷科夫（Евгений Павлович Рыков）、图皮科夫
联合署名发报

可见，苏军部队的组织管理问题阻碍了军令的有效执行。

9 月 1 日，西南方面军司令员向上级提出了交涉，电文如下：
致红军总参谋长、西南方向总指挥：
抄送第 21 集团军司令员

第 21 集团军将后勤和高射炮单位部署在了巴赫马奇和该市以北的我部辖区内。西南方面军司令部和方面军麾下第 5、第 40 集团军的司令部与这些单位有直接接触。眼下，我们完全不知道这些部队在该区域内的情况，而第 21 集团军仍打算将它们继续部署在那里。我们与这些单位的指挥员见面时，发现他们带有"我们不归您管"的情绪。

事实证明，第 21 集团军的部队在同一区域发生了两起擅自行动事件。部署在巴赫马奇地区，用来执行空中监视、预警和通信任务的营独自设立了哨所，对现有空中监视、预警和通信体系的任务无动于衷。部署在马科希诺[137]的高射炮 1 营单独占领了火力阵地，并拒绝服从该营指挥所营长的指挥。

第 21 集团军从杰斯纳河往南越过杰斯纳河渡口朝我部后方行进时并未与第 40 集团军以及我方面军司令部形成默契，包括其行动时与我军进行正常道路调度的通信沟通也未曾有过。

如果不将第 21 集团军划归西南方面军管辖的话，请求上级划定它的防区边界，否则原本简单的事情将会变得复杂，会在当前局势下造成难以避免的混乱，插入我部防区内的该集团军部队将会扰乱我部后方的有序部署。

基尔波诺斯、雷科夫、图皮科夫联名发报

第 21 集团军在西南方面军阵地反方向上的行动导致后者的东西两翼阵地不稳，以致无法应对来自北面的攻击，这需要第 21 集团军立即采取措施调整军事部署。应当指出的是，该集团军后方存在一处严重的障碍——杰斯纳河上的渡口存在安全隐患。

9 月 6 日夜间，苏军总参谋长沙波什尼科夫元帅通知西南方面军司令部，称大本营

▲ 被苏军遗弃的 C-65 型拖拉机，其后牵引着 1 门 M-20 型 152 毫米榴弹炮。照片中可见周遭一片狼藉，还有数具苏军的尸体，疑是德军炮击所致。该照片摄于 1941 年 9 月乌克兰境内，现藏于俄罗斯国家影片与照片档案馆。

最终决定将布良斯克方面军所属的第 21 集团军划归到西南方面军麾下。但此时，西南方面军的北翼局势已相当严峻。

与此同时，古德里安装甲集群的第 3 装甲师已从北面接近洛赫维察[138]。隶属于德军第 1 装甲集群的第 3 装甲师和隶属于德军第 2 装甲集群的第 16 装甲师之间的行军距离只有 40 千米。1941 年 9 月 11 日，苏联红军西南方向总指挥布琼尼元帅察觉到处境危险，向斯大林请求将部队东撤，但遭到斯大林的拒绝。斯大林虽然没有明令要求部队不惜一切代价死守基辅，但对撤退提出了条件，即西南方面军必须沿第聂伯河一线保持防御，并对前进中的古德里安装甲集群发起反击，在未经最高统帅部批准的情况下，不得放弃基辅，也不得放弃任何桥梁。

至此，苏军已无法向东撤退了：首先，最高统帅斯大林要求他们在未得到批准的情况下，不得放弃基辅；其次，哪怕是现在执行撤退，也已为时太晚。另外，由于斯大林认为布琼尼消极避战，遂将其免职。9 月 13 日，西方向总指挥兼西方面军司令员铁木辛哥元帅抵达西南方向司令部，接替了他的指挥权。

9 月 14 日，这一天阳光明媚，德军第 3 和第 16 装甲师的部队攻占了洛赫维察和卢布内，但由于苏军的顽强抵抗，他们暂时止步于此，无法继续向前推进完成会师。洛赫维察和卢布内市内仍有苏军的零星抵抗，对于德军来说，扫除障碍只是时间问题。次日，德军第 9 装甲师从东南面接近了洛赫维察。守卫基辅的部队在基辅以东 200 千米处与德军接战。

1941 年 9 月 16 日，布良斯克方面军司令员叶廖缅科上将未能实现他向斯大林做出的"粉碎古德里安恶棍"的保证，古德里安与克莱斯特的装甲集群在洛赫维察顺利会师，这导致西南方面军被德军包了个饺子。至此，苏军西南方面军的 4 个集团军——第 5、第 21、第 26 和第 37 集团军陷入了德国人编织的巨大包围圈。

|第六章|
灾难的原因

纵观整个第二次世界大战，苏军在基辅被围部队的规模都是空前的。但凡是把目光投向这次事件的人，心中都会有一个疑问：这究竟是怎么发生的？难道是苏联统帅部没有发觉西南方面军所面临的威胁吗？如果他们早已发觉，那为何没有采取措施来化解这一危机呢？

西方有许多历史学家认为，导致这场发生在左岸乌克兰的悲剧的罪魁祸首是苏联最高统帅斯大林。事实上，正是斯大林相信布

▲ 一名苏军士兵站在一辆被西南方面军击毁的配备无线电设备的德军 Sd/Ktz.263 装甲车旁。摄于 1941 年 8 月乌克兰境内。

良斯克方面军司令员叶廖缅科中将向他做出的"粉碎古德里安恶棍"的保证，才造成前者在最后时刻也没允许部队撤离基辅，最终造成大规模的部队被围。

应当指出的是，虽然苏军的其他军事领导人推测出来了德军统帅部的计划，但这对局势的发展并没有起到多大影响。

早在 1941 年 7 月底德国中央集团军群停止进攻时，时任苏军总参谋长的朱可夫就已断定，只有当德军消除了来自西南方向的苏军对其中央集团军群侧翼的威胁后，才会重新恢复对莫斯科的攻势。朱可夫大将也于 7 月 29 日将此判断向斯大林进行了汇报。他强烈要求加强中央方向的防线，使其能够从北面策应基尔波诺斯上将的西南方面军。另外，他还要求斯大林允许基尔波诺斯将部队从基辅撤出，撤退到第聂伯河东岸构筑防线。但此时斯大林并没有意识到笼罩在基辅集群头上的危险，让部队从基辅撤退，在斯大林看来不是个好主意，作为最高统帅的他担心的是如此做将会让国内人民产生不良情绪，而

最重要的是他对英美的援助寄予厚望。未经熟虑，斯大林就撤销了朱可夫总参谋长的职务，改由沙波什尼科夫元帅（时任西方向参谋长，辅佐西方向总指挥铁木辛哥元帅）接替他出任总参谋长。

鲍里斯·米哈伊尔洛维奇·沙波什尼科夫除了有很高的军事理论知识造诣外，在战略层面上也具有丰富的实战经验。在俄国内战期间，他出任共和国革命军事委员会野战司令部作战部部长，二战期间曾两度成为苏联红军总参谋长。相比农民出身、加入工农红军前只是沙皇陆军中一名下士的朱可夫，沙波什尼科夫的资历要老得多：他毕业于尼古拉耶夫斯基军事学院，而且在参加革命前已获得了上校军衔。他也是在那场血腥"大清洗"中幸存下来的唯一一位被称为"军事专家"的红军最高级别指挥员，这一重大事件并没有影响他后来晋升为元帅。通常情况下，沙波什尼科夫都能客观地评价战局，准确预见德国陆军总司令部的意图，正确预测战争走向并提出合理建议。然而，斯大林虽然有至高无上的权力，但他并没有足够的军事经验，因此常常否定沙波什尼科夫元帅的结论和建议。同时，沙波什尼科夫也担心失宠于斯大林，害怕自己这个旧沙皇军队中的上校不仅仅是简单地被勒令辞职，还会被内务人民委员部送上刑场，因此他常常不坚持和捍卫自己的意见。

值得注意的是，从20世纪20年代开始，沙波什尼科夫的身边就不断出现内务人民委员部人员的身影，而且他的名字也出现在准备被镇压的反红军指挥员的名单上。1925年，他被踢出工农红军司令部；1931年，苏军中的大批旧沙皇将军和军官遭到逮捕期间，他再次受到折辱——他从工农红军参谋长职位

▲ 1941年8月乌克兰境内，当地居民正在协助苏军挖掘反坦克壕沟。

上下来，被调任伏尔加河沿岸军区司令员。斯大林和伏罗希洛夫也曾下令对他的公寓进行秘密搜查。许多军事领导人在1937年的那场"军事阴谋"中，都在自己的证词上声称沙波什尼科夫是"阴谋家"。这样一来，被恐惧笼罩的元帅有这些举措也就不难理解了。

沙波什尼科夫看出了西南方面军部队所面临的危险，并与他的副手亚历山大·米哈伊洛维奇·华西列夫斯基（Александр Михайлович Василевский）少将一起试图说服斯大林无论如何让西南方面军撤退到第聂伯河东岸。但是斯大林担心莫斯科的安危，而且他最关心的是加强西方向的防御，因为他相信德国人很快就会恢复对苏联首都的攻势。斯大林所获取的情报支持着他的这种想法，就在8月上旬，克里姆林宫收到了消息灵通的情报官尚多尔·拉多（Шандор Радо）从瑞士发来的重要情报，情报称德军的作战命令是通过穿过布良斯克进攻莫斯科。

而实际上，这的确与德国陆军总司令部的主要作战意图一致：8月18日，德国陆军

总参谋长哈尔德上将向元首递交了一份从此方向发动进攻的计划。但3天后，希特勒签署了一份关于中央集团军群分兵南下的命令。8月23日，哈尔德亲自将这份命令送到了中央集团军群位于鲍里索夫的司令部。在这里，他感受到了一线将领们明显的不满情绪，尤其是古德里安，他坚决反对，并要求其撤回命令。同一天，古德里安与哈尔德一起乘坐飞机前往拉斯滕堡面见希特勒，说服元首提前发起对莫斯科的进攻。然而，古德里安在8月24日就回到了自己的指挥所，向部下说明叶廖缅科的布良斯克方面军只是个"空壳"，并指挥部队向南进攻。当然这一切斯大林并不知晓，他仍然将目光放在莫斯科，以致到1941年8月底仍然下令西南方面军死守基辅。

苏军第37集团军所防御的阵地正面宽约200千米，其防守的重心为基辅市及其周边地区，基辅地区成了此时苏军在第聂伯河右岸的唯一桥头堡。基辅地区所拥有的特殊政治地位和战略重要性也引起了苏军最高统帅部大本营的特别关注。第37集团军乃至整个西南方面军都被勒令要求集中力量加强基辅的防御，以应对德国人从基辅筑垒地域正面发起的进攻，也就是说大本营判断德国人会从西面发起攻击。因此，第37集团军将主力部署在基辅桥头堡的西面。

第37集团军下辖的步兵第27军（下辖步兵第28、第87、第124、第131、第171、第228师和机械化第22师）被部署在奥库诺沃方向，以应对德军集群从此方向发动的攻势。步兵第27军的当面之敌是德军的5个步兵师。

西南方面军司令员基尔波诺斯上将和第37集团军司令员弗拉索夫少将都一致认为不

久的将来奥库尼诺沃桥头堡有可能被重新夺回，所以下达了一道命令：消灭奥库尼诺沃桥头堡的德军。步兵第27军遂被命令向奥库尼诺沃桥头堡靠近。

为了防御杰斯纳河大桥，苏军还组建了一支由2个步兵营、1个舟桥营、1个炮兵团和2个坦克连组成的支队。

基辅筑垒地域的部队（下辖步兵第175、第147、第206、第284和第295师）依托现有的钢筋混凝土永久性防御工事进行防御，而筑垒地域前沿长达70千米的阵地，则主要依靠6个步兵师（主力是山地步兵第28师）进行防御，苏军在此处部署了609门各种口径的火炮和迫击炮。而德军主力部队将从该筑垒地域的正南面发起攻击。

苏军步兵第64军（下辖步兵第165师和正在组建的步兵第146师）在第聂伯河左岸波尔特尼奇镇[139]—安德鲁希村一线修筑野战工事，其防御当面的是德军第95、第132和第294步兵师的部队。

8月19日，基辅筑垒地域部队和步兵第64军都与德军交上了火，但苏德双方除了相互炮击外，并未采取其他的进攻和反击方式。

苏军第37集团军被公认为整个方面军中战斗力最强的部队，它拥有109759名指战员，并且配备了包含迫击炮在内的各式火炮1116门。第37集团军的司令部设在基辅城内。

8月18日，西南方面军司令员基尔波诺斯上将再次向大本营提出请求，希望大本营注意到其左翼所处的严峻形势。正如前文所述，第二天，预备队方面军司令员朱可夫大将便以书面形式致电斯大林："西方面军和预备队方面军的当面之敌主动转入了防御，而目前德军所有的突击机动部队和装甲部队正在集结，其目的是酝酿一场针对我中央方面军、西南方面军和南方面军的大攻势。"
朱可夫建议在格卢霍夫、切尔尼戈夫和科诺
托普地区组建大规模的战斗集群以打乱德军
的行动计划。

斯大林不得不同意朱可夫的判断，但他
仍然相信叶廖缅科中将不仅可以应对布良斯
克方向的德军，而且可以粉碎德军针对西南
方面军后方的攻击。因此，斯大林向西南方
向的部队下达了保卫第聂伯河和"无论如何
都要誓死保卫基辅，不可后退一步"的死命令。

对苏联最高统帅斯大林的判断产生直接
的影响的是，1941 年 8 月 24 日他与布良斯克
方面军司令员叶廖缅科之间的通话，其内容
如下：

这是斯大林在跟你通话，你好！

我有几个问题需要你回答：

1. 是否应当解散中央方面军，将第 3 集
团军的残部并入第 21 集团军中，将第 21 集团
军划拨到你麾下？我这么问是因为莫斯科方
面并不满意你部在叶菲列莫夫[140]采取的行动。

2. 你需要补充很多兵员和武器装备……

3. 如果你承诺能够击败恶棍古德里安，
那么我们还可以给你几个空军团和几个"喀
秋莎"火箭炮连，你的回答是？

斯大林同志，您好！

关于解散中央方面军，我的意见如下：

因为我想打败古德里安，那么无疑在南
面必须拥有坚实的保障，这就意味着需要一
支强有力的攻击集群配合我部在布良斯克地
区展开行动。因此，我请求将第 3 集团军和
第 21 集团军（笔者认为是将合并后的这两支
集团军划入布良斯克方面军的作战序列）划
拨给我……

斯大林同志，我很感激您为我派来坦克
和作战飞机，我只要求这些装备能够尽快到
位，它们对于我来说非常非常重要。而恶棍
古德里安，我将尽力完成您所提出的挑战，
打败他。

▲ 在战斗中被苏联西南方面军俘获的德国俘虏，从左至
右分别是：卡尔·加茨克、威廉·盖勒姆、卡尔·梅塔施、
奥托·赫尔曼和阿尔弗雷德·马特辛齐克。摄于 1941 年
8 月乌克兰境内。

▲ 德军士兵正在一辆被击毁的苏军 BT-7 型坦克前构筑
防御阵地。摄于 1941 年 8 月乌克兰境内。

▲ 西南方面军设置的"过滤营"里的德国战俘，他们直
接在露天的草地上就餐。摄于 1941 年 8 月。

上述通话内容充分说明了布良斯克方面军的任务就是打败古德里安的装甲集群，而且叶廖缅科也答应了在不久的将来将完成这个任务。此刻古德里安的装甲集群对西南方面军的右翼构成了严重威胁，为了消除这一威胁，苏联最高统帅部大本营认为应最大限度满足布良斯克方面军的行动需求。

当古德里安装甲集群于8月下旬从布良斯克方面军和中央方面军防区的交界处突破时，苏军大本营指示第40集团军所属部队赶往诺夫哥罗德–谢韦尔斯基地区，大本营相信他们可以阻止古德里安的装甲师继续南下，并且坚守住西南方面军的右翼和后方。

但就目前部署在第聂伯河防线上，在之前的战斗中已经被严重削弱了的2个苏军步兵师和1个空降军而言，真的能够抵挡住德军的2个装甲师（第3和第4装甲师）的攻势吗？纵然他们抵挡住了，但这两个装甲师身后还有德军的2个摩托化师和第1骑兵师正在向此处赶来。虽然第40集团军司令员波德拉斯少将早在1938年哈桑湖地区抗击日本军队时已积累了实战经验，但在他的指挥下英勇的苏军付出了巨大的努力却仅仅抵挡了德军数日，根本无法挽回局势。

8月30日，布良斯克方面军接到了击败古德里安装甲集群的任务，后者此时已克服了杰斯纳河，向西南方面军的后方冲去。苏军的努力并没有取得预期的效果，德军依然在向前推进。9月2日，最高统帅部给叶廖缅科中将拍发了一封电报，内容如下：

大本营对你部的工作很不满意，尽管空军和地面部队付出了诸多努力，但仍然无法改变波切普河、斯塔罗杜布依然掌握在敌军手中的事实。这意味着你部仅仅让敌军造成了轻微的损失，却无法撼动他们。大本营要求你部地面部队在空军的协同下将故军赶出斯塔罗杜布和波切普地区，并击败他们。在该任务完成之前，所有关于保证完成任务的话语皆是空话。

大本营命令：所有的空军力量将配合你部地面部队取得对敌的决定性胜利，你部必须消灭古德里安及其麾下装甲集群。如果你部未做到这点，你所有对取得胜利所做出的保证皆是毫无价值的。我们静候你部击败古德里安集群的佳音。

叶廖缅科向大本营解释并抱怨局势的不稳定致使自己的部队遭到了挫折，他请求组建一支阻击部队。9月4日，叶廖缅科中将的这一请求得到了大本营的批准。

布良斯克方面军的2个师（坦克第17和第18师）离开了主力部队向南增援西南方面军，以保障后者的侧翼和后方。但他们在行军途中遭到了古德里安装甲集群的迎头猛击。因此西南方面军未获得所承诺的援助。

9月7日，当古德里安的装甲部队逼近科诺托普时，沙波什尼科夫元帅和华西列夫斯基少将（时任工农红军总参谋部作战部部

▲ 德军南方集团军群的一支全副武装的突击小队正行进在被损毁的乌克兰城中。该照片摄于1941年8月，现藏于俄罗斯国家影片与照片档案馆。

长）再一次向斯大林进言，试图说服他让基尔波诺斯的部队从基辅撤军。他们一致认为，即便此时立即做出撤退的决定并下达命令，西南方面军也不得不面临巨大的困难，因为实在是太晚了。正如华西列夫斯基元帅后来在回忆录中写的那样："当总参谋长极力向最高统帅提出上述建议时，斯大林的反应相当激烈，后者斥责他们，说他们是在走捷径。""只要一提到关于必须从基辅撤退的事情，斯大林马上就会气不打一处来。"华西列夫斯基后来回忆道，"动气使他瞬间失去了自制力。"

那时，德军统帅部的意图已日益凸显——以优势兵力从外侧向西南方面军主力部队的后方纵深突击，实现包围他们的目标。如前文所述，令人不安的局势出现在了北面。布良斯克方面军南翼的集团军试图歼灭古德里安集群留下来的强大掩护部队，因为苏军刚组建的第40集团军正承受着德军装甲部队主力的猛烈打击。而苏联红军部队虽在谢伊姆河和杰斯纳河之间的地段为阻拦南下的德军大规模装甲集群接近科诺托普和巴赫马奇付出了巨大努力，西南方面军司令员甚至将所有的预备队都压在了这里，但仍然无法阻止德军的突进，第40集团军不得不在激战中向南面且战且退。

苏军西南方面军司令员基尔波诺斯上将认为当前的重点是如何解决该方面军侧翼的防御。有迹象表明，德国人有意进攻南面。前线指挥员反馈方面军左翼所受干扰甚少，因此苏军指挥层认为在这里——即在第聂伯河防线已方部队更容易击败德军，他们认为德国人不会那么容易就克服第聂伯河宽阔河面所构成的天然屏障。另外，基尔波诺斯还寄希望于友军能够阻挡北面的古德里安麾下

▲ 西南方面军所设战俘营中的德国战俘，被俘德军士兵正在切午餐面包。摄于 1941 年 7 月。

的装甲群抑或德军在南面的进攻不能达成目标。基辅南面第 26 集团军和第 38 集团军的阵地前沿宽度仍然在继续扩展。8 月，他们已经成功阻止了德军渡过第聂伯河的所有尝试，因此基尔波诺斯有理由相信他们能够依靠自己的力量坚守住现有阵地。

第 26 集团军（下辖步兵第 41、第 159、第 199、第 227、第 264、第 289 和第 301 师）防守第聂伯河左岸从安德鲁希村到恰帕耶夫卡村的防御阵地，第一防御梯队的 4 个师（步兵第 7、第 41、第 301 和第 199 师）被部署在近 80 千米长的防御阵地上。

向该集团军防御当面进攻的是德军的第94、第 68 和第 132 步兵师。苏德双方的部队从 8 月 16 日起便交上了火，并围绕着苏军阵地展开了反复的争夺。

该集团军司令部设在科夫拉伊列瓦达[141]。

第 38 集团军作为苏军西南方面军的左翼被部署在了第聂伯河左岸从恰帕耶夫卡到沃尔斯克拉河河口的阵地上，其麾下的步兵第

116、第 212、第 297 师和骑兵第 37、第 46 师一直顽强地与从第聂伯河克列缅丘格河段渡口方向来的德军战斗着。步兵第 300 师和骑兵第 5 军被部署在基舍尼基村地区。

归西南方向总指挥直接管辖的骑兵第 5 军于 8 月 31 日加入到了第 38 集团军左翼的战斗中。总指挥承诺，骑兵第 5 军不仅会配合第 38 集团的行动，而且还会在 9 月 2 日这一天直接归第 38 集团军指挥。

步兵第 97 和第 196 师是第 38 集团军的预备队。而正在组建中的步兵第 304 师，作为西南方面军序列内的部队，将被分配给第 38 集团军。

整个第 38 集团军下辖 6 个步兵师和 4 个骑兵师，兵力为 77069 人，拥有 503 门火炮和迫击炮，但其中仅有 4 个步兵师和 4 个骑兵师的战斗力尚能令人满意。

第 38 集团军的整条防线长达 180 千米，德军在这条防线当面部署了 11 个步兵师——9 个师部署在一线作战序列，2 个师作为预备队，它们都是第 17 集团军的主力部队和第 1 装甲集群的先锋师。

直接与部署在克列缅丘格桥头堡的苏军步兵第 300 师和骑兵第 5 军 3 个骑兵师对阵的是德军的 5 个步兵师，德军投入的兵力几乎是苏军的两倍，优势很明显。德军第 1 装甲集群的主力部队——第 9、第 13、第 14、第 16 装甲师以及第 16、第 25 摩托化师所处位置距离克列缅丘格桥头堡仅一天行程，它们已事先接到向亚历山德里亚地区（克列缅丘格西南 40 千米处）集结的命令。

根据第 38 集团军司令部于 8 月 28 日—9 月 1 日所发报告和命令的主要内容来看，在这段时间内，该集团军遭遇到的基本是德军小股精锐部队发起的进攻。德国人多次试图

穿越甚至占领第聂伯河上的许多岛屿，但这些战斗其实都只是德军的佯攻。德军在切尔卡瑟附近的克罗列韦茨群岛、克列缅丘格地区的岛屿以及其他地区发动的佯攻给苏军第 38 集团军司令部造成了不小的困扰。

直到 9 月 1 日为止，苏军第 38 集团军的战斗位置和报告都充分说明了这些岛屿的意义。第 056 号作战报告称：9 月 1 日，当位于克列缅丘格地区的步兵第 300 师防区主要方向受到威胁时，第 38 集团军的右翼（切尔卡瑟地区）还在为争夺克罗列韦茨岛的战斗而与德军处于胶着状态。

第 38 集团军司令员于 9 月 2 日下达命令："步兵第 297 师师长率部消灭敌人以确保北岸牢牢掌握在我们手中……确保防御体系不能有任何被攻破的意外发生……"之后该命令还称："须将注意力放在克列缅丘格地区和格拉季日斯克镇[142] 南面的岛屿。"

最后，第 38 集团军的司令员警告道："不能让一个德国人留在第聂伯河左岸……"随

▲ 苏军西南方面军的狙击手佛明（Н.А.Фомин）。在伏击中，他收割了超过 30 名德军士兵的生命。摄于 1941 年 8 月。

后，苏军为确认德军在克列缅丘格地区其中一个岛上所犯下的罪行进行了调查。

第 38 集团军下辖的步兵第 116 和第 212 师的师长回应上级于 9 月 1 日下达的第 0090 号战斗命令："为了彻底消灭克罗列韦茨群岛上盘踞的敌人，我部将于 9 月 2 日黎明时分向敌人发起进攻。"

9 月 1 日，苏军第 38 集团军司令部仍然觉得这些情报——第 38 集团军阵地前沿将受到威胁，尤其是克列缅丘格地区的方面军左翼阵地将受到周边德军桥头堡的威胁——不具备说服力。这很可能是因为德国人已成功转移了苏军第 38 集团军的注意力。换句话说，第 38 集团军的指挥层误判了德军的主攻方向，他们认为自己将要遭受的主要打击并非来自克列缅丘格地区。

当尼古拉·弗拉基米尔洛维奇·费克连科（Николай Владимирович Фекленко）少将接替德米特里·伊万诺维奇·里亚贝舍夫（Дмитрий Иванович Рябышев）中将成为第 38 集团军的司令员后，他向总部汇报：在克列缅丘格东南面杰里耶夫卡村（село Дериевка）地区的德军第 17 集团军部队成功渡过了第聂伯河，抵达该河左岸，并建立了一块面积不大的登陆场。西南方面军司令员基尔波诺斯上将和司令部的参谋们把重新夺回此地考虑得过于简单，他们下令第 38 集团军坚决消灭该登陆场的德军，并承诺向第 38 集团军提供预备队。基尔波诺斯上将仍然将全部的注意力放在西南方面军的北翼，并调遣部队加强北翼的防御。但如此调兵遣将使事态发展变得更加糟糕，面临危险的将不只是苏军第 40 集团军，第 5 集团军的处境同样将变得危险。

第 38 集团军在远离步兵第 15 军和第 31

▲ 西南方面军的红军战士正在查看一架坠毁的德军战机残骸，从残骸外形推断这可能是一架"梅塞施密特"BF-109 战机。摄于 1941 年 8 月。

军阵地的切尔尼戈夫以北，第聂伯河畔的柳别奇[143]附近构筑了 U 型阵地，阵地边缘一直延伸到索罗科希村[144]，而该阵地正遭受到被德军包围的威胁。第一次迹象早在 9 月初德军第 2 集团军在切尔尼戈夫东南面强渡杰斯纳河并夺取维布里村（село Вибли）地区的桥头堡时就已经显现了。与此同时，德军第 6 集团军的部队正努力进逼厄运连连的奥库尼诺沃桥头堡。9 月 5 日，他们成功闯入马克西姆村（село Максим）地区，因为此地有能够渡过杰斯纳河的渡口。如果让德军在这里成功强渡杰斯纳河，那么他们将建立起与切尔尼戈夫东面的己方部队的联系，并完全切断苏军第 5 集团军与西南方面军其他部队的联系。步兵第 228 师的各级指战员在师长维克多·格奥尔基耶维奇·切尔诺夫（Виктор Георгиевич Чернов）上校的指挥下付出了巨大的代价，才挫败了德军的渡河行动，但很不幸的是，苏军并没有因此消除威胁。德军向杰斯纳河西岸的切尔尼戈夫挺进，等待拦截在撤退途中的苏军步兵第31军各师的机会。

苏军第5集团军面临着西面和北面同时受敌这一严峻形势。该集团军的战斗力排在西南方面军各集团军第二位，拥有兵员95785人、火炮619门。

现在来看看苏军第5集团军的作战位置。苏军第5集团军没有向苏军第21集团军直接靠拢。德军第260步兵师在波尔基村、洛帕季诺村（село Лопатино）、维布里村地区成功楔入苏军第5集团军的阵地中，形成了一个突出部，并且在杰斯纳河左岸建立了桥头堡。第5集团军左翼与第37集团军的交界处受到了来自奥库尼诺沃桥头堡的德军第6集团军第51军的威胁，它们随时可能突破该地。而且苏军第21集团军与第5集团军的衔接处也受到了德军的威胁。

苏军第5集团军麾下的步兵第15军（下辖步兵第45师、步兵第62师、步兵第200师、由2个空降旅组成的空降兵第1军、机械化第9军的残部和反坦克歼击炮兵第1旅）被部署在位于北面的洛帕季诺村—哈利亚温村（село Халявин）—多弗日克村（село Довжик）一线的防御阵地上。其当面之敌是德军第17、第134和第260步兵师。

该军的主要任务是防止德军从切尔尼戈夫地区实施突破，因此，该军预备队（空降兵第1军、机械化第9军和反坦克歼击炮兵第1旅）被部署在了切尔尼戈夫地区。

苏军步兵第45和第62师与德军在战壕里展开了最顽强的搏斗。这些师的指战员们坚信最强大的武器不仅仅是自己手中的武器，还有钢铁般的意志和勇气。

第5集团军麾下的苏军步兵第31军（下辖步兵第193、第195和第215师）的主力部队——步兵第195和第215师被部署在第聂伯河左岸前沿以西的柳别奇—姆涅沃村（село Мнево）—索罗科希奇村一线的防御阵地上。步兵第193师则被部署在第聂伯河东岸北面的库列维奇村（деревня Кулевичи）—柳别奇一线的防御阵地上。

实际上，将该军麾下的3个师部署在这里是一种浪费，因为其当面除了德军第17步兵师和第79步兵师的少量单位外，德军在该地段没有部署其他任何重兵兵团。可见，苏军对步兵第31军当面之敌的情报收集相当不足，其原因可归咎于苏军第5集团军在组织结构上的管理僵化。

德军试图横渡杰斯纳河的干流，受杰斯纳河地形特点——河水湍急，仅能够使用桥梁或轮船渡河，抑或在维布里村附近河水较缓的河段建立渡口渡河——的限制，只得事先在紧靠该河支流的右侧和位于南面支流前端具有明显圆弧轮廓的河段处建立渡口。

苏军第5集团军在杰斯纳河上搭建了5座浮桥，其中4座位于切尔尼戈夫地区，剩余的1座在马克西姆村（切尔尼戈夫以南50千米处）附近。该集团军指挥所设在了安德列耶夫卡村（село Андреевка）。

德军在维布里村建立了渡口，并且在这里牢牢地站稳了脚跟。苏军步兵第62师的2个营和空降兵第204旅的单位曾对此处实施了多次反扑，但都无功而返，一部分原因是德军的空中火力支援太过猛烈，以至于苏军战士们都无法抬头。波塔波夫少将随后下令：步兵第15军的代理军长米哈伊尔·伊里奇·布兰克（Михаил Ильич Бланк）上校务必不惜一切代价消灭杰斯纳河附近的德军！9月2日，布兰克上校亲自带领步兵第

62 师的 2 个营发起了攻击，部队在佩斯基村（деревния Пески）附近的战斗中蒙受了巨大的损失，布兰克上校也在战斗中受了致命伤而牺牲，但德军的桥头堡仍然没有被清除。于是，布兰克上校死后，波塔波夫撤掉了他步兵第 15 军代理军长的职务，改由基里尔·谢苗诺维奇·莫斯卡连科（Кирилл Семёнович Москаленко）少将接替其职务。

必须尽快将第 5 集团军撤到杰斯纳河对岸，并通过缩短防线和投入预备队改善该集团军的处境，但上级只允许波塔波夫少将将第 31 军的少数几处蜿蜒的防御线变直，而这些举措并未使第 5 集团军的处境得到改善。

9 月 4 日，西南方向总指挥向大本营汇报了自己对当前形势的正确判断，即德军在西南方面军两翼部署了重兵集团，另外，该方面军部队的大后存在被德军突破的危险。在通话中，布琼尼元帅请求大本营提供给西南方面军必要的预备队，如果大本营不同意这个请求，则请大本营允许撤出第 26 集团军和基辅筑垒地域内的 2 个师。苏军总参谋长于当天向布琼尼转告了最高统帅斯大林的指示：斯大林同志不反对西南方面军自行对部队进行内部重组。

西南方面军司令部知道单靠这些措施远远不够。越来越宽的战斗正面就像海绵一样将原本就为数不多的预备队全部吸了进去，而那些德军暂时未攻击的地区也在分散着西南方面军的兵力，最糟糕的是苏军最薄弱的防御点随时都有被德军突破的可能。

苏联最高统帅斯大林决定援助西南方面军，他将中央方面军和叶廖缅科中将指挥的布良斯克方面军合并，并投入大本营预备队给叶廖缅科，让其完成击溃古德里安装甲集群这一唯一任务。为此，他将匆忙完成组建

的第 40 集团军投入到两个方面军防线的结合处用以填补此处的防御空缺，但这反而使前线部队在指挥上受到大本营的掣肘，不能根据当前局势进行兵力上的灵活调度。

西南方向总指挥布琼尼元帅密切关注着西南方面军阵地上所发生的一切，他及时看到了危险，特别是德军在克列缅丘格东南面建立的桥头堡所带来的威胁。9 月 4 日，布琼尼元帅接通了基尔波诺斯的电话，元帅提醒对方道："迟迟不清除杰里耶夫卡附近的登陆场，无异于死亡。"元帅还强烈要求后者摆脱第聂伯河左岸方向的德军。对于向费克连科少将提供援助，他建议派遣方面军责任代表前往。挂掉电话后，基尔波诺斯召唤来西南方面军作战部部长巴格拉米扬少将，命令其传唤方面军炮兵司令员米哈伊尔·阿尔捷米耶维奇·帕尔谢戈夫（Михаил Артемьевич Парсегов）中将、装甲兵司令员瓦西里·季莫费耶维奇·沃利斯基（Василий Тимофеевич Вольский）少将和空军副参谋长弗谢沃洛德·马特维耶维奇·洛佐沃伊舍甫琴科（Всеволод Матвеевич Лозовой-Шевченко）作为代表前往费克连科少将的第 38 集团军。

德军前不久在第聂伯河东岸的普肖尔河和沃尔斯克拉河之间夺取了一个渡口，并在靠近切尔卡瑟的克罗列韦茨群岛实施了登陆，这给苏军造成了他们将在此强渡第聂伯河的假象，因为该群岛可作为向苏军发动猛攻的跳板。因此，第 26 集团军将麾下 7 个师中的 3 个部署在了该地区，而该集团军的其余部队则被部署在了一条宽阔的防御阵地上。这几天，费克连科少将将手中唯一的一个预备队师派遣到了切尔卡瑟附近来对付德军，并填补此地的空缺。然而，德军选择了苏军防

御最为薄弱的地点——第聂伯河支流普肖尔河和沃尔斯卡拉河之间一段 54 千米长的防御阵地下手。此处仅有苏军的 1 个步兵师防守，并且费克连科少将在此附近已无任何预备队可用，而德军在第一波攻势中就投入了 2 个步兵师的兵力。

▲ 一辆炮塔两侧安装了附加装甲的苏军 KV-1 重型坦克正行驶在原野上。

▲ 布良斯克方面军坦克第 108 师所属的一辆 KV 重型坦克正在驶往进攻区域。摄于 1941 年 9 月初。

▲ 布良斯克方面军坦克第 108 师的进攻区域内，由步兵伴随的 T-34/76 型中型坦克组成的苏军第 3 集团军突击集群正在向古德里安的部队发起进攻。摄于 1941 年 9 月初。

战斗打响后的头两天里，派往此地抵抗德军抢渡第聂伯河的仅有西南方向总预备队派来的步兵第 300 师的部分单位和安德烈·安东诺维奇·格列奇科（Андрей Антонович Гречко）上校指挥的轻装骑兵第 34 师的 1 个分队。苏军步兵第 300 师的师长帕维尔·伊万诺维奇·库兹涅佐夫（Павел Иванович Кузнецов）上校曾试探性地向其他地段调动兵力实施机动，但由于该师防守的防线过长，如此情形下实施机动，基本不可能成功。德国人利用飞机和火炮上的优势，将苏军赶到了岸边。当西南方向预备队中卡姆科夫少将的骑兵第 5 军（下辖比萨拉比亚骑兵第 3 师、帕尔霍缅科骑兵第 14 师、步兵第 212 和第 300 师）和步兵第 304 师赶到这附近时，德军已经完全占领了此处并巩固了桥头堡。

此时，到达第聂伯河左岸的德军兵力已将近 5 个师，与其对抗的是在行军途中遭遇德军空军袭击以致损失惨重的苏军 2 个步兵师和 1 个骑兵军，很明显这点兵力根本无法拔掉德军在此处建立的桥头堡。苏军急需补充新部队、坦克以及充足的炮弹。当巴格拉米扬少将收到该地段的战况后，立即通过电话向西南方面军参谋长汇报战况，并请示是否提前向西南方向总指挥请求给第 38 集团军派遣增援。

夺回桥头堡的任务并不轻松，这不仅仅因为德军兵力多于西南方面军司令员能够集结到的兵力，还在于反击的准备时间被限定在 24 小时内，而坦克旅和高射炮兵部队才刚刚抵达波尔塔瓦地区。第 38 集团军司令部作战处主任波塔波夫上校肩负起了整个反击计划的制定工作。

上级限定第 38 集团军司令员费克连科少将必须在 24 小时内发动反击。留给他的反击

苏军西南方面军属下各集团军人员和装备编制表（截至1941年9月1日）

集团军番号	兵员	车辆	拖拉机	马匹	技术性装备								备注
					37~45毫米反坦克炮	76毫米及以上口径火炮	82毫米及以上口径迫击炮	合计火炮数	坦克 重型	中型	轻型	装甲汽车和超轻型坦克	
第 40 集团军	31950	1857	107	3818	70	131	47	248	1	14	40	69	
布良斯克方面军第 21 集团军	79575	3583	193	18253	100	261	138	499	—	—	8	15	方面军预备队、后备部队、后勤辎重部队以及机关工作人员未计算在内
第 5 集团军	95785	5949	510	14540	108	419	92	619	—	—	12	30	
第 37 集团军	108759	5599	573	27934	164	671	281	1116	—	—	3	19	
第 26 集团军	84805	3863	233	18879	86	213	73	261	—	—	3	35	
第 38 集团军	67976	2765	117	18285	120	234	102	456	—	—	10	5	
骑兵第 5 军	9093	330	17	7611	11	32	4	47	—	—	—	1	
平斯克区舰队	—	—	—	—	41	36	—	77	—	—	—	—	
第 21 集团军未划归时的合计数	673185	41696	3038	105309	754	1997	673	3424	1	14	88	300	—
含 21 集团军的合计数	752760	45279	3231	123562	854	2258	811	3923	1	14	96	315	—

准备时间实在是太短了，以至于他无法对部队实施大的调动。因此，费克连科所选择的打击方向要求最小限度地调动部队，以达到出其不意的效果，这在严重限制时间的条件下尤为关键。这样的决定是很合理的，因此西南方面军司令员基尔波诺斯上将同意了费克连科的这一计划。

9月6日深夜，苏军吹响了反击的战斗号角。第38集团军司令员决定在2个不同的方向同时发动攻击：步兵第4师在普肖尔河左岸的科列别尔达村[145]发动攻击；骑兵第6军从集团军左翼普鲁拜伊湖（озеро Пурубай）的前沿阵地出发，悄悄渡过湖面向德军桥头堡的后方和侧翼发起突然袭击。骑兵第6军还得到了坦克第3旅、坦克第142旅和坦克第47师的加强。上述部队总共约有30辆作战坦克可用。

不过，第38集团军虽然没有对部队进行大的调整，但却未能在规定的时间内完成反击准备。尽管进行了强行军，但重新编组的反击兵团仍无法按时到达预定的出发位置，方面军司令员基尔波诺斯上将被迫推迟发起反击的时间。

就在第38集团军左翼准备反击时，德军从克列缅丘格南面渡过了第聂伯河。渡过第聂伯河的德军步兵师迅速增援了之前所占的桥头堡，而守卫克列缅丘格的苏军只有步兵第297师的一个团，跟发起袭击的德军无论是数量上还是质量上都没可比性，因此他们被德军迅速击溃，该城落入了德军手中。渡过河流抵达此地的另一个德军师曾试图以此处为出发点向北面发起进攻，但在格奥尔

▲ 格奥尔吉·阿法纳西耶维奇·阿法纳西耶夫，生于1896年，死于1971年，最终军衔为少将。

吉·阿法纳西耶维奇·阿法纳西耶夫（Георгий Афанасьевич Афанасьев）上校指挥的步兵第297师的持续顽强的反击下，被拦截在了克列缅丘格以北地区。

9月9日，费克连科少将收到了关于德军在该地区停止进一步向前推进的报告，因此他再次将全部注意力放在准备在集团军左翼实施反击上，他和基尔波诺斯都没有预料到来自克列缅丘格方向的严重危机。根据坦克第9师侦察营反馈回来的对杰里耶夫桥头堡地区的侦察情报显示，冯·克莱斯特的德军第1装甲集群的主力部队很可能会到达这里，因此费克连科将第38集团军的突击兵团投入到这里的战斗中，但是后来才发现德军的部署恰恰是在实施另外一套计划……

当时在苏军西南方面军的北翼究竟发生了什么？9月上旬，第40集团军的官兵们继续顽强地抵抗着在强大空中力量支援下的古德里安装甲部队和炮兵部队的猛烈攻势，该集团军在杰斯纳河和谢伊姆河之间的土地上顶着地面有德军装甲师和摩托化师协同攻击、空中有轰炸机轮番轰炸的双重压力，整整坚守了2周时间。

第40集团军麾下的步兵第293师、内务人民委员部的一个步兵团、坦克第10师、空降兵第2军（含3个旅）、空降兵第3军（含3个旅）和步兵第135师共同防守着两条防线：一条在北面，由步兵第293师和内务人民委员部的一个步兵团防守的杜波维奇村（село Дубовичи）至科罗普的阵地；一条在西面，由坦克第10师和空降兵第3军防守的科罗普

至科诺托普的阵地。

在北面，苏军费了九牛二虎之力才堪堪顶住了德军2个装甲师（第3和第4装甲师）和"大德意志"摩托化步兵团的攻势；而在西面，苏军在与德军第10摩托化师的战斗中顽强防守，取得了不同程度的胜利，牢牢地守住了杰斯纳河和谢伊姆河之间的桥头堡，阻止了德军进逼科诺托普。

步兵第135师防守着一条宽阔的阵地，该阵地沿谢伊姆河和杰斯纳河部署，途经巴图林镇[146]，最终到达马克萨奇村[147]。

而空降兵第3军则被部署在了第38集团军防区内的科诺托普地区，但在编制上，该军仍属于西南方面军预备队序列中的单位。反坦克歼击第5旅（拥有40门76毫米火炮）和独立高射炮兵第205营（拥有4门76毫米高射炮和8门37毫米高射炮）被临时扩充到空降兵第3军。

第40集团军有4个步兵兵团（相当于步兵师）和1个坦克师，虽然该坦克师当时仅剩16辆坦克，但仍然保有足够的反坦克炮（48门）。而作为其对手的德国人，投入了2个装甲师和1个半摩托化师的兵力（拥有150辆坦克和150门火炮）。如果空中力量对等且德军第3装甲师、第4装甲师、第10摩托化师和"大德意志"摩托化步兵团从苏军第40集团军的防御正面发起进攻，那么第40集团军是可以在防御作战中抵御德军的进攻的，当然随后事实证明假设是不成立的。

德军在此地段投入的空中力量远远超过苏军对第40集团军提供的空中支援，德军的空中力量为其地面部队的机动带来了巨大优势。当然，德军兵力上的优势更为凸显，这让苏军第40集团军的部队陷入了困境。其中，起到关键作用的是党卫军"帝国"摩托化师

▲ 布良斯克方面军第3集团军的苏联红军战士正匍匐隐蔽在进攻线上，随时准备向德军发起进攻。摄于1941年9月初。

▲ 团级政委格里欣正在给布良斯克方面军第3集团军突击集群坦克第108师摩托化步兵分队的战士们做战前思想工作。摄于1941年9月。

▲ 参加进攻古德里安装甲集群的布良斯克方面军突击集群第3集团军坦克第108师的指挥员和政工人员的合影。从左至右依次是：阿斯塔霍夫、谢利维尔斯托夫、卢岑科、格里申、伊万诺夫、叶廖明、佩列佩钦。摄于1941年9月。

和第47摩托化军的部队（第17和第18装甲师）。而苏军方面在第40集团军附近并没有预先部署任何预备队。

西南方面军司令部预测了第40集团军的整体处境：该集团军位于格卢霍夫方向的右翼，可能会被科罗普地区的德军集群迂回包抄而陷入包围圈。

德军指挥官完全没有料到苏军的抵抗会如此顽强，推进的预定时间也被推迟了。德国陆军总参谋长哈尔德上将在自己的日记中写道："第2装甲集群在强渡杰斯纳河的攻势中，左翼被敌人死死咬住，被迫暂停向南推进，并且不得不放弃一些已攻占的苏联领土。"

第40集团军取得的首次胜利一定程度上给基尔波诺斯上将带来了希望，由于考虑到德军的深入使切尔尼戈夫和奥斯乔尔方向的局势日益恶化，他决定调遣费奥多尔·尼坎德罗维奇·斯梅霍特沃罗夫（Фёдор Никандрович Смехотворов）少将指挥的步兵第135师帮助第5集团军摆脱困境。而直接守卫基辅附近的苏军第37集团军，刚被德军绕过后方，试图寻机将其分割包围。

时至今日，我们对西南方面军司令员基尔波诺斯上将仍有许多疑问，譬如，为什么基尔波诺斯迟迟不支援波塔波夫的兵团？这一问题，根据近年来解密的档案显示，可知是由于苏军大本营不允许他这么做。很显然，当时莫斯科方面仍然对布良斯克方面军的部队寄予厚望，认为他们发起的攻势能够在杰斯纳河地区击败德军。那么，为什么基尔波诺斯没有对德军的迂回包抄战术采取应对措施呢？我们可以根据苏军战前的相关军事理论来分析出西南方面军司令员基尔波诺斯上将在1941年9月下达这一命令的原因，以

及对德军进攻所采取的应对措施。

通常认为，每支苏军集团军的野战条令部是在《野战假想敌对立观点》这一苏联国家军事理论的基础上制定的。今天我们从这一观点来提出问题。苏军1936年版野战条令中具体描述了德军1933年版野战条令中有关在进攻中如何对敌人侧翼实施迂回包抄的措施，但该版苏军野战条令中未介绍如何应对德军此措施的方法。

纵观苏军1936版条令和后续其他官方手册及指南，包括开战前不久发布的1941年最新版，都未涉及这一问题。就4个版本的红军野战条令（1918年版、1924年版、1929年版和1936年版）而言，仅1918年版和1929年版条令中对这些问题做出了解答。

1918年版野战条令中第501页写道："应对迂回包抄，可派遣预备队机动到敌人攻击部队的侧翼实施反包抄。在极端恶劣的条件下，如缺乏预备队，则可以依次撤回被包抄的部队，以便拥有足够的部队咬住正在做迂回包抄行动的敌军侧翼。"1929年版野战条令中第118页的内容也间接地回答了这个问题："在敌人向我方前线发起进攻时，可做机动性防御，然后伺机寻找突破口对其实施反包抄（反包围敌人的侧翼）。"

如今我们无法知晓苏联军事委员会颁布的1936年版野战条令中为何不包括上述1918年版和1929年版野战条令中所述怎样应对敌人迂回包抄的条例，但1936年版野战条令中缺乏这些说明这一点是明确的，这多多少少能够解释1941年9月时西南方面军防御体系为何存在缺陷。

不过，就算假设苏军指挥员并不知晓应对敌军迂回包抄进攻的理论观点，但战争爆发以来从边境撤退到第聂伯河的战事，以及

▲ 1941 年 9 月，参加了与古德里安集群战斗的布良斯克方面军的英雄坦克手们，左边是格里戈里·布列斯拉维茨（Григорий Бреславец）少尉，他的车组共击毁了 3 辆德军坦克和 2 门 150 毫米火炮；右边是伊万·文热加（Иван Венжега）上士，他的车组共击毁了 3 辆德军坦克，并消灭了相当于一个连的步兵。

▲ 布良斯克方面军的 2 名苏军战士正在查看缴获的战利品，当其中一位打开一个德军防毒面具收纳罐时，发现里面竟然装的是土豆，2 人为此展露笑颜。这或许能够反映当时苏军缺乏粮食的艰难处境。该照片摄于 1941 年 9 月，现藏于俄罗斯国家影片与照片档案馆。

▶ 红色斯洛波德卡村（село Красная Слободка）的战斗结束后，苏军军官和战士给受伤的德军士兵包扎了伤口。

1941 年 8 月在乌曼刚刚发生的 2 个集团军被德军包围歼灭的事实，应该也能让苏军吸取到教训，预料到德军仍然会故技重施。

　　某种程度上讲，西南方面军在 9 月初表现得优柔寡断，接连失误，与战前苏军的野战条令中缺乏应对德国人迂回包抄（侧翼）进攻战术的措施以及苏军在 1941 年开战后一个月内对德国人战术思维惯性研究的不足有很大关系。而苏军在劣势中所采取的失误对策也导致了接下来的严重后果。

　　9 月 7 日，西南方面军司令员基尔波诺斯上将不得不向大本营递交特别报告，以证明不能再拖延撤退的时间了。苏军总参谋长沙波什尼科夫元帅为此向布琼尼元帅征求了意见。9 月 9 日，沙波什尼科夫元帅通报：苏联最高统帅允许第 37 集团军右翼和第 5 集团军的部队调到杰斯纳河。但此时德军已经巩固了杰斯纳河河岸的阵地，波塔波夫兵团已处于腹背受敌的困境：不仅前线需要抵御德军第 6 集团军的进攻，而且还要分兵抵御向其后方压境而来的德军第 2 集团军。

　　为了清楚地了解第 5 集团军的作战情况，

有必要再次将注意力转移到 9 月 1 日时该集团军侧翼阵地的处境。该集团军右翼——步兵第 15 军的步兵第 62 师紧挨洛帕季诺的杰斯纳河河段，而第 21 集团军的步兵第 75 师与其左翼的步兵第 62 师（隶属于第 5 集团军）阵地之间有大约 10 千米的间隙被德军第 260 步兵师占领，这个间隙就是德军在维布里村附近建立的桥头堡。

摩托化第 215 师（当前残余兵力只相当于 1 个步兵团）被部署在第 5 集团军的左翼，和部署在索罗科希奇地区的步兵第 228 师毗邻，这 2 个师组成了第 37 集团军奥库尼诺沃集群的右翼；第 5 集团军的中部（步兵第 193 和步兵第 195 师）防线向前延伸，远离第聂伯河河岸，并没有与自己的敌人直接对峙；该集团军的预备队（机械化第 9 军、空降兵第 1 军和反坦克歼击炮兵第 1 旅的部队）被部署在靠近切尔尼戈夫的集团军右翼。

此时，第 5 集团军的司令员将全部精力和注意力投入到了组织麾下部队向切尔尼戈夫方向的机动上。稍后，西南方面军司令部

▲ 布良斯克方面军的苏军士兵正在查看一门刚刚缴获的德军 37 毫米 Pak 36/37 型反坦克炮。摄于 1941 年 9 月。

将总参谋长于 9 月 2 日下达的第 001556 号令的副本抄送给了他，电文内容如下：

致西南方面军司令员：

敌军占领维布里村，给切尔尼戈夫和方面军的结合部带来了明显的威胁。立即通报你部在这一方向的活动。我军必须不惜一切代价坚守住切尔尼戈夫。

奉最高统帅部命令

红军总参谋长鲍里斯·沙波什尼科夫

9 月 1—6 日，苏军第 5 集团军为重新夺回维布里村与德军第 260 步兵师展开了激烈的争夺战。与此同时，4 个德军步兵师计划进攻第 5 集团军东北方向的大后方，并着手在萨尔特科瓦杰维察村[148]建立渡口。

而在这些天里，以奥库尼诺沃桥头堡作为前进基地的德军第 98 步兵师迅速推进到了苏军第 5 集团军的左翼，也就是第 5 集团军与第 37 集团军的结合处。德军已经于 9 月 6 日攻占了萨蓬诺瓦古塔[149]，歼灭了战斗力虚弱的苏军摩托化第 215 师。与此同时，德军第 262 步兵师从奥库尼诺沃桥头堡出发向东挺进，并渡过莫罗佐夫斯克[150]地区的杰斯纳河河段，这最终导致德军撕开了苏军第 5 集团军和第 37 集团军交界处原本就很薄弱的防线。

第 5 集团军司令员获准将部署在阵地中央位置上的步兵第 200、第 193 和第 195 师调往东面不超出多弗日克—姆涅沃防线的地方。

撤退在 9 月 7 日深夜开始实施，但维布里村和切尔尼戈夫以北地区的战斗仍然在继续。从东面而来的德军进逼第 5 集团军右翼步兵第 135 师的阵地，该师于 9 月 6 日在库里科夫卡地区展开，随后在萨尔特科瓦杰维察顽强战斗，遏制住了德军第 112、第 131 和第 293 步兵师的渡河企图。在付出了巨大的

损失后，苏军步兵第 135 师被迫向南撤退。被德军包围的危机时刻笼罩着苏军第 5 集团军，而位于该集团军后方的杰斯纳河河段环境复杂，以至于苏军无法从这里渡河，苏军机械化第 9 军在切尔尼戈夫南郊搭建了渡口。而克拉斯诺耶村（село Красное）和马克西姆村的两处渡口除了工兵外就没有其他部队守卫了。

9 月 7 日，苏军步兵第 193、第 195 和第 200 师被调遣到了多弗日克—姆涅沃防线。第 5 集团军司令员波塔波夫少将接到了基尔波诺斯上将的命令，后者令其积极组织两次反击以甩掉侧翼的德军。于是，步兵第 135 师的加强团和空降旅接到了"抵达杰斯纳河，恢复第 5 集团军右翼阵地"的命令，部署在第 5 集团军左翼的步兵第 195 师也接到了在索罗克希奇方向反击德军的任务。

这些措施再次延迟了第 5 集团军做出正确的决定——撤退到杰斯纳河对岸。9 月 8 日，第 5 集团军获准向杰斯纳河对岸撤退。次日夜间，第 5 集团军的部队才赶上其他已经撤过杰斯纳河的部队，能够在此相对稳定的阵地上稍作喘息。

9 月 10 日深夜，撤过杰斯纳河的苏军第 5 集团军的残余部队仅剩军属炮兵部队和集团军司令部的直属部队。尽管该集团军遭受了极大的损失，大部分被德军歼灭，但我们必须给予其客观公允的评价：该集团军的部队尽到了自己的职责，以最大的毅力和努力设法走出了这盘死局。

极为艰难的任务落在了苏军步兵第 200、第 135 师和机械化第 9 军的肩上：抵挡德军优势兵力的攻击并从北面掩护抵达渡口的部队。

9 月 10 日，苏军第 5 集团军的残余部队

▲ 在布良斯克方面军的炮火打击下，德军遗弃了这辆装备 47 毫米反坦克炮的 I 号坦克歼击车。该车隶属于第 529 坦克歼击营，其炮管上方复进器上的白圈表示该车组取得了击毁 3 辆德军坦克的战果。摄于 1941 年 9 月沃夫纳村（село Вовна）地区。

▲ 一名苏军士兵正在一间村屋前查看一辆被德军遗弃的 I 号坦克歼击车。根据复进器上的白圈可辨别该车车组取得了 6 个战果。

为能够向南移动继续努力着，以期能够向第 37 集团军的右翼靠拢，但行动失败了，该集团军的部队被德军的 5 个步兵师——第 17、第 131、第 134、第 260 和第 293 步兵师困在了苏拉克村（село Сулак）、赫烈夏托耶村（село Хрещатое）、克拉西洛夫卡村和采尔科维谢村（село Церковище）的前线阵地上

整整一天。

楔入苏军第5集团军和第37集团军位于奥斯乔尔、科泽列茨[151]地区交界处的德军集群部队包括第56、第79、第98、第111、第113和第262步兵师。这不仅预示着德军已严重威胁到了本已虚弱的苏军第5集团军，而且对第37集团军也构成了威胁。但此时已无计可施，因为当前第37集团军的所有集群兵力都集中在了基辅桥头堡上，无法腾出多余的兵力进行支援。

9月10日早晨，古德里安的装甲部队袭击了苏军第40集团军。他们在狭窄地段实施了突击。德军的装甲部队如钢铁洪流般在这个点上形成了强有力的突破。波德拉斯少将根本招架不住，急忙向方面军司令部求助，但此时西南方面军连一个师的预备队都派不出来。

9月10日，德军第3装甲师的坦克部队从北面攻入了罗姆内。

9月10日晚些时候，莫德尔少将指挥的德军第3装甲师的先头部队与先期在罗姆内城区实施空降作战的德国空降兵取得了联系。此时，苏军第40集团军的前线阵地实际上已被切割成了两半：空降兵第2军撤退到了第21集团军的防区，而其余部队留在了科诺托普。德军这突如其来的攻势使西南方面军的局面更加复杂，因此在9月11日0点55分，西南方面军的领导层紧急向苏联最高统帅部大本营汇报了情况，并建议立即撤军避免局势进一步恶化。大本营经过讨论后，于当天午夜1点55分至2点07分，派沙波什尼科夫元帅作为代表与西南方面军领导层进行了一次简短的通话。

电话接通后，基尔波诺斯道："现在在设备旁的有基尔波诺斯、布尔米斯坚科、图皮科夫。元帅同志，您好！"

沙波什尼科夫回道：

基尔波诺斯、布尔米斯坚科和图皮科夫同志，你们好！

你们发来的敌人已占领罗姆内并建议尽快撤离的电报，最高统帅部大本营已经收到。然而大本营所获得的关于罗姆内敌人的相关信息却是：根据航空侦察反馈，昨日13点25分发现了装载有坦克的两列汽车纵队行驶在从罗姆内至其西北面的日特诺耶村（деревня Житное）的道路上，而14时25分则发现许多敌军坦克和运输车辆聚集在相同道路上。根据纵队的长度判断，这是一支规模不大的敌军，坦克数量不会超过30~40辆。根据核实的情报，9月10日下午，大约16点，在罗姆内发现德军的8辆坦克，我空军称已击毁了其中的一辆。

很显然，巴赫玛奇和科诺托普之间的地区确实遭到了敌军的渗透，但所有这些情报都不足以成为你部提出的全线向东撤退这一请求的进一步依据。无可厚非，罗姆内被敌军攻占这是不争的事实，也的确造成了一定的恐慌，但我相信，西南方面军军事委员会根本没有打算放弃罗姆内，而且（他们）有能力解决罗姆内的这个小插曲。

全线撤退不是一次简单的行动，而是一个非常复杂和棘手的事情。除了战斗意志顽强的部队，任何一次撤退都会一定程度降低部队的士气。在这场战争中，敌人的部队高度机械化，如果撤退过程中遇到敌人的机械化部队，在此情形下让步兵迎战极为不利，并且撤退时火炮也处于收起状态而非战斗状态，一旦这些不利因素发生，所造成的后果对我军而言无疑是灾难性的。我们已经看到了第5集团军在撤退到第聂伯河对岸的过程中被敌人装甲部队在奥库尼诺沃桥头堡附近追上这一活生生的例子，那么同样，在整个西南方面军全线撤往第聂伯河对岸的途中，德国人也绝对不会放过这个机会故伎重施。

因此，最高统帅部大本营认为在此情形下，西南方面军必须在现有所辖防区内按照事先制定的计划继续坚守战斗。我在9月10日晚上已经跟你说过，三天后叶廖缅科将发动攻势，从北面至科诺托普一线突破敌人的防线，而且最高统帅部大本营的骑兵第2军将从第聂伯彼罗夫斯克[152]方向向普季夫利[153]发动攻势，以策应叶廖缅科的行动（这是苏军的一种意图，但最终并未实现。因为南方面军的骑兵第2军虽然在此方向上已越过波尔塔瓦，但并未在指定时间内到达普季夫利，而德军在此期间正继续扩大罗姆内的战果）。因此，你们必须在3天之内消灭攻入罗姆内的敌人先头部队。为此，我认为你们可以从切尔尼戈夫的部队中抽调2个拥有反坦克炮兵的师，迅速将他们调往洛赫维察，拦截敌人的摩托化机械部队。最后是最为重要的一环——捣毁敌人的空军，我已经知会叶廖缅科同志，最高统帅部预备队的所有空中力量将对位于巴赫马奇、科诺托普和罗姆内地区的敌军第3和第4装甲师实施猛烈攻击。这里地形开阔，敌人势必会轻易暴露在我空军的攻击下而无处可逃。因此，最高统帅部大本营认为，现在西南方面军的首要任务是将试图从巴赫马奇和科诺托普地区向南推进的敌人击溃。我的话说完了。

基尔波诺斯对此反驳道：

首先，西南方面军军事委员会保证，所谓的恐慌都是子虚乌有的事情，大本营不用担心此事并且任何时候都不必担心。

其次，西南方面军防区的现状，正如我在报告中所述。另外，不仅如报告中提到的，今天在罗姆内和格赖沃龙[154]地区出现了敌军，而且我军在切尔尼戈夫和奥库尼诺沃地区的防御阵地同样被敌人突破了。元帅同志，我已经向您汇报了第5集团军正在包围圈内顽强抵抗，请您理解西南方面军所付出的努力，我们力求不让对手取得任何成功。但不幸的是，西南方面军军事委员会已经耗尽了手中所掌握的所有预备队，并且在当前形势下，任何进攻行动都已显得力不从心。

最后，我认为从科斯坚科处调动兵力是不现实的，首先科斯坚科的部队所在位置距离前线有150千米，理想的情况是在距离前线不超过30千米的位置调遣2个师的兵力驰援。据近期我部空军侦察反馈的情报显示，发现敌军已经开始通过专列火车不断将士兵运到米罗诺夫卡火车站。而且，科斯坚科部队驰援我军还存在不利条件：连日的大雨，道路的破坏……并且敌军已经渡过了位于勒日谢夫、卡涅夫地区的第聂伯河河段，这些渡过河的敌军完全可以阻止科斯坚科部队的驰援。

因此，根据上述种种，我和军事委员们的同仁们一致认为我们只有一次反攻的机会：我们集中手中的兵力（基辅筑垒地域内的常驻部队）从基辅的科泽列茨方向和位于前线大后方的巴赫马奇、科诺托普方向发动攻势来摧毁敌人的集群。

以上是我们向大本营汇报的在我部缺乏预备队情况下做出的作战方案。我的话说完了，请您指示！

沙波什尼科夫不赞同地说道："你在基辅筑垒地域内留下的这4个师，是不可以动的。我认为可以调动第聂伯河左岸奥斯乔尔以西的步兵第87师或步兵第41师中的任何

◀ 一辆属于布良斯克方面军的运送缴获战利品的苏军卡车。这辆ＧＡＺ-ＡＡ型卡车上堆满了在沃夫纳村战斗中缴获的德军武器及弹药。图中可清晰分辨出弹药箱、手榴弹等物资。摄于 1941 年 9 月。

◀ 叶罗欣上校指挥的布良斯克方面军步兵纵队在夺回红色斯洛波德卡村后向新的进攻点出发。摄于 1941 年 9 月。

◀ 苏军西南方向总指挥谢苗·康斯坦丁诺维奇·铁木辛哥元帅（左一）和西南方向军事委员会委员尼基塔·谢尔盖耶维奇·赫鲁晓夫（Никита Сергеевич Хрущёв，左二）。这张照片摄于 20 世纪 30 年代后半期。

一个。至于科斯坚科的集团军在第聂伯河对岸拥有 8 个步兵师，可放心将这些师的防御正面延伸 25~30 千米，之后你部可以收回步兵第 81 师，目前的局势该师明白吗？否则我们不得不加强你部右翼的防御，这或多或少使我们被动地将兵力投入到延伸地段。诚然，波塔波夫的第 5 集团军的 3 个师在过河时陷入了包围圈，如果他们的行动组织得当，那么将不会陷入被动。假设在没有投入坦克和火炮的情况下，你部是否可能消灭已经渡过第聂伯河和杰斯纳河的敌人并阻滞他们前进？我的话说完了。"

基尔波诺斯只得回复道："首先，步兵第 41 师已于今日抵达科泽列茨的奥斯乔尔河对岸，并与敌人接上了战。其次，步兵第 81 师的 2 个团已经被派往克列缅丘格方向加强消灭敌军的我方突击集群。因此，根据您的指令，只能把希望寄托在利斯坚科集团军的 2 个步兵师身上。我方面军的空军部队在接到摧毁敌军渡口的任务后，采取了积极的行动，但并未取得有效成果。如果大本营认为我部的建议不完全正确的话，我部将按照您刚才下达的指示执行。方面军军事委员会接受大本营的指示并将坚决履行职责。"

沙波什尼科夫重申："首先，最高统帅部大本营认为你的撤军建议言之过早；其次，我已经给了你解决方案以防止你部右翼被敌人突破。当然，你或许有其他的方法来加强你部右翼的防御。"

基尔波诺斯回答道："除了您所给的建议外，我部提出的关于基辅筑垒地域一旦陷落，则我部将无其他出路的提案，不知您的答复是？我的话说完了。"

沙波什尼科夫的回复是："关于基辅筑垒地域的事情，可以通过再联系来商议，但就目前来说，做决定尚早。就这样吧，再见。"

就在他们进行通话时，西南方面军防线上的弧形阵地处出现了一个非常大的危机。德军在攻占罗姆内后，发现苏军部署的这一弧形防御阵地对己方十分有利，他们能够利用苏军的这一部署来制造一个包围圈，将防御此处的大量苏军部队变为瓮中之鳖。

正在等待大本营回复的基尔波诺斯上将和他的司令部着手将方面军防线上几处被德军突破的地段重新夺回来。第 21 集团军和第 40 集团军司令员接到了尽可能集结更大规模的兵力组织一支突击集群实施反击，使位于巴赫马奇的方面军侧翼防御阵地得以重新合拢的命令。第 5、第 21 和第 37 集团军司令员则被责令填补自身防区内的防御缺口。基尔波诺斯强调要特别注意巩固奥斯乔尔方向的阵地，避免德军沿第聂伯河左岸从东北方向绕过基辅。波捷欣上校的步兵第 147 师奉命通过基辅筑垒地域向奥斯乔尔挺进，加强该方向的防御。

基辅地区内，原本用于打击德军破坏行动的摩托化营（隶属于内务人民委员部）和 2 个刚刚组建的游击支队被基尔波诺斯下令提前投入战斗，但这么点兵力只是杯水车薪。

"这就像是用铁锹去堵住第聂伯河大坝缺口一样。"西南方面军参谋长图皮科夫少将痛苦地说道。

从莫斯科方向调转枪头南下的德军第 2 集团军、古德里安的第 2 装甲集群以及从克列缅丘格地区向北行进的第 17 集团军和克莱斯特的第 1 装甲集群正一步步缩小彼此之间的距离，德军统帅部期望这 2 支大集群兵团在苏军西南方面军位于普里卢基—皮里亚京[155]—卢布内—洛赫维察—罗姆内一线的后方发动攻势，进而合围苏军西南方面军。

德军9月1日的这一意图使苏联统帅部的思路更加清晰。随后大本营决定采取相应的对策，在9月上旬进行了积极准备。

如前文所述，布良斯克方面军唯一的目标是击败古德里安装甲集群，即沙波什尼科夫元帅报告中所说的在科诺托普以北阻截德军的突破。此外，苏军的计划是以假设帕维尔·阿列克谢耶维奇·别洛夫（Павел Алексеевич Белов）少将指挥的南方面军骑兵第2军（下辖布林诺夫骑兵第5师和克里木骑兵第9师）能够按时抵达普季夫利地区为前提的。很明显，总参谋长最后的几句话对西南方面军部队突围出包围圈起到了很大的作用。

苏联大本营似乎觉得通过这些措施能够

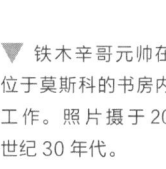
▶ 苏联西南方面军第21集团军司令员瓦西里·伊万诺维奇·库兹涅佐夫中将。摄于1941年9月。

▼ 铁木辛哥元帅在位于莫斯科的书房内工作。照片摄于20世纪30年代。

▶ 布良斯克方面军工程兵单位的反坦克犬连队正在向前线迈进。理论上，当反坦克犬发现目标，到达敌方坦克地盘下方后会脱掉炸药包然后返回出发位置，但实际上并不一定每次都能够按照要求实现。

有效破解德军统帅部针对西南方面军制定的包围计划。事实上在当前局势下，这些举措并不太能起到多大作用。于是就有了基尔波诺斯在9月10日向大本营发去电报，请求对早先大本营做出的坚守基辅的决定进行部分修改或者不予以执行。正如前文提到的那样，沙波什尼科夫元帅代表大本营拒绝了他的这一请求。

9月11日深夜，基尔波洛斯上将再次与沙波什尼科夫元帅通了电话，请求允许部队往东撤退。总参谋长给他的答复是：大本营认为仍然需要西南方面军各部队在现有阵地上继续战斗。苏军守军必须充分了解德军第3和第4装甲师在罗姆内地区采取的行动，沙波什尼科夫称之为"出击"，他说方面军可以通过消灭这2个师来撤回第聂伯河防线上的部分守军力量。他还再次强调尽管弗拉索夫的第37集团军是整个西南方面军实力最强的1个集团军，而且德军在8月初便在整个基辅正面全线停止了进攻，但斯大林的态度很清楚，严禁保卫基辅的部队撤军。

根据目击者的叙述和史料记载，布琼尼元帅密切关注着西南方面军的战事发展。元帅会不时打电话给基尔波诺斯或图皮科夫，

了解科诺托普和罗姆内地区的局势，他期望方面军司令部能够拖住古德里安集群直至科斯坚科中将的师到来，并能够采取一些措施让第5集团军摆脱包围圈。9月11日，布琼尼元帅和基尔波诺斯上将进行了通话。

"如果敌人切断了前线部队与方面军之间的联系，你打算如何组织部队的补给？"布琼尼问道。

"目前仅剩下南面交通运输线还掌握在我军手中。"基尔波诺斯回答道。

"你没明白我的意思，我知道北面的交通运输线被切断了。我的意思是当南面的交通运输线也被敌人切断时，你将会采取什么措施？"

"仍然还有一种通道——空运。"

"空军无法给如此大规模的部队提供充足的补给。"布琼尼说道，"因此，我们现在必须严格控制弹药和粮食的消耗。"

结束此次通话后，基尔波洛斯对布尔米斯坚科说道："进行严格的控制，谈何容易！粮食还可以进行控制，我们可以将口粮配给降至最低限度，士兵们是可以理解我们的。但是，当法西斯们如狼嗅到猎物般就要撕裂我们的防线时，我们如何节约弹药？"

稍后，基尔波诺斯将上文提到的9月11日凌晨与大本营的交涉内容立即报告给了西南方向总指挥布琼尼元帅。于是，布琼尼向大本营提出了下列交涉：

致最高统帅斯大林同志：

西南方面军军事委员会认为，在当前情形下必须准许在方面军后方构建一条防线。

红军总参谋长沙波什尼科夫元帅同志代表大本营最高统帅针对这些建议指出，撤出第26集团军的2个步兵师用以肃清突破科诺托普和巴赫马奇地区的敌人，同时沙波什尼

科夫还说道，大本营最高统帅认为撤出西南方面军部队为时过早。

就我个人而言，我相信敌军这次全面计划的意图是对我军实施合围，并在诺夫哥罗德－谢韦尔斯基和克列缅丘格的方向包围西南方面军。为了化解敌人的这一意图，我军必须组建一支强有力的集群部队（请见电报副本）……而西南方面军当前已无多余兵力来完成这一任务。如果大本营最高统帅无法组建这样一支集群的话，那么此刻让西南方面军撤退的时机已经成熟。

从第26集团军中调遣2个师的这一措施仅仅作为一种保障方法获得了西南方面军军事委员会的批准。此外，此时的第26集团军经过战火的摧残已经被严重削弱，该集团军在长达150千米的防御正面仅仅只能分配出3个师的兵力用以防守。如果延迟西南方面军的撤退将会给该方面军造成人员和物资上的巨大损失，其后果不堪设想。

在此极端恶劣的条件下，如果撤军的提议不容执行，那么我请求撤出基辅筑垒地域内的部队和技术装备，这些部队和物资无疑有助于西南方面军应对敌人的包围。

布琼尼、赫鲁晓夫、波克罗夫斯基联合署名
1941年9月11日8点15分，发报于波尔塔瓦

西南方向军事委员会再次向大本营提出了撤军方案。然而值得一提的是，就发给大本营的电文内容而言，布琼尼元帅与基尔波诺斯的观点不太一样。西南方向总指挥认为在当前局势下如果最高统帅部大本营无法及时集结一支强大的集群部队以应对德军包围西南方面军的计划，那么则必须采纳基尔波诺斯的撤军建议。

但是，就大本营而言，他们认为这样一支强有力的集群非布良斯克方面军莫属，大

本营仍然对该方面军在三天后发起的攻势寄予厚望，并将关于西南方面军撤军的问题留下来进一步讨论。

基尔波诺斯上将在征得布琼尼元帅的同意后，于9月11日当天与布尔米斯坚科、图皮科夫一起亲自动身乘坐飞机前往莫斯科。斯大林在沙波什尼科夫和此时正在莫斯科的铁木辛哥元帅的陪同下召见了前来请示的基尔波诺斯一行三人。

斯大林针对三人的请求说道：

关于你们提出的将部队全线从第聂伯河防线撤出的建议，我觉得似乎很危险。谈到最近和过去所发生的实例，你们是否还记得，你部从别尔季切夫和沃伦斯基新城地区撤退时，当时还拥有更为重要的防线——第聂伯河防线，尽管如此，你部在撤退时也损失了2个集团军，并且撤退最终演变成了溃退和逃窜，而敌人在第二天就迅速地渡过了第聂伯河，抵达了该河东岸。如何保证同样的事情不会重演，这是其一。

第二，根据当前形势，如按照你部建议从第聂伯河东岸全线撤退将导致你部被敌军包围，那么，你们提出的立即撤军的建议，如果在没有布良斯克方面军的配合或者你部未提前准备向位于科诺托普的敌军集群发起猛烈攻势，就直接贸然全线撤退，这将给撤退的部队带来很大危险，甚至是灭顶之灾。

所以大本营认为可以采取以下几点措施：

1. 立即重组部队，哪怕牺牲基辅筑垒地域和其他部队，在叶廖缅科部队的配合下组织人手向科诺托普的敌集群发起猛烈攻击……

2. 立即在普肖尔河构筑防线，将方面军所属的大规模炮群列于北面和西面，并在整条防线上部署5～6个师的兵力。

3. 采取完上述措施后，才可以开始从基

辅撤离。

4. 立刻停止正在实施的撤退，进行抵抗。

基尔波诺斯解释道："在未收到关于部队从指定防线向东撤退的指令前，我们已经有了撤出部队的想法和考量。"

斯大林说道：

你和布琼尼提出的关于西南方面军部队全线撤退的建议……以及布琼尼发过来的加密摘要……正如你所见到的，沙波什尼科夫是反对撤军的，而统帅部同样也反对西南方面军的撤军主张。

关于组织"拳头"反击敌军科诺托普集群的措施以及根据大本营所提供的信息有步骤地在第聂伯河构筑一条防线……总之未经大本营允许不可放弃基辅和炸毁任何一座桥梁。

在必须撤退这一点上，基尔波诺斯最终没能说服斯大林，他一无所获地返回了自己设在普里卢基的指挥所。但布琼尼元帅在次日仍坚持全线撤退的意见，这令斯大林十分恼火，他认为布琼尼是在怯战。因此在9月13日，斯大林派遣了一名传令官飞往布琼尼元帅位于别尔哥罗德的指挥所，向元帅递交了免去其西南方向总指挥职务的函件，调任他为预备队方面军司令员。同一天，铁木辛哥元帅来到别尔哥罗德，接管了乌克兰全境红军的指挥权。需要指出的是，苏军在最为关键的时刻更换西南方向的总指挥，这并不能使糜烂的战局得到任何好转，正如中国古代军事家们所言"临阵换帅乃兵家大忌"，这在世界战争史的长河中屡次得到过印证。而苏军最高统帅部大本营仍然坚信布良斯克方面军在之后发动的攻势能够改变战局，使战况恢复到之前的状态。这说明斯大林明显低估了西南方面军当前所面临的危险，并且他还高估了苏军部队的战斗力，特别是布良

1941 年基辅战役期间，德军第 1 装甲集群的一支由 III 号和 IV 号中型坦克组成的坦克纵队正驶过一辆正在燃烧的 BT-7 型快速坦克。

斯克方面军的战斗力。

正如我们接下来所看到的历史走向，叶廖缅科上将（9 月 11 日晋升）并未实现其对斯大林的承诺：他没有完成消灭古德里安装甲集群的任务。布良斯克方面军麾下的第 13 和第 3 集团军的战斗力在这些天的持续攻势中不断被削弱，他们的对手——德军第 17 装甲帅、第 18 装甲师和第 29 摩托化师采取了"威慑阻力"的策略，在战斗中推进到了杰斯纳河对岸并设防固守，犹如钉子般钉在该地。而布良斯克方面军的西面部队又不可能对这些德军放任不管，继续向前进攻，于是被拖住了脚步。

正如前文所述，基尔波诺斯与大本营就撤军问题的谈判最终导致 1941 年 9 月 13 日斯大林的临阵换帅。与此同时，西南方面军获得了大本营预备队序列中的步兵第 100 师和 2 个坦克旅（坦克第 1 旅和坦克第 129 旅）的支援。此外，将南方面军麾下的骑兵第 2 军调往泽尼科夫[156]地区，将置于第 26 集团军麾下（属西南方面军预备队）的步兵第 7 和第 289 师调往皮里亚京和普里卢基地区向德军发起反击，但上述这些措施都未实现苏军的预期目标。

9 月 11—12 日，在苏军西南方面军右翼部队（第 5、第 21 和第 40 集团军）所防守的 20~30 千米宽的防御正面上，战斗一直在持续，存在随时被德军突破的危险；而位于克列缅丘格桥头堡的西南方面军左翼，由于第 38 集团军的顽强抵抗使此处的防线相对稳定些。

西南方面军的右翼防线遭遇了德军第 1 和第 2 装甲集群部队的猛烈攻势。德军在霍罗尔[157]地区（第 1 装甲集群攻击目标）和洛赫维察地区（第 2 装甲集群攻击目标）形成了包围苏军的先决条件，并且德军从卢布内市中心线处绕过西南方面军主力向西机动，此时苏军尚未被包围。9 月 12 日，洛赫维察和霍罗尔之间的防御阵地还掌握在苏军手中并未被德军攻占，这里成了苏军唯一一扇能够从包围圈中逃脱的大门。

前文提到，布良斯克方面军被德军部队拖住了脚步，因此未能给予西南方面军大量援助。此外，德军第 17 装甲师主力部队向南移动，并与"大德意志"摩托化步兵团组成战斗集群，对位于普季夫利的苏军第 40 集团军的部分单位实施了攻击。

苏军第 40 集团军此时的兵力构成：切斯诺夫支队、步兵第 227 师、步兵第 293 师、空降兵第 3 军、空降兵第 2 军的残部和第 10 坦克师的残部。它原先所构筑的防御阵地有两条：北面阵地沿谢伊姆河构筑；西面阵地沿科诺托普一线构筑，该阵地的南面正对着获得了坦克部队加强的德军第 1 装甲集群第 10 摩托化师。

第 40 集团军司令员波德拉斯少将深知德军第 3 装甲师在罗姆内楔入到他的集团军后方与第 21 集团军的连接处这一既定事实所造成的严重后果，因此他只有尽一切可能坚守前线的防御阵地，并向友邻部队派出了手中仅有的预备队。

这种类似的军事援助也用在了占领罗姆内的德军第 3 装甲师身上，该师的后勤部队遭到了攻击，这次攻击是苏军坦克第 10 师于 9 月 12 日在布洛特尼察村（деревня блотница）地区发动的。当日，苏军坦克第 10 师的战斗力包括 3 辆能够作战的坦克、6 辆装甲车、2 门火炮、2 挺机枪和 200 名步兵。孤立无援的该师，仅凭勇气和果敢，最终只取得了一个不大的战果。坦克第 10 师帮助第 21 集团军骑兵集群的残余摆脱了包围，这引起了德军的一些关注。第 40 集团军在宽阔前沿阵地上采取了一些行动，包括派遣学员侦察支队（切斯诺夫支队）在与第 13 集团军交界地段实施侦察。该学员支队挡住了德军第 17 装甲师的猛攻，粉碎了德军通过穿越雷利斯克[158]深入苏军第 40 集团军后方的企图。

9 月 12 日临结束时，苏军第 40 集团军占领了谢伊姆河前沿从维肖洛耶村（село Весёлое）穿过普季夫利、戈温托沃耶村（село Гвинтовое）到切尔涅切村（село Чернече）的地段。此时苏军坦克第 10 师留在了布洛特尼察村。德军的进攻将苏军第 40 集团军与西南方面军主力分割开来。苏军第 21 集团军（下辖步兵第 28、第 66 和第 67 军）在 9 月 11—13 日期间试图防御并伺机在杰斯纳

河实施反击，但德军的 4 个装甲师和党卫军"帝国"摩托化步兵师所实施的推进行动和对其右翼的包抄未能使该集团军有机会固守住已占领的阵地。德军同样对该集团军的左翼部队实施了包抄，德军第 134 和第 293 步兵师楔入了涅任[159]地区苏军第 21 集团军和第 5 集团军的交界处，这导致 9 月 12 日第 21 集团军且战且退后撤到戈里格洛夫卡村（село Григоровка）—赫瓦斯托夫齐村（село Хвастовцы）—涅任一线。

一支强大的德军纵队威胁着苏军第 5 集团军的侧翼和后方，但此时后者已无法凑足部队顶住德军的进攻，而且此时第 5 集团军残缺的各师又急于突破德军第 79、第 262 和第 293 步兵师先头部队的战斗队形，造成部队每天都在不断减员。9 月 13 日临结束时，第 5 集团军司令部拼凑出了最后一支规模不大的部队，试图向第 21 集团军的左翼靠拢，他们希望能够将战线维持在涅任—诺索夫卡[160]—科泽列茨一线，但这一行动并未取得成功，他们不得不进一步向南和东南撤退。

苏军第 37 集团军进入科泽列茨地区，并且接替了撤退中的第 5 集团军部署在西南方面军右翼的阵地，然而该集团军的部队虽在顽强战斗，但其位于科泽列茨、奥斯乔尔、塔拉索维奇村（село Тарасовичи）的前沿阵地受到了德军第 56、第 62、第 111 和第 113 步兵师强大攻势的威胁。第 37 集团军司令员从基辅筑垒地域撤回了正在执行消除本集团军后方威胁任务的步兵第 147 师，将该师调往新巴桑村（село Новая Басань）和德梅尔卡村（село Дымерка）的前沿阵地上。与部署在基辅筑垒地域的苏军第 37 集团军的部队对峙的是已经做好进攻准备的德军第 44、第 75、第 95、第 99、第 296 和第 299 步兵师。

苏军第 26 集团军包括步兵第 97、第 116、第 159、第 196、第 264 和第 301 师的残余力量，这些师在之前的战斗中都遭受了不同程度的损失，它们负责防御第聂伯河的阵地。西南方面军司令员还给第 26 集团军调拨了摩托化步兵第 7 师和步兵第 289 师。该集团军尚未收到撤退的命令，其左翼和后方所受到的最大威胁来自德军第 17 集团军的大规模兵团，后者随时可能经克列缅丘格、苏拉河进入这里。

第 38 集团军在位于克列缅丘格渡口地区的前沿阵地上发生了激烈的战斗，该集团军的部队试图将被德军第 17 集团军主力部队攻占的阵地重新夺回来，但他们的行动并未取得成功。德军正在缓慢而坚定地扩大着滩头阵地，蚕食着苏军位于东面和北面的部队。

9 月 11—12 日深夜，德军第 16 装甲师在第 125、第 239 和第 257 步兵师的协同下，开始径直由北面的渡口穿过格洛比诺[161]、谢苗诺夫卡，于 12 日当天结束前占领了霍罗尔，而其先头部队抵达了卢布内。

9 月 12 日临结束时，德军不仅包抄了西南方面军的侧翼，而且还绕过西南方面军主力，对其后方形成了真正的威胁。众所周知，滋生混乱的第一源头往往是后方无自卫能力的众多单位，因此，在此局势下苏军西南方面军后方出现了严重的混乱，大量的方面军、集团军和各部队的运输车队、后勤汽车队、马队、医院和卫生所陷入了一片混乱。起初，他们从南涌向北或从北涌向南，随后一窝蜂地冲向皮里亚京，使皮里亚京形成了庞大而拥挤的人群，这正好成了德军轰炸机群的攻击目标，而德军的轰炸又进一步加剧了恐慌。

在这种情况下，西南方面军司令员仍坚决地执行大本营的指示。9 月 11 日，他与总参谋长谈判的结果，让他麾下的所有集团军都必须积极果断地行动起来以确保守住现有阵地。

方面军司令员最初打算将普里卢基地区的摩托化步兵第 7 师和皮里亚京地区的步兵第 289 师投入到对罗姆内方向的反击中，但随后又决定将这些师用于防御和掩护整个西南方面军的后方。

由于担心布良斯克方面军和西南方面军衔接处的阵地，苏军大本营于 9 月 12 日下达了第 00198 号指令，对布良斯克方面军司令员提出下列要求：

责令你部采取最为果断的方法消灭出现在绍斯特卡、格鲁霍夫、普季夫利、科诺托普以及与西南方面军交界处的敌集群。允许你部暂停对罗斯拉夫尔方向的进攻……

该战役必须于 9 月 14 日发起，我希望完成此战役，并且最晚不迟于 9 月 18 日彻底将楔入布良斯克方面军和西南方面军之间阵地中的敌人歼灭……

该指令是由沙波什尼科夫元帅签发的，从它的内容来看，大本营依然坚信布良斯克方面军的战斗力。

而我们如何评价西南方向的新总指挥铁木辛哥元帅呢？如前文所述，他接任该职务是在基尔波诺斯和斯大林的谈话之后。很显然，他认为大本营拒绝西南方面军撤退是正确的，这从他上任后几天中所做出的决定可以看出。

9 月 13 日深夜，西南方向新总指挥铁木辛哥元帅与苏军总参谋长沙波什尼科夫元帅进行了一次商谈。

铁木辛哥说："基尔波诺斯和布尔米斯坚科谈到的当前局势，与昨日我向大本营提交的说明情况相符。然而实际状况比这更加糟糕。在昨日临结束时，敌军装甲集群已经突破了我军位于克列缅丘格附近的防线，向格洛比诺、谢苗诺夫卡方向推进，霍罗尔也存在随时被敌军攻占的危险。第38集团军左翼撤下的2个坦克旅被调到了列舍季洛夫卡[162]地区，用于在西南方向实施机动。北面而来的敌军坦克和摩托化步兵集群已经从罗姆内方向渗入洛赫维察地区。基尔波诺斯将库兹涅佐夫的骑兵集群划归到自己麾下并调遣2个步兵师加强该集群的战斗力，用以执行突击小萨姆布尔村[163]方向的任务。第二支骑兵军将于今日深夜移动到季卡尼卡镇[164]和特鲁汗诺夫卡村[165]，需要特别强调的是，在此危急时刻，该骑兵军须在洛赫维察方向展开行动。我们拟定计划从哈尔科夫征集马匹和坦克用以补充该骑兵军，补给给该骑兵军的部队须在规定的时间内接受命令，但谢苗·米哈伊洛维奇并未收到该指令，请代为转达。"

沙波什尼科夫说：

坦克部队在克列缅丘格桥头堡的行动是可以期待的。据情报称，此处是克莱斯特集群行动的必经之路，很显然，他们的这一行动是为了与罗姆内集群会师。因此，你部必须对第聂伯河北岸的克列缅丘格地区以及其东面的渡口和登陆场实施轰炸，而且同样可以对正在第聂伯河右岸集结的敌克莱斯特集群实施轰炸。

9月12日14点55分，基尔波诺斯给大本营发了一封电报："敌人在罗姆内地区继续集结兵力。我部虽派遣了步兵第289师和摩托化步兵第7师，但仍然对此处不断壮大的敌人束手无策。我请求大本营提供给我:1个坦克旅的支援，将其投入到罗姆内方向。"根据该电报，最高统帅告诉我将把1个旅划归给基尔波诺斯，投入到罗姆内方向。我不知道，你获得该电报后会做出怎样的决定？

铁木辛哥回答说："基尔波诺斯的电报我已经收到了，现已转发给您定夺。我的决定与基尔波诺斯一致，即要求将坦克旅用来加强骑兵军，来自列舍季洛夫卡地区的2个坦克旅将与南面集群会合，移动到克列缅丘格。"

沙波什尼科夫说："明白，我认为现在应立即向我们仅有的2个旅下达命令。就这样，再见。"

这里必须要说明的是，让西南方面军坚守现有阵地，铁木辛哥元帅或许有一定的理由。首先，他认为方面军的部队可以原地坚守直到预备队赶来；其次，第40集团军的阵地并没有令人感到担忧，其与第38集团军的阵地一样被认为是相对稳定的，即使在该集团军序列中，原本位于左翼的骑兵第5军（下辖骑兵第3、第14和第34师）、2个加强坦克旅（坦克第1和第129旅）和步兵第81师，如"王车易位"一般换到了右翼，即从别洛采尔科夫卡村（село Белоцерковка）地区的普肖尔河河段换到了列舍季洛夫卡。

但这些理由随着时间一天天过去变得越来越站不住脚。预备队的到来很是缓慢，而且他们所呈现出来的战斗力根本无法扭转局势，也无法对时局产生决定性影响。在规定日期内，抵达列别金[166]地区和阿赫特尔卡[167]地区并开始卸车的仅有步兵第100师和装备了约100辆坦克的2个坦克旅（坦克第1和第129旅），而骑兵第2军此时距离前线还很远——他们才接近泽尼科夫。因德军第9和第16装甲师的先头部队突破了霍罗尔河，苏军第38集团军的阵地局势迅速恶化。

1941年9月14日7点30分，西南方面军司令员在普里卢基给大本营发送了第0429号战斗报告：

▲ 布良斯克方面军的部队在战斗中缴获的原属于德军第18 装甲师的 Ⅲ 号坦克（战术编号 932）和Ⅳ号坦克（战术编号 933）正驶入一座苏联村庄。摄于 1941 年 9 月。

致最高统帅斯大林同志、西南方向总指挥铁木辛哥元帅同志：

我方面军部队阵地的形势越来越复杂，而且复杂化趋势越来越快。

1. 我部在罗姆内和洛赫维察的阵地已被敌军突破，只有维肖雷波多尔村（село Веселый Подол）和霍罗尔尚未落入敌手，第 7 和第 289 师将于 9 月 14 日赶到此方向。但就这 2 个师的实力而言，目前只能用于执行防守任务：防御皮里亚京、普里卢基的交通枢纽，防止敌人通过这里攻击已暴露的我方面军部队后方。

2. 库兹涅佐夫的集团军（第 21 集团军），实际上最终转为了机动性防御，除了当地驻军和民兵歼击支队外，该集团军再没有其他部队可用，而且调动他们本身也起不到有效的阻敌作用。该集团军的步兵第 117、第 187 和第 219 师经过包围圈中的激战后，仅剩下少量残余部队。

3. 波塔波夫的集团军仍然无法稳固自身防线，在此情形下只能实施机动性防御。科贝日恰村（село Кобыжча）的德军已经突破了第 5 集团军与第 37 集团军交界处的防御阵地。

4. 第 37 集团军虽以顽强的抵抗稳固了自身防线，但这对几近糜烂的战局已于事无补。

5. 在德军双向攻击的挤压下，后退的第 5 集团军和第 21 集团军的后方开始搅在一起。

6. 我部仍然坚持认为摆脱当前危局最合理的方式是立即从基辅筑垒地域撤军，并将库兹涅佐夫和波塔波夫前沿阵地上的部队转入到对巴赫马奇、克罗列韦茨的进攻中，之后再全线撤退。这一建议是难以完成的，因此必须得到空军和格卢霍夫方向的布良斯克方面军的积极配合方可实施。

因此，在 9 月 13—15 日基辅周边的战斗中，虽然西南方面军仍然执行着大本营和西南方向总指挥所下达的坚决保卫基辅的命令，并且为达成反击目标，从各防线上抽调部队组成了预备队，但西南方面军司令员与大本营之间就局势的评估产生了分歧。西南方面军司令员基尔波诺斯上将已经决定留在基辅坚守。

事实上，德军在这些天里投入了党卫军"帝国"摩托化师、第 262 步兵师、第 293 步兵师和 4 个装甲师对撤退到普里卢基的苏军第 21 和第 5 集团军进行围追堵截，因此苏军的这两个集团军在里亚日村（село Ряжки）、小杰维察镇[168]、罗夫恰克村（село Ровчак）和谢列多夫卡（село Середовка）就地转入防御。

第 37 集团军守住了基辅筑垒地域内的阵地，但他们于 9 月 15 日前撤出了新巴桑村、卢德尼亚村（село Рудня）、列特基村（село Летки）和塔拉索维奇村的右翼阵地，苏军步兵第 87、第 131、第 146、第 147 师和机械化第 19 军的指战员们顽强抵御着德军第 56、第

62、第 111 和第 113 步兵师的进攻。苏军第 5 和第 37 集团军后方纵深处的亚戈京[169] 地区遭到了德军第 79 步兵师的楔入，这导致西南方面军和这 3 个集团军的后方产生了恐慌情绪，以致部队士气低落。

第 37 集团军的一半兵力依旧在基辅筑垒地域内布防。西南方面军左翼阵地的局势在这些天内也急剧恶化，德军第 1 装甲集群的主力部队——第 9、第 14、第 16 装甲师和其他作战单位从克列缅丘格桥头堡出发，攻占了卢布内、米尔哥罗德、洛赫维茨，随后与第 2 装甲集群的部队会师，成功封闭了包围圈的口子。

苏军在基辅及其周边地区的军用仓库中存放了大量弹药、燃料、饲料和食品，而德军势必会对苏军撤离基辅时带走这些储备物资造成很大的阻力。

此外，铁木辛哥元帅不允许将指挥所迁往其他地方。

从 9 月 14 日起，西南方面军与西南方向司令部之间的通信联系就被破坏了。9 月 15 日深夜，西南方面军司令部从普里卢基迁到了皮里亚京地区的维尔霍亚罗夫卡村（село Верхояровка）。9 月 15 日凌晨 4 点，西南方面军通过电台向大本营发去了一封电报，内容如下：

致莫斯科的斯大林同志：

我部当务之急是从科泽列茨立即撤出基辅筑垒地域的部队。敌人企图从东面切断我们的退路，我军已无用于防止敌军实施这一行动的预备队。9 月 14 日，他们距离基辅仅 40 千米。

基尔波诺斯、布尔米斯坚科、雷科夫
联合署名发报

9 月 15 日 17 点 40 分，沙波什尼科夫元帅与铁木辛哥元帅开始商谈，时间一直持续到 19 点。他们谈话的内容很大程度上决定了未来几天西南方面军作战行动的性质。

谈话中，铁木辛哥元帅首先说道："活跃在克列缅丘格的敌军集群开始往东北方向和北面渗透，他们击退了第 38 集团军的部队。"随后他进一步谈到，根据最新掌握的关于西南方面军位于普里卢基和皮里亚京地区的 2 个师的最新动向，可知他们在防御中不够果断而且处于被动。他继续补充道："从获得的消息中尚未看出基尔波诺斯采取了果断的措施，这在重组部队执行攻击罗姆内方向的任务时产生了不利影响，那儿的敌军与我南部集群相比其实力远远弱于我军……基尔波诺斯并没有完全理解自己的任务，这是因为他的控制点被束缚在了基辅……"

总参谋长沙波什尼科夫同意铁木辛哥对基尔波诺斯行动的评价，在他看来，这 2 个师仅仅是在所占阵地上消极抵抗，并未积极地向德军的罗姆内集群或霍罗尔集群进攻。同时，他非常质疑基尔波诺斯发来的骇人听闻的电报内容，该电报称："我（基尔波诺斯）认为，总参谋长口中所说的如海市蜃楼般的包围圈幻影，目前正笼罩着整个西南方面军军事委员会，而之后将笼罩第 37 集团军司令员。"

当铁木辛哥被沙波什尼科夫问到最后一次发给基尔波诺斯的指令是什么内容时，他回答道："当前局势下，在第聂伯河对岸从撤退转入防御。被释放出来的部队（指由于战线缩短，撤出来的部队）须招架住敌人的攻击……让位于第聂伯河东岸的主要兵力直接开赴基辅组织防御。"总参谋长再一次请求西南方向总指挥向基尔波诺斯重申指令。此时，西南方面军作战部部长巴格拉米扬少将正在铁木辛哥设在阿赫特尔卡的指挥所进行交涉，他向元帅承诺西南方面军将会按照上级的指示执行命令。

这段谈话结束了，但局势的走向完全没有如沙波什尼科夫与铁木辛哥所商定的那样发展。9月17日，巴格拉米扬少将乘坐快速轰炸机第230团的轰炸机前往普里卢基面见基尔波诺斯，同时他接到了铁木辛哥元帅让他转达给方面军司令员基尔波诺斯的决议案：方面军主力部队立即开始向普肖尔河的后方防线撤退。

铁木辛哥与沙波什尼科夫谈话期间，以及巴格拉米扬离开阿赫特尔卡这段时间里究竟发生了什么？是什么让西南方面军司令员决定了撤退的方向？这是否得到了大本营的指示？

接下来发生的事情可以回答这些问题。至9月16日，局势的发展已经明朗化，并且毫无疑问的是，就在前一天（15日），众人就撤军这一点还在争议，但第二天急转直下的局势迫使铁木辛哥元帅不得不做出撤军的决定：德军基本完成了对西南方面军主力的合围。显然，铁木辛哥元帅知道形势的紧迫，正如他后来所述的自己在当前局势下的真实想法那样，他决定抓紧时间与大本营协商唯一可行的办法——撤军。关于这一点，他按照大本营的指示立即派遣巴格拉米扬少将返回西南方面军司令部，但此时西南方面军司令部已根据命令随着撤退的部队迁往了新的防线。铁木辛哥元帅下达了口头命令，想必元帅是害怕为自己的决定承担责任。巴格拉米扬在回忆录里记载了当时所发生的事情：

9月16日上午，我被西南方向总指挥召唤，当时只有谢苗·康斯坦丁诺维奇·铁木辛哥和－尼基塔·谢尔盖耶维奇·赫鲁晓夫在办公室里。

"所以，这就是你仍然坚持的决定？"元帅问道。

"是的，在此危难时刻，我必须返回方面军司令部，因为所有的道路都被切断了。请求派遣飞机！"

此时，前线部队每况愈下的作战态势已经可以按小时计算，德军距离西南方面军司令部所在地仅有20~30千米了，这样完全可以破坏掉西南方面军的指挥中枢。

元帅慢慢地揉着太阳穴，似乎是在缓解疼痛，他说道："现在我们正在实施一切能够帮助到西南方面军的措施。我们正往罗姆内和卢布内调遣一切能集结的兵力，这包括得到坦克部队加强的别洛夫骑兵军和3个独立坦克旅。再过几天，鲁西亚诺夫（Руссиянов）的近卫步兵第1师和利久科夫（Лизюков）的近卫摩托化步兵第1师将会抵达。这2个师的部队正试图突破敌人的防线与西南方面军被围部队会合。我们给你的报告已说明我们无法粉碎法西斯的这2个坦克集团军，但我们可以通过在包围圈外围制造几个突破口将被围部队营救出来，这才是我们的攻击目

▲ 布良斯克方面军第3集团军格鲁兹杰夫中校（Груздев）麾下的突击单位正席地用午餐。摄于1941年9月。

的。我们相信，在当前局势下，最高统帅会允许西南方面军向普肖尔河撤退，因此现在我们决定命令你部组织突围。"

总指挥在屋子里来回踱步，沉思了大约一分钟后，他开口说道："今天我将再次尝试与莫斯科方面谈判，我希望能够说服大本营，而在我们谈判期间，基尔波诺斯和他的司令部必须动用一切手段不让敌人对被围的方面军造成更多的恐慌。"

我认为说完这些话后，元帅似乎摆脱了最后的疑虑，他的面部表情回软，额头上紧锁的皱纹也慢慢舒展开来。他继续说道："巴格拉米扬同志，请向基尔波诺斯上将报告，当前局势下，西南方向军委会认为唯一可行的方案是让西南方面军有组织地实施撤军。请向西南方面军司令员转达我的口头命令：放弃基辅筑垒地域，以少量兵力沿第聂伯河实施掩护。毫不迟疑地开始将主力撤至后方防御地区。其主要任务是，在我方预备队的支援下打败侵入方面军后方的敌人，随后前往普肖尔河布防。让基尔波诺斯采取积极果断的行动，坚决打击罗姆内和卢布内方向的敌人，而不是等待我们将其从包围圈中救出来。"

我曾如释重负，并未完全丧失希望。当给出了关于组织管理部队从包围圈中突围的相关说明后，总指挥向我道别："要快，巴格拉米扬同志，让基尔波诺斯不要犹豫！法拉列耶夫将军[170]会给你安排从波尔塔瓦飞往皮里亚京地区的航班。"

由于天气恶劣，搭载巴格拉米扬少将的飞机在第二天——也就是 1941 年 9 月 17 日——才起飞。他坐在无线电员兼炮手的玻璃座舱里，在快速轰炸航空兵第 230 团大队长帕维尔·菲利普波维奇·西蒙诺夫（Павел Филиппович Симонов）少校指挥的 2 架歼击轰炸机的护送下向格列边卡机场方向飞去。途中他们遭遇了德国空军的围追堵截，飞机最终有惊无险地在目的地降落。着陆后，他们才发现机场的情况非常糟糕，所幸全员生还。

总之，基尔波诺斯上将接到命令时，他们已经坚持了好几天。那在此之后，他又做了什么呢？事实上，基尔波诺斯对巴格拉米扬少将带来的口头命令的可靠性或多或少存在怀疑，毕竟铁木辛哥元帅的指令一直与其前任布琼尼元帅有很大区别。这一切让基尔波诺斯觉得很是诧异，因此他向大本营发出了确认请求。西南方面军司令员将下列请求内容发送给大本营：

总指挥铁木辛哥通过我方面军副参谋长

▲ 在基辅周边的空战中被击落坠毁的一架苏军 Pe-2 轰炸机。

▲ 基辅周边的阵地上的一队德军士兵与一组被俘红军战士（右边）。

转达了这样的口头指示：主要任务是，将我方面军的集团军撤到普肖尔河，粉碎敌军集群在罗姆内、卢布尼方向的行动，留下少量部队掩护第聂伯河和基辅。

只是总指挥的书面指令中全然没有给予关于撤退到普肖尔河以及允许在基辅筑垒地域只保留部分兵力的指示，明显两相矛盾。如何执行？我认为将部队撤退到普肖尔河的指令是正确的。在当前局势下，必须从基辅筑垒地域、基辅市和第聂伯河西岸完全撤军。急切地请求您的指示。

这或许是基尔波诺斯上将所犯的最为惨痛的错误，此时才做出撤军的决定已经晚了。

9月17日，在基尔波诺斯刚向第5、第21、第26和第37集团军下达向东突围的命令后仅仅几分钟，方面军司令部与麾下各集团军司令部的通信联系即告中断。苏军第38集团军和第40集团军的部队挡住了德军从罗姆内和卢布内方向发起的攻击，为西南方面军从包围圈中撤军赢得了时间。

9月18日深夜，莫斯科方面最终回应了西南方面军的无线电报，总参谋长简洁地回复道：大本营允许留在基辅筑垒地域的第37集团军部队撤离并转移到第聂伯河左岸。对将西南方面军主力撤退到后方布防则没有结

论。但这里所发生的事已经决定了之后的行动，如果不能从具有强大防御工事的基辅和其筑垒地域撤军，那么部队无法守住无设防的城市东面地区。即使之前没有想过从基辅撤军的西南方面军军事委员会委员布尔米斯坚科，也在会议上对司令员基尔波诺斯说道："我认为在这种情况下，我们没得选择，只能执行总指挥的命令。"

西南方面军司令员下达了从基辅撤军的命令，他只需考虑如何将陷入包围圈中的部队尽可能多地保存下来。这一次基尔波诺斯没有丝毫犹豫，他立即要求幕僚拿来标有各部队所在位置的最新地图。地图上已事先标注了许多"白点"，这些白点代表的是在过去两天里前线许多未向总部报告过的地段。摆在基尔波诺斯面前的地图，意味着战斗在普季夫利和罗姆内之间的第40集团军的两翼已经暴露并且被德军迂回包抄了；第21集团军击退了德军对普里卢基的攻击，但第40集团军与第21集团军之间约80千米宽的缺口完全被古德里安的部队占据着；此时已经极度虚弱的第5集团军位于皮里亚京西北面25~35千米处的第21集团军左翼；第37集团军牢牢地守卫着基辅，但德军第6集团军的主力集群占据了该集团军与西南方面军其余部队之间的亚戈京地区；第26集团军虽然击退了从卢布内方向而来的德军第17集团军，以及克莱斯特第1装甲集群一支规模不大的兵团对第聂伯河和苏拉河之间其左翼的攻击，但德军再次加强了从东西两面的攻势；位于皮里亚京地区的西南方面军司令部此时得到了步兵第289师部队的保护。

这意味着苏军从防线上撤退到普肖尔河附近的行动将难以实现，但对苏军而言，除此之外别无选择。

|第七章|
包围圈内的战斗

基尔波诺斯上将从未在如此严峻的形势下确定作战任务，但他仍然决定依靠过往的指挥经验以及麾下坚韧勇敢的指战员们来实施突围。

基尔波诺斯上将看向方面军军事委员会的图皮科夫、布尔米斯坚科和雷科夫，从他们的眼中获悉了他们殷切的期盼，仿佛在督促着自己下达命令。上将定了定神向部队下达了下列任务：

第 21 集团军：于 9 月 18 日早晨在布拉京齐村（село Брагинцы）、戈涅京齐村[171]防线集结，并以主力部队向罗姆内实施突击，与骑兵第 2 军会合。

第 5 集团军：以部分兵力从西面掩护第 21 集团军的撤退，其余部队向洛赫维察发起突击。

第 26 集团军：以 2 个师组成突击拳头进攻卢布内。

第 37 集团军：将基辅地域内部队撤到第聂伯河左岸，组成突击集群并突破皮里亚京进一步向东撤退，该集团军将作为方面军的

▲ 配合德军第 9 步兵旅作战的第 9 装甲师的坦克编队正在进攻出发点集结。近处这辆 Ⅳ 号坦克隶属于第 33 装甲团第 1 营第 2 连。摄于 1941 年 9 月乌克兰境内。

后卫力量。

第 38 和第 40 集团军：向罗姆内和卢布内方向进攻，从东面与方面军主力部队会合。

图皮科夫少将在地图上草拟了部队的撤退计划，并对事先拟定好的方面军参谋部作战命令进行了必要的修改，但将这些文件送达下属的各级部队却很难：仅将命令送到

▲ 德军数个迫击炮组随坦克在乌克兰的原野上前行。

▲ 搭载步兵的 III 号坦克正行驶在乌克兰的原野上。

第5、第26和第40集团军司令员手中就已经非常困难了，而西南方面军甚至无法通过无线电台与第21和第37集团军的指挥所取得联系。方面军司令部指派了2名校级军官驱车前往基辅传达命令，但他们未能进入城市，很显然是死在了路上。稍后，方面军司令部工作人员通过总指挥司令部向第37集团军转达了必须向东突围的命令。西南方面军作战部副部长扎赫瓦塔耶夫上校被派往第21集团军，向库兹涅佐夫中将传达命令，让其与自己的司令部一起撤退。

因此到了9月18日深夜，西南方面军麾下几乎所有的集团军都已知晓撤退命令。当

然，基尔波诺斯的安排远非完美，因为他的部下不得不在如此复杂和目前尚不清楚的情况下接受命令。战役的最后阶段开始于德军第1和第2装甲集群的大迂回作战，他们楔入了西南方面军主力部队的后方。尽管西南方面军的部队出现了骚乱迹象，并且在管理上同样出现混乱，但仍然有少数部队能够保持着镇定并对德军予以积极抵抗。这些情况在9月17日后勤部队向西南方面军司令员提交的报告中有所说明。

报告还称，这些天仓库和部队的弹药几乎见底：步枪弹药余下4.5个基数；82毫米迫击炮弹余下3.5个基数；107毫米和120毫米迫击炮弹余下0.6个基数，45毫米和122毫米炮弹余下4个基数；37毫米野战炮、76.2毫米野战炮、122毫米榴弹炮、152毫米榴弹炮以及37毫米防空炮和76毫米防空炮的炮弹也只残余2个基数。

油料方面，方面军地面部队所使用的油料仅有2~4天的储备，空军汽油仅有14天的储备；食物方面，按照每人每天所食用粮食量的标准配给，仅够食用16天，干草、燕麦、肉类倒是供应量充足。但是如果考虑到德军已于9月15日突破了西南方面军后方部队的防线，这些数据显然与供应部队的真实情况不相符。

9月16—20日，西南方面军的部队被不同方向攻来的德军强大集群肢解成了若干大小不一的组群，各自为战。

至9月20日，苏军被德军切割成了6个大小不一的包围圈。

1号包围圈：第26集团军的残余部队，他们被围困在佐洛托诺沙东北方向20~30千米处，该包围圈中的苏军部队所处空间在德军的压迫下逐渐缩小。苏军试图在9月24日

▲ 在战斗中表现优异的苏军西南方面军坦克第 10 师的坦克手斯克利亚罗夫大尉（左）和姆欣中尉（右）。该照片摄于 1941 年 9 月，现藏于俄罗斯国家影像与照片档案馆。

▲ 一辆 II 号轻型坦克，路旁可见正在修理路面的德军工程部队。该照片摄于 1941 年 8—9 月乌克兰境内，现藏于德国联邦档案馆。

向东面的奥尔日齐村（село Оржицы）地区实施突围。

2 号包围圈：第 26 和第 37 集团军的残余部队，他们被围困在基辅东南面 40~50 千米的区域内，该区域内的苏军一直坚持抵抗到 9 月 23 日。

3 号和 4 号包围圈：被称为"皮里亚京集群"的第 5 集团军和第 21 集团军的残余部队，他们被围困在皮里亚京东面和东南面 20~30 千米的区域内，该区域及其附近包围圈内的苏军抵抗一直持续到 9 月 23 日。

5 号包围圈：第 37 集团军的残余部队，他们被困在基辅东北面 10~15 千米的区域内，该区域内的苏军一直坚持抵抗到 9 月 21 日。

6 号包围圈：第 37 集团军的残余部队，他们被困在亚戈京地区。

特别需要要提到的是，德军编织的 1 号环形包围圈和位于亚戈京地区的 6 号包围圈中苏军的抵抗一直坚持到 9 月 24—26 日。

当西南方面军司令部下达了全军撤退的命令后，其编制下的苏军各集团军开始自行撤退。据扎赫瓦塔耶夫上校[172]后来回忆：他很快就找到了第 21 集团军的司令部，并亲手将方面军司令部的命令交给了库兹涅佐夫中将。中将看完命令后，几乎没有任何迟疑，立即按上级命令向麾下各军下达了任务，他们须设法在皮里亚京以北渡过乌代河[173]，穿过罗姆内和洛赫维察之间的地段向东撤退。库兹涅佐夫和其指挥所的参谋军官们决定以步兵第 66 军辅以骑兵部队作为这次突围的主力。

9 月 18 日清晨，以库兹涅佐夫中将、弗拉基米尔·尼古拉耶维奇·戈尔洛夫（Владимир Николаевич Горлов）少将和师级政委谢苗·叶菲莫维奇·科洛宁（Семён Ефимович Колонин）为首的第 21 集团军骑兵纵队突破了古德里安麾下 1 个装甲师的小股摩托化步兵防守的阵地，强渡乌代河，奔向了奥泽里亚内村[174]。当日，德军在别洛采尔科夫采夫地区（Бело-церковцев）的纵深地段再次拦住了该集团军的去路，苏军被迫就地组织构筑环形防御阵地。天黑之后，库兹涅佐夫亲自带领部队实施突围。照明弹将黑夜映成白天，德军将机枪、迫击炮等火力如狂风暴雨般砸向高喊着"乌拉"发起冲锋的苏军，但即便如此，仍然未能阻止住这支苏军纵队的求生欲望，最终他们成功地从此处突围而出。

库兹涅佐夫中将克服了一切阻碍总算把自己的部队从德军的包围圈中带了出来，这多亏了帕维尔·亚历山大耶维奇·别洛夫少将所指挥的骑兵第 2 军的策应。骑兵第 2 军得到了大本营预备队 1 个坦克旅的加强，该军的骑兵和坦克手们向罗姆内发起了迅猛的攻击，而古德里安的指挥所此时正在罗姆内。古德里安在日记里这样写道："9 月 18 日，当前罗姆内地区的情况十分危急……敌人的一支生力军——骑兵第 9 师和另外一支装备了坦克的师呈三列纵队队形从罗姆内东面发起了进攻。"古德里安回忆道，他在该城最高建筑的高楼上亲眼见到近在咫尺的苏军，距离他们仅有 800 米。这位德国将军的神经在苏军疯狂进攻的刺激下已经崩溃，他与指挥所的幕僚们迅速驱车撤离，一起转移到了科诺托普。

在包围圈内被不断蚕食的苏军第 5 集团军的部队难以形成有利条件摆脱困境。波塔波夫少将没有在洛赫维察方向组织好总撤退，因为他的部队正腹背受敌。步兵第 15 军的部分单位被逼退到南面，并被迫让以莫斯卡连科少将为首的部队穿过自己的阵地。由尼古拉·瓦西里耶维奇·卡利宁（Николай Васильевич Калинин）上校代理指挥的步兵第 31 军的部队尝试着为方面军司令部和军委会铺平撤退的道路，但未能在德军第 4 装甲师防御下渡过乌代河。该军被迫加入到位于该区域内的方面军司令部的第 2 梯队并和他们一起折返，向南面的皮里亚方向突围。

第 26 集团军的司令员科斯坚科中将于 9 月 18 日下半夜收到了从包围圈内突围的命令。他叫来自己集团军的军事委员会委员德米特里·叶梅利亚诺维奇·科列斯尼科夫（Дмитрий Емельянович Колесников）和 B.C. 布特林（前尼古拉耶夫州党委第一书记）、参谋长伊万·谢苗诺维奇·瓦连尼科夫（Иван Семёнович Варенников）上校、炮兵主任彼得·谢尔盖耶维奇·谢苗诺夫（Пётр Сергеевич Семёнов）上校、政治处主任团级

▲ 一辆隶属于德军第 9 装甲师第 33 装甲团的 Ⅲ 号指挥型坦克正行驶在乌克兰境内的向日葵地里。该照片摄于1941 年夏，现藏于德国联邦档案馆。

▲ 乌克兰境内的德国骑兵正在照顾马匹。该照片摄于1941 年 9 月，现藏于德国联邦档案馆。

政委伊万·瓦西里耶维奇·扎卡瓦罗特内（Иван Васильевич Заковоротный）和特务处主任瓦季斯（П.В.Ватис）。经过短暂的对当前局势的讨论后，科斯坚科当机立断，让后卫掩护大部队渡过奥尔日察河[175]，旨在从卢布内方向突破德军组织的防线，然后向东面前行与卡姆科夫的骑兵第5军和第38集团军的坦克旅会合。命令下达后，科斯坚科和其司令部的人员驱车前往奥尔日察镇[176]与在此集结的麾下所有部队会合，这座乌克兰小镇霎时挤满了汽车和辎重队。伊万·伊里奇·阿列克谢耶夫的小支队收到了掩护城市的命令，科斯坚科中将开始将麾下的部队组建成突击集群。但是，无通信手段使突围变得非常困难。而此时该集团军的侧翼阵地已被从北而来的古德里安的部队突破，德军第17集团军的部队也从南面攻了过来。

苏军第26集团军司令员科斯坚科中将直到9月23日才与西南方向总指挥取得了无线电通信联系，这才使大本营最高统帅斯大林搞清楚了情况。该集团军残余的5个步兵师的撤退行动开始于9月19日，其中一支由马特维·阿列克谢耶维奇·乌先科（Матвей Алексеевич Усенко）少将指挥的支队（由步兵第289师和其他步兵师的部分单位组成）在执行撤退任务中占领了能够从阿波洛尼[177]、卢布内、皮里亚京这三处地方渡过苏拉河和乌代河的渡口。

"我们将突破卢布内和米尔哥罗德方向。"9月19日，第26集团军司令员科斯坚科中将将自己的突围计划用简练的语言报告给了苏联红军总参谋长。

当天，第26集团军后勤主任伊万·伊万诺维奇·特鲁特科（Иван Иванович Трутко）少将请求空军派遣运输机运送汽油和弹药到德拉波夫[178]地区，并派遣救护飞机接走此地的伤病员。可见，第26集团军并不清楚德军的3个师——党卫军"帝国"师和

伊万·伊万诺维奇·特鲁特科少将（1888—1941年），1918年加入红军，1937年以前曾担任总参谋部军事学院后勤教研组主任。1937年，他受到"大清洗"波及被捕，获释后被任命为军需学院（后勤军事学院）后勤教研组主任。卫国战争爆发时，他被任命为第26集团军后勤主任。1941年9月他在包围圈中阵亡，死后被葬在乌克兰波尔塔瓦州洛赫维察地区波达克瓦尔村的军人公墓中。

红星社的记者扎哈尔·哈茨列温（Захар Хацревин）和鲍里斯·拉宾（Борис Лапин）正在审问一名德军叛逃者。这两名记者随西南方面军撤退时在1941年9月19日的突围战中牺牲。

国防军第 72、第 134 步兵师已经从北面接近该地区。值得一提的是，最终特鲁特科少将及时通过电报向这些飞机示警。飞机最终全部起飞了，但没有收到他们的应答信号，伤员们未能搭上飞机。

从南面压境而来的德军克莱斯特集群的 4 个师——第 24 师、第 125 师、第 239 师和第 257 师与从苏军第 26 集团军北面而来的 3 个德军师袭击了向奥尔日察地区东面奥尔日察河和苏拉河交汇处挺进的苏军第 26 集团军的后方。而德军第 16 装甲师和第 25 摩托化师的部队已经在此地守株待兔了。

9 月 20 日，第 26 集团军司令员科斯坚科中将通过总参谋部向西南方向总指挥转达了报告[179]："为了摆脱包围，我部不应选择米尔哥罗德作为突破点，而是留下一支部队在卢布内和米尔哥罗德地段殿后，主力全力向罗姆内方向突围。" 当天，图皮科夫少将请求上级对别洛乌索夫卡村[180]地区提供空中运输支援，将伤员从此地运送出去，但组织空运行动最终失败了。

9 月 21 日，科斯坚科中将首次尝试从德军克莱斯特第 1 装甲集群的前沿阵地实施突破，经过短暂的炮火准备后，科斯坚科麾下的师开始强渡奥尔日察河，德军随即予以猛烈回击。在那儿，德军指挥部将己方坦克单位投入到河的左岸以稳固阵地，苏军士兵的生命在德军的坦克炮火、投掷出的装满易燃液体的燃烧瓶和手榴弹的猛烈火力下，像割韭菜似的一波又一波地被收割，但在求生欲望的促使下，他们仍然前赴后继高喊着"乌拉"向前冲锋。

苏军第 26 集团军接下来的发展情况，我们可以从以下电报内容看出。

9 月 21 日 17 点 12 分：我集团军正处于

▲ 政治宣传部门的姑娘正在向开赴前线的苏军战士派发传单。该照片摄于 1941 年夏季苏德战场。

包围圈中。西南方面军后方被包围的所有部队，已不受控制，乱成了一锅粥，他们被恐惧笼罩着，混乱之中争相夺路。尝试向东突围的所有行动均告失败，我部正在奥尔日察前沿做突围的最后努力。如果到 9 月 29 日早上，我部仍然没有在向东实施的突击中取得实质性的进展，那么对我部而言接来下将会是一场灾难。

第 26 集团军司令部
科斯坚科、科列斯尼科夫、瓦连尼科夫
联合署名于奥尔日察发报

后来，积极参加过这些战斗的人谈道，苏军步兵第 97 师步兵第 69 团的营（该师在此之前隶属于第 38 集团军）曾经在很多次冲锋中眼见德军的阵地近在咫尺，但在被事先埋入地下作为固定炮位使用的德军坦克的猛烈袭击下被迫撤退，如此激烈的争夺战在整个战场的各个角落随时都在发生。

虽然成功强渡了奥尔日察河，但苏军步

兵第 97 师也几乎用光了所有的弹药。科斯坚科中将没能与方面军司令部取得联系，于是他设法联系上了大本营，并给沙波什尼科夫元帅拍去了一份电报："包围圈内奥尔日察河的战斗仍在继续着。我部已成功强渡该河，但已无弹药。请求空中支援。"

9 月 22 日凌晨 3 点 47 分，中断两天的通信联系终于又恢复了。苏军第 26 集团军再次发出电报：

步兵第 159 师被围困在包围圈内的康德波夫卡村（село Кандыбовка），步兵第 164 和第 196 师的部队被德军拦腰截断并围困在捷尼索夫斯卡村（село Денисовка）地区，我集团军的其余部队被德军包围在奥尔日察，所有的突围尝试均告失败。由于包围圈面积狭小，运输机无法安全降落，被围困在奥尔尼察的大量伤员无法安全撤离。9 月 22 日，我部进行了最后一次向东突围的尝试。请求大本营帮助弄清楚局势并给予实质性帮助。

科斯坚科、科列斯尼科夫、瓦连尼科夫
联合署名发报

苏军总参谋长沙波什尼科夫元帅下令空军向被切割成若干段的科斯坚科的部队空投弹药。但该集团军未能成功突破卢布内的德军防御。9 月 22 日，沙波什尼科夫通知基尔波诺斯、波塔波夫和库兹涅佐夫与洛赫维察方向别洛夫的骑兵第 2 军会合，要求他们会合后向东北方向进军，并在该处实施突围。

但这并非科斯坚科中将做出的最后努力。9 月 23 日 9 点 21 分，他向西南方面军总指挥报告：

现有阵地已很难坚守住。昨日天黑后我部一直尝试向奥尔日察、伊斯科夫齐村（село Исковцы）和佩斯基村（село Пески）方向突围。方面军的庞大车队以及大量的伤员留在了奥尔日察无法撤出。

科斯坚科、科列斯尼科夫
联合署名发报

至 9 月 24 日，在德军地图上，地名奥尔日察被用红色标出了一个范围不大的圈，表明此处的苏军尚未肃清。这里是苏军第 26 集团军的英雄们进行残酷战斗的地方。当日 8 点 11 分，该集团军通过电台与莫斯科进行了最后一次通信：

致红军总参谋长：

此时我部被围困在马茨科夫齐村（село

▲ 一辆带拖车的 Sd. Kfz. 250 型半履带运兵车正在苏联境内驰骋，该车编号为 WH-43248。从这辆半履带运兵车上的字母 K 可以判断该车隶属于克莱斯特第 1 装甲集群。车旁不远处的土地上跪坐着的是被俘的苏联红军士兵和军官。该照片摄于 1941 年 9 月乌克兰境内，现藏于德国联邦档案馆。

▲ 一辆编号为 215 的德军 III 号中型坦克疾驰过乌克兰的一座村庄。该照片摄于 1941 年 9 月，现藏于德国联邦档案馆。

Мацковцы），已无可战之兵。我部已无法再坚守 24 小时。请示是否仍要坚守？

发报人：乌先科

9 月 25 日 21 点，科斯坚科决定再一次尝试强渡奥尔日察河，但他没来得及实施。集团军作战处副主任阿列法·康斯坦丁诺维奇·布拉热伊（Арефа Константинович Блажей）少校报告说，德国人从东面闯入奥尔日察并点燃了村庄，这场大火燃烧了很长时间。科斯坚科召唤旅级指挥员阿尔卡季·鲍里索维奇·鲍里索夫（Аркадий Борисович Борисов）来见他。鲍里索夫指挥着原来在附近的骑兵集群，此时该集群已并入到第 26 集团军的作战序列中。

鲍里索夫接到了向德军发起进攻并突破他们的命令，当他麾下的骑兵们向德军部队发起进攻时，战斗已经蔓延到第 26 集团军司令部附近了。

司令部的军官们被就地组织起来并分发了枪支和手榴弹，科斯坚科拿起一支冲锋枪对他们大声喊道："同志们，跟我来！"

军官们跨上马匹，紧跟着科斯坚科向堤坝冲了过去，转瞬间，他们已经到达了对岸。

他们在这里找到了有远见的鲍里索夫留下的马匹。科斯坚科司令部的军官们大多是骑兵出身，原本就有作为骑手的经验，他们一旦越上马背，马上生龙活虎，形成了战斗力。他们与鲍里索夫的骑兵们以及司令部的其他直属单位一起加入到战团中，强渡了几条河。当天深夜，他们在苏拉河东岸撞上了有步兵单位掩护的德军迫击炮阵地，随即战斗打响。苏军骑兵的前两次冲阵都失败了，但终于在第三次冲锋中成功突破了这里。

10 月初，第 26 集团军司令员与所部残余从骑兵第 5 军战斗活动地带中突围出去，最终摆脱了敌人的包围圈。很长一段时间里，该集团军的这些掉队的士兵和军官们组成了一支规模不大的战斗群，自行穿越前线。最终平安走出包围圈的有第 26 集团军军事委员会委员旅级政委德米特里·叶菲莫维奇·科列斯尼科夫、政治处主任团级政委扎卡瓦罗特内和许多其他指挥员和政工人员。一些军官和士兵靠自己的力量徒步辗转于敌后，最终回到了己方的阵地。值得一提的是，一支由指导员塔兰（М.Т. Таран）领导的战斗群克服了艰难险阻，带着武器、文件和勋章总

▲ 德军第25摩托化师的一名军官，趁战斗结束的间隙，躺在战壕中看书。该照片摄于1941年9月乌克兰境内的第聂伯河地区，现藏于德国联邦档案馆。

共步行了600千米，最终走出了包围圈。该战斗群的幸存者中还有女性战士——来自步兵第169团的助理军医马特维延科（A.A. Матвиенко），她跟其他士兵一样坚强地徒步走完了全部路程。

直接保卫基辅市的第37集团军的官兵们经历了艰难的考验。这段时间的历史文献可以帮助我们拨开迷雾，寻找到该集团军在接到坚守基辅这一命令后到底发生了什么。

9月中旬，第37集团军的右翼兵团向东北面呈流线型排开的德军发起了突围，与后者争夺北至谢米波尔基村（село Семиполки）、南至乌克兰小镇奥斯乔尔的每一寸土地。在科兹列茨村（село Козлец）外的战斗中，苏军步兵第41师两度击退了从村内发起进攻的德军部队。当德军第三次在此处发起冲锋时，师长格奥尔吉·尼古拉耶维奇·米库舍夫少将在带领部队发起反击的战斗中牺牲，孤立无援的步兵第41师的官兵们受到德军从不同方向展开的轮番攻

击。即使没有波捷欣上校指挥的基辅守备师赶来援助他们，第41师也绝不会屈服，在援兵赶到前，他们独自顽强地抗击德军整整2个昼夜。

9月16日，苏军前线阵地再次出现了动摇。德军第6集团军的突击集群从东北面突破了苏军的防线，进逼基辅，并攻占了第聂伯河的渡口。基辅市城防司令部的领导请求第37集团军司令员调遣部队加强这些重要区域的防御，但后者回复并强调他没有多余的预备队来加强这些地区的防御。因此基辅市城防司令部的领导们只好派其他部队来填补这些地段的防御漏洞，他们派了内务人民委员部第4师的部分兵力、"阿森纳"厂民兵支队和平斯克区舰队第聂伯彼得罗夫斯克支舰队的300名水兵到达这里，他们的任务是在通往基辅大桥的道路上就地构筑防线。9月16日当天，压制德军的苏军第37集团军的右翼部队和赶来支援他们的城防委员会的部队巩固了这条防线并阻止了德军的攻势。在这一天中，内务人民委员部第4师第227团的部队在瓦金（Вагин）少校的指挥下一直英勇地战斗着，他们迅速的反击不仅击退了德军的一个团，还斩获了该团的军旗。

苏军部队经常在遭受了德军密集炮火和空中打击后，还要抵御随后扑来的德军步兵和坦克。德军坦克发动机的轰鸣声震耳欲聋，前沿阵地战壕土堆上的碎石子都因此而震颤。在德军即将接近战壕时，苏军战士们早已上好了刺刀严阵以待，苏军彪悍的肉搏近战实力令德军很是吃不消，在激烈的战斗中幸存下来的德军士兵惊慌失措地逃回了他们的出发点。

9月18日，苏军第37集团军通过无线电台收到了放弃基辅的命令。上级向该集团军司令员指示了部队撤退的方向，并简洁地

介绍了其当前友邻部队的动向。在当时，执行这道命令比坚守城市要困难得多，这意味着他们将在德占区中行进数百千米。另外，在仓促的撤退中，指挥员犯了不少的错误，比如让部队沿着基辅至皮里亚京的主要公路和铁路行军。德军南方集团军群司令部早已料到，提前切断了别列赞火车站（станция

Березань）和亚戈京地带的道路，苏军第37集团军司令部并不知道德军在这里集结了大规模集群正等着他们。

首先开始撤退的是基辅筑垒地域中防守第聂伯河右岸的步兵师；最后撤离阵地的是筑垒地域常驻部队中的各机枪营。其他防守基辅筑垒地域的部队将行军穿越鲍里斯波尔，

▲ 1941 年 9 月 19 日的基辅会战态势图。其中阴影部分为被围在基辅以东的西南方面军，我们可以看到包围圈内的普里卢基、皮里亚京、卢布内和洛赫维察这些地名。

▲ 德国坦克兵们正在自己的战斗坐车——Ⅲ号中型坦克旁休息，其坦克编号为600。该坦克隶属于德军第25摩托化师。该照片摄于1941年9月乌克兰境内，现藏于德国联邦共和国档案馆。

▲ 德军野战机场上用于侦查的亨舍尔 He123 型轻型双翼机。该机型是 1934 年亨舍尔飞机厂根据"紧急计划"设计的，最早用于俯冲轰炸任务，但斯图卡 JU-87 出现后，它就退居二线，用于近距离战术支援、侦查等任务。虽然这是一种过时的飞机，但它最终是在 1944 年退役。值得注意的是，这种飞机不是被淘汰的，而是在残酷的战争中全部消耗殆尽了。该照片现藏于德国联邦档案馆。

他们必须从阵地上撤回部队，集中兵力打通通往第聂伯河大桥的道路。

后卫部队由尼古拉·伊万诺维奇·瓦西里耶夫（Николай Иванович Васильев）上校指挥的步兵第87师和马日林上校指挥的内务人民委员部第4师组成。

9月19日深夜，部队出发了，苏军纵队在鲍里斯波尔地区击退了撤退过程中遇到的首支德军掩护部队后向东而去。

而筑垒地域警备司令部和政治处的军官们此时已经撤出了永备火力点，即便是一些暗堡火力点里的驻军也都完全撤出来了。撤退时，苏军工兵们摧毁了防御工事，绝不将其留给德国人。

俄语中有这么一句谚语："当一个人无法坚持自己的立场时，那么后果也是不言而喻的。"

苏军官兵们低着头、放慢脚步行进在基辅街头，痛苦地离开了这座曾经不惜以生命为代价坚守了2个月的城市。

炸毁第聂伯河大桥的任务交给了内务人民委员部第4师的师长马日林上校，他被乌克兰苏维埃内务部人民委员瓦列里·伊万诺维奇·谢尔吉延科（Валерий Иванович Сергиенко）称为"最后一位撤离基辅的指挥员"。9月19日清晨，整个基辅市被大雾笼罩着，军官、政工人员与城市组织代表一起勘查店铺和仓库，他们敲开一个个店铺的门，尽力收集生活必需品。

当日上午11点，德军发现了撤退中的苏军部队。苏军在西南市郊遭到德军残酷的炮火轰击，他们的后卫部队勉强顶住了进逼的德军。德军猛烈的炮火使炮弹不时落在大桥周边的水面上，激起数米高的水柱，几颗炮弹落在大桥上正在撤退的苏军头上，炸开花的弹片瞬间带走了一大片鲜活的生命。苏军虽然伤亡惨重，但仍顶着德军的炮火勇敢地履行着撤退的命令。

负责组织基辅疏散工作的部队及时引爆了第聂伯河大桥，这还得归功于第37集团军的工程师们在9月上旬完成了对内务人民委员部第4师的桥梁爆破训练。

下午，当第聂伯河右岸展现在德军先头部队面前时，苏军才发现他们，并发射紧急信号。马日林将军后来回忆，他在自己的指挥所里见到了格里戈里·伊万诺维奇·彼得罗夫斯基铁路桥上冲天的火柱和浓烟。大桥的中央桁架应声坍塌坠入水中。后卫部队只能通过一座名为纳沃德尼茨基的木质古桥撤离。三级军事工程师A.A.芬克尔施泰因（А.А.Финкельштейн）负责等待最后一组士兵撤过桥后焚毁这座古桥。当德军的摩托车冲到岸边并开始用机枪扫射时，工程师发出了焚桥的信号，事先堆放在桥上的大量聚乙烯树脂和浇上油的木头被瞬间点燃，使古桥燃起了冲天大火。守卫在右岸未来得及撤离的苏军战士们被绝望地留在了那里，他们倒在了德军的冲锋枪下，当苏军士兵再次踏上这片土地时，他们才找到被德军士兵掩埋在古桥废墟旁的这些战士们的遗体。几乎在纳沃德尼茨基古桥起火的同一瞬间，古桥的最南端响起了爆炸声。德国人想从此处强渡第聂伯河，然而从河左岸喷射出的机枪火舌吞噬了他们的生命，最终迫使德国人暂时放弃了这一行动。

马日林上校主动联系上了步兵第87师师长，商定进一步的行动。这两支殿后部队一起坚守到夜幕降临，然后统一向鲍里斯波尔方向撤退。

9月20日清晨，两支部队离开了位于基辅东郊的达尔尼茨基森林（Дарницкий лес）。太阳从地平线升起后，阳光穿透薄雾映射在远处的城市，前方就是鲍里斯波尔。他们夹杂在撤离汽车、农用马车、拖家带口的难民们之间，艰难地在道路上前行着。马日林上校派遣了一支由杰多夫（Дедов）少校为首的小分队抵近鲍里斯波尔，这支部队配备了无线电台，可以随时与大部队联系。他们接到的命令是找到位于鲍里斯波尔的集团军司令部，并搞清楚他们接下来的行军路线。大约半小时后，杰多夫返回来报告：德军的坦克已经闯入了城市，并且与自己的小分队

▲ 在这张著名的历史照片中，远处熊熊燃烧的正是那座历史悠久的纳沃德尼茨基古木桥。

▲ 德军第9装甲师的一辆Ⅱ号坦克正押送着一队苏军西南方面军的俘虏。该照片摄于1941年8—9月间的乌克兰境内，现藏于德国联邦档案馆。

▲ 德国国防军宣传部队刻意拍摄的一组苏联西南方面军俘虏的照片。照片里具有亚洲面孔的苏军俘虏很明显是被刻意甄选出来的，因为具有亚洲面孔的士兵在苏联红军中所占比例不会超过 5%。这样做在宣传教育上可以造成一种错觉，即战争是由野蛮的东方人挑起的。上述两张照片摄于 1941 年秋，现藏于德国联邦档案馆。

▲ 正在休息的党卫军"维京"摩托化师的官兵们。该照片摄于 1941 年 9 月乌克兰境内，现藏于德国联邦档案馆。

发生了遭遇战。可见，通往鲍里斯波尔的道路被切断了。

殿后部队无法找到第 37 集团军的部队，原因是后者的主力部队在此之前已经在巴雷绍夫卡村（деревня Барышовка）地区一分为二。 兵力较多的部分被德军亚戈京集群围困在苏波伊河[181] 包围圈中，其余部队则被围困在巴雷绍夫卡村以南的特鲁别日河[182] 包围圈中。苏军虽英勇地向德国人发起了攻击，但德军在河东岸埋伏了坦克部队，在没有火炮支援以及反坦克武器的情况下冲破这样的防御阵地是很不容易的。苏军高喊着"乌拉"一次又一次地发起冲锋，最终第 37 集团军的一支集群在 9 月 22 日深夜成功强渡特鲁别日河并突破了德军包围圈。这次果断的进攻是由乌克兰苏维埃社会主义共和国内务人民委员部副人民委员季莫费·阿穆夫罗西耶维奇·斯特罗卡奇（Тимофей Амвросиевич Строкач）指挥的，他与几名将军和军官带头，仅花了一分钟便果断地冲过了散兵线。苏军虽然完成了任务，击溃了德军的掩护部队，但也付出了高昂的代价。在这次战斗中，阵亡的苏军英雄有所科洛夫（Соколов）上校、科萨尔耶夫（Косарев）上校和许多其他指挥员。这支集群的大部分部队都突围出来了，内务人民委员部第 4 师第 56 团的马祖连

▲ 作战中的德军坦克纵队，该照片现藏于德国联邦档案馆。

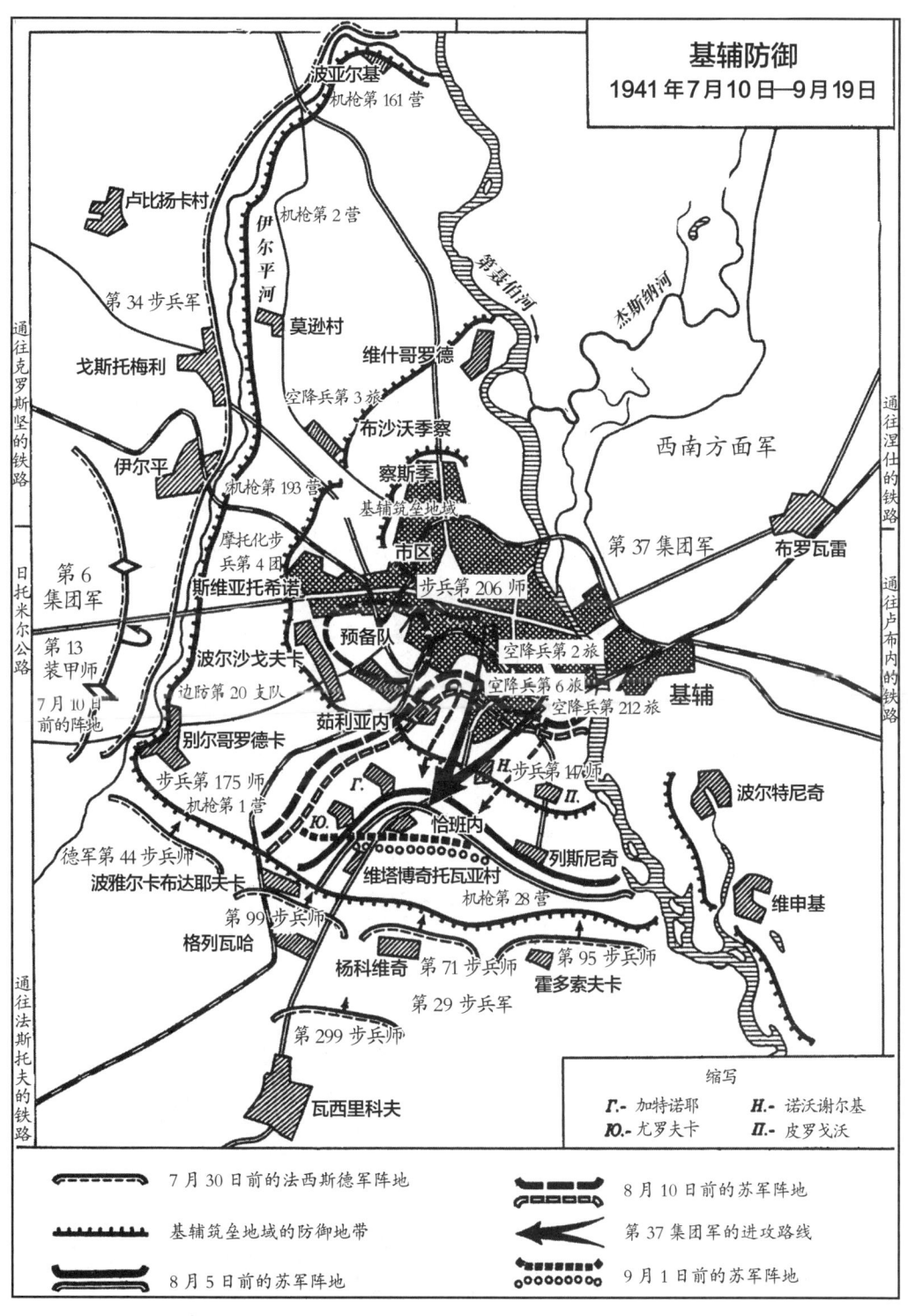

基辅防御
1941年7月10日—9月19日

波亚尔基
机枪第161营

卢比扬卡村

机枪第2营

伊尔平河

莫逊村

第34步兵军

维什哥罗德

戈斯托梅利

空降兵第3旅

伊尔平

布沙沃季察

察斯季

机枪第193营

基辅筑垒地域

摩托化步兵第4团

斯维亚托希诺

市区

步兵第206师

预备队

波尔沙戈夫卡

边防第20支队

空降兵第2旅

空降兵第6旅

茹利亚内

空降兵第212旅

别尔哥罗德卡

基辅

步兵第175师
机枪第1营

H.步兵第147师
Г.
Ⅱ.

德军第44步兵师

Ю.

恰班内

波雅尔卡布达耶夫卡

列斯尼奇

维塔博奇托瓦亚村

机枪第28营

第99步兵师

格列瓦哈

杨科维奇

第71步兵师

第95步兵师

霍多索夫卡

第29步兵军

第299步兵师

维申基

瓦西里科夫

西南方面军

第37集团军

布罗瓦雷

波尔特尼奇

第6集团军

第13装甲师

7月10日前的阵地

通往克罗斯坚的铁路

日托米尔公路

通往法斯托夫的铁路

通往涅仕的铁路

通往卢布内的铁路

缩写
Г.- 加特诺耶　　H.- 诺沃谢尔基
Ю.- 尤罗夫卡　　Ⅱ.- 皮罗戈沃

7月30日前的法西斯德军阵地　　　8月10日前的苏军阵地

基辅筑垒地域的防御地带　　　　　第37集团军的进攻路线

8月5日前的苏军阵地　　　　　　　9月1日前的苏军阵地

▲ 1941年7月10日—9月19日防御基辅的态势图。

科（Мазуренко）中校与他麾下的战士们后来还一起加入了西多尔·阿尔捷米耶维奇·科夫帕克（Сидор Артемьевич Ковпак）领导的游击队。

被围在别列赞火车站（其南面即是森林）的第37集团军主力部队继续艰难地战斗着。德军指挥官喊话，希望被包围的苏军放下武器放弃抵抗，苏军指战员则以新的攻击作为回应。

合并了由米哈伊尔·费德罗维奇·奥尔洛夫（Михаил Фёдорович Орлов）上校、瓦西里·谢尔盖耶维奇·布拉日涅夫斯基（Василий Сергеевич Блажневский）少校和其他军官指挥的几支最具战斗力的部队后，他们于9月23日深夜对德军发起了奇袭，最终突破了包围圈。他们事先已预料到德军在东面布有重兵，因此突破包围圈后并不向东继续前行，而是转向朝南进发，并且就此分散成几个集群。然而，其中兵力最多的一支在用光了几乎所有的弹药后不得不撤往森林深处，德军几次试图对此处进行清剿，但高昂的战损不但使其无功而返，而且让其放弃了继续清剿的念头。

1941年9月底，德军统帅部的作战地图上已不再标记苏军第37集团军主力的包围圈区域了，德国人似乎已认定该集团军的大多数官兵已死于饥饿。苏军第37集团军的主力部队大部分在被封锁的森林中向东方行进，他们利用地形环境大大抵消了德军包围圈的效果，并且后来为了方便突围又化整为零地组成了许多小分队开始在森林里穿梭，目标是穿越东部的战线。在这一过程中，有的小队留在了森林里继续抵抗，后来他们中的许多人成了敌后游击队的核心力量。

在鲍里斯波尔地区的第37集团军的

殿后部队与其主力部队被隔绝开来，前者凭借自己的顽强到达了指定位置。9月25日，这2个苏军师走到了罗戈佐夫村（село Рогозов）地区，并随即与此处的德军部队接上了火，苏军的首次进攻并未成功。太阳从地平线上消失后，苏军的侦察兵侦察到大批德军的增援部队正从佩列亚斯拉夫村（село Переяславское）赶来，此时他们已处于腹背受敌的被动局面，被迫转入防御，组织和部署防御火力体系。战斗一直持续到深夜，德军指挥官命令步兵在坦克的协同下发起进攻。在漆黑的夜里，无法确定德军位置的苏军不敢贸然开火，因此在阵地上仅有零星枪声响起，每门大炮只有当炮兵确定德军位置后方才开火，因为弹药所剩无几，每一颗子弹和炮弹对守军来说都太珍贵。当坦克的轰鸣声越来越接近苏军时，一颗照明弹被打上天空，

▲ 德军第9装甲师第33装甲团的一名坦克兵，这名中士被授予了一级和二级铁十字勋章，下方还佩戴着坦克突击章。

◀ 这名国防军坦克部队的中尉佩戴着二级铁十字勋章的勋带。另外，其右胸佩戴的可能是"优秀射击"勋带。该照片摄于1941年9月乌克兰境内。

▶ 德军第9装甲师的2名坦克成员正在整修自己的Ⅲ号坦克坐车。该照片摄于1941年8月乌克兰境内某地，现藏于德国联邦档案馆。

▲ 德军部队在战斗结束后直接将缴获的苏军武器自用，照片中可见德军的半履带运兵车后面挂着的是一门1932年制45毫米反坦克炮。远处可见被俘的红军战士和正在燃烧的一辆BA-10装甲车。该照片摄于1941年8—9月乌克兰境内，现藏于德国联邦档案馆。

▲ 德军第9装甲师第33装甲团的一辆Ⅲ号指挥型坦克上，乘员们正对天发射信号弹。该照片摄于1941年夏季的乌克兰境内，现藏于德国联邦档案馆。

霎时间，德军坦克的周围被照亮。德军士兵们接近战壕时，内务人民委员部第4师政委科瓦连科（Коваленко）大声喊道："为了祖国！"他第一个冲出战壕向德军扑去，政治指导员列留科（Лелюк）义无反顾地跟随在他身旁。战壕内的苏军被政委科瓦连科的实际行动鼓舞了，士兵、各级指挥员和政委们争先恐后地高喊着"乌拉"，跃出战壕向德军发起了反冲击。苏军在危难之中爆发出来的战斗力最终击退了德军部队的进攻。

德军期待苏军往东方突围，但第37集团军殿后部队的指挥员并未严格执行军令，而是将部队带向了南面的第聂伯河沿岸森林，以保存实力，为今后更为残酷的战斗做准备。

9月25日黎明时分，殿后部队的先锋进入了斯塔罗耶村（село Старое）。侦察兵向团指挥瓦金少校报告，在佩列亚斯拉夫村发现了大批德军出动，少校迅速组织了伏击。

◀ 德军第11装甲师的摩托化步兵正在实施机动，试图从侧翼绕过苏军部队。照片最前方的是一辆安装有火箭弹携带架的Sd. Kfz. 251型的装甲运兵车。摄于1941年夏季乌克兰境内。

◀ 在战斗中实施突围的西南方面军第26集团军的战士们，远处可见一座已经被破坏的乌克兰村庄。该照片摄于1941年9月，现藏于俄罗斯国家影像和照片档案馆。

◀ 在战壕中行进的苏联红军士兵。

▶ 在包围圈内被俘的苏联西南方面军战士，其中一名从领章来看应该是名医护女官。该照片摄于1941年9月，现藏于德国联邦档案馆。

当德军纵队行进到林间小道时，两边预先埋伏好的枪炮顿时响起，德军被打了个措手不及，瞬间陷入难以想象的恐慌。跳出灌木丛的苏军战士们重创了德军纵队，他们最终俘获了十多辆装有弹药的汽车，并在其中一辆车内发现了将要给前线德军颁发的勋章和奖杯。

激烈的争夺在苏军部队的突围之路上不断发生。当日傍晚时分，第 37 集团军殿后部队的所有单位都到达了第聂伯河沿岸森林，他们在地面上撒上沙子，以防止汽车的车轮空转，浪费剩余的燃料。从糖厂征用来的马车和马匹被用来运载伤员、弹药和粮食，几辆运载武器和迫击炮的车辆由于燃料耗尽不得不被遗弃和摧毁。在撤退的过程中，侦察兵们发现一座临时关押战俘的德军战俘营，苏军指挥员果断下令将其摧毁，并释放了被关押的红军战士。第二天黄昏，部队已经全部抵达了大沼泽地区。沼泽中央的岛屿上已被青苔等植被完全覆盖，工兵们就地取材，用树干、树枝等材料在沼泽地上铺出了一条道路。部分单位横渡到岛上并占领了那儿，就地构筑了环形防御阵地，该处被苏军打造成了临时堡垒。由于陆续有撤退到沼泽的苏军，"沼泽堡垒"的驻军人数也在不断壮大。这里聚集着曾执行过破坏第聂伯河大桥和基辅筑垒地域建筑物任务的工兵们、最后撤退的内河舰队的水兵们以及基辅铁路枢纽的铁道兵们。

德军曾数次向该岛发起冲锋，但都无功而返。到 10 月冬季来临时，苏军战士们仅穿着夏装，饱受寒冷的折磨，又耗尽了弹药，而派出去的侦察兵们却发现德军正在组织一次新的攻势。岛上的苏军决定突围。10 月 5 日深夜，苏军组织的尖刀单位悄然离岛，潜行至捷维奇基村 [183]，突然向此处的德军守军发起了夜袭。他们承受了守军猛烈炮火和机枪的还击，但这些都没能阻挡被精心挑选出来执行这次任务的苏军精锐，他们躲避着炮火寻求快速接近德军的方法，随行的迫击炮手精准地逐一敲掉了德军在村中设置的火力点，最终岛上的苏军大多都突围出去了。

由于弹药耗尽，包围圈内到处上演着激烈的白刃战，德军的包围圈开始被苏军突破。突围的道路是漫长和艰辛的，很多人倒在了突围的道路上，但第 37 集团军的指挥员和大部分战士克服了艰难险阻，最终走出了包围圈。

|第八章|

试图突围

在讲述苏军西南方面军的部队从包围圈中突围之前，有必要先做出解释。苏军突围行动的直接组织者是西南方向的总指挥，他必须对德军开始和结束包围的时间做出判断，并组织好兵力解救被包围的部队。但正如前文提到的，9 月 13 日斯大林阵前临时换帅，西南方向的总指挥从布琼尼元帅换成了铁木辛哥元帅。因两位元帅对战局都有自己的见解和看法，而且对西南方面军当前所面临的局势有着截然相反的评价，这对前线如何组织和部署解围部队造成了严重的影响。

很显然，如果西南方面军在 9 月 10 日时按照前任总指挥布琼尼元帅的考虑，将部队立即撤退的话，那么接下来的悲剧或许就不会发生，因为他所下达的命令是出于为将来的战争储备兵力来考虑的，而不是一味地将部队投入到没有希望的进攻行动中。而新上任的总指挥铁木辛哥元帅所考虑的是让西南方面军维持现状，固守现有阵地，所以西南方面军只有在继续顽强防守中伺机反击。甚至到了局势已经糜烂的 9 月 13 日，大本营仍

▲ 这辆隶属于克莱斯特第 1 装甲集群第 11 装甲师的半履带式装甲车疑是改进型的 Sd. Kfz.251/6。摄于 1941 年 9 月乌克兰境内。

然不允许部队撤军。

在铁木辛哥元帅看来，西南方面军被德军整个包围的概率很小，因此他在需要投入预备队的所有行动中并不注重如何规避和挡住德军的迂回包抄，并在随后的解围中也未以积极反击的态度来实施行动。

▲ 行军至基辅周边的德军步兵小队，其周围是苏军撤退时来不及带走的运输车辆。

9月15日，苏军西南方向总指挥铁木辛哥元帅了解到步兵第100师和2个坦克旅已经开始在列别金和阿赫特尔卡地区卸车；骑兵第2军（由2个帅组成）已经于当日到达了泽尼科夫卡村（село Зеньковка）地区，上述部队预计可以在9月19—20日完全集结完毕。

在这种情况下是否能够指望第5、第21、第26和第37集团军有足够力量和毅力坚持到9月20日呢？骑兵第2军、步兵第100师和2个坦克旅是否有足够的兵力来扰乱德军的进攻部署，直到2个坦克师和1个摩托化师的援军从更加远离前线的北面和南面赶到罗姆内呢？在此期间，苏军是否能够守住东西两面的前线阵地呢？很显然，总指挥铁木辛哥元帅对此很有信心。然而，实际情况是，元帅决定将罗姆内地区的骑兵第2军、2个坦克旅和步兵第100师投入到其组织的9月20—21日的进攻中，而不是用来为包围圈内的部队解围。

进攻和解围行动之间有着本质区别，因为进攻的目的也许并没有组织营救被围友军的意思，而解救行动的目的就是组织部队帮助被围友军摆脱和撤出包围圈。

上述部队如果用于解围行动足以粉碎德军包围圈的前沿阵地，并可以打通一条使被围部队尽快撤出的小走廊，但反突击并没有制定这样的行动。

苏军西南方向总指挥决定组建一支由骑兵第2军、步兵第100师、坦克第1旅和坦克第129旅组成的骑兵机械化集群，由别洛夫少将出任集群总指挥，主要任务是掌控罗姆内。

9月16—17日，骑兵第2军在未等到坦克旅和步兵第100师到来的情况下，率先发动了攻势。9月16日，该军已经抵达罗姆内附近的大道。9月17日，该军开始发动攻势，但遭到了得到第3装甲师坦克加强的德军第10摩托化师部队的顽强抵抗，德军成功利用地形特点对罗姆内实施了布防。德军的防线沿苏拉河部署，并且城市郊区的建筑物沿着该河的支流大罗门河（река Большой Ромен）而建。9月18日，苏军坦克第129旅也加入了战团，但攻势并未成功。到了9月20日，苏军坦克第1旅也被投入到了战斗中，仍未取得实质性突破，因为苏军并没有能够组织坦克渡河的渡口和让坦克部队通过山谷湿地所需的相关器械。

此时，西南方向司令部已经迁到了哈尔科夫，西南方向总指挥在阿赫特尔卡有一个规模不大的参谋军官组。

9月20日深夜，被困在包围圈内的苏军第26、第37集团军司令员和西南方面军司令部通过无线电台收到了上级下达的攻击罗姆内地区并向洛赫维察、加佳奇[184]方向实施突击的命令。

▲ 布良斯克方面军的红军战士弗拉基米尔·弗拉基米尔耶维奇·伊万诺夫（Владимир Владимирович Иванов），他独自消灭了超过 20 名德军士兵。摄于 1941 年 9 月。

▲ 一名乌克兰家庭主妇正在给布良斯克方面军的红军战士倒新鲜的牛奶。值得注意的是，这些战士肩上所背的是 7.62 毫米口径的 SVT-40 型自动步枪。摄于 1941 年 9 月。

9月20日，苏军骑兵第2军的徒步骑兵们在坦克和飞机的支援下向驻扎着强大德军兵力的罗姆内发起了攻击。苏联空军在这些天里取得了重大战果，这在后来古德里安的言论中得到了印证："由于敌军战机的优越性，导致我方空中侦察情况严重受挫。"

德国人很快将第4装甲师和党卫军"帝国"摩托化师的部分单位调往了罗姆内，以加强此处的防御，但紧接着苏军步兵第100师抵达了这里，他们使骑兵第2军的右翼得到了加强。

9月21日，苏军骑兵机械化集群（由步兵第100师、骑兵第5师、骑兵第9师和2个装甲旅组成的战斗纵队）再次向罗姆内地区发动了攻势，战斗使攻守双方胶着在一起，尽管苏军发动的攻击见不到任何成效，仅能展现出苏军的毅力，但他们的攻击仍丝毫未减弱。

夺取罗姆内是为了什么？占领罗姆内对苏军来说没有任何意义，因为接近罗姆内的任何一支部队都没能成功撤离。这里的桥梁和渡口都已不复存在。对苏军来说，夺取罗内地区的桥头堡同样无任何意义，因为他们连进攻的兵力都严重不足。当苏军拖住罗姆内地区的德军时，其实完全可以从别的区域调集部队，为其最终解围赢得机会。

最容易实施解围行动的地区是位于苏拉河和霍罗尔河[185]之间的罗姆内—加佳奇一线的地段。获得了2个坦克旅（拥有100辆坦克）加强的骑兵第2军在该地给罗姆内周边阵地上战斗的德军带来了不小的压力，如果在该地带再投入骑兵第5军的2个坦克旅，那么显然能够为西南方面军集群部队成功突围并跳出包围圈创造更有利的条件。最终，西南方向总指挥于9月23日在洛赫维察方向组织了新的攻势。在该攻势中，骑兵第2军将得

到了坦克第1旅加强的骑兵第5师投入到了战斗中，但正如下文所述，该行动已为时过晚。

骑兵第5军采取了西南方向总指挥于9月15—19日提出的个人指导方针：移动到加佳奇—拉希夫卡村（село Рашивка）—上索罗钦齐村（село Верхние Сорочинцы）—沙什基村（село Шашки）—列舍季洛夫卡一线。很显然，这样做的目的是为了解围。但苏军移动到这一线后，就地转入了防御。此时，德军第16摩托化师离苏军骑兵第5军大约100千米，他们在其外围实施机动，并与从其左翼南面而来的德军第101轻步兵师形成合围，等待着收割骑兵第5军。

提到苏军骑兵第5军，不得不提到其行军过程中遇到的有趣局面。当德军第1装甲集群主力从克列缅丘格桥头堡向北袭来时，苏军骑兵第5军的纵队（由骑兵第3师、骑兵第14师、骑兵第34师、摩托化第212师和2个坦克旅的部分单位组成）恰好位于其奔袭方向的平行处，其行军时与从南向北移动的德军第16摩托化师仅隔着一条普肖尔河。德军的行军目的是在外围建立一个新的包围圈，而苏军骑兵第3师的目的则

▲ 隶属于苏联布良斯克方面军的拖拉机将一辆因故障被德军遗弃的Ⅳ号坦克拖到后方进行维修，这辆坦克应属于古德里安的第2装甲集群。摄于1941年9月。

▲ 一名德国国防军装甲部队的士官，可见他佩戴着二级铁十字勋章勋带和坦克突击章。该照片摄于 1941 年 9 月乌克兰境内，现藏于德国联邦档案馆。

是重夺加佳奇和波尔基村地带。苏军骑兵第 5 军的其他部队——骑兵第 14 师、步兵第 81 师的残部、坦克旅和步兵第 212 师则

从战斗中抽离出来，撤退到希沙基村（село Шишаки）—季卡尼卡镇一线。

别洛夫的骑兵机械化集群对罗姆内地区的攻势一直持续到 9 月 23 日。9 月 24 日，苏军骑兵第 5 师尝试从南面向洛赫维察发动进攻，但他们迎面撞上了德军第 9 装甲师的先头部队，并被后者牵制在了那里。

苏军坦克第 1 旅在当日到达了指定位置。与此同时，从罗姆内而来的德军袭击了向东撤退的苏军步兵第 100 师和骑兵第 9 师的大部队。

9 月 25 日，苏军没有采取行动，而德军第 4 装甲师、第 9 装甲师、第 10 摩托化师和第 16 摩托化师则已推进到了罗姆内的东面，并于 9 月 26 日击退了攻城的苏军。苏军骑兵第 2 军在东面构筑了奥利沙纳村（село Ольшана）—利波瓦亚多利纳村（село Липовая Долина）防线。

就此，苏军放弃了对包围圈内部队的解围行动。通过这些行动，我们不能断言组织这些行动的目的是为了将西南方面军从包围圈内解救出来，骑兵第 2 军对罗姆内地区所采取的进攻行动更像是一次局部的战术性反击，以便突破包围圈外的次要目标点。

第九章

品尝苦果

苏军从包围圈中撤出的计划已经失败。德军的压境将包围圈内的苏军肢解成若干大小不一的集群，再加上苏军在历经之前的战斗后早已损失惨重，并且各部队的建制在撤退过程中也已被打乱，这些规模并不大的集群只能各自为战。科斯坚科的第26集团军的部分单位被压缩在奥尔日察地区的狭长地带一直战斗到9月26日。弗拉索夫的第37集团军被分割在了2个区域：一支位于基辅东南面40~50千米处，另一支则位于基辅东北面10~15千米处，他们大约坚持到了9月21—23日。由第5和第21集团军部队组成的皮里亚京集群战斗到了25日。第5集团军的部分单位和领导层被迫与方面军司令部纵队合并，并一起向皮里亚京移动。其他被肢解而成的小集群则试图自行突围。

西南方面军司令部和军事委员会的人员于9月18日深夜上路，并决定通过突破洛赫维察来实现突围的第一步。为了便于管理，使部队能够有更大的机动性，方面军指挥层将麾下的直属部队划分为2个梯队。据了解，方面军军事委员会和司令部的主要成员以及政治部、军兵种和后勤部队的首长们都在第一梯队中。从维尔霍亚罗夫卡村（деревня Верхояровка）出发的苏军选择了从皮里亚京的大桥穿过乌代河的这一路线。当晚下半夜，他们已经到达了河流附近。德军的飞机轰炸了渡口，苏军为此花了不少力气来维持秩序。渡过河流后，西南方面军司令部的部队在德米特里·弗罗洛维奇·马克尚诺夫（Дмитрий Фролович Макшанов）上校指挥的步兵第289师部队的掩护下绕过皮里亚京，向黑夜中的切尔努希（Чернухи）居民点前行，但凌晨时他们遭到了从北而来的德军装甲部队的袭击。德军将苏军步兵纵队拦腰截断，这使得苏军不得不改变方向，被迫沿着乌代河左岸的乡间小路行军。苏军在移动中不断遭到德军飞机、炮火的袭击。德军曾多次尝试将苏军拉下河，但他们的攻击均告失败。在这里，苏军损失了大量的车辆：一部分被德军的航空炸弹和炮弹摧毁，而另一部分则是苏军为使部队紧凑降低暴露风险而自行丢弃的。

▲ 罗姆内市区的一场战斗结束后，德军正在检查一辆被苏军丢弃的 T-34/76 坦克。也许这辆战车曾属于苏军骑兵第 2 军坦克第 1 旅。摄于 1941 年 9 月乌克兰境内。

▶ 1941 年 9 月乌克兰境内，一名德军第 9 装甲师的坦克兵正在悉心照料一只从当地人手中抢过来的羽鸡。战争中曾有过关于德军士兵对家禽类动物存在病态性喜爱的传言。该照片现藏于德国联邦档案馆。

9 月 19 日早晨，苏军艰难地走到了位于乌代河和姆诺加河[186]交汇处的戈罗季希村（село Городищи），西南方面军司令员基尔波诺斯上将下令稍作休息清点部队人数，并对下一步军事行动制定计划。在该村，第 5 集团军司令部的纵队被并了进来，他们紧跟其后一同撤退，并得到了步兵第 31 军残部的掩护。

在戈罗季希村内，苏军对仅存的约 3000 人（包括 6 辆护卫团的装甲车和若干防空机枪）的部队进行了重组。德国空军并未停止对这支苏军部队的扰袭，很幸运的是他们所遭受的损失很微小。但德军轰炸所造成的无线电中断对西南方面军指挥层造成了不小的干扰，因为这使西南方面军司令部与其麾下部队及西南方向总指挥之间的最后联系中断了。

基尔波诺斯上将在戈罗季希村的一间小屋内召集手下指挥员开会。参谋长图皮科夫少将向其汇报了当前情况："敌人将我军团团围住，我方面军司令部集群位于乌代河南岸的河口处，而德军在我部北面加强了防御。姆诺加河东岸已经被古德里安第 2 装甲集群的坦克和摩托化部队占领，我部北面和西北面的大型居民点皆已被敌军占领。"

在获得这些令人失望的信息后，基尔波诺斯上将打断了图皮科夫："有一点是非常清楚的，就是我们必须突围。但需要明确的是我们应从哪个方向突围。"

有人提议当天晚上从戈罗季希村渡过姆诺加河并借着夜色撤往洛赫维察。图皮科夫少将对此提议表明了自己明确的反对态度："德国人正在那里等着我们，他们已然在桥上做好了埋伏。在我看来，我们必须从位于此处西北面12千米处的切尔努希附近渡河。"波塔波夫少将支持参谋长的观点，他说道：

▲ 德军的工程牵引车正在做牵引木材的工作。该照片摄于1941年9月乌克兰境内，现藏于德国联邦档案馆。

▲ 西南方向总指挥铁木辛哥元帅。从军级指挥员的军衔领章可以判断该照片摄于20世纪30年代。

"我们已经看到了，德国人未曾忽略过河上任何一座桥梁。从切尔努希附近渡河，会给德国人带来'惊喜'，而且那儿河滩浅，我们不用借助任何桥梁便可渡过河流。"

让我们来研究一下这个提议。该提议决定组建3个战斗群：作为先头部队的战斗群将为方面军司令部纵队开道，另外2个战斗群被部署在司令部纵队的两翼。先头战斗群由波塔波夫少将指挥。方面军司令部下令让巴格拉米扬少将指挥护卫西南方面军司令部的内务人民委员部作战部队，他的任务是作为殿后部队让德军无法接近苏军大部队。

第二次世界大战结束后，巴格拉米扬元帅在其回忆录里是这样描述这段往事的：

我组建了自己的部队，队里有150名精心挑选的聪明、勇敢的棒小伙儿。他们给我带来了极大的运气，在我的带领下他们成长为真正具有战斗力的队伍，我带领着他们以及由我作战部的大多数军官组成的管理层。

我默默地走过队列，注视着每位红军战士和指挥员的面孔。短暂的休息并未使疲惫不堪的他们显得稍微好点，但时间不等人，上级交代的任务被告知将会非常困难。

"我坚信，"我大声地鼓舞道，"你们中的每个人都是不辱荣誉的苏联战士。"

站在我面前的是一名年轻的红军战士，他头上裹着的绷带早已被战火熏黑，他看着我，坚定地大声说道："别担心，将军同志，我们不会失败的！"

各种意见夹杂在一起喧闹不堪，此时基尔波诺斯上将的副官跑过来对我说："将军，司令员请您过去一趟。"

看到接到命令的支队就此散开并为即将到来的战斗做准备，我急忙赶往村中心的指挥所。

将军和军官们环绕在基尔波诺斯、布尔米斯坚科、雷科夫和图皮科夫周围。被誉为"乌克兰人民伟大的儿子"的布尔米斯坚科小声地与同志们在说些什么，在现行条件下，这样的交谈是为了避免遭到敌人的冷枪。随着越走越近，我听到了他所说的话："同志们，目前最重要的是保持镇静，没有我们无法克服的困难和危险。共产党员有义务以身作则，履行军人的职责。"

我向司令员报到，称自己已抵达，听候他的指示。

"巴格拉米扬同志，"他异常急促地说道，"情报显示，已从梅列希村（село Мелехи）出发的一支德军大规模摩托车支队渡过了姆诺加河，这支德军沿途击败了我军设在沿途高地的部队。"司令员指示我的支队可以在距离此处 1 千米的丘陵山脊东侧位置事先埋伏，打敌人一个措手不及。我们的任务是：占领山脊的这些制高点，占领过河大桥并伺机向先恰村[187]移动。司令员下达的命令是：必须执行！但事实证明，一切都已经变了。司令员让我们突破先恰村，我军的第 1 梯队，也就是我的支队……昨日我担心，守卫林子的步兵第 289 师的一部无法阻止德军推进到方面军司令部纵队的所在地，但这个担心今日并未发生。我提出，如果我的支队进攻成功，那么主力部队最好更靠近我们。最终，总司令挥了挥手不耐烦地说："好吧，巴格拉米扬同志你可以走了。"

谈话时，我注意到司令员从未显得如此疲惫和沮丧过。我跑向自己的支队。接下来我让部下在村外迅速集合，并向他们讲解新的战斗任务，挑选合适的人选来执行。支队迅速向指定位置前行，丛林化为散兵线，盘踞在山上的德军向我们开火，但我们不断地

▲ 被苏军遗弃的 T-37 坦克（上）和 T-34/76 坦克（下）。图片摄于 1941 年 9 月乌克兰境内。

运动着。随着我们发起进攻，不断有人加入我们，我的支队就像滚雪球似的不断壮大，此时我听到有人大声吼道："同志们，跟随我们的将军冲啊！"

我们到达了山顶，用枪托和刺刀与敌人展开了肉搏战，德国士兵死伤惨重。我们俘获了 40 名俘虏、若干迫击炮和摩托车。我派人还将战况送回戈罗季希村，而我的支队则马不停蹄地继续向河流挺进。幸运的是，德国人没来得及炸毁桥梁，它现在在我们的手中了。天已经暗下来了，我们点燃草堆，这对我军主力部队来说是一个很好的路标，但他们却迟迟未到。我向二级军事技术人员斯捷潘诺夫说明了战斗结果和接下来我们将如

何执行司令员之前下达的突破先恰村的命令。

在此期间，我军的补充兵员皆已到达。随后，我们遇到了以方面军燃料与润滑油供应处主任阿列克谢耶夫（Алексеев）少将和方面军后勤保卫负责人罗加金上校为首的一组边防战士，落单的战士和后勤机构的军官也陆续抵达，但仍未见到方面军司令部纵队的任何人出现。

深夜，我们走近伊斯科夫齐先昌斯基耶村[188]。尽管夜色昏暗，但我们仍然很快通过村口的路标把每个街角有可能部署德军的位置几乎都确认了一遍。我们停下来，集结并整编队伍。阿列克谢耶夫和我指示作战部的军官们带领部队迁回包抄村内的农舍，不过侦察后得知村庄内并无德国人。当地居民发现进村的是红军战士时，便争先恐后地涌上街头，用各种食物款待我们。

被派往与方面军司令部取得联系的一名军官返回作战部，他带来了一个意想不到的消息：没有敌人在跟踪我们。这名军官在途中遇见了突破敌方派遣到戈罗季希村的部队的小股我军战士，从这些战士的口中他获知主力部队并没有跟上来，而是所有的车辆都往西行了。我不明白，但上级给我们下达的命令是向先恰村移动，并且大家都会去那里，也许方面军司令部选择了其他路线。但他们不可能绕过先恰村，因为那儿有横跨苏拉河的桥梁。在这沼泽密布、地形错综复杂的苏拉河上仅有两座过河桥梁，它们分别位于先恰村和洛赫维察，但走洛赫维察路线等同于

▲ 苏军西南方面军坦克第 129 旅的尼古拉·尼基金（Николай Никитин）中士和他指挥的 BT-7 轻型坦克的乘员们。该照片摄于 1941 年 9 月，现藏于俄罗斯国家影片与照片档案馆。

乌克兰境内的一个插满了德军路标的路口，其中一个路标指出了德军第16摩托化师所在的方向。该照片摄于1941年9月，现藏于德国联邦档案馆。

送死，那儿有大批德军守株待兔似的等待着他们往口袋里钻。

黎明时分，我们的队伍从先恰村的西面突入了村庄，这儿没发现德国人，但是只要我们接近桥梁，便会马上遭到对岸的迫击炮炮火和机枪的扫射，我们只好趴下来隐蔽。我与阿列克谢耶夫和罗加金商议后，决定进攻，我们必须夺取渡口、占领整个村庄，并守住它们直到方面军司令部纵队到达为止。敌人的炮火并未减弱，但战士们在我的命令下冲上桥梁。此时德国人的坦克出现了，在火力掩护下，坦克冲到了我方岸边，而我军没有对付坦克的有效重武器，甚至连燃烧瓶都没有，因此我们只好从村庄撤离。很显然，我们没有拿下这里。我们试图躲避，并将部队一分为二：阿列克谢耶夫将军指挥他的小队从西面接近卢奇卡村（село Лучка），我则带领另一支队伍从南面接近该村。两支小队运用自己手中的工具构建渡口，并在此等待总部纵队的到来，直至当日早晨……

仅数日后，巴格拉米扬少将从守卫加佳奇市地区的红军独立工兵第519营处获悉了

西南方面军司令员和司令部的悲惨命运，随后他开始着手组建新的西南方面军司令部。随西南方面军主力部队行动，最后突围出来的作战部副部长伊万·谢苗诺维奇·格列博夫（Иван Семёнович Глебов）中校详细描述了方面军领导层的历史悲剧。

基尔波诺斯派遣巴格拉米扬分队对先恰村方向实施攻击的目的是为了分散德军的注意力，为此，基尔波诺斯并未告诉他实情：主力部队的行动计划是向北移动，然后从沃罗尼基村（село Вороньки）附近渡过姆诺加河……

遗憾的是，试图突围的西南方面军司令部和军事委员会与自己麾下的各集团军失去了联系。起初，所有的事情都进展顺利。9月20日，会合到一处的第5集团军和方面军司令部直属部队到达了位于洛赫维察西南15千米处的一个叫德留科夫希纳的小村庄（хутора Дрюковщина），在那里他们遭到了德军第3装甲师主力部队的攻击。在损失了一些大炮和装甲车后，苏军退入了舒梅伊科沃小树林（роща Шумейково）。第5集团军炮兵司

令员弗拉基米尔·尼古拉耶维奇·索坚斯基（Владимир Николаевич Сотенский）少将与他的整个指挥部在撤退过程中全部落入了德军之手。

西南方面军司令部纵队共计超过1000人，这其中包括800名军官。这些军官中有基尔波诺斯上将、方面军军事委员会委员布尔米斯坚科、师级政委雷科夫、参谋长图皮科夫少将、西南方面军通信部部长德米特里·米哈伊洛维奇·多贝金（Дмитрий Михайлович Добыкин）少将、西南方面军防空部队司令员阿列克谢·伊里奇·丹尼洛夫（Алексей Ильич Данилов）少将、第5集团军司令员波塔波夫少将、第5集团军军事委员会委员师级政委 M.C.尼基舍夫（М.С.Никишев）、旅级政委 Е.А.卡利琴科（Е.А.Кальченко）、第5集团军参谋长德米特里·谢尔盖耶维奇·皮萨列夫斯基（Дмитрий Сергеевич Писаревский）少将、兽医服务处主任 А.M.佩尼翁日科（А.M. Пенионжко）和其他同志。该纵队拥有6辆装甲车、2门大炮和5套并列式四管高射机枪。

舒梅伊科沃小树林的宽度不超过150米，长度不超过1.5千米。树林中生长着椴树、橡树、枫树和茂密的灌木丛，还有泉水流经此地。于是，西南方面军司令部纵队决定暂时在此躲避德军。

树林被沟壑分开，车辆和人员分散在其边缘，战斗车辆则在林边警戒。格列博夫中校负责组织方面军军事委员会的保卫工作，而由弗拉基米尔斯基（Владимирский）少校负责保卫第5集团军司令部。许多指挥员则分散在林场小屋内，清洗、拿着食物充饥或小憩。然而德国人已经发现了失踪一夜的苏军方面军司令部。晨雾散尽后，侦察兵报告称，

德军的坦克从东面和东北面围了上来，而在西南面实施侦察返回的苏军战士同样说，有大批德军坦克和摩托车部队正往此方向驶来。

20分钟后，德军从3个方向对舒梅伊科沃小树林发起了攻击，德军坦克上的机枪和

▲ 在德军第9装甲师的军事行动中被俘虏的苏军西南方面军的红军战士们。照片摄于1941年8—9月，现藏于德国联邦档案馆。

▲ 一名德军Ⅲ号坦克的车长正站在指挥塔内用望远镜进行侦察。

▲ 基辅周边被俘的苏军士兵。照片前方是一辆德军的Ⅲ号E型或G型坦克。

▲ 因损坏而被遗弃的苏军 BT 系列快速坦克——1937 年型（上）和 1935 年型（下）。照片摄于 1941 年 9 月乌克兰境内。

坦克炮同时开火，冲锋枪手紧随其后。伴随着轰隆声，苏军仅有的 2 门火炮也朝德军开火了，但弹药所剩无几，每一发的使用都尤为珍惜。德军的坦克很快就一举攻破了苏军在树林东部边缘设置的防御带。西南方面军司令部的指战员们手持手榴弹和燃烧瓶迈步冲入战斗中，2 辆德军战车顿时被苏军投掷的燃烧瓶击中并燃起大火，其余坦克见状都退了回去。前一日深夜，坐在树林中商议下一步行动的苏军西南方面军军事委员会委员图皮科夫少将和波塔波夫少将不久前才刚睡下，德军就再一次发动了新的攻势。在坦克的火力掩护下，德国步兵随战车开进树林，下车

后迅速形成散兵线。他们冲上来时，刚好撞上了拿起武器的基尔波诺斯、布尔米斯坚科、雷科夫、图皮科夫、波塔波夫和皮萨列夫斯基率部发起的反冲击，德军非死即伤，只好撤退。在这次战斗中，基尔波诺斯上将腿部受了伤，他的胫骨被子弹打断，被士兵们抬着转移到了一个靠近泉水的山沟底部。一起被送过来的伤员中，包括被炮弹严重震伤的波塔波夫少将，他的参谋长皮萨列夫斯基在随后的战斗中英勇牺牲。

师级政委雷科夫和参谋长图皮科夫一起随格列博夫中校绕到了树林的边缘，与守卫在那儿的战士们交谈并鼓励他们。18 点 30 分左右，基尔波诺斯、布尔米斯坚科和图皮科夫与其他指挥员围坐成一圈讨论接下来的突围选择，他们计划在入夜时分实施突围行动。然而就在此时，德军发动了一轮猛烈的迫击炮袭击，一发炮弹正好在指挥员们附近爆炸。基尔波诺斯一只手抓住头，另一只手捂住胸口倒地，一块弹片穿过钢盔击中了他的左侧头部，另一块插在他靠近上衣口袋的胸部位置，2 分钟后上将在痛苦中死去。

基尔波诺斯阵亡后，军事委员会委员布尔米斯坚科看了下表，说道："夜幕降临后再坚持 40~50 分钟我们将会得救，我们将集结一批指挥员，在夜里 21 点向敌人实施突击……"

作为西南方面军政委雷科夫的重要助手之一的高级指导员扎多夫斯基（Жадовский）后来回忆道："9 月 20 日夜里，我跟随基尔波诺斯的副官格年尼（Гненны）少校来到了指定位置，但布尔米斯坚科并未在那儿出现，我们不知道他在哪儿，难道说他并未从树林中逃出来？"

另外，没有人知道另一位西南方面军军事委员会委员雷科夫的下落，有人最后一次

▲ 党卫军的步兵战斗组正在攻克一座乌克兰村镇。摄于1941年9月。

▲ 空袭过后，被烧毁的苏联西南方面军的运输车辆。近处是一匹被遗弃的马匹，远处可见一门大口径榴弹炮。

▲ 大批投降的苏联士兵和技术人员。该照片摄于1941年9月乌克兰境内，由德国第14摩托化军第9装甲师的人员在战斗行动区域内所摄，现藏于德国联邦档案馆。

见到他是在16点，在位于舒梅伊科沃小树林边缘处通往伊斯科罗夫齐梅列希村（село Искровцы-Мелехи）的道路上。

9月21日深夜，德军不断发射照明弹照亮小树林，并朝树林深处猛烈射击。德国人的枪声突然沉默后，能够听到远处传来苏军伤员的呻吟声。德军指挥官显然是故意停止射击的，因为枪声停止后，德国人马上开始大声喊话："罗斯，放弃抵抗，你们的生命安全将获得保障，还可以有东西吃。"随后枪声又响起，没过多久枪炮又沉默了。有人用俄语喊话："出来吧，德国人不杀俘虏。"在树林的另一端也有人喊道："德军军官承诺投降将提供生命和自由。"

9月20—21日的这一整夜里，德军士兵几乎一直在树林里持续扫射着。出于民族荣誉感或是担心投降后会被自己人判处死刑，苏军士兵没有一个投降。德军的坦克、迫击炮和枪械猛烈地喷射着火舌，步兵也一刻不停地朝树林里投掷手榴弹，但即便如此，被包围的苏军仍继续予以还击，只是随着时间的推移，他们的火力变得越来越弱。

9月21日黎明，格年尼少校和高级指导员扎多夫斯基匍匐到基尔波诺斯上将的尸体旁，解开了他的外衣纽扣并摘下了其佩戴的象征着"苏联英雄"的金星奖章，他们将将军的尸体藏在了草丛中，并以枝叶精心地做了伪装。两年后的1943年9月，苏军重新夺回此地，为基尔波诺斯上将举行了正式的葬礼。今天人们可以在这里看到一座手握着冲锋枪的苏联军人的巨型雕像，雕像旁的石碑上面刻着：1941年9月20日，西南方面军司令员米哈伊尔·彼得罗维奇·基尔波诺斯上将在这里牺牲。

到9月21日晚上，当小树林被德军完

为战车加完油后，德军第 1 装甲集群的士兵们将空油桶装上运输车。该照片摄于 1941 年 8—9 月乌克兰境内，现藏于德国联邦档案馆。

全包围时，一支由苏联军官组成的战斗群试图在夜色的掩护下从德军的包围圈中逃脱，他们抱着必死的信念与德军展开了殊死搏斗。该战斗群的指挥者是图皮科夫少将，他们尝试着突围，目标是距离舒梅伊科沃小树林 3 千米的阿夫杰耶夫卡农庄（хутора Авдеевка）。在通往农庄的道路上有一个长满椴树、橡树和各种灌木的山谷。但这一尝试失败了，德军将整座小树林团团围住，只有个别军官成功突围，抵达了阿夫杰耶夫卡农庄，并最终得以逃生。

居住在该农庄的居民普里莫连内（Примоленный）后来回忆道：9 月 21 日深夜，他被人撞倒，随后他的房子里进来了一位年轻的军官，该军官对他说自己与首长从舒梅伊科沃小树林逃脱出来，他们在德军的强大火力下，约定每发送一次只有他们自己知晓的"前进"信号他们便依次向前匍匐前进 20 米。年轻军官向普里莫连内描述道："当我们匍匐前进到离树林 150~200 米处时，回头发现首长见到约定的信号一直没有反应，我们这时才意识到他已经牺牲了。"几天后，阿夫杰耶夫卡农庄的农民涅茨科、莫基延科、格里尼科和其他村民一起在树林不远处未收

割的豌豆地里发现了图皮科夫少将的尸体，随后村民们将他就地掩埋。也许他就是年轻军官口中所说的首长。

苏军士兵在舒梅伊科沃小树林里的抵抗一直持续到了 9 月 22 日。

一小部分战士和军官经受住了长时间的考验，这中间包括多贝金少将、丹尼洛夫少将、帕纽霍夫少将、格列博夫中校以及其他军官和战士。与他们一起突围的图皮科夫少将则没有他们那么幸运，如上所述，他牺牲在阿夫杰耶夫卡农庄附近的战斗中，牺牲地距离舒梅伊科沃小树林仅 2 千米远。

至于没能从树林中成功突围出来的其他被围者的命运，要到 1943 年左岸乌克兰解放后才得以知晓。树林周边村庄的村民们描述道：树林里的枪声仍然持续了好几天。9 月 25 日，当一切归于平静，德国人也离开之后，村民们进入曾发生过激烈战斗的这片树林，他们看到了死去的苏军战士和军官们手中仍死死抓着武器，手枪和步枪的弹仓里没有留下一颗子弹。

根据德国史学家 V. 哈乌普塔的记载，树林中的战斗持续了 5 个小时。苏军无法从树林里突围而出摆脱困境，拼死抵抗的他们在

▲ 德国第 16 装甲师师长胡贝少将。摄于 1941 年夏秋乌克兰境内。

▲ 隶属于德军第 1 装甲集群的威廉·韦斯特曼中尉，他随军参加了 1941 年的基辅会战。

▲ 时任德国第 16 装甲师第 2 装甲团第 1 营营长的海津特·格拉弗·施特赫维茨·冯·格罗斯·察乌赫文德·卡米涅特茨（后来的装甲伯爵）。摄于 1941 年夏秋。

▲ 时任乌克兰境内德国第 14 装甲师第 36 装甲团第 1 连连长的尤根·弗雷赫尔·冯·梅尔肯·祖·格拉特中尉。这是他的一张标准照，摄于 1941 年夏秋。

绝望中不得不选择自杀或被火焰喷射器烧死。德军第3装甲师摩托车营在第二天打扫树林战场时，发现一名处于昏迷状态的苏军将军，他就是苏军第5集团军司令员波塔波夫少将。他被德国陆军总司令部誉为苏联红军中最具有指挥才华的将领之一，他的功绩在于不仅使德军第6集团军无法夺取基辅，而且同样使克莱斯特的第1装甲集群无法夺取基辅。波塔波夫被俘后，他的祖国一直认为他已经战死，直到战争末期，他才被美军从战俘营里解放出来，此后他回到了苏军队伍中，一直服役到1965年去世。

根据上文，我们已经知晓，西南方面军参谋长图皮科夫和第5集团军参谋长皮萨列夫斯基已经阵亡。想必重伤的师级政委雷科夫也落入了德军之手。

西南方面军的主力被德军包围后，苏联统帅部命令第38集团军、第40集团军、骑兵第2师、骑兵第5军以及约5个空军师的兵力掩护别尔哥罗德和哈尔科夫方向。

◀ 几名意大利士兵爬上一辆因机械故障被遗弃的苏军1937型BT-7轻型坦克进行查看。摄于1941年9月乌克兰境内。

◀ 毁于德军空袭的苏联运输列车。摄于1941年9月乌克兰境内。

▲ 布良斯克方面军的红军战士列奥尼德·康斯坦丁诺维奇·彼得罗夫（Леонид Константинович Петров），他在战斗中独自消灭了超过 30 名德军士兵。摄于 1941 年 9 月。

▲ 苏联宣传照：1941 年 9 月，从德军设在乌克兰境内的包围圈中突围出来的己方部队战士。

◀ 德军步兵正在强攻一座乌克兰火车站。该照片摄于 1941 年 9 月，现藏于俄罗斯国家影片与照片档案。

第 40 集团军辖下的切斯诺夫支队、步兵第 227 师、步兵第 293 师、空降兵第 3 军以及坦克第 10 师的残部从 9 月 15—29 日一直坚守在谢伊姆河附近的阵地上。9 月 20 日，德军第 17 装甲师和"大德意志"摩托化团对第 40 集团军设在普季夫利到布伦镇[189]的中央阵地发起了攻势。由于空降兵第 3 军和步兵第 293 师防区交界处的前沿阵地被德军突破了，因此该集团军的部队开始向维肖洛耶村（село Весёлое）—沃罗日巴镇[190]—别洛波利耶[191]—捷尔内村（село Терны）防线撤退，

他们于 9 月 26 日到达该防线并开始固守。

近卫摩托化步兵第 1 师在苏梅地区卸车，并听候第 40 集团军调遣。

9 月 15—20 日，在骑兵第 5 军离开第 38 集团军的左翼阵地后，该集团军留在阵地上的 4 个虚弱的师根本无法抵挡德军第 17 集团军近 7 个步兵师的进攻，故而第 38 集团军开始撤退，将兵力集中在波尔塔瓦地区。该集团军的撤军行动是在辽阔的平原上进行的，撤退到沃尔斯克拉河时，由于此处河流分成了两条支流，部队也被河流一分为二。第 38

▲ 战斗中表现优异的德军士兵获得了长官亲自颁发奖章的荣誉。该照片摄于 1941 年夏秋，现藏于俄罗斯国家影片与照片档案馆。

集团军新任司令员维克多·维克多罗维奇·齐加诺夫（Виктор Викторович Цыганов）少将感到无论是将西南方向总指挥预备队的步兵第 169 和第 226 师调往沃尔斯克拉河右岸防守波尔塔瓦城，还是把他们部署在该河左岸，都难以消除德军机动作战对该集团军位于克拉斯诺格勒周围左翼阵地的威胁。

步兵第 226 师的部队还未来得及赶到波尔塔瓦，德军便于 9 月 19 日夺取了该城。为争夺波尔塔瓦，苏德双方于 9 月 19—20 日在该地区发生了激烈战斗。苏军力求击退德军

已经进入波尔塔瓦的第 9、第 57 和第 101 轻步兵师，但并未取得成功。9 月 20 日，德军第 295 步兵师占领了克拉斯诺格勒，当日在该城中抵抗的只有民兵部队，并未见到苏军的正规军。

第 38 集团军离开了波尔塔瓦地区，并开始进一步向东撤退，期间，他们将一部分兵力投入到克拉斯诺格勒地区进行战斗。第 38 集团军的行动在当前局势下想要有更大的机动灵活性，还需要以少量部队掩护撤退部队的宽大正面。

第十章

战役总结

包围圈内的战斗结束后，在基辅地区、皮里亚京地区和佐洛托诺沙地区的西南方面军主力基本覆灭。西南方面军的部队在战役中被德军的包围圈肢解成了大小不一的组群，各自为战，且在突围行动中又缺乏管理和有效的组织，但将士们在被包围的情况下，仍然坚持抵抗了4~6个昼夜，表现出了坚定的毅力和不屈的品格。

西南方向总指挥铁木辛哥元帅组织的那场针对被围西南方面军部队的解围行动，其结果收效甚微，行动并未取得成功。投入该行动的骑兵第2军、骑兵第5军以及其他部队并未达到解围的目标，但在一些次要战场上还算有力地反击了德军集群。

苏军第38集团军、第40集团军、骑兵第2军和骑兵第5军通过自身的努力避开了被德军包围并歼灭的命运，使苏联统帅部能够在会战结束后很快恢复西南方面军的建制。苏军快速从最高统帅部大本营总预备队调遣兵力实施部署，除了进一步加强西南方面军的正面防御力量外，还补充了损失惨

重的第21集团军的兵力。大本营派出了雅科夫·季莫费耶维奇·切列维琴科（Яков Тимофеевич Черевиченко）上将主持西南方面军的大局。

大本营调遣南方面军麾下的第6集团军与第38集团军互为犄角，虽然第6集团军为克拉斯诺格勒地区的战斗做出了贡献，但同时也削弱了南方面军的实力。

9月26日，苏联最高统帅部大本营下令取消西南方向总指挥对部队的管辖权，铁木辛哥元帅仅对西南方面军行驶指挥权。

为解决西南方面军部队的困境，9月26日苏军做出了以下部署：

第40集团军（下辖切斯诺夫支队、空降兵第3军、步兵第227师、步兵第293师、近卫摩托化步兵第1师）在乔特基诺镇[192]—沃罗日巴—奥利沙纳村一线布防，以抵御德军第17装甲师、第10摩托化师和"大德意志"摩托化团的进攻。

第21集团军（下辖步兵第100师、骑兵第2军、坦克第1和129旅、步兵第297

师残部、骑兵第 5 军、机械化第 212 师以及坦克第 3、第 142 旅的残部）在奥利沙纳村—加佳奇—希沙基村—季卡尼卡镇一线布防，以应对德军第 16 摩托化步兵师和第 101 轻步师的攻击。

第 38 集团军（下辖骑兵第 34 师、坦克第 132 旅、步兵第 169 师、步兵第 199 师、步兵第 226 师、步兵第 304 师、近卫步兵第 47 师和近卫步兵第 76 师）在加夫隆齐村（село Гавронцы）—下科丘别耶夫卡村（село Нижняя Кочубеевка）—卡尔洛夫卡[193]—克拉斯诺格勒一线布防，以应对德军第 9、第 47、第 68、第 100、第 295 和第 297 步兵师的进攻。

西南方面军于 9 月 26 日做出上述调整的目的是为了应对德军第 1 装甲集群的部分兵力和第 2 装甲集群的全部兵力以及第 6 集团军、第 17 集团军发动的攻势。此时，德军第 2 装甲集群处在为对付布良斯克方面军而进行兵力重新部署的阶段；德军第 1 装甲集群的主力则已完成兵力的重新部署，随时可以向苏军南方面军发起攻势；而德军第 6 集团军仍未有向前推进的迹象，因为他们正忙于肃清包围圈内的苏军残余。

9 月 27 日，西南方面军防区内的兵力数大约等于主导战斗的第 1 梯队部队数量。该方向上的德军总兵力相较上述苏军兵力具有明显优势。

西南方面军司令员在 9 月 27 日见到总部发给他的第 28 号令后，决定将其手中所有的兵力全部投入到防御中："方面军部队的任务旨在组织稳固的防御并防止敌人向东突破。"南方面军建制内的第 6 集团军（下辖步兵第 265、第 270、第 275 师，骑兵第 26 和第 28 师，第聂伯彼得罗夫斯克炮兵学校师

生）也接到了夺回克拉斯诺格勒的任务。

西南方面军的失败对苏联红军来说是一场真正的灾难，是一场在损失规模上超过白俄罗斯战役的悲剧。9 月 1 日时，除去方面军预备队、后备部队和后勤部队，西南方面军此时尚拥有作战兵力 752000~760000 人、各

▲ 在罗姆内城地区的战斗中表现杰出的 BT 坦克英雄乘员组。从左至右分别是：车长政治指导员 Н.Т. 波罗夫采夫（Н.Т.Боровцев），炮手 Н. 多尔基赫（Н.Долгих），驾驶员 Ш.Х. 哈比布林（Ш.Х.Хабибулин）军士。该车组隶属于西南方面军坦克第 1 旅。照片摄于 1941 年 9 月，现藏于俄罗斯国家影片与照片档案馆。

▲ 随苏军部队一起撤往东部的还包括工厂设备、艺术珍品、农产品储备等。图中农民为了防止牛群落入推进中的德军手中，在牛群后面一边警戒一边驱赶。

▲ 苏联人民进行了反击德国侵略者的人民战争。这张宣传照拍摄的是1941年9月苏德战场上前技工学校学生瓦洛佳·希特罗夫（Володя Хитров）拿起武器成了一名民兵战士。

▲ 红军步兵组在战壕里做好了击退德军进攻的战斗准备。摄于1941年9月乌克兰境内。

▲ 一名德国步兵正向城镇发起攻击。该照片摄于1941年9月乌克兰境内，现藏于俄罗斯国家影片与照片档案馆。

式火炮和迫击炮 3923 门、各型号坦克 114 辆、作战飞机 167 架。至 9 月中旬被包围时，所剩兵力为 452700 余人、火炮 2619 门、迫击炮 1225 门、坦克 64 辆。到 10 月 2 日时，从包围圈内逃脱的兵力仅约 15000 人。德国史学家们认为，至 9 月 25 日，德国南方集团军群和中央集团军群的部队在基辅及周边地区共俘获苏军 655000 人。该统计数字不仅包括 1941 年 8—9 月俘虏的西南方面军的指挥员和士兵，还包括隶属于布良斯克方面军麾下的官兵。关于这一数据的准确性，德国南方集团军群指挥官和德国历史学家称问心无愧。其俘虏人数之巨堪称史无前例。这一数据还可以通过以下事实证明：德军第 6 集团军和第 17 集团军的指挥官被迫从战斗中撤出 1 个步兵师来帮助后卫部队，因为他们无法应付如此之多的战俘。

在基辅及周边被俘的苏军士兵比在乌曼落入德军之手的苏军士兵所经历的苦难更大。德军将俘房聚拢在第 17 集团军的后方，他们需徒步穿越卢布内和霍罗尔抵达乌曼地区，总行程约 400 千米。在日行 30~40 千米甚至更长距离的行程中，俘房每人每天仅能获得 20 克小米和 100 克面包。因为无法供给这么多粮食给俘房，又或许是德军不愿意提供这么多粮食，第 6 集团军指挥官赖歇瑙元帅曾下令枪毙俘房以减少粮食供给量。值得注意的是，这一命令并未得到上级军事机关的反对。对第 6 集团军进行视察的阿布韦尔·劳森（Abwehr Lausen）上校在 10 月 31 日递交给上级的报告中有对此命令的抱怨，他亲眼见到，对苏军俘房的处决经常在苏联居民点当地居民面前执行。

在这种恶劣的环境下，苏联战俘看起来并不像"一群温顺的动物"，他们必须克服

恐惧、饥饿，还要承受德军的压迫，这些事实后来被前德军将领和军官揭露出来……这与战时书面文件记载的内容恰恰相反。根据德军第 25 步兵师向第 17 集团军司令部所递交的报告显示，9 月 25 日在卢布内地区的战俘中转集中营有 33000 名战俘发动暴动。该师师部在近一个月里发向南方集团军群的报告中写道："战俘给运输线造成了沉重的压力。"

一些西南方面军司令部的成员带领着自己的部队突围了出来，例如作战部部长巴格拉米扬少将、方面军装甲兵部第 1 处处长格奥尔吉·叶菲莫维奇·斯托格尼（Георгий Ефимович Стогний）少校与装甲兵部、空军部和其他部门的 250 名工作人员一起从阿赫特尔卡地区突围出来。第 21 集团军司令部、军事委员会和麾下的步兵第 66 军在司令员库兹涅佐夫中将、师级政委科洛宁、参谋长戈尔洛夫少将的领导下一起成功突围。大约 4000 名骑兵在旅级指挥员鲍里索夫的带领下跳出包围圈，而空降兵第 3 军的军长伊万·伊万诺维奇·扎捷瓦欣（Иван Иванович Затевахин）上校带领着超过 2000 名士兵以及一些技术兵器和重武器从包围圈中突围出来。还有步兵第 31 军军长安东·伊万诺维奇·洛帕京（Антон Иванович Лопатин）少将、步兵第 15 军军长莫斯卡连科少将、步兵第 67 军军长旅级指挥员菲利普·费奥多西耶维奇·日马琴科（Филипп Феодосьевич Жмаченко）、步兵第 219 师师长帕维尔·彼得罗维奇·科尔尊（Павел Петрович Корзун）少将、基辅市市委书记 К.Ф.莫斯卡列茨、基辅地区党委书记 Ф.П.奥斯塔边科、阿列克谢·约瑟福维奇·达维多夫、П.М.奥弗恰连科（П.М. Овчаренко）、И.И.米罗诺夫（И.И. Миронов）等也从包围圈中逃脱出来。

▲ 被集中看管的苏军战俘。摄于 1941 年 9 月乌克兰境内。

▲ 被德军俘获的 3 辆 T-37 水陆两用轻型坦克。摄于 1941 年夏。

▲ 一处德军 7.92 毫米口径 MG-34 机枪阵地上，一名机枪手在一次战斗结束后疲惫地倒头便睡。该照片摄于 1941 年 9 月乌克兰境内，现藏于俄罗斯国家影片与照片档案馆。

▲ 一辆德军俘获的苏军 T-37 两栖坦克，在维修好后被用于保护乌克兰境内的德国空军机场。该照片摄于 1941 年 9 月，现藏于德国联邦档案馆。

▲ 这是西南方面军的红军战士在反攻中占领德军阵地后斩获的战利品。照片中可见随意堆放并打开的手榴弹和机枪弹药箱。摄于 1941 年 9 月。

▶ 一名德军士兵正向被打死的苏军坦克兵尸体走去，其后方不远处有一辆正在燃烧的 BT-5 型轻型坦克。

▲ 被苏军遗弃的 1931 年制 T-26 坦克（左）和 1933 年制 T-26 坦克（右）。摄于 1941 年 9 月乌克兰境内。

▲ 匈牙利炮兵正操作一门德式 Pak36/37 型 37 毫米反坦克炮向苏军阵地开火。该照片摄于 1941 年 8—9 月乌克兰境内，现藏于德国联邦档案馆。

▲ 在乌克兰基辅周边德军第 3 摩托化军的责任区内作战的德国步兵。上述照片摄于 1941 年 8—9 月，现藏于德国联邦档案馆。

▲ 被德军空军摧毁在交通交叉口上的苏军运输车队。

▲ 一辆被苏联坦克兵遗弃的 KV 重型坦克。苏军可能曾试图用拖拉机牵引过它，但由于某些原因并未成功。这辆坦克最终落入了德军手中。该照片摄于 1941 年 9 月乌克兰境内，现藏于德国联邦档案馆。

基辅周边所发生的战争的灾难性后果导致苏联红军失去了一支实力最为雄厚的方面军。根据俄罗斯联邦武装力量总参谋部军官于 2001 年公布的数据显示，在基辅防御战中苏联红军的损失超过 705000 人，其中无法归队的减员人数为 616304 人。

西南方面军的惨败，导致在整个西南方向无论是军事上还是政治上都具有重要意义的乌克兰首府基辅沦陷。

在战争初期最困难的 3 个月里，苏联前线部队时常骚扰冯·伦德施泰特元帅指挥的德军南方集团军群，并给他们造成了不小的损失，迫使德军统帅部从中央集团军群调集大集群兵团投入到东乌克兰地区，即将原本用来进攻莫斯科方向的第 2 集团军和第 2 装甲集群调往东部乌克兰，而且基辅战役期间德军统帅部下令禁止部队向莫斯科发动进攻，这大大缓解了该地区苏军部队的压力，为苏军部署日后的莫斯科保卫战赢得了宝贵时间。在基辅包围圈的战斗中，德军虽然让苏军蒙受了巨大损失，但这也有效地将德军进攻莫斯科的时间足足推迟了一个月，并扰乱了德军统帅部的原定作战计划，也就是"巴巴罗萨"计划。

因此，西南方面军部队的作战行动对接下来的战争进程影响重大，这可以通过一些德军将领的描述得到印证。比如，德军第2装甲集群指挥官古德里安上将在回忆录里曾写道："基辅战役无疑意味着一次巨大的战术成功，然而问题是这次战术成功是否也同样具有重大的战略意义，这令人怀疑。"德国陆军总参谋长哈尔德上将则直言不讳地称德军统帅部制定的基辅战役计划是"东征过程中最大的一次战略失误"。德国将军布特勒更是公开写下其对基辅方向战斗的评价："这致使之后德军又花费了几周时间用于准备对莫斯科的进攻，这或多或少促成之后我军折戟于莫斯科城下。"

◀ 十字架上用德文写着"这里长眠着一名无名苏联士兵"。摄于 1941 年 8 月。

注释

1. 列季切夫（Летичев），乌克兰的市级镇，是赫梅利尼茨基州列季切夫地区的中心地带。该镇位于南布格河和沃尔夫河交汇处。列季切夫筑垒地域是 20 世纪 30 年代苏联在乌克兰境内修筑的结构复杂的防御工事群，工事覆盖了文尼察方向。

2. 第聂伯河（Днепр），欧洲流域面积第四大的河流，仅次于伏尔加河、多瑙河和乌拉尔河，其在乌克兰边境上拥有最长的河道。第聂伯河自然状态下的全长为 2285 千米，而如今（由于修建水库和许多河道被人工拉直）全长为 2201 千米。该河在乌克兰境内的长度为 1121 千米，白俄罗斯境内为 595 千米（其中 115 千米在白俄罗斯和乌克兰边境上），俄罗斯境内长度为 485 千米。总流域面积为 504000 平方千米，其中在乌克兰境内流域面积为 291400 千米。

3. 舍佩托夫卡（Шепетовка），乌克兰赫梅利尼茨基州的城市，舍佩托夫卡地区的行政中心。

4. 白采尔科维（Белая Церковь），乌克兰基辅州的一座重要城市，位于基辅以南 80 千米处的罗斯河畔。白采尔科维在俄语中的字面意思是"白色教堂"。

5. 右岸乌克兰（Правобережная Украина），以第聂伯河为界，该河以西的乌克兰地区称为右岸乌克兰，该河以东的乌克兰地区称为左岸乌克兰。因为第聂伯河的总体流向是自北向南流经白俄罗斯、乌克兰，注入黑海的，因此，第聂伯河的左岸是东岸，右岸是西岸。故而左岸乌克兰是东乌克兰，右岸乌克兰是西乌克兰。

6. 沃伦斯基新城（Новоград-Волынский），乌克兰日托米尔州的重要城市，1257—1793 年叫兹维亚格利（Звягель），该城是沃伦斯基新城地区的行政中心，城庆日是每年 7 月份的最后一个周六和周日。该市位于日托米尔州西部的斯卢奇河畔，基辅西面 217 千米处。

7. 斯卢奇河（река Случь），白俄罗斯的一条河流，普里皮亚季河的左支流。河流全长 228 千米，流域面积 5260 平方千米。

8. 日托米尔（Житомир），乌克兰西北部城市，位于捷捷列夫河畔。日托米尔州和日托米尔地区的行政中心，总面积 6100 公顷。该市由布贡和科罗廖夫两个区组成。

9. 别尔季切夫（Бердичев），乌克兰日托米尔州的城市。别尔季切夫地区的行政中心。该市坐落在格尼洛皮亚季河畔，位于日托米尔以南 43 千米处。有铁路通往日托米尔、舍佩托夫卡、卡扎京。

10. 莫济里（Мозырь），白俄罗斯戈梅利州莫济里地区的行政中心，该州的重要城市。位于莫济里山脊内的丘陵地区。该市位于戈梅利西面 133 千米、明斯克东南方向 220 千米处。

11. 伊尔平河（река Ирпень），位于明斯克东南的乌克兰河流，属第聂伯河的右支流。该河全长 162 千米，流经伊尔平市。河流从科扎洛维奇村（село Козаровичи）处汇入第聂伯河。

12. 俄语为 комбриг，是苏联红军在 1935—1940 年间给个别旅一级的高级军官授予的军衔，介乎师级指挥员与上校之间，很多书籍中直接译为旅长。

13. 维什哥罗德（Вышгород），乌克兰基辅州中心地区，属于基辅市的卫星城，地处第聂伯河右岸，位于基辅市北郊 8 千米处。

14. 布沙沃季察（Пуща-Водица），基辅一个历史悠久的地区，地处基辅市的西北郊区。基辅市议会于 2001 年 11 月 8 日决定，该镇不再作为基辅的一部分，而成为奥博隆地区的一座城市。

15. 别利奇（Беличи），基辅市郊一个小区域，1966 年并入基辅市。

16. 尼科利斯克波夫夏戈夫卡（Никольская），基辅一个历史悠久的地区，位于基辅市的斯维亚托希诺区。据史料记载，伟大的立陶宛大公亚历山大于 1497 年给基辅的尼科利斯克修道院发过信件。

17. 波斯特沃伦斯基（Пост-Волынский），基辅所罗门地区的一个地名，靠近基辅到沃伦斯基的火车站。

18. 乔科洛夫卡（Чоколовка），基辅市区内一个历史悠久的地区，位于基辅市所罗门区、亚历山大罗夫区、斯洛博德区之间。

19. 达尔尼察（Дарница），基辅第聂伯河左岸的一个历史悠久的地区。19 世纪时，它是切尔尼戈夫省奥斯乔尔县布罗瓦尔乡的一部分。这里是一个避暑胜地，拥有有百年历史的松树林。它首次见于文字记载是在 1509 年的尼科利斯克修道院与基辅—佩乔尔东正教大寺院之间的土地纠纷。达尔尼察河曾流经此地，而现在部分河段已干涸。

20. 鲍里斯波尔（Борисполь），乌克兰基辅州的重要城市，也是乌克兰古城之一，鲍里斯波尔地区的行政中心。今乌克兰最大的机场鲍里斯波尔机场就坐落在该市。

21. 科洛梅亚（Коломыя），乌克兰伊万诺弗兰科夫斯克州的城市，科洛梅亚地区的行政中心，位于普鲁特河畔。

22. 歼击营：准军事单位，成员为能拿起武器的苏联公民，多为党员、共青团员、工会活跃分子、工人等。它在卫国战争期间负责反间谍工作，同时负责清除亲德分子、德军逃兵、抢劫犯、掠夺者、投机者，维持国家内部社会秩序，维护后方政权。

23. 法斯托夫（Фастов），乌克兰基辅州的重要城市，法斯托夫地区的行政中心。它坐落在乌纳瓦河畔（伊尔平河的支流），在基辅西南方，两地距离 64 千米，有铁路通往基辅。

24. 新米罗波尔（Новый Мирополь），乌克兰基辅州罗曼诺夫地区的镇子。

25. 斯维亚托希诺（Святошино），基辅西郊一个历史悠久的地区，现在该地成了度假村、住宅小区。

26. 科罗斯坚（Коростень），乌克兰城市，日托米尔州科罗斯坚地区的行政中心，位于乌克兰北部的乌日河畔，距离首都基辅 150 千米，距离日托米尔 87 千米。始建于 705 年，面积 103 平方千米，海拔 171 米。

27. 维捷布斯克（Витебск），白俄罗斯东北部城市，维捷布斯克州和维捷布斯克地区的行政中心，面积为 124.538 平方千米。该市位于维捷布斯克州的东部，西德维纳河畔。它是白俄罗斯第二古老的城市，排在波洛茨克之后，是该国人口第四大城市（前三为明斯克、戈梅利、莫吉廖夫）。

28. 莫吉廖夫（Могилев），白俄罗斯东部城市，莫吉廖夫州和莫吉廖夫地区的行政中心。该市距离白俄罗斯首府明斯克 200 千米，到莫斯科的直线距离是 520 千米，距离圣彼得堡（列宁格勒）约 700 千米，距离基辅 380 千米。该市两面毗邻第聂伯河。第聂伯河在莫吉廖夫段的宽度约为 100 米。

29. 斯摩棱斯克（Смоленск），俄罗斯西部城市，斯摩棱斯克州的行政、工业和文化中心，俄罗斯古城之一。它是"英雄城市"称号获得者，此外还获得过列宁勋章、一级卫国战争勋章和金星奖章。该市位于莫斯科西南方 378 千米处、第聂伯河上游河畔，是莫斯科前往白俄罗斯、波罗的海、中欧和西欧国家的必经之路，是地理位置优越的交通要冲，历来属于兵家必争之地。

30. 别尔齐（Бельцы），即伯尔兹，摩尔多瓦北部最主要的城市，被誉为摩尔多瓦北部的"首都"，亦是该国北部的工业、文化中心及交通枢纽。在沙俄时期和苏联时期，该市改名为俄式的别尔齐，但独立后改回伯尔兹。1941 年德国入侵苏联时，它曾并入罗马尼亚。

31. 索罗基（Сороки），摩尔多瓦的北部城市，索罗基地区的行政中心，坐落在德涅斯特河右岸的一个深谷中，与乌克兰接壤。

32. 普鲁特河（река Прут），是乌克兰、摩尔多瓦、罗马尼亚境内的河流，多瑙河的支流，全长 953 千米。普鲁特河的源头位于东部喀尔巴阡山脉的伊万诺—弗兰科夫州。

33. 德涅斯特河（река Днестр），东欧的一条河。从西北向乌克兰和摩尔多瓦东南直下，最终注入黑海。全长 1352 千米，流域面积 721000 平方千米。

34. 文尼察（Винница），乌克兰西部南布格河畔港口，文尼察州首府。1363 年首见于史籍。该市距离基辅约 260 千米，距港口城市敖德萨 429 千米，距利沃夫 369 千米。

35. 卡扎京（Казатин），乌克兰文尼察州的重要城市，卡扎京地区的行政中心。位于古伊维河上游的东北部，距离文尼察 75 千米，距离基辅 150 千米。

36. 波佩尔尼亚（Попельня），乌克兰日托米尔州的市级镇。

37. 布鲁西洛夫（Брусилов），乌克兰日托米尔州的市级镇，布鲁西洛夫地区的中心。位于兹德维日河畔（捷捷列夫河的支流），距离斯科奇谢火车站 29 千米。

38. 佩列亚斯拉夫－赫梅利尼茨基（Переяслав-Хмельницкий），乌克兰基辅州内的城市，佩列亚斯拉夫－赫梅利尼茨基地区的行政中心。它是最古老的罗斯城市之一（古名"佩列斯拉夫尔"或者"俄罗斯的佩列斯拉夫尔"），也是佩列亚斯拉夫公国的首都。

39. 博古斯拉夫（Богуслав），乌克兰基辅州的城市，博古斯拉夫地区的行政中心。

40. 切尔卡瑟（Черкассы），乌克兰城市，切尔卡瑟州和切尔卡瑟地区的行政中心，中部乌克兰的经济和工业中心。切尔卡瑟位于克列缅丘格水库右岸，该市依第聂伯河中游而建。城市分为 2 个城区——第聂伯河沿岸区和索斯诺夫区。

41. 卡涅夫（Канев），乌克兰切尔卡瑟州的地级市，卡涅夫地区的行政中心，位于第聂伯河畔。由基辅王子智者雅罗斯拉夫始建于 11 世纪，现在市内建有卡涅夫水电站，并因此形成了卡涅夫水库。

42. 盖辛（Гайсин），乌克兰文尼察州的城市，盖辛地区的行政中心。它首次出现在文献资料中是在 1545 年，1795 年形成城市。该市离文尼察的铁路距离为 117 千米，距离莫斯科 273 千米。

43. 塔拉夏（Тараща），乌克兰城市，位于中部第聂伯河高地、白采尔科维东南方，距离首都基辅 97 千米，由基辅州负责管辖，始建于 1709 年，面积为 36.96 平方千米。

44. 乌曼（Уман），乌克兰切尔卡瑟州的城市，乌曼地区的行政中心，坐落在卡缅卡河和乌曼卡河的交汇处。

45. 捷季耶夫（Тетиев），乌克兰基辅州的城市，捷季耶夫地区的行政中心，位于文尼察的东面。

46. 切尔尼亚霍夫（Черняхов），乌克兰日托米尔州的市级镇，切尔尼亚霍夫地区的行政中心，位于州首府日托米尔以北 25 千米、法斯托夫东面、基辅的东南面。1545 年逐渐形成村落，波格丹·赫梅利尼茨基起义期间，发展成镇。

47. 奥拉托夫（Оратов），乌克兰文尼察州的市级镇，位于捷季耶夫西南方。

48. 莫纳斯特里谢（Монастырище），今乌克兰切尔卡瑟州的地级市，1957 年之前为村庄。

49. 赫里斯京诺夫卡（Христиновка），乌克兰切尔卡瑟州的地级市，赫里斯京诺夫卡地区的行政中心，同时也是铁路枢纽，连通切尔卡瑟、乌曼、瓦普尼亚尔卡和卡扎京。

50. 科托夫斯克（Котовск），俄罗斯城市，1940 年起行政级别由镇升为城市，隶属于坦波夫州。位于茨纳河右岸高地，距离坦波夫 15 千米，属于该市的工业卫星城。

51. 尤斯金格勒（Юстинград），沙俄帝国和苏联时期是乌克兰基辅地区境内的犹太人城镇，1943 年被纳粹德国摧毁。

52. 匈牙利快速兵团（Gyorshadtest），匈牙利军队对军一级别的摩托化部队的称呼。

53. 塔利诺耶（Тальное），乌克兰切尔尼戈夫州的地级市，塔利诺耶地区的行政中心。位于格尔内季基奇河畔，地处乌曼东北方向 40 千米处。该市的城庆日是每年的 8 月 19 日。

54. 兹文尼哥罗德卡（Звенигородка），乌克兰城市，位于该国中部格尼洛伊季基奇河畔，距离州首府切尔卡瑟 114 千米，位于塔利诺耶东北面 34 千米处。由切尔卡瑟州负责管辖，始建于 1394 年，面积 20.8 平方千米。

55. 五一城（Первомайск），乌克兰尼古拉耶夫州的城市，五一城地区的行政中心。该市位于基辅以南 300 千米、锡纽哈河和南布格河的交汇处。

56. 巴班卡（Бабанка），乌克兰切尔卡瑟州乌曼地区的小镇，1991 年起成为市级镇。该镇位于乌曼的东面，塔利诺耶的西南面，距离乌曼火车站 15 千米。

57. 捷克利耶夫卡（Теклиевка），乌克兰切尔卡瑟州乌曼地区的一个小村庄。

58. 捷尔诺夫卡（Терновка），乌克兰基罗沃格勒州新阿尔汉格尔斯克地区的一个小村庄。位于乌曼东南 61 千米处。

59. 新阿尔汉格尔斯克（НовоАрхангельск），乌克兰基罗沃格勒州的市级镇，新阿尔汉格尔斯克地区的中心，位于锡纽哈河河畔、乌曼以东 53 千米处。

60. 勒日谢夫（Ржищев），乌克兰基辅州的重要城市，位于卡涅夫水库（第聂伯河上的人工水库）右岸的列格里奇河口、基辅以南 76 千米处。

61. 多布良卡（Добрянка），乌克兰基罗沃格勒州奥尔沙内地区的村庄，距离乌曼 84 千米。

62. 锡纽哈河（река Синюха），乌克兰南部的河流，南布格河的左支流，最终流入五一城（尼古拉耶夫州）的南布格河。全长 111 千米，流域面积 16725 平方千米。

63. 布罗杰茨科耶（Бродецкое），乌克兰切尔卡瑟州卡捷琳诺波尔地区的小村庄，距离乌曼 69

千米。

64. 克拉斯诺波利耶（Краснополье），乌克兰基罗沃格勒州戈洛万涅夫地区的小村庄，位于乌曼东东南面 49 千米处。

65. 波德维索科耶（Подвысокое），乌克兰基罗沃格勒州新阿尔汉格尔斯克地区的村庄，位于乌曼东东南面 43 千米处。

66. 卡片科瓦托耶村（село Копенковатое），乌克兰基罗沃格勒州新阿尔汉格里斯克地区的一个村庄。

67. 苏军构筑的一条南北走向的防线，全长约 50 千米，该防线位于赫梅利茨基东北方向 50 千米处。

68. 拉多梅什利（Радомышль），乌克兰日托米尔州的城市，位于日托米尔东北面、马林正南面，距离州首府 48 千米。该市的东南面、南面和西南面覆盖着茂密的阔叶林和松叶林。日托米尔州境内最大的河流——第聂伯河的右支流捷捷列夫河从该城穿过。

69. 马卡罗夫（Макаров），乌克兰基辅州的市级镇，马卡罗夫地区的行政中心，位于兹德维日河河岸、拉多梅什利以东 42 千米、基辅以东 68 千米。19 世纪时，马卡罗夫镇属于典型的犹太镇。

70. 斯塔维谢(Ставище)，乌克兰基辅州的村庄，今已升级为市级镇，斯塔维谢地区的行政中心。该镇位于基辅以西 136 千米处，距离最近的扎什科夫火车站 17 千米，坐落在格尼洛伊季基奇河河畔。

71. 别拉亚克林尼察（Белая Криница），乌克兰日托米尔州拉多梅什利地区的市级镇。

72. 瓦布利亚村（село Вабля），乌克兰基辅州博罗江斯卡地区的村庄，位于别拉亚克林尼察以东 38 千米、基辅西北方向 57 千米。

73. 瓦西里科夫（Васильков），乌克兰基辅州的重要城市，位于基辅西南方向 25 千米处，市内有私屠格纳河。该市有超过 1000 年的历史，1796 年设市。在该市的尼古拉教堂上可以俯瞰内城。著名的安东尼和狄奥多西大教堂就坐落在该市。

74. 波尔塔瓦（Полтава），乌克兰波尔塔瓦州的首府。该市地处第聂伯河低地，坐落在沃尔斯克拉河两岸，在基辅以东 301 千米处。

75. 克留科夫希纳村（село Крюковщина），今乌克兰基辅州基耶沃斯维亚托西诺地区的村庄。

76. 苏梅（Сумы），乌克兰东北部城市，苏梅州的行政中心，位于普肖尔河河岸。

77. 丘古耶夫（Чугуев），乌克兰哈尔科夫州的重要城市，位于谢韦尔斯基顿涅茨河的右岸、州首府哈尔科夫东南面 28 千米处。

78. 克拉斯诺格勒（Красноград），乌克兰哈尔科夫州的城市，位于别列斯托瓦娅河右岸、州首府哈尔科夫南面 101 千米处。铁路线第聂伯彼得罗夫斯克—哈尔科夫—波尔塔瓦—洛佐瓦亚经过该市。

79. 别尔江斯克（Бердянск），乌克兰扎波罗热州的城市，别尔江斯克地区的行政中心，玫瑰和丝织品之乡。它位于北部亚速海的别尔江斯克海湾东岸。

80. 梅利托波尔（Мелитополь），乌克兰扎波罗热州的重要城市，位于莫罗奇诺伊河河畔，邻近亚速海。著名的亚历山大涅夫斯基大教堂位于该市，该教堂毁于 20 世纪 30 年代。

81. 巴甫洛格勒（Павлоград），乌克兰第聂伯彼得罗夫斯克州的城市，面积 5930 公顷。它位于萨马罗伊河和沃尔切伊河之间（第聂伯河流域），1784 年建城。该市含有丰富的煤矿产，距离第聂伯罗彼得罗夫斯克 75 千米，距离扎波罗热 103 千米，距离顿涅茨克 194 千米，距离哈尔科夫 197 千米，距离波尔塔瓦 15 千米。

82. 斯大林诺戈尔斯克（Сталиногорск），俄罗斯图拉州的城市。1933 年前，它叫波布里基，1933—1961 年，改名叫斯大林诺戈尔斯克，现在叫新莫斯科夫斯克（Новомосковск）。

83. 普里皮亚季河（река Припять），白俄罗斯和乌克兰境内的河流，第聂伯河的右支流。全长 775 千米，流域面积 114300 平方千米。

84. 这里所列举的兵力人数只包含如炮手、机枪手和步兵等战斗人员，机关等非战斗人员未列入。

85. 梅舍洛夫卡（Мышеловка），基辅市格洛谢耶夫地区的一个历史地名，位于基辅市南郊，在基辅市与巴戈里诺夫山、基塔耶沃（Китаево）、格洛谢耶夫森林之间。

86. 俄语中，梅舍洛夫卡有"捕鼠器"的意思。

87. 笔者以为该军来自第 26 集团军。

88. 特里波利耶（Триполье），乌克兰基辅州奥布霍夫地区的村庄，地处第聂伯河左岸，位于基辅以南 40 千米处。

89. 基舍尼基村（село Кишеньки），位于克列缅丘格市东南方向 50 千米处。

90. 克列缅丘格（Кременчуг），乌克兰中部的一个重要城市，波尔塔瓦州克列缅丘格地区的行政中心。位于第聂伯河河畔，基辅的东南方。

91. 谢苗诺夫卡（Семёновка），乌克兰切尔尼戈夫州的城市，位于该国北部，距离州首府切尔尼戈夫 117 千米。始建于 1680 年，面积 19.86 平方千米。

92. 博罗江斯卡（посёлок Бородянска），乌克兰基辅州的市级镇，位于兹德维日河河岸。它是博罗江斯卡地区的行政中心，在基辅西北面 53 千米处。

93. 敖德萨（Одесса），乌克兰南部城市，敖德萨州的行政中心。它位于黑海出海口，不仅是乌克兰的重要军港和最大的海上贸易港口，同时也是乌克兰的主要科学、教育中心和英雄城市之一。敖德萨除了拥有贸易、金属加工、炼油、机械制造、药品和食品生产等产业，还拥有水疗、海滩度假和邮轮旅游等资源。

94. 戈梅利（Гомель），位于白俄罗斯东南部、索日河河畔的城市，邻近乌克兰边境，是该国第二大城市和戈梅利州的首府。

95. 波切普（Почеп），俄罗斯布良斯克州中部的一个城市，位于州首府布良斯克西南方向 84 千米处。1457 年建立，1919 年设市。

96. 科诺托普（Конотоп），乌克兰苏梅州的城市，始建于 1635 年，面积达 103 平方千米，海拔为 171 米。该市位于叶祖奇河河畔，它顺流 12 千米后汇入谢伊姆河。

97. 苏拉河（река Сула），乌克兰境内河流，是第聂伯河的左支流，全长为 363 千米，流域面积达 18500 平方千米。

98. 苏拉村（село Сула），乌克兰苏梅州苏梅地区的一个村庄。

99. 杰斯纳河（река Десна），流经俄罗斯和乌克兰的一条长河，属于第聂伯河的左支流，也是该河最长的支流，全长达 1130 千米，流域面积为 88900 平方千米。杰斯纳河可通航至诺夫哥罗德－谢韦尔斯基（距离河口 535 千米），还有船只不定期前往茹科夫卡（上布良斯克）。

100. 斯塔罗杜布（Стародуб），俄罗斯布良斯克州的城市（1938—1944 年属于奥廖尔省管辖），城市名称的俄语意思是"老橡树"。它坐落在巴彬彩河河畔，位于州首府西南方向 145 千米处。

101. 列奇察（Речица），白俄罗斯戈梅利州的城市，列奇察地区的行政中心，也是白俄罗斯的古城之一，距离州首府戈梅利 50 千米。

102. 切尔尼戈夫（Чернигов），乌克兰北部城市，切尔尼戈夫州的行政中心，同样也是切尔尼戈夫地区的行政中心。位于杰斯纳河河畔、基辅的东北面，是乌克兰北部最重要的城市。

103. 诺夫哥罗德－谢韦尔斯基（Новгород-Северский），乌克兰切尔尼戈夫州的重要城市，诺夫哥罗德－谢韦尔斯基地区的行政中心。该市位于杰斯纳河右岸，位于基辅东北面 270 千米处，离俄罗斯边境 45 千米。

104. 普里卢基（Прилуки），乌克兰切尔尼戈夫州的城市，普里卢基地区的中心。该市位于乌代河河畔，地处切尔尼戈夫的东南面，到切尔尼戈夫的铁路距离是 148 千米，公路距离则是 155 千米。它在基辅的东面，到基辅的铁路距离是 191 千米，公路距离为 147 千米。

105. 格卢霍夫（Глухов），乌克兰境内一座历史悠久的城市，位于艾斯玛妮河河畔，紧邻俄罗斯。它在 17 世纪升级为城市，在历史上经历过多次战争。它还曾在大北方战争之后，成为哥萨克国家的首都。在二战期间，该城严重被毁。苏联解体后归属乌克兰。

106. 乌涅恰（Унеча），俄罗斯的城市，是布良斯克州乌涅恰地区的行政中心及俄罗斯的重要铁路枢纽之一。该市位于乌涅恰河上游，在布良斯克西南方向 140 千米处。

107. 洛耶夫镇（посёлок Лоев），位于基辅北面。

108. 佩列沃洛奇诺耶（село Переволочное），位于克列缅丘格市东南方。

109. 瓦洛维奇村（Варовичи），基辅州波列斯地区的村庄（因切尔诺贝利核电站爆炸事件而被遗弃），在波列斯以东 15 千米、基辅西北面 152 千米处，距离切尔诺贝利 45 千米。

110. 沃尔乔克村（Волчок），乌克兰切尔尼戈夫州卡泽列茨地区的村庄，在离州首府以南 52 千米处。该村位于基辅以北 100 千米处。

111. 奥库尼诺沃（Окуниново），位于第聂伯河左岸，是一处独特的地方，这里除了有优美的自然风光外，还是一个极具历史意义的地方。1941 年，苏德双方在此爆发了激烈的争夺战，它对基辅会战接下来的走势有极大的影响。

112. 切尔诺贝利（Чернобыль），乌克兰基辅州伊万科夫地区的城市。该市位于普里皮亚季河河畔，基辅水库离该市不远。1986 年的核电站爆炸事故使其闻名于世。

113. 涅丹奇奇村（село Неданчичи），乌克兰切尔尼戈夫州列普金地区的村庄，位于第聂伯河左岸。切尔尼戈夫至奥夫鲁奇西南的铁路线上有与该村同名的火车站。

114. 奥夫鲁奇（Овруч），乌克兰著名古城之一，日托米尔州奥夫鲁奇地区的行政中心，位于诺林河河畔。同时，它也是科罗斯坚、卡林科维奇、亚诺夫、别洛科罗维奇线上的铁路交通枢纽。

115. 巴赫马奇（Бахмач），乌克兰切尔尼戈夫州的城市，位于博尔津卡河河畔。

116. 捷捷列夫河（река Тетерев），乌克兰境内的河流，属于第聂伯河的右支流，河流全长 365 千米，流域面积 15100 平方千米。它发源自波多利斯基高地，最终注入基辅水库，河畔城镇有日托米尔。

117. 奥斯乔尔（Остёр），乌克兰切尔尼戈夫州科泽列茨地区的城市。该市坐落在杰斯纳河与奥斯乔尔河交汇处。该市的名字首见于 1098 年，距离科泽列茨 16 千米、切尔尼戈夫 70 千米，位于基辅东北面 74 千米处。

118. 布罗瓦雷（Бровары），乌克兰基辅州的重要城市、布罗瓦雷地区的行政中心和基辅市最大的卫星城，位于基辅市东北方向 6 千米处。

119. 扎波罗热（Запорожье），第聂伯河边的城市，乌克兰扎波罗热州的首府。1921 年前，它被称为亚历山大罗夫斯克，是乌克兰南部的行政中心之一和南部最大的工业、文化中心，同时也是重要的铁路枢纽和港口之一，位于基辅东南方 512 千米、第聂伯彼得罗夫斯克下游 82 千米处。

120. 沃尔斯克拉河（река Ворскла），俄罗斯和乌克兰境内的河流，属于第聂伯河的左支流，河道全长 464 千米，流域面积约 14700 平方千米。它发源自中部俄罗斯高地，河畔城镇有波尔塔瓦。

121. 洛耶夫（Лоев），白俄罗斯戈梅利州的市级镇，洛耶夫地区的行政中心，位于第聂伯河与索日河的交汇处。

122. 科罗普（Короп），乌克兰切尔尼戈夫州科罗普地区的市级镇。该镇中心位于该州中心，在切尔尼戈夫市的东南面。该镇距离杰斯纳河的马尔策沃码头 3 千米，距离基辅至莫斯科的公路 21 千米。

123. 克林齐（Клинцы），俄罗斯城市，布良斯克州克林齐地区的行政中心。该市是布良斯克州西南部地区的贸易和经济中心，位于莫斯科夫卡河畔、布良斯克以西 172 千米处。

124. 波加尔（Погар），俄罗斯的市级镇，俄罗斯布良斯克州波加尔地区的行政中心。位于苏多斯季河（杰斯纳河的支流）河畔，波加尔火车站距离该镇 7 千米。该镇位于布良斯克西南方向 128 千米处。

125. 绍斯特卡（Шостка），乌克兰苏梅州的城市，靠近马斯西夫森林，位于绍斯特卡河畔，距离上游的加马里耶夫卡村 1 千米。绍斯特卡河属于杰斯纳河支流，今建有若干个水坝。

126. 马洛耶乌斯季耶村（Малое Устье），乌克兰切尔尼戈夫州索斯尼茨基地区的村庄。

127. 谢伊姆河（Сейм），俄罗斯和乌克兰境内河流，是杰斯纳河的最大支流，河道全长 748 千米，流域总面积达 27500 平方千米。河畔城镇有库尔斯克、雷利斯克和库尔恰托夫。

128. 罗姆内（Ромны），乌克兰北部城市，位于苏拉河右岸，坐落在罗缅河与苏拉河交汇处。它距离罗夫诺 93 千米，由苏梅州负责管辖。始建于 902 年，面积约 29 平方千米，海拔 159 米。

129. 罗斯拉夫尔（Рославль），俄罗斯城市，斯摩棱斯克州罗斯拉夫尔地区的行政中心。该市位于奥斯乔尔河（索日河的支流，最终流入第聂伯河）左岸，离斯摩棱斯克 123 千米，距离布良斯克 135 千米。

130. 科贝利亚基（Кобеляки），乌克兰波尔塔瓦州城市，科贝利亚基地区的行政中心。该市的主要部分位于沃尔斯克拉河右岸，始建于 1620 年，海拔高度为 80 米，面积为 1.21 平方千米。它位于克列缅丘格以东 61 千米处，距离州首府波尔塔瓦约 55 千米。

131. 普肖尔河（Псел），俄罗斯和乌克兰境内的河流，属于第聂伯河的左支流，河道全长 717 千米，流域面积达 22800 平方千米，河畔城镇有奥博扬。

132. 佩列沃洛奇纳亚村（село Переволочная），属于切尔尼戈夫州管辖，位于基辅以东 165 千米处。

133. 卢布内（Лубны），乌克兰波尔塔瓦州的城市，卢布内地区的行政中心。该市位于苏拉河右岸，地处穆加里村上游 1 千米、捷尔内村上游 0.5 千米。扎苏利耶村位于其河对岸。该市位于皮里亚京东南方向 43 千米、洛赫维察南面 49 千米、基辅东面 187 千米处，距离州首府 134 千米。

134. 杜布诺（Дубно），乌克兰罗夫诺州的重要城市，杜布诺地区的行政中心。它位于州首府西南方向 49 千米、沃伦斯基新城西面 150 千米、日托米尔以西 228 千米处，距离基辅 380 千米。

135. 肖尔斯（Щорс），乌克兰切尔尼戈夫州的城市，肖尔斯地区的行政中心，位于切尔尼戈夫东北面 70 千米处。

136. 科留科夫卡（Корюковка），乌克兰切尔尼戈夫州的城市，位于该国北部，地处布列奇河（斯诺夫河的支流）河岸，距离首府 100 千米，始建于 1657 年。

137. 马科希诺（Макошино），乌克兰切尔尼戈夫州缅斯科地区的市级镇。该镇位于杰斯纳河河畔，至切尔尼戈夫的铁路距离为 198 千米，而至基辅的距离是 241 千米。

138. 洛赫维察（Лохвица），乌克兰波尔塔瓦州的城市，位于该国中部，距离首府波尔塔瓦 127 千米，地处苏拉河右岸，海拔高度为 105 米。位于基辅以东 220 千米处。

139. 波尔特尼奇镇（посёлок Бортничи），1988 年之前是基辅周边的一座小镇，位于基辅东南边缘，距离市区 21 千米。

140. 叶菲列莫夫（Ефремов），1777 年建市，俄罗斯图拉州的城市。该市位于克拉斯瓦亚梅洽河（река Красивой Мече，顿河的支流）河畔，位于莫斯科南面 310 千米处，距离图拉 149 千米。

141. 科夫拉伊列瓦达（Коврай Левада），乌克兰切尔卡瑟州佐洛托诺沙地区的村庄。

142. 格拉季日斯克（Градижск），乌克兰波尔塔瓦州格洛比诺地区的市级镇。位于克列缅丘格水库的东北岸，坐落在皮维哈山（Пивиха）的山坡上。

143. 柳别奇（Любеч），今为乌克兰切尔尼戈夫州列普基地区的市级镇，曾是第聂伯河河畔的古城之一，位于基辅以北第聂伯河上游约 150 千米处。

144. 索罗科希奇村（село Сорокошичи），切尔尼戈夫州科泽列茨地区的村庄。

145. 科列别尔达村（село Колеберда），克列缅丘格地区的一个村庄。

146. 巴图林镇（Батурин），乌克兰切尔尼戈夫州巴赫马奇地区的城市，位于谢伊姆河（杰斯纳河的左支流）左岸。城市名称来自该市建造者波兰国王斯特凡·巴托里亚。18 世纪时，它成为海特曼的扎波罗热部队的主要居住地，1625—1923 年为城市，2008 年又恢复城市行政级别。

147. 马克萨奇村（село Максаки），切尔尼戈夫州门斯克地区的村庄。

148. 萨尔特科瓦杰维察村（село Салтыкова Девица），切尔尼戈夫州库里科夫卡地区的一个村庄。

149. 萨蓬诺瓦古塔（Сапонова Гута），地名音译，并非是一座古塔的名字。

150. 莫罗佐夫斯克（Морозовск），俄罗斯罗斯托夫州东北部的一个城市，位于州首府罗斯托夫东北面 275 千米处。它初次见于史册是在 1880 年，直到 1941 年才建市。

151. 科泽列茨（Козелец），乌克兰切尔尼戈夫州的市级镇（曾经是城市），科泽列茨地区的行政中心，位于奥斯乔尔河河岸。

152. 第聂伯彼得罗夫斯克（Днепропетровск），第聂伯罗彼得罗夫斯克州首府，作为乌克兰中部的重要城市，是该国第四大城市。该市位于第聂伯河下游两岸，是第聂伯彼得罗夫斯克州的政治、经济、文化中心，也是乌克兰的旅游、度假胜地。1926 年以前，该市名为叶卡捷琳诺斯拉夫（1796—1802 年，保罗一世在位的短暂时期内曾称为新罗西斯克），帝俄时期则作为仅次于莫斯科和圣彼得堡的第三首都。苏联时期，该市作为乌克兰最大的工业中心，曾经是苏联的核武器生产、国防和航天工业的重要中心之一。

153. 普季夫利（Путивль），乌克兰苏梅州普季夫利地区的行政中心，位于州首府苏梅西北 90 千米处，地处谢伊姆河右岸。

154. 格赖沃龙（Грайворон），俄罗斯别尔哥罗德州的城市，格赖沃龙地区的行政中心。该市位于沃尔斯克拉河（第聂伯河的支流）河岸，地处乌克兰边境，距离州首府 78 千米。

155. 皮里亚京（Пирятин），乌克兰波尔塔瓦州皮里亚京地区的城市，位于乌代河右岸、基辅东北面 120 千米远的地方。

156. 泽尼科夫（Зеньков），乌克兰城市，波尔塔瓦州泽尼科夫地区的行政中心。该市位于格鲁尼塔尚河河岸，在卢布内东面 120 千米处。

157. 霍罗尔（Хорол），乌克兰波尔塔瓦州霍罗尔地区的城市。该市位于路德卡河（река Рудка）河岸。

158. 雷利斯克（Рыльск），俄罗斯库尔斯克州的一个城市，雷利斯克地区的行政中心，是一个由小镇演变而来的城市。该市被谢伊姆河一分为二，地理位置在库尔斯克以西 124 千米处，它是俄罗斯最古老的城市之一。

159. 涅任（Нежин），乌克兰切尔尼戈夫州的重要城市，涅任地区的行政中心。该市位于奥斯乔尔河河岸，地处该州的中南部，距离州中心 80 千米。

160. 诺索夫卡（Носовка），乌克兰切尔尼戈夫州的城市，诺索夫卡地区的行政中心。该市位于涅任以西 25 千米、科泽列茨以东 39 千米处，是古俄罗斯居民点之一。它第一次见于文字记载是在 1147 年。

161. 格洛比诺（Глобино），乌克兰波尔塔瓦州格洛比诺地区的城市，该市坐落在萎缩的苏霍伊奥梅利尼克河河畔。该河属于普肖尔河的支流。

162. 列舍季洛夫卡（Решетиловка），乌克兰的市级镇，波尔塔瓦州列舍季洛夫卡地区的行政中心，位于州首府波尔塔瓦西面 41 千米处，地处奥尔霍瓦塔亚格弗特瓦河和格弗特瓦河的交汇处。

163. 小萨姆布尔村（село Малый Самбур），乌克兰苏梅州科诺托普地区的一个村庄。

164. 季卡尼卡镇（посёлок Диканька），乌克兰波尔塔瓦州季卡尼卡地区的城镇，距离州首府 27 千米，地处沃尔斯克拉河和克拉托瓦戈夫特瓦河之间。

165. 特鲁汗诺夫卡村（село Трухановка），位于波尔塔瓦以北 35 千米处。

166. 列别金（Лебедин），乌克兰苏梅州的城市，列别金地区的行政中心。该市位于奥利尚卡河河岸，经流 7 千米汇入普肖尔河，其上游 4.5 千米处是阿列克森科沃村，其下游 5 千米处是巴拉巴绍夫卡村。

167. 阿赫特尔卡（Ахтырка），乌克兰苏梅州的城市，位于阿赫特尔卡河（沃尔斯克拉河支流）河畔。

168. 小杰维察镇（посёлок Малая Девица），切尔尼戈夫州普里卢基地区的市级镇。

169. 亚戈京（Яготин），乌克兰基辅州的城市，亚戈京地区的行政中心。该市位于苏波伊河河畔，地处基辅市以东 98 千米处。

170. 笔者认为这里指的是西南方向空军司令员费奥多尔·雅科夫列维奇·法拉列耶夫（Фёдор Яковлевич Фалалеев）空军少将。

171. 戈涅京齐村（село Гнединцы），位于普里卢基东南面。

172. 笔者认为他是西南方面军司令部的一名工作人员。

173. 乌代河（река Удай），乌克兰境内河流，苏拉河的右支流，全长 342 千米，流域面积为 7030 平方千米。该河发源于罗什诺夫卡村附近的沼泽地带，流经第聂伯河沿岸低地，最终汇入苏拉河。该河流经普里卢基市、皮里亚京市、拉丹镇和瓦尔瓦镇。

174. 奥泽里亚内村（село Озеряны），切尔尼戈夫州瓦尔瓦镇地区的村庄，位于皮里亚京东北方向 43 千米处。

175. 奥尔日察河（река Оржица），乌克兰波尔塔瓦州的河流，属于苏拉河的右支流。全长 117 千米。该河流多经湿地，沿岸多浅滩和泥底，其深水航段中含有丰富的鲤鱼、丁鲷、红眼血鳍鱼、小龙虾。

176. 奥尔日察镇（Оржица），乌克兰波尔塔瓦州奥尔日察地区的市级镇，位于奥尔日察河右岸。

177. 阿波洛尼（Оболонь），基辅以北一个历史悠久的地点，位于第聂伯河右岸。该地名源于古俄语词汇 болонь，意思是"水草地"、"被水浸的河岸"。

178. 德拉波夫（Драбов），乌克兰切尔卡瑟州的市级镇，德拉波夫地区的行政中心。该镇位于第聂伯河支流佐洛托诺什卡河上游，距离州首府切尔卡瑟 75 千米。

179. 应当指出的是，此时陷入包围圈的西南方面军各集团军都无法与西南方向司令部取得无线电联系，而只能通过莫斯科方面转达。

180. 别洛乌索夫卡村（село Белоусовка），切尔卡瑟州德拉波夫地区的村庄。

181. 苏波伊河（река Супой），乌克兰境内河流，第聂伯河的左支流。它最早作为切尔尼戈夫公国和佩列亚斯拉夫公国的边界线，以及古罗斯和季科耶荒野的分界线见于古俄罗斯编年史。

182. 特鲁别日河（река Трубеж），乌克兰境内河流，属于第聂伯河的右支流。特鲁别日河最终流入卡涅夫水库。该河全长 113 千米，流域面积达 4700 平方千米，其水源主要来自融雪。

183. 捷维奇基村（село Девички），基辅州佩列亚斯拉夫—赫梅利尼茨基地区的一个村庄。

184. 加佳奇（Гадяч□，乌克兰波尔塔瓦州加佳奇地区的城市，该市位于普肖尔河的右岸，地处该河与其支流格鲁尼河（река Грунь）的交汇处。其上游 1.5 千米处是希特齐村（село Хитцы），下游 2.5 千米处是小布季夏村（село Малые Будища），隔河相望的是维利波夫卡村（село Вельбовка）。河水蜿蜒曲折的流经该市，并形成了浅滩、沼泽和湖泊。

185. 霍罗尔河（река Хорол），流经乌克兰波尔塔瓦州和苏梅州的河流，属普肖尔河的右支流，全长 311 米，流域面积为 3340 平方千米。

186. 姆诺加河（река Многа），俄罗斯韦利科伊河的支流，全长 58 千米。

187. 先恰村（село Сенча），波尔塔瓦州洛赫维察地区的村庄。

188. 伊斯科夫齐先昌斯基耶村（село Исковцы-Сенчанские），即现在的尤斯科夫齐村（село Юсковцы）。

189. 布伦镇（посёлок Бурынь），今乌克兰苏梅州布伦地区的城市。该市位于恰沙河（谢伊姆河支流）河边，1964 年起成为城市。该市上游 2 千米处是米哈伊洛夫卡村（село Михайловка），下游 1 千米处是切尔沃纳亚斯洛波达村（село Червоная Слобода）。

190. 沃罗日巴镇（посёлок Ворожба），今乌克兰苏梅州别洛波利耶地区的城市，它在 1959 年时行政级别由镇升为市。该市位于韦尔河左岸，其上游不远处是别洛波利耶市，下游 1.5 千米处是旧维尔基村（село Старые Вирки）。维里河在该地蜿蜒曲折，并形成了浅滩、沼泽和湖泊。

191. 别洛波利耶（Белополье），今乌克兰苏梅州别洛波利耶市，是乌克兰的古城之一，早在古罗斯时代便已存在。该市位于韦尔河与克雷加河的交汇处，其下游不远处是沃罗日巴市。

192. 乔特基诺镇（посёлок Тёткино），俄罗斯库尔斯克州格鲁什科沃地区的市级镇。该镇坐落在谢伊姆河（杰斯纳河的支流）河岸，其西面 25 千米处是地区中心格鲁什科沃镇。该镇处于俄罗斯和乌克兰的国境线上，与乌克兰的苏梅州接壤。

193. 卡尔洛夫卡（Карловка），乌克兰波尔塔瓦州卡尔洛夫卡地区的城市。该市坐落在奥尔齐克河河岸，其下游 2.5 千米处是索廖纳亚巴尔卡镇（посёлок Солёная Балка），河对岸是波波夫卡村（село Поповка）。市内有几处大的池塘，池塘中的水源来自塔佳木雷克河（река Тагамлык）。流经该市的河流蜿蜒曲折，并形成了浅滩、沼泽和湖泊。

附　录

|附录一|
基辅战役中的苏联主要高级军官

西南方面军司令员：米哈伊尔·彼得罗维奇·基尔波诺斯

米哈伊尔·彼得罗维奇·基尔波诺斯（Михаил Петрович Кирпонос），1892 年 1 月 12 日出生在俄罗斯帝国切尔尼戈夫省维尔季耶夫卡集镇（今属乌克兰切尔尼戈夫州涅任地区管辖），1941 年 9 月 20 日牺牲在乌克兰波尔塔瓦州舒梅伊科沃树林。他在 1940 年 3 月 21 日荣膺"苏联英雄"称号，并于 1941 年 2 月 22 日被授衔上将。

生平

1892 年 1 月 12 日，米哈伊尔·彼得罗维奇·基尔波诺斯出生在切尔尼戈夫省维尔季耶夫卡集镇的一个贫农家庭。

他曾在乡办学校读过一年书，随后在县办学校读了 3 年，但由于父母实在无力负担学费不得不终止进一步升学。

1909 年起，基尔波诺斯在切尔尼戈夫省从事护林工作。

1915 年，他加入俄国陆军。1915 年过后，就读于奥拉宁鲍姆军官学校的教官培训班，随后在科兹洛夫市（今坦波夫州的米丘林斯克）第 216 补充步兵团服役。

1917 年，他从军医学校毕业。8 月，他在罗马尼亚方面军第 258 奥利戈波尔步兵团麾下参加了一战的军事行动。后来他当选为该团士兵委员会主席。11 月，他担任了陆军第 26 军士兵委员会主席。

1918 年 1 月，他在奥匈前线呼吁双方士兵停止无谓的厮杀，被上级指挥官逮捕，同年 2 月复员。当月，他加入了俄罗斯社会民主工人党（布尔什维克）。3 月，他在自己的家乡组织了起义者支队，抗击德国、奥地利入侵者以及盖达马茨基（乌克兰人民共和国的一个准军事武装力量）。5—8 月，该支队参加了反对占领军的起义，由于起义失败，他离开了苏俄国土。

1918 年 8 月，他参加了乌克兰红军，并于同年 9 月被任命为连长。11 月，他在尼古

▲ 米哈伊尔·彼得罗维奇·基尔波诺斯。

拉·亚历山大耶维奇·肖尔斯指挥的乌克兰苏维埃步兵第 1 师里担任营长。随后不久，如坐火箭般被迅速提拔为步兵第 44 师乌克兰步兵第 22 团参谋长、副团长和团长。该团在日托米尔、别尔季切夫和基辅成功地抗击了白军。由于他在战斗中作战英勇，被共和国革命委员会授予了出厂编号为 53505 的毛瑟手枪。

1919 年 7 月，基尔波诺斯被任命为位于日托米尔和格卢霍夫的步兵第 44 师师属红军指挥员学校校长。1920 年 5 月，担任基辅第 2 赤色大士学校主管军官总务的副处长，1921 年 6 月担任该校总务处处长，1921 年 7 月担任该校副政委，1922 年以自考生身份从该校毕业。

1922 年 10 月—1923 年 9 月，他在哈尔科夫赤色大士学校担任主管政治的副校长。

之后前往莫斯科求学。1927 年毕业于工农红军伏龙芝军事学院，毕业后被任命为波贡斯基步兵第 130 团的营长。

1928 年 12 月，他被任命为哈尔科夫的全俄中央执行委员会赤色大士军事学校副校长兼教务处处长。1929 年 4 月，被任命为彼列科普步兵第 41 师副参谋长。1931 年 1 月，被任命为彼列科普步兵第 51 师参谋长。

1934 年 3 月，他成为鞑靼苏维埃社会主义自治共和国中央执行委员会鞑靼—巴什基尔联合军事学校的校长兼政委，很快该校更名为鞑靼苏维埃社会主义自治共和国最高苏维埃喀山步兵学校。

1935 年 10 月 26 日，他被授予旅级指挥员军衔。

他曾在自传中承认自己 1938 年积极参与过揭露人民敌人的行动，并与反对派做斗争。始终坚持和拥护党的路线。

1939 年 11 月 4 日，晋升为师级指挥员。

随后参加了苏芬战争。1939 年 12 月，被任命为第 7 集团军步兵第 70 师师长。1940 年 3 月初，该师花费了约 6 天的时间，通过冰冻的芬兰湾抵达了维堡筑垒地域，并敲掉了维堡湾北岸芬兰人的工事，进而切断了维堡至赫尔辛基的公路。不久，该师遭到对手数十次的反扑，威胁到了该师在维堡的后勤补给。由于该师的牵制，很大程度上加速了其他部队在维堡周边获得胜利。

为了表彰基尔波诺斯出众的指挥能力以及在战斗中所表现出的英雄主义精神，苏联最高苏维埃主席团于 1940 年 3 月 21 日授予他"苏联英雄"称号，同时授予的还有列宁勋章和金星奖章。

1940 年 4 月，他被任命为步兵第 49 军军长，同年 6 月被任命为列宁格勒军区司令员。

经苏联苏维埃人民委员会决议，1940 年 6 月 4 日授予他中将军衔。

1941 年 2 月，基尔波诺斯中将被任命为基辅特别军区司令员。马克西姆·阿列克谢维奇·普尔卡耶夫成为他的参谋长，米哈伊尔·布尔米斯坚科则担任该军区军事委员会委员。他不知疲倦，精力充沛，对部队的管理亲力亲为，他觉得战争将一触即发。

经苏联苏维埃人民委员会决议，1941 年 2 月 22 日，基尔波诺斯被晋升上将。

卫国战争爆发伊始，基辅特别军区改编为西南方面军，基尔波诺斯上将亦担任该方面军司令员。

该方面军部队在右岸乌克兰进行了艰苦卓绝的防御战，在重点防线和重要方向上结合反击战进行了有效的防御，防御基辅筑垒地域近 2 个月。

尽管德军取得了乌曼合围战的成功，但该方面军依然保持了战斗力并退却到第聂伯河继续抵抗。格列博夫上将的回忆录称，基辅战役期间，参谋长图皮科夫少将向斯大林汇报时，坚持要从基辅撤军，不能迟疑，不然将有被围的危险。而斯大林与基尔波诺斯通话时称图皮科夫这是在危言耸听，他们必须誓死捍卫基辅。基尔波诺斯最终决定撤军时并未得到大本营的许可，但彼时方面军已无预备队来抵挡从莫斯科方向南下的古德里安第 2 装甲集群的进攻。9 月 14 日，苏军第 5、第 21、第 26、第 37 集团军陷入了包围圈。该方面军被分割肢解成了若干个互无联系的集群，敌军以优势兵力对陷入包围圈内的苏军各个击破，数万苏军指战员被杀死在包围圈中。

9 月 20 日，会合后的西南方面军司令部和第 5 集团军司令部前行到距离洛赫维察西南 15 千米处的德留科夫希纳农庄时，遭遇了德军第 3 装甲师主力的袭击。损失了一些大炮和装甲车后，残部退进了舒梅伊科沃树林。第 5 集团军炮兵司令员索坚斯基少将与自己所有的幕僚被俘。残余的纵队人数不超过千人，这中间有约 800 名军官，其中包括方面军司令员基尔波诺斯、军事委员会委员布尔米斯坚科、政委雷科夫、参谋长图皮科夫、方面军管理层的将军多贝金、丹尼洛夫、帕纽霍夫，以及第 5 集团军司令员波塔波夫、该集团军军事委员会委员尼基舍夫、卡尔琴科、参谋长皮萨列夫斯基、内务人民委员部国家安全三级政委米赫耶夫。运输车辆和人员散布在树林中，装甲车辆则被部署在了林边的阵地上。不久，敌人从 3 个方向朝树林进攻。上至方面军司令，下至普通士兵，都拿起武器参加了战斗，基尔波诺斯首先伤到了腿，随后又被弹片击中头部和胸部，不久即去世，死后被下属就地掩埋。战斗持续了 5 个小时。第 5 集团军司令员波塔波夫少将在失去意识的情况下被俘。图皮科夫、布尔米斯坚科、皮萨列夫斯基也在此役阵亡。

1943 年 12 月，基尔波诺斯上将的遗体以高规格的军事荣誉被重新安葬在基辅的伯塔尼奇花园（又名福明花园）。1957 年，他的遗体被移葬在永恒荣誉公园。

家庭成员

第一任妻子奥林皮阿德·波利亚科娃，她是皮革匠的女儿，于 1911 年和基尔波诺斯结为连理。1919 年两人离婚，女儿随基尔波诺斯一起生活。

第二任妻子索菲亚·皮奥特罗维斯卡，她在基尔波诺斯离婚当年嫁给了他，20 世纪 30 年代迫于娘家许多亲戚被镇压，最终和基尔波诺斯离婚。

同僚评价

在军事上，他是一个勇敢的人，并且证明了自己是一个勇敢和意志力坚强的指挥员，勇敢、无畏的将军被杀害在激战的那天，他的善良和豁达将作为珍贵的记忆永远留在认识他的人们心中……

——基里尔·谢苗诺维奇·莫斯卡连科

我非常惊讶他突然显现出来的慌张……他给我们的印象是他并不知情，抑或是他不想知道。在这一刻，我终于得出了一个结论，这个人的肩膀无法承受住赋予他的如此沉重的责任和义务以及如山般庞大的部队……

——康斯坦丁·康斯坦丁诺维奇·罗科索夫斯基

他的勇敢和坚定无可挑剔，但他并未准备好担任此岗位。我们不止一次心平气和地谈论到，在和平时期如果未看清敌人将在边境上开始的军事行动，那么将对西南方面军酿成大祸……

——尼古拉·基里尔洛维奇·波佩尔

总之，我们的新司令员是一位卓越超群的人。

——马克西姆·阿列克谢耶维奇·普尔卡耶夫

所获荣誉

金星奖章（编号 91）

列宁勋章

一级卫国战争勋章（追授）

工农红军建军 20 周年奖章

西南方面军军事委员会委员：米哈伊尔·阿列克谢耶维奇·布尔米斯坚科

米哈伊尔·阿列克谢耶维奇·布尔米斯坚科（Михаил Алексеевич Бурмистенко），乌克兰苏维埃政治家，生于 1902 年俄历 11 月 9 日（公历是 11 月 22 日），亡于 1941 年 9 月 20 日。

生平

农民之子。1924 年毕业于列宁格勒共产主义大学，随后在莫斯科新闻学院就学，于 1929 年毕业。

1919 年加入布尔什维克党（苏共前身）。1919—1927 年在莫尔尚斯克、奔萨、恩格斯城从事共产主义、苏维埃宣传和新闻工作，1929—1932 年在恩格斯城担任《劳动真理报》的责任编辑，1932—1935 年担任卡尔梅克自治州州军事委员会第二书记。

1936 年调入苏联共产党中央委员会机关，成为格奥尔基·马克西米利安诺维奇·马林科夫（马林科夫和贝利亚是"大清洗"的组织策划者）的副手。参与组织对党和国家领导层的"大清洗"。

▲ 米哈伊尔·阿列克谢耶维奇·布尔米斯坚科。

1937 年当选苏联最高苏维埃代表。尼基塔·谢尔盖耶维奇·赫鲁晓夫被派往乌克兰时，布尔米斯坚科于 1938 年 1 月成为他的副手，担任乌克兰第二书记。1938 年成为乌克兰共产党中央委员会政治局委员。

1938 年 7 月，当选第一届乌克兰苏维埃社会主义共和国最高苏维埃主席。

1939—1941 年成为苏联共产党中央委员会委员。

卫国战争爆发后，布尔米斯坚科首先被委任在乌克兰组织游击队，1941 年 8 月被任命为西南方面军苏维埃军事委员会委员。后随基尔波诺斯上将的司令部于 9 月下旬在波尔塔瓦州洛赫维察地区德留科夫希纳农庄附近的舒梅伊科沃小树林的突围战中被俘，旋即被枪杀。

所获荣誉

列宁勋章

一级卫国战争勋章（追授）

西南方面军参谋长：瓦西里·伊万诺维奇·图皮科夫

瓦西里·伊万诺维奇·图皮科夫（Василий Иванович Тупиков），苏联军事领导人，1901 年 12 月 31 日出生在库尔斯克，1940 年授衔少将，1941 年 7—9 月担任苏军西南方面军参谋长。1941 年 9 月 20 日，在基辅附近试图从包围圈中突围的战斗中，他阵亡于波尔塔瓦州洛赫维察地区的德留科夫希纳农庄附近的舒梅伊科沃树林外。

生平

图皮科夫出生在库尔斯克。1922 年加入红军。1926 年毕业于高级步兵学校（又名沙波什尼科夫军官学校），1933 年毕业于伏龙芝军事学院。1921 年加入布尔什维克党。1922—1925 年担任营、团级军事政委，随后担任步兵营营长和步兵团团长。从 1937 年起担任步兵第 33 军参谋长，1939 年起担任哈尔科夫军区参谋长。1940 年 12 月起担任苏联驻德国大使馆武官。1940 年晋升少将。在柏林期间，他通过所收集的情报信息分析得出德国将准备对苏联发动军事行动，并将此结论反复向上级报告。1941 年 6 月 22 日深夜，图皮科夫乘坐苏联国际航空公司的飞机飞往莫斯科。德军驻波兰的一个空军中队受命拦截并击落这架苏联飞机，但德军由于无地面指示以及夜间在云层中无法识别等因素，最终未能得逞。

1941 年 7 月 29 日起，图皮科夫接任西

▲ 瓦西里·伊万诺维奇·图皮科夫。

南方面军参谋长一职，而此时该方面军的部队在右岸乌克兰地区被德军优势兵力打压，被迫转入激烈的防御战。

1941年9月14日凌晨3时25分，他主动向西南方向总参谋长和总参部总参谋长发去电报，描述了部队当前所处的困境（将面临被德军包围的危险），他不容乐观地道："我已经预见到灾难将会在这一两天内降临在我们头上。"

沙波什尼科夫元帅回电斥责图皮科夫是在危言耸听，电文内容如下：

致西南方面军司令员

抄送西南方向总指挥

图皮科夫少将向总参谋部提交了一份能够引起恐慌的报告。在此恶劣的局势下，反而能迫使我军各级指挥员保持沉着冷静和具备勇气。我们不应该向恐慌屈服，应采取一切措施，以确保固守住现有阵地，特别是要牢固地巩固两侧翼。必须制止库兹涅佐夫（第21集团军）和波塔波夫（第5集团军）撤退。我们必须激发方面军全军的顽强斗志，不能回头，必须时刻坚定不移地跟随斯大林同志的指示精神。

沙波什尼科夫

次日，从北面南下的德军第2装甲集群的部队与突破克列缅丘格桥头堡的第1装甲集群在洛赫维察会师，就此德军扎上了包围圈的口袋，苏军的第5、第21、第26、第37集团军以及第38集团军的部分单位陷入德军的包围圈中。

由于西南方面军侧翼防御的准备不足（西南方面军侧翼缺乏实施抵挡敌人突破的预备队），而西南方面军司令员基尔波诺斯向大本营做出保证，表示之前的撤退情况已得到控制，并不会考虑撤军。这最终导致该方面

军部队的大量士兵和军官被俘。古德里安回忆录中有关此事的记载如下：

9月16日，我们将前进指挥所迁到了罗姆内，成功地包围了俄国人的部队。我军已与克莱斯特的装甲集群取得了联系。我军已经加入了基辅会战，第1装甲集群抓获43000名俘虏，第6集团军抓获63000名俘虏。我军在基辅地区抓获俘虏总数已超过29万人。

1941年9月20日，在波尔塔瓦州洛赫维察地区德留科夫希纳农庄附近的舒梅伊科沃树林的突围战斗中，西南方面军司令员基尔波诺斯和方面军参谋长图皮科夫倒在了敌人的枪口下，而失去意识和受伤的人员（其中包括波塔波夫少将）则被俘。

战后，图皮科夫少将的遗体被发现，并被葬在了基辅永恒荣耀纪念碑附近。

所获荣誉

一级卫国战争勋章（追授）

纪念

洛赫维察市和基辅市都有以图皮科夫名字命名的街道

▲ 基辅市图皮科夫街上的纪念牌。

西南方面军政：叶甫根尼·巴甫洛维奇·雷科夫

叶甫根尼·巴甫洛维奇·雷科夫（Евгений Павлович Рыков），苏联军事领导人、师级政委，生于 1906 年，死于 1941 年。曾参加过苏芬战争和卫国战争。

生平

雷科夫于 1906 年 12 月 12 日出生在哈萨克斯坦一个叫阿尔塔伊的村庄。1928 年，他开始在工农红军中服役。1929 年被任命为共产主义青年团的团委会委员，随后从 1931 年开始成为部队的一名政工人员。1933—1938 年担任哈尔科夫红色哥萨克骑兵第 4 团政治处副主任，成为培养红色哥萨克骑兵第 1 师政工人员的教官。1938 年 6 月起担任骑兵第 6 军政治处主任。他于 1938 年毕业于列宁军事政治干部学院，1939 年 9 月起担任白俄罗斯集团军骑兵集群政治处主任，1939 年 11 月开始担任第 9 集团军军事委员会委员。之后随军参加了苏芬战争，并因此获得红旗勋章（1940 年 4 月），同年雷科夫获得师级政委衔。1940 年 4—6 月，掌管红军总政治部。同年 6 月起担任中亚军区军委会委员。

卫国战争爆发后，雷科夫被任命为西南方面军军事委员会委员。1941 年 9 月 21 日在基辅周边的战斗中随西南方面军司令部纵队一起在洛赫维察地区被俘。他接下来的命运有下列几种说法：一种版本说他作为俘虏，于 1941 年 11 月死在了集中营中；而苏联官方提供了另一种说法——1941 年 9 月的突围过程中，在一次由苏军所发起的白刃战中，雷科夫与基尔波诺斯、布尔米斯坚科一起被德军杀害。

纪念

在基辅，有一条 1967 年被命名为叶甫根尼·巴甫洛维奇·雷科夫街的街道。在哈萨克斯坦的谢米巴拉金斯克市（2007 年后改名为谢米伊）有以他的名字命名的街道。另外，卡顿卡拉加伊村（即原来的阿尔塔伊村）的一所中学也以他的名字命名。今乌克兰波尔塔瓦州舒梅伊科沃小树林，他牺牲的地方，矗立着一座纪念他的石碑。

▲ 叶甫根尼·巴甫洛维奇·雷科夫。

家庭成员

妻子名叫尼娜·马尔季罗索夫娜·雷科娃。

儿子 E.E.雷科夫是一名军事历史学家。

西南方面军第 5 集团军司令员：米哈伊尔·伊万诺维奇·波塔波夫

米哈伊尔·伊万诺维奇·波塔波夫（Михаил Иванович Потапов），苏联军事领导人，生于 1902 年俄历 10 月 3 日（公历 10 月 16 日），死于 1965 年 1 月 26 日。卫国战争爆发的首月，他成功地指挥了第 5 集团军。1941 年 9 月—1945 年 4 月，他成为德军的俘虏，战后继续在苏军中服役。1961 年授衔上将。

生平

波塔波夫于 1902 年 10 月 3 日出生在尤赫诺夫县（县是旧俄时期的行政单位，苏联沿用至 1929 年，今卡卢加州）的一个富裕家庭。1920 年参加苏联红军。

1925 年波塔波夫从军事化学指挥员进修班毕业，1926 年加入苏联共产党，1936 年在红军机械化和摩托化军事学院（又名斯大林军事学院）以优异的成绩毕业。1939 年波塔波夫作为苏军第 1 集团军级集群副司令员（司令员是朱可夫）参加了哈拉欣河战役（哈拉欣河位于蒙古境内，中国称该战役为"诺门罕战役"，日方称之为"诺门坎事件"）。此战后直至 1941 年初，他一直担任基辅特别军区机械化第 4 军军长一职。1923—1941 年历任排长、骑兵连长、团化学战主任、团长、旅长和军长。1941 年初晋升坦克兵少将，并被任命为第 5 集团军司令员。

1941 年 6 月，波塔波夫指挥的第 5 集团军随西南方面军参加了杜布诺—卢茨克—布罗迪会战。该集团军在此战役中损失惨重，尤其是坦克部队。此后第 5 集团军奉命撤退到科罗斯坚筑垒地域加强该地区的防御，在那儿他们继续对敌实施防御作战，并一直受

▲ 年轻时的米哈伊尔·伊万诺维奇·波塔波夫。

▲ 年老时的米哈伊尔·伊万诺维奇·波塔波夫。

到来自南面德军的威胁。8月20日，德军对基辅发动了强攻，第5集团军在西南方面军司令员基尔波诺斯的命令下撤过第聂伯河组织防御，他们被部署在第聂伯河左岸的洛耶夫—奥库尼诺沃防线。与此同时，戈梅利地区的德军第2集团军从切尔尼戈夫北面向苏军第21集团军扑来。

由于波塔波夫和第37集团军司令员弗拉索夫之间意见不统一，德军趁机夺取了第聂伯河左岸奥库尼诺沃村的渡口（苏军来不及炸毁此处的大桥），为此，第5集团军的大部分兵力并没有用来加强北面的防御，而是用在了重夺奥库尼诺沃渡口的战斗中，波塔波夫专注于此处的争夺战，几乎投入了该集团军30%的兵力，从而导致其他地带的防御减弱。8月28日，第5集团军北面防御辖区内的切尔尼戈夫市遭到了德军第2集团军的攻击。由于之前的战斗损耗很大，导致第5集团军无力守住该市而撤过杰斯纳河。1941年9月，他被弹片炸伤，由于伤势严重，在接下来的苏德双方短兵相接的交战中昏迷，随后被俘。

在战争开始的头几个月里，第5集团军在波塔波夫的指挥下扎在了德军集团军群的后方，真正威胁到德军中央集团军群和南方集团军群。在战争中，波塔波夫通过迅速重新集结部队对敌发动突然袭击，在防御中也能够构筑一个稳固的防御阵地并伺机巧妙地反击，充分地证明了自己是一名战术娴熟的指挥员，但该集团军随后失去了波塔波夫这位极具发展前途的指挥员。

波塔波夫被德军俘虏，一直关押到1945年4月，在此期间，他以自己的勇气守住了尊严。他先后被关押在哈默尔堡战俘营、戈滕海姆战俘营、魏森堡战俘营和莫斯堡战俘营中。

战争结束后，他经苏联驻巴黎军事代表团返回莫斯科，在莫斯科火车站得到了英雄的礼遇。斯大林高度称赞了波塔波夫的勇气和毅力。随后他重新在苏军中服役，没有被撤销职务。1947年他从总参谋部军事学院高级军事速成班毕业。

1958—1965年，他担任敖德萨军区副司令员。1961年被授予上将军衔。1965年1月26日去世。

所获荣誉

两度荣获列宁勋章

三度荣获红旗勋章

荣获红星勋章

以及一些奖章

▲ 莫斯科圣女公墓内波塔波夫将军的墓。

西南方面军第6集团军司令员：伊万·尼古拉耶维奇·穆济琴科

伊万·尼古拉耶维奇·穆济琴科（Иван Николаевич Музыченко），苏联军事领导人，1901年10月29日出生在顿河河畔罗斯托夫，1940年授衔中将，1970年12月8日逝世。卫国战争初期，他曾担任第6集团军司令员，是不幸被德军俘获的苏军高级将领之一。

生平

穆济琴科于1901年俄历10月29日（公历11月10日）生于顿河河畔罗斯托夫市的一个水手家庭。毕业于三年制中学和两年制教师学院。从1913年开始，从事了2年的船舶焊接工作，随后2年在维堡港当装卸工。

1917年，穆济琴科在沙皇陆军西北方面军中服役，1918年参加红军。在俄国内战期间，他曾五度负伤：1次伤在头部，3次伤在右手，1次伤在后背。1918—1920年抗击爱沙尼亚的地方武装，1920年在西方面军麾下抗击波兰侵略者，1921年参与了平息坦波夫农民叛乱的军事行动。1921—1926年在骑兵团任政委。

1927年毕业于红军骑兵指挥员进修班，从此走上了从骑兵连长到师长的道路。1932—1937年间担任顿河-斯塔夫罗波尔骑兵第21团团长，随后调到师级指挥员朱可夫指挥的骑兵第4师任职。1938年2月17日被授予旅级指挥员军衔，指挥步兵第4师参加了苏芬战争。1940年3月21日被授予师级指挥员军衔。苏军军衔改革后，同年6月4日根据苏联人民委员会第945号令被授予少将军衔。1940年7月，不到40岁的穆济琴科绕过军级指挥，被直接任命为集团军司令员，开始指挥苏军第6集团军。该集团军驻扎在乌克兰的利沃夫地区，下辖2个步兵军、1个

▲ 伊万·尼古拉耶维奇·穆济琴科。

骑兵军和2个机械化军以及其他单位。

卫国战争初期，他率领西南方面军所属的第6集团军参加了边境战争。1941年8月初，第6集团军在乌曼战役中被围。1941年8月6日，穆济琴科中将左腿受伤被俘，被抬到位于罗夫诺的弗拉基米尔沃伦斯基（Владимир-Волынский）的德军医院救治。伤好后，被送往德国哈默尔堡的战俘营。在这里，德国人一再劝降，但所有的威逼利诱都遭到穆济琴科的严词拒绝，作为惩罚，他被转到巴伐利亚的魏森堡监狱，从事繁重的体力劳动。1945年4月29日，穆济琴科被美军从莫斯堡的集中营中解放出来。

1945年5—12月，穆济琴科被苏联驻巴黎军事代表团送回莫斯科，经由内务人民委

▲ 被俘期间的穆济琴科将军（中间者）。

及军事院校校长的职位，1947 年 8 月他退出现役。退役后他定居在莫斯科，定期参加军事－科学界以及在苏联红军中央大楼举办的活动，并定期接受治疗。1970 年 12 月 8 日，穆济琴科中将在莫斯科去世。

所获荣誉

1946 年荣获列宁勋章

四度荣获红旗勋章（1938 年、1940 年、1946 年和 1957 年）

工农红军建军 20 周年奖章

苏联陆海军建军 30 周年奖章

苏联武装力量建军 40 周年纪念奖章

苏联武装力量建军 50 周年奖章

1941—1945 年抗击德国卫国战争胜利奖章

1941—1945 年抗击德国卫国战争胜利 20 周年纪念奖章

纪念弗拉基米尔·伊里奇·列宁 100 周年诞辰纪念奖章

员部审查后，于 1945 年 12 月 31 日恢复了军中职务。1947 年，他从苏联总参军事学院高级军事速成班毕业。随后半年，他在苏军陆军干部管理局任职。由于穆济琴科在纳粹的集中营中受到摧残，健康状况每况愈下，他婉拒了组织给他提供的苏军参谋长、司令员

西南方面军第 12 集团军司令员：帕维尔·格里戈里耶维奇·波涅杰林

帕维尔·格里戈里耶维奇·波涅杰林（Павел Григорьевич Понеделин），苏联军事领导人，生于 1893 年 3 月 4 日，死于 1950 年 8 月 25 日。他曾担任第 12 集团军司令员，1940 年授衔少将，是被德军俘虏的苏联将领之一。战后他返回苏联，根据战时最高统帅部大本营第 270 号令判决，于 1950 年 8 月 25 日被执行枪决，1956 年终获平反。

生平

1893 年 3 月 4 日，波涅杰林生于尤里耶韦茨县的一个农民家庭。1914 年加入沙皇陆军。1915 年毕业于莫斯科尉官学校。参加了第一次世界大战。于 1918 年加入红军。在俄国内战期间参加了与白军高尔扎克、邓尼金以及马赫诺匪帮（自称黑军）的战斗，在此期间历任营长、团长。在内战期间他曾屡次负伤。因在波兰前线的战斗中表现英勇而两度被授予红旗勋章。1926 年毕业于伏龙芝军事学院，随后留校教授战术课程，还担任了列宁格勒"航空与化工建设对国防事业援助协会"主席。1934 年 3 月，他被任命为列宁格勒步兵学校（又名斯克良斯基学校）军事政委。1938 年晋升旅级指挥员。1938 年—

1939 年 12 月 15 日，担任步兵第 1 军参谋长，随后在苏芬战争期间，他因步兵第 139 师作战失利，降职为该师师长，1940 年晋升少将，1940 年 7 月被任命为列宁格勒军区参谋长，1941 年 3—8 月担任基辅特别军区第 12 集团军司令员。

第 12 集团军在波涅杰林的领导下参加了卫国战争爆发首日的军事行动。1941 年 6—7 月间第 12 集团军向东南退却。在乌曼的战斗中，该集团军在波德维索科耶村被德军包围。在 8 月 7 日的突围战中，波涅杰林少将与步兵第 13 军军长基里洛夫少将一起被俘。德国人将他们被俘的事实进行大肆宣传，并将印有此二人与德军一起合影的照片的传单大肆发放到苏军阵地上。

根据红军最高统帅部大本营于 1941 年 8 月 16 日下达的第 270 号令，第 28 集团军司令员卡洽洛夫中将、第 12 集团军司令员波涅杰林少将和步兵第 13 军军长基里洛夫少将在被俘期间被定性为临阵脱逃的懦夫和甘愿向敌人投降的逃兵。1941 年苏联最高法院军事法庭在其缺席的情况下判处波涅杰林死刑。1941 年 8 月—1945 年 4 月 29 日他成为德国人的俘虏。在此期间，他的妻子尼娜·米哈

▲ 帕维尔·格里戈里耶维奇·波涅杰林。

伊洛夫娜和父亲格里戈里·瓦西里耶维奇作为"背叛祖国分子的家庭成员"被捕。

他于 1945 年 4 月 29 日被美军解放，1945 年 5 月 3 日被移交给苏联驻巴黎军事代表团。1945 年 12 月 30 日被捕并囚禁在列福尔托沃监狱。他被指控："作为第 12 集团军司令员在被敌人包围后，尽管像他的大部分部队一样有很多机会可以实施突围，但是他没有表现出坚定的决心和必胜的信念，相反，却惊慌失措、胆小怯懦，无耻地投靠了敌人，犯下了违背军事誓言和叛国的罪行。"1945—1950 年他一直被囚禁。1950 年初，他写信给斯大林请求重新考虑判决。1950 年 8 月 25 日，苏联最高法院军事法庭判处波涅杰林死刑并立即执行。他自己不承认与德国人有合作。苏联最高法院军事法庭于 1956 年 3 月 13 日撤销了对他的指控，并为其平反。波涅杰林将军的骨灰后来被重新安葬在莫斯科的新顿河公墓的公共 2 号墓内。

所获荣誉

列宁勋章

两度荣获红旗勋章

工农红军建军 20 周年奖章

西南方面军第 21 集团军司令员：瓦西里·伊万诺维奇·库兹涅佐夫

瓦西里·伊万诺维奇·库兹涅佐夫（Василий Иванович Кузнецов），苏联军事领导人，1894 年 1 月 3 日出生在彼尔姆省索利卡姆斯克自治县乌斯季乌索尔卡村（现属彼尔姆边疆区切尔登地区管辖），1943 年授衔上将，1945 年 5 月 29 日荣膺"苏联英雄"的称号，1964 年 6 月 20 日在莫斯科逝世。

生平

库兹涅佐夫早年在所利卡姆斯克地方自治县从事会计工作。1915 年加入俄罗斯帝国陆军，曾参加过第一次世界大战。1916 年从准尉学校毕业后，被授予少尉军衔。

1918 年加入红军。在俄国内战期间，

▲ 瓦西里·伊万诺维奇·库兹涅佐夫。

历任连长、营长和步兵团团长。战后，在维捷布斯克集团军群历任团长、师长、军长。1938 年 10 月 7 日成为苏联国防人民委员会军事委员会委员。

1920 年毕业于高级步兵学校的指挥员训练班，1938 年毕业于伏龙芝军事学院特别系。1928 年加入苏联共产党。苏联军衔改革之前的最终军衔为军级指挥员。1940 年被授予中将军衔。

1939 年 9 月 1 日—1941 年 8 月 25 日，担任第 3 集团军司令员。1939 年 9—10 月间，率部参加入侵波兰的战争。卫国战争初期，他所指挥的第 3 集团军在格罗德诺附近被围。1941 年 7 月底，第 3 集团军在罗加乔夫地区成功突围。随后，第 3 集团军司令部在莫济里地区得以重建。

1941 年 8 月调任中央方面军第 21 集团军司令员。不久该集团军被划归西南方面军节制。

西南方面军在基辅地区被歼灭后，他出任新组建的第 58 集团军司令员（1941 年 11 月）。根据库兹涅佐夫的儿子库兹涅佐夫上校回忆，他的父亲此时并未接管该集团军，而是躺在医院里接受治疗。

在此期间，从莫斯科北面而来的德国法西斯军队已经越过了莫斯科—伏尔加河一线，并向莫斯科扑来。根据 1941 年 11 月 15 日苏联最高统帅部大本营下达的命令，决定再组建一个新的突击集团军，即突击第 1 集团军。最高统帅部大本营总预备队决定将第二次组建、尚未形成战斗力的第 19 集团军（其中大部分部队仍然在组建过程中）投入到敌人突破的方向。

根据 20 世纪 30 年代苏联军事战役学的理论规定，突击集团军比传统的红军集团军单位拥有更多的坦克、火炮和迫击炮等技术装备，因此这种得到诸多兵种加强的突击集团军将作为击溃敌人的重要武装力量被派到敌人的主攻方向。突击第 1 集团军麾下包括坦克军、机械化军和骑兵军。

然而，实际兵力配备却与理论相悖。事实上，11 月 29 日时，突击第 1 集团军由 7 个独立步兵旅（独立步兵第 29、第 44、第 47、第 50、第 55、第 56 和第 71 旅）、11 个独立滑雪营、1 个炮兵团和 2 个轻型榴弹炮团组成。

当大本营就突击第 1 集团军司令员人选进行讨论时，瓦西里·伊万诺维奇并未出现在该突击集团军司令员人选名单中，但斯大林将库兹涅佐夫从医院召唤到大本营并直接任命他为该集团军的司令员。"你对这个任命满意吗？"斯大林问道。"满意，只是该集团军的编制很不完整，1 个滑雪营，只有 1 个师 …… 是哪个蠢货把军建制取消的！"

1941 年 11 月—1942 年 5 月，库兹涅佐夫指挥了南方面军的突击第 1 集团军，随后该集团军在西南方面军麾下参加了莫斯科保卫战和 1942 年的苏军冬春季攻势。1942 年 7 月，他指挥斯大林格勒方面军（1942 年 9 月 30 日改称顿河方面军，而原东南方面军改称斯大林格勒方面军）新编第 63 集团军参加了斯大林格勒保卫战。1942 年 12 月—1943 年 12 月担任近卫第 1 集团军司令员，1943 年 5 月晋升上将。1943 年 12 月—1945 年 3 月，担任波罗的海沿岸第 1 方面军副司令员。

1945 年 3 月起，担任白俄罗斯第 1 方面军突击第 3 集团军司令员，随后该集团军在库兹涅佐夫的领导下参加了柏林战役。1945 年 5 月 1 日，第 3 突击集团军的战士将象征

▲ 莫斯科新圣女公墓中的库兹涅佐夫墓地。

胜利的旗帜挂在了德国议会大厦上。

战争胜利后，当库兹涅佐夫所指挥的部队攻占柏林帝国大厦，并在楼顶悬挂上胜利的旗帜时，斯大林突然冒了这么一句话："还记得你是怎么叫我蠢货的吗？"与库兹涅佐夫预期的相反，他并没有受到因不遵守上级命令而会遭受的任何惩罚，相反，斯大林对此表示感谢，并因他在莫斯科会战和攻占帝国大厦中的功劳授予他"苏联英雄"称号。

战争结束后，他继续担任突击第 3 集团军司令员。1948—1953 年担任苏联支援陆海空军志愿协会主席，1953—1957 年担任伏尔加河沿岸军区司令员，随后在国防部中央机关任职。

1946—1950 年、1954—1958 年当选苏联最高苏维埃代表。1960 年退役。

1964 年，库兹涅佐夫走完了波澜壮阔的一生，死后被葬在莫斯科的新圣女公墓。

所获荣誉

两度获得列宁勋章

五度获得红旗勋章

两度获得一级苏沃洛夫勋章

象征"苏联英雄"称号的金星奖章（编号 6460）

众多苏联奖章和 4 枚国外授予的勋章

同僚的评价

我与瓦西里·伊万诺维奇·库兹涅佐夫相识是在他担任第 63 集团军司令员时。我很早便听说过他，战前他是白俄罗斯军区刚毅果敢的指挥员。在斯大林格勒会战期间，他用实际行动证明了自己是位杰出的军事领导人。第 63 集团军在顿河进攻战期间被改编成近卫第 1 集团军，并在最关键的作战方向上采取了果断的行动。

——摘自苏联元帅崔可夫的著作《斯大林格勒近卫军向西挺进》（苏俄出版社出版）

纪念

1995 年，莫斯科市有一条街道以库兹涅佐夫将军的名字命名为库兹涅佐夫将军街（街道上有将军的半身雕像纪念碑）；伏尔加格勒有一条街道以将军名字命名；将军的家乡索利卡姆斯克市有一条街道以将军的名字命名；谢尔吉耶夫波萨德市为纪念瓦西里·伊

▲ 莫斯科的库兹涅佐夫将军街上矗立着一座库兹涅佐夫胸像纪念碑。

万诺维奇·库兹涅佐夫，将一条林荫道命名为库兹涅佐夫林荫道，2010 年 5 月 7 日，在林荫道的街头建造了一座将军的半身纪念碑；亚赫罗马市中央广场以库兹涅佐夫将军的名字命名；德米特罗夫市第 1 中学以将军的名字命名。

西南方面军第 26 集团军司令员：费奥多尔·雅科夫列维奇·科斯坚科

费奥多尔·雅科夫列维奇·科斯坚科（Фёдор Яковлевич Костенко），苏联军事领导人，生于 1896 年 2 月 22 日，死于 1942 年 5 月 26 日。他参加过第一次世界大战、俄国内战和卫国战争，军衔为中将。

生平

费奥多尔·雅科夫列维奇·科斯坚科，

乌克兰族，1896 年 2 月 22 日出生在大马尔特诺夫卡镇（今罗斯托夫州马尔特诺夫卡地区）的一个农民家庭。

1915 年，他加入沙皇陆军。在第一次世界大战中的最终军衔为上士。1918 年志愿加入红军。俄国内战期间历任红军战士、骑兵连司务长、骑兵连副连长，在担任骑兵第 1 集团军师属骑兵连副连长期间，他参加了抗击玛蒙多夫、施库罗和邓尼金将军的白军军队。

▲ 费奥多尔·雅科夫列维奇·科斯坚科。

1922 年 11 月起担任骑兵第 1 连连长，1926 年 2 月起担任团属学校战术科主任，1928 年 10 月起担任团属学校校长，1931 年 4 月起担任斯大林格勒骑兵第 23 团副团长，1936 年 7 月起担任骑兵第 19 团团长兼政治委员，1937 年 6 月被任命为骑兵第 7 师师长，1937 年 6 月起担任了"斯大林"特种骑兵师师长，1939 年 4 月起历任骑兵第 36 师师长、骑兵第 2 军军长。

在他担任沃洛奇斯克集团军群骑兵第 2 军军长时，率部参加了红军在波兰东部的军事行动，该军随后被划入乌克兰方面军第 6 集团军东集团军群参加了西乌克兰的军事行动（1939 年 9 月 17 日—1939 年 11 月 14 日）。

1940 年 7 月起担任基辅特别军区集群部队骑兵集团军司令员。1940 年 10 月晋升中将后，担任第 26 集团军司令员。

二战爆发伊始，西南方面军麾下的第 26 集团军展开了一系列防御作战。随后撤往基辅，在那儿构筑防御。在困难的局势下，该集团军被调往第聂伯河左岸并构筑新的防御阵地。

1941 年 9 月，科斯坚科被任命为西南方面（第二次组建）军副司令员。他率领方面军特遣集群部队参加了 1941 年 11 月 6—16 日的叶列茨进攻战役，并歼灭了几个敌军师。叶列茨战役的战果使苏军解放了 400 个居民点，其中包括叶列茨市。

1941 年 11 月中旬，科斯坚科被任命为西南方面军司令员。1942 年 4 月，该方面军第二次组建时担任副司令员。

科斯坚科指挥的部队曾参加过基辅和莫斯科周边的战斗、库尔斯克—奥博扬战役、巴尔文科沃—洛佐瓦亚战役和哈尔科夫战役。1942 年 5 月 26 日牺牲在哈尔科夫方向包围圈内。他的儿子彼得战死在斯大林格勒保卫战的空战中，战后被重新安葬在伏尔加格勒的军人墓地里。

朱可夫回忆道："在同一天，我驱车前往马内奇骑兵第 19 团——这个师里历史悠久的团的团长则是费奥多尔·雅科夫列维奇·科斯坚科，他是最棒的骑兵之一。在此之前，我与他未曾谋面，但我曾很多次听说过关于这位指挥员的传闻，他很热衷于骑兵事业，未曾缺席过一场马术比赛，并将马术广泛地运用在骑兵战术中。卫国战争爆发时，科斯坚科时任第 26 集团军司令员，守卫着我国乌克兰边境的领土。他指挥这支部队与敌展开了顽强的战斗，尽管自身损失巨大，但迫使法西斯军队一直无法实现预期计划，突破深入到乌克兰境内。不幸的是，费奥多尔·雅科夫列维奇·科斯坚科没有那么幸运，能够与我们一起看到胜利到来的那一天。他作为西南方面军副司令员在哈尔科夫方向的一场激烈战斗中英勇牺牲了。他最喜欢的长子彼得也与他一同战死。我很喜欢彼得·科斯坚科这个孩子，他的死令我痛惜。我还记得彼得孩提时就已经在研究军事了，他特别喜欢骑马和用马刀作战。科斯坚科为他的儿子感到骄傲，认为彼得将来会成为一名骑兵统帅，而且这并没有错。"

但很显然，聪慧的朱可夫也有犯糊涂的时候，科斯坚科的儿子彼得其实是一名飞行员，战死在斯大林格勒保卫战中。

所受教育

1916 年，毕业于指挥学校。

1924 年，毕业于列宁格勒中级指挥员培训班。

1928—1934 年，毕业于骑兵高级指挥员进修班。

1941 年，毕业于红军总参谋部军事学院（又名伏罗希洛夫军事学院）开办的高级指挥员进修班。

所获荣誉

列宁勋章

红旗勋章（1928 年 2 月 20 日）

两度荣获红星勋章

以及一些奖章

纪念

利佩茨克市有以他的名字命名的街道和小巷；叶列茨市有一条科斯坚科街；基辅有一座纪念第 26 集团军从包围圈中突围出来的纪念碑。

西南方面军第 38 集团军司令员（1941 年 7—8 月）：
德米特里·伊万诺维奇·里亚贝舍夫

德米特里·伊万诺维奇·里亚贝舍夫（Дмитрий Иванович Рябышев），苏联军事领导人，1894 年俄历 2 月 11 日（公历 2 月 23 日）出生在俄罗斯帝国顿河军管州第 1 顿河区齐姆良斯克卡洛托夫克农庄（现属罗斯托夫州齐姆良斯克行政区管辖）的一个顿河哥萨克家庭。1940 年授衔中将，1985 年 11 月 18 日在顿河河畔罗斯托夫市去世。

生平

德米特里·里亚贝舍夫出生在齐姆良斯克卡洛托夫克农庄的一个顿河哥萨克家庭。

1915 年作为一名哥萨克骑兵加入沙皇陆军，在西南方面军服役。

1918 年，里亚贝舍夫加入红军并担任排长，后历任骑兵第 4 师第 2 旅副旅长、骑兵连长、骑兵第 1 集团军骑兵第 14 师第 2 旅的团长和旅长。俄国内战期间，他率部与顿河哥萨克部队、志愿军、涅斯托尔·伊万诺维奇·马赫诺匪帮作战。1920 年 8 月 11—25 日曾短暂担任过骑兵第 16 师的代理师长。

1922—1929 年担任北高加索军区骑兵旅旅长。在此期间，1923 年毕业于伏龙芝军事学院预备班，1925 年毕业于高级指挥员进修班。

▲ 德米特里·伊万诺维奇·里亚贝舍夫。

1930 年调入土耳其斯坦军区，担任骑兵第 8 旅旅长，随后担任土耳其斯坦山地骑兵第 8 师师长。率部参加了平定巴斯马奇武装叛乱的军事行动。1933 年再次进入伏龙芝军事学院学习，于 1935 年毕业。

1936 年被任命为顿河哥萨克第 13 师师长，次年 9 月担任骑兵第 1 军军长。1938 年 6 月，骑兵第 1 军更名为骑兵第 4 军，进驻基辅特别军区。

1940 年 6 月 4 日，里亚贝舍夫成为由骑兵第 4 军骨干组建的机械化第 8 军军长，该军下辖步兵第 7 师、重型坦克第 14 旅和轻型坦克第 23 旅。

卫国战争初期，里亚贝舍夫所指挥的机械化第 8 军作为西南方面军的组成部分参加了边境战役。1941 年 6 月 25 日，该军参加了西方称为"布罗迪之战"的战役（俄国人管这次战役叫杜布诺－卢茨克－布罗迪之战），当年 7 月在机械化第 8 军的基础上组建了第 38 集团军，里亚贝舍夫于 7 月 22 日出任该集团军司令员，并率部在切尔卡瑟地区的第聂伯河附近布防。

1941 年 8 月 30 日，里亚贝舍夫中将被任命为南方面军司令员，指挥部队防御从克列缅丘格至第聂伯河河口一线地区。1941 年 10 月 5 日，由于基辅战役的惨败，里亚贝舍夫中将南方面军司令员的职务被解除，但于当月 22 日被任命为第 57 集团军司令员，驻扎在斯大林格勒地区。1942 年 1 月，他率部参加巴尔文科沃—洛佐瓦亚战役，当时该集团军防守的阵地大约有 100~120 千米。1942 年 2 月底，里亚贝舍夫因病住院，同年 3 月病愈后出任第 28 集团军司令员，并于同年 5 月率部参加了哈尔科夫战役。由于在未经西南方面军司令员命令的情况下擅自改变指挥所位置，而导致麾下师级单位的损失，1942 年 7 月 3 日，里亚贝舍夫被解职，直到 1943 年 3 月才被最高统帅部再次启用。

1943 年 3 月于伏罗希洛夫高等军事学院（今俄罗斯联邦武装力量总参谋部军事学院的前身）毕业后，他被任命为第 3 预备集团军司令员，驻扎在卡卢加。1943 年 5 月出任近卫第 3 集团军副司令员，率部参与了顿巴斯战略进攻战役，由于在整个战役中所展现出的出色的领导力及非凡的勇气，他被授予二级库图佐夫勋章。

1944 年 1 月 28 日，里亚贝舍夫根据个人要求担任近卫步兵第 34 军的军长，并于 1944 年 2 月率部参加了尼科波尔—克里沃罗格进攻战，并解放了乌克兰的尼科波尔。1944 年 2 月 16 日—3 月 29 日临时担任近卫第 3 集团军的代理司令员。

1944 年 4 月 12 日，担任突击第 5 集团军近卫步兵第 3 军军长。同年 4 月，该军调入最高统帅部大本营总预备队。同年 6 月 6 日，他被调入苏联国防人民委员会从事人事管理工作，随后被任命为最高统帅部派驻第 65 集团军的代表，期间参与了博布鲁伊斯克攻势。之后被任命为最高统帅部派驻第 47 集团军的代表，驻扎在科韦利。

1944 年 7 月 18 日，里亚贝舍夫中将被任命为步兵第 114 军军长，并率部参加了卢布林—布列斯特攻势，在此期间率部强攻突破敌人的防御，与其他部队一起收复了布列斯特要塞。由于此次战役里亚贝舍夫中将率部成功收复布列斯特要塞，他被授予一级波格丹·赫梅利尼茨基勋章。随后步兵第 114 军参加了东普鲁士攻势、东波美拉尼亚攻势和柏林战役，期间，该军解放了波兰的托伦、贝图夫、格但斯克、什切青和德国的普伦茨劳。1945 年 5 月 3 日，步兵第 114 军在维斯马—维滕贝格一线与英军会师。

战后里亚贝舍夫中将成为苏军驻德集群的某军军长。1946 年 9 月出任东西伯利亚军区副司令员。

1950 年 9 月，里亚贝舍夫中将退出现役。退役后的他定居在顿河河畔的罗斯托夫，担任当地苏联退役军人委员会主席，并从事写作，曾有多篇论文发表在军事历史杂志和《顿河》杂志上，他的个人文集和个别论文被收

入高等军事院校的教材。

1985 年 11 月 18 日，里亚贝舍夫中将在顿河河畔罗斯托夫市去世。

所获荣誉

三度荣获列宁勋章

十月革命勋章

五度荣获红旗勋章

一级波格丹·赫梅利尼茨基勋章（1944 年 7 月 29 日）

二级苏沃洛夫勋章

二级库图佐夫勋章

红星勋章

许多奖章和纪念章

一些国外颁发的勋章

家庭成员

弟弟伊利亚·伊万诺维奇·里亚贝舍夫少校，曾担任第 38 集团军混成摩托化步兵团的团长。

大女儿柳德米拉·德米特里耶夫娜·那斯特拉季娜（里亚贝舍娃），生于 1924 年 10 月 24 日，死于 2000 年 3 月 13 日。

二女儿因涅萨·德米特里耶夫娜·里亚贝舍娃，生于 1924 年 12 月 24 日。

儿子列奥尼德·德米特里耶维奇·里亚贝舍夫，生于 1947 年 2 月 21 日，死于 1996 年 12 月 10 日。

西南方面军第 38 集团军司令员（1941 年 8 月 15 日—9 月 20 日）： 尼古拉·弗拉基米尔罗维奇·费克连科

尼古拉·弗拉基米尔罗维奇·费克连科（Николай Владимирович Фекленко），苏

联军事领导人，1901 年 10 月出生在俄罗斯帝国坦波夫省坦波夫自治县基芬卡村，1943 年

▲ 尼古拉·弗拉基米尔罗维奇·费克连科。

农红军机械化和摩托化军事学院指挥员进修班，毕业后成为指导员，之后成为骑兵连长和骑兵团团属学校校长。20世纪30年代历任骑兵第5师坦克营营长和机械化团团长。

费克连科作为步兵第57特别军军长，参加了1939年的哈拉欣河战役。1940年夏季被任命为坦克第15师师长，1941年3月11日升任机械化第19军军长，1941年8月15日—9月20日任第38集团军司令员，但由于未能履行自己所承诺的义务而被解职。

在接下来的几年中，费克连科成为斯大林格勒军区司令员，随后成为草原方面军（后改编为乌克兰第2方面军）装甲和摩托化部队司令员。

1951年7月退出现役。同年10月12日在莫斯科病逝。

11月5日授衔坦克兵中将，1951年10月12日在莫斯科逝世。他参加过哈拉欣河战役、卫国战争。

生平

费克连科于1918年加入红军。俄国内战期间，他作为一名红军战士先后在西方面军和南方面军服役。

1922年毕业于斯塔夫罗波尔的指导员培训班，1925年毕业于军事政治学校，1928年毕业于骑兵指挥员进修班，1933年毕业于工

所获荣誉

两度荣获列宁勋章

五度荣获红旗勋章

一级库图佐夫勋章

工农红军建军20周年奖章

西南方面军第40集团军司令员：库兹玛·彼得罗维奇·波德拉斯

库兹玛·彼得罗维奇·波德拉斯（Кузьма Петрович Подлас），苏联军事领导人，生于1893年10月29日，死于1942年5月25日。1941年授衔中将。

生平

库兹玛·波德拉斯出生在杜沙季纳村（今属布良斯克州苏拉日地区管辖）。1914年入

伍。毕业于普列奥布拉热尼耶团开办的军官训练班。一战期间，他在西南方面军麾下作战，以中士军衔指挥一个排。

战后他先加入赤卫队，1918年参加工农红军。毕业于红军短期培训班。俄国内战期间，先后在南方面军、东方面军和西方面军麾下作战，历任连长、营长和团长。1921年以步兵旅旅长身份参加了平息坦波夫农民暴乱的行动。

战间期（两次大战之间的和平时期），从 1929 年 12 月 1 日起，波德拉斯担任步兵第 27 师的步兵团团长，1936 年 8 月 15 日起担任步兵第 23 军军长。期间，他于 1925 年从高级步兵学校毕业，1930 年从伏龙芝军事学院高级指挥员进修班毕业。1935 年 11 月 26 日晋升师级指挥员。

▲ 库兹玛·彼得罗维奇·波德拉斯。

1937 年被任命为红旗远东特别集团军滨海集群部队副司令员。在其担任第 1 集团军司令员期间，率部参加了哈桑湖战役（日方称之为"张鼓峰事件"）。1938 年 11 月 26 日，在讨论哈桑湖事件的军事委员会会议上，波德拉斯间接强烈地批评了格里戈里·米哈伊尔洛维奇·施特恩，帕维尔·瓦西里耶维奇·雷恰戈夫谴责波德拉斯这一行为是对提案进行破坏，然而，铁木辛哥袒护了波德拉斯的这一行为，并在这之后提拔他做了自己的副手。1938 年 12 月，波德拉斯被捕。1939 年 4 月 22 日，苏联最高法院军事法庭对波德拉斯师级指挥员的裁定如下：

剥夺库兹玛·彼得罗维奇·波德拉斯"师级指挥员"军衔并处以 5 年监禁劳改，剥夺政治权利 3 年。

1940 年 4 月底，他的罪名才被赦免。1940 年 8 月恢复原有军衔并被任命为基辅特别军区副司令员。

1941 年 8 月 12 日晋升少将，同年 11 月 9 日晋升中将。战争期间指挥第 40 集团军（从 1941 年 8 月起）和第 57 集团军（1942 年 2—5 月）参加了库尔斯克—奥博扬战役和一些其他的战役。

1942 年 5 月 25 日，在哈尔科夫州伊久姆地区科潘基村附近的包围圈中牺牲。有资料显示，他是为了不被俘虏而开枪自杀。

他被葬在哈尔科夫州伊久姆地区的科潘基村西北面。

战后被重新安葬在哈尔科夫州伊久姆地区的小科梅舍瓦哈村的烈士公墓里。

所获荣誉

两度荣获列宁勋章（其中一次是 1941 年 10 月 22 日）

两度荣获红旗勋章

工农红军建军 20 周年奖章

西南方面军内务人民委员部特务处处长：
阿纳托利·尼古拉耶维奇·米赫耶夫

阿纳托利·尼古拉耶维奇·米赫耶夫（Анатолий Николаевич Михеев），苏联军事工程师、肃反委员会工作人员、国家安全三级政委，1911 年出生在俄罗斯的凯姆，1941 年阵亡在波尔塔瓦州洛赫维察地区的德留科夫希纳小农庄不远处的舒梅伊科沃小树林。

生平

1911 年 6 月 3 日，米赫耶夫出生在阿尔汉格尔斯克省凯姆市的一个工人家庭。1914

年随父母搬到了阿尔汉格尔斯克，在那儿的县办学校读书。他曾在佩尔米洛沃车站的木材厂工作。

1932年毕业于列宁格勒共产主义军事工程军官学校。毕业时被授予工程师中尉军衔。

起初他指挥一个工兵排，随后指挥乌克兰军区独立工程营的工程连。

▲ 阿纳托利·尼古拉耶维奇·米赫耶夫。

他曾在萨拉托夫内务人民委员部和国家政治保卫局第4边防学校担任过工程机械化营学员指挥员、防御性和非防御性建筑指挥员首脑。

他曾就读于古比雪夫军事工程学院，1939年2月就读于军事反间谍培训班。曾担任奥廖尔军区内务人民委员部特务处（从事军事反间谍工作）处长。1939年8月起担任基辅特别军区内务人民委员部特务处处长，1940年8月23日起担任苏联内务人民委员部国家安全总局中央办公厅特务处处长，1940年晋升国家安全少校，1941年2月12日起担任苏联国防人民委员会第3管理局局长（前身为内务人民委员部机构内下辖的军事反间谍部门，后转移到陆军中），军衔为三级国家安全政委。

苏共中央委员会书记格奥尔吉·马克西米利安诺维奇·马连科夫转述道："第10集团军特务处处长米赫耶夫在其对格里戈里·伊万诺维奇·库利克元帅率部从比亚韦斯托克'绞肉机'逃脱这一事件的调查中，得出的结论是：我认为必须逮捕库利克。"

1941年7月17日起，担任西南方面军内务人民委员部特务处处长。

1941年7月20日，在一个阵地上参加了某连的战斗，该连在当日击退了敌人10次进攻后，仅剩8人，米赫耶夫带领一组人加入到该阵地的战团，击退了德军第11装甲师的攻击。

1941年7月21日，他根据莫斯科方面的指令，组建一支数十人的队伍，作为方面军司令员的护卫。根据米赫耶夫的命令，从前线撤下来的部队中挑选出40~60人，重新组织起来再送往前线。首次冲锋，战士们觉得自己并非被命令强迫，而是不畏惧死亡、自愿地冲向战场。

1941年8月9日，西南方面军司令员基尔波诺斯上将下令让特务处处长米赫耶夫帮助训练幕僚文职军官的战斗技巧。1941年8月21日，德军给了西南方面军右翼一记有力的打击，并在进一步的进攻中突破了这里的苏军阵地。1941年9月14日，西南方面军司令部、军事委员会和特务处在基辅战役失败期间陷入了包围圈。1941年9月19日，米赫耶夫参加了从基辅周边地区向卢布内至罗姆内方向突围的战斗。

1941年9月20日，米赫耶夫在撤往波尔塔瓦州洛赫维察地区靠近德留科夫希纳小农庄的舒梅伊科沃小树林的战斗中腿部负伤，不得不在战友的搀扶下，拄着拐杖前行。他用一支缴获的毛瑟步枪干掉了8名法西斯分子。他的勇气和英雄主义精神鼓舞了身边的军官和红军战士们。

当司令员基尔波诺斯阵亡后，参谋长图皮科夫和第5集团军的其他将军们指挥着支队的残部突围。

1941年9月21日深夜，在先恰地区日

达内村（село Жданы，今乌克兰波尔塔瓦州卢布内地区）的激烈战斗中，米赫耶夫被迫击炮弹片击中头部。

9月21日，尽管负伤，但他仍然带领幸存的战友且战且退，退往一个山沟。不久，山沟被德军重重包围，米赫耶夫带领幸存的战友们在这里与敌展开了最后一战，最终全部壮烈牺牲。

如今，在他阵亡的地方矗立着一座纪念碑。

纪念

在阿尔汉格尔斯克州的俄联邦安全局分局大楼外墙上有一块纪念米赫耶夫的纪念牌。

历史学家尤里·伊万诺维奇·谢苗诺夫的纪实小说《国家安全局局长》一书的献词中描写了米赫耶夫的命运。

西南方面军空军司令员：费奥多尔·阿列克谢耶维奇·阿斯塔霍夫

费奥多尔·阿列克谢耶维奇·阿斯塔霍夫（Фёдор Алексеевич Астахов），苏联军事领导人、空军元帅，1892年俄历2月8日（公历1月27日）出生在图拉省的列多夫维谢尔基村（今属莫斯科州管辖），1966年10月9日在莫斯科逝世。

生平

阿斯塔霍夫出生在一个工人家庭（另外有资料显示是农民家庭）。1910年毕业于卡希拉的实科学校。1910年起在莫斯科的企业工作。1913年参加俄罗斯帝国陆军，以列兵军衔在热气球连队服役，随后参加了第一次世界大战。1915年毕业于莫斯科第3尉官学校，1916年毕业于塞瓦斯托波尔空军军事学校，毕业后以下级准尉军衔留在该校任教直至1918年。

1918年，他参加了红军。整个俄国内战期间，他都在东方面军服役。参加了抗击高尔

▲ 费奥多尔·阿列克谢耶维奇·阿斯塔霍夫。

扎克部队、日本侵略者和远东地区的许多支白军武装的军事行动。1918年起开始指挥第5集团军中的图拉第1航空集群和卡卢加第1航空集群，1919年担任东方面军航空支队的指挥员兼西伯利亚第1航空集群的司令员，1920年起担任西伯利亚空军副司令员兼第5集团军航空和热气球部队副司令员。

1923年，阿斯塔霍夫毕业于工农红军高级指挥员军事速成班。1923年10月起担任高加索红旗集团军空军司令员。1924年5月起，担任设在谢尔普霍夫的空军学校（空战军事学校）校长。1928年10月起，担任设在奥伦堡的空军学校（飞行员和飞行观察员第3军事学校，又名伏罗希洛夫飞行员和飞行观察员军事学校）校长。1929年毕业于工农红军空军军事学院（又名尼古拉·叶戈罗维奇·茹科夫教授空军军事学院）的高级指挥员进修班，1930年12月担任第5航空旅旅长，1931年入党，1933年12月起担任

伏尔加河沿岸军区空军副司令员。1935年5月，阿斯塔霍夫被任命为工农红军空军主管后勤的副司令员，同时被授予师级指挥员军衔。1936年2月—1937年9月担任基辅军区（从1938年起更名为基辅特别军区）空军司令员，1939年毕业于总参谋部军事学院高级指挥员进修班，1940年7月担任工农红军空军总局主管武器和物资的第3副局长，1940年6月4日晋升空军中将。

卫国战争爆发后不久，西南方面军空军司令员叶夫根尼·萨夫维奇·普图欣被捕，并在后来被枪决，阿斯塔霍夫于1941年7月接替了他的职务。阿斯塔霍夫在战争爆发后第一年的激烈战斗中，参加了基辅保卫战役、叶列茨战役、巴尔文科沃—洛佐瓦亚进攻战役、1942年的哈尔科夫战役。

从最后一场战役中撤到后方后，阿斯塔霍夫被任命为苏联民航总局局长兼工农红军空军副司令员。在整个战争期间，苏联民航被整体划入红军空军中，积极参与作战任务，特别是在满足军队（如交付物资、兵员运输、向后方疏散伤员等）需求方面贡献巨大。在斯大林格勒保卫战和库尔斯克战役期间，阿斯塔霍夫亲临战区，组织民用航空队为司令部更有效地执行任务。1943年8月，民航支援了苏联航空兵的远程行动，民航旋即被划归苏联远程航空部队管辖，阿斯塔霍夫被任命为远程航空部队副司令员。1943年4月30日晋升空军上将，1944年8月19日晋升空军元帅。1944年12月，民航从苏联远程航空部队中分离出来，成为独立机构，直至战争结束。

战后，阿斯塔霍夫领导民航总局直至1947年12月。由于大病没有获得新的任命，随后被调入苏联武装力量人事总局任职。1950年退役。

所获荣誉
两度荣获列宁勋章
三度荣获红旗勋章

◀ 莫斯科新圣女公墓内的阿斯塔霍夫墓碑。

▲ 战争前夕的基辅街头。从左至右：集团军级政委帕维尔·斯捷潘诺维奇·斯捷潘诺夫、费奥多尔·阿列克谢耶维奇·阿斯塔霍夫中将、科托夫上校。

1944 年 8 月 19 日荣获一级库图佐夫勋章

荣获二级苏沃洛夫勋章

红星勋章

波兰人民共和国颁发的一级格伦瓦尔德十字勋章

一些苏联颁发的奖章（其中包括工农红军建军 20 周年奖章）

西南方面军防空部队司令员：阿列克谢·伊里奇·丹尼洛夫

阿列克谢·伊里奇·丹尼洛夫（Алексей Ильич Данилов），苏联军事领导人，生于 1897 年 1 月 26 日，逝世于 1981 年 6 月 23 日。1943 年授衔中将。

生平

丹尼洛夫出生在弗拉基米尔州苏兹达尔地区的莫西纳村。

他于 1916—1917 年在俄罗斯帝国陆军中服役，从阿列克谢耶夫军校毕业后，被授予下级准尉军衔。1918 年加入红军，俄国内战期间在西南方面军和西方面军麾下服役，历任排长和连长。

战间期，丹尼洛夫历任排长、连长、团属学校校长、营长、步兵师作战处主任、步兵师参谋长。1924 年毕业于高级步兵学校的红军指挥员步兵战术进修班。1931 年毕业于伏龙芝军事学院。1939 年毕业于红军总参谋部高级指挥员进修班。1939 年 9 月担任步兵第 49 军参谋长，随后升任该军军长。1939—1940 年参加苏芬战争。1940 年 7 月起担任基辅特别军区防空部队司令员。

卫国战争爆发，丹尼洛夫少将出任西南方面军防空部队司令员。

▲ 阿列克谢·伊里奇·丹尼洛夫。

1941 年 9 月 27 日起，担任西南方面军第 21 集团军参谋长，组织自己的部队从被围的普里卢基城突围，他率部参加了 1941 年和 1942 年的第一次哈尔科夫战役和第二次哈尔科夫战役。1942 年 6 月 5 日指挥斯大林格勒方面军的第 21 集团军参加了沃罗涅日—伏罗希洛夫格勒攻防战和斯大林格勒保卫战。第 21 集团军勇敢地防御了顿河左岸的克列特斯卡亚火车站和谢拉菲莫维奇火车站地带。

1942 年 11 月 1 日起，调任西南方面军坦克第 5 集团军参谋长，并随军参加了对斯大林格勒的反攻。

1943 年 4 月 20 日起，调任西南方面军第 12 集团军参谋长，该集团军是在坦克第 5 集团军的基础上组建的，随后该集团军调入预备队方面军。

1943 年 5 月 19 日起担任第 12 集团军司令员。同年 8 月该集团军顶替前线第一梯队的近卫第 8 集团军，在巴尔文科沃东北部布防，并成功地守住了防线。该集团军的部队在丹尼洛夫的指挥下在顿巴斯进攻战役中击败德军第 1 装甲集团军的部队，解放了巴甫洛格勒，并与第 6 集团军近卫第

25步兵师一起解放了西涅尔尼科沃，向扎波罗热城以北的第聂伯河挺进，该集团军的部分单位渡过第聂伯河与当地的哥萨克伪军作战。最终部队在丹尼洛夫的巧妙指挥下渡过第聂伯河，并占领了扎波罗热城。

1943年10月20日，晋升为中将。同年10月30日，第12集团军被解散。

1943年11月18日，他被任命为第17集团军司令员，率部驻扎在与中国接壤的蒙古人民共和国并保卫苏联的外贝加尔。1945年8—9月间，该集团军被编入外贝加尔方面军参加了兴安岭—奉天进攻战役（远东战役）。丹尼洛夫在该战役中充分运用了其在卫国战争期间所积累的实战经验，1945年8月9日深夜，该集团军的部队在没有炮火和空袭准备的情况下，突破了敌人的防线，并在当日结束时向前推进了50千米，而先头部队推进到了塔布努尔湖地区，并计划每天向前推进约70千米。该集团军与苏联蒙古骑兵机械化集群一起对日军发动了攻势，该集团军的部队在丹尼洛夫的指挥下只用了3天时间便挥鞭直达大兴安岭的西南山脊。在随后对满洲的进攻中，他们成功翻越了大兴安岭，随后在林西镇附近击退了日军的反击，并于8月14日结束时占领了大白山和经棚镇。在6天的战斗中，该集团军的部队在沙漠无水的恶劣条件下克服困难深入满洲境内近400千米，随后几日内该军的推进速度也很快，仅8月15日和16日两天他们就推进了90千米并占领了乌丹。在接下来的日子里，该集团军与苏联蒙古骑兵机械化集团军合作不断向前推进，于8月底到达凌源市，而该集团军的一个师甚至出现在了辽东湾沿海的山海关。在与日本关东军的战斗中，该集团军显示出了十足的勇气和毅力，该集团军有上千名官兵因此获颁勋章和奖章，并且该集团军的一些单位也被授予勋章和荣誉称号。

战后，丹尼洛夫担任过集团军司令员、步兵军军长、伏罗希洛夫高等军事学院高级军事速成班主任、外高加索军区副司令员、朝鲜人民军总军事顾问，并在总参谋部任职。1968年退休。1981年7月23日在莫斯科逝世。

所获荣誉

两度荣获列宁勋章

十月革命勋章

五度荣获红旗勋章

两度荣获一级苏沃洛夫勋章

两度荣获一级波格丹·赫梅利尼茨基勋章

多枚奖章和外国颁发的勋章

西南方面军骑兵第2军军长：帕维尔·阿列克谢耶维奇·别洛夫

帕维尔·阿列克谢耶维奇·别洛夫（Павел Алексеевич Белов），苏联军事领导人，1897年2月6日出生在舒亚，1944年授衔上将，1944年1月15日荣膺"苏联英雄"称号，1962年12月3日在莫斯科逝世。

生平

帕维尔·阿列克谢耶维奇·别洛夫出生在俄罗斯舒亚的一个工人家庭。他曾在伊万诺沃沃兹涅森斯克车站当过记工员和电报员。1916年参军，第一次世界大战期间在

▲ 1941 年正在行军中的别洛夫将军的骑兵军。

◀ 帕维尔·阿列克谢耶维奇·别洛夫。

轻骑兵团的骑兵连服役。1917 年毕业于尉官学校。

1918 年帕维尔·阿列克谢耶维奇·别洛夫加入了工农红军，被委任为伊万诺沃沃兹涅森斯克城市交通轨道部门的指导员。从 1919 年 7 月起，他开始参加俄国内战，在此期间历任骑兵排排长、骑兵连连长和骑兵团副团长。1922—1926 年担任骑兵团团长，1927 年任莫斯科军区独立骑兵连连长，1929 年调任莫斯科军区司令部副参谋长，1931 年 6 月起在苏联军事革命委员会特别行动组任职，1932 年 11 月开始担任工农红军骑兵部队副监察长，1934—1937 年担任第 7 骑兵师副师长和师长，1937 年 7 月开始担任骑兵军参谋长，1939 年随军参加了从西乌克兰入侵波兰的战争，1940 年 10 月起担任山地步兵师师长。

1941 年 3 月，别洛夫被任命为骑兵第 2 军的军长，该军在卫国战争爆发后被划入南方面军序列参战。该军先后在南方面军第 9 集团军和第 18 集团军麾下参加了一系列的战斗，随后被部署在德涅斯特河防线。战斗中从蒂拉斯波尔撤往基辅，虽然基辅会战最终以失败告终，但骑兵第 2 军在别洛夫的领导下对罗姆内—什捷博夫卡方向进行的成功防御战，使他荣获了列宁勋章。

1941 年 11 月起，他率部参加了莫斯科保卫战，特别是在图拉附近进行的防御战。由于该军在 1941 年夏季和秋季的战役中的出色表现，第 2 骑兵军于 1941 年 11 月 26 日被命名为近卫骑兵第 1 军。在随后的反攻中，别洛夫指挥的近卫骑兵第 1 军被部署在了莫斯科的西面，并参加了不止一次战斗：该军在 1942 年的勒热夫—维亚济马战役中，陷入包围后，转战敌后纵深 5 个多月。

从 1942 年 6 月起直至战争结束，别洛夫一直担任第 61 集团军司令员，该集团军至 1943 年年中时一直在别廖夫西南和南部作战，并作为布良斯克方面军的一部参加了 1943 年的奥廖尔战役。

作为第 61 集团军司令员，别洛夫在第聂伯河战役中大放异彩：1943 年 9 月 26 日—

◀ 1955 年 帕 维尔·阿列克谢耶维奇·别洛夫（左二）与契卡洛夫市（今奥伦堡市）的领导人一起在看台上观看该市国庆阅兵。

10 月 1 日，该集团军麾下的部队从柳别奇村附近强渡第聂伯河，并占领了该河右岸的桥头堡。针对别洛夫指挥部队成功穿越第聂伯河的卓越表现，他被授予"苏联英雄"称号。随后该集团军参加了戈梅利—列奇察进攻战役、卡林科维奇—莫济里战役、白俄罗斯战役、里加战役，将敌军拦截在库尔兰半岛。该集团军还参加了华沙战役、波兹南战役、东波美拉尼亚战役和柏林战役。

战后，别洛夫先后担任过顿河军区司令员（1945—1946 年）、北高加索军区司令员（1946—1948 年）、南乌拉尔军区司令员（1945—1955年），1955—1960 年担任支援陆海空军志愿协会（ДОСААФ）中央委员会主席，他还担任过苏联最高苏维埃代表。

死后他被安葬在莫斯科的圣女公墓中。

所受教育

1927 年毕业于高级指挥员进修班。

1933 年毕业于伏龙芝军事学院。

1949 年在高等军事学院完成了军事速成班就读。

荣誉

苏联方面：

1944 年 1 月 15 日被授予"苏联英雄"称号并获得象征该称号的金星奖章（编号1578）

五度荣获列宁勋章（1941 年 11 月 6 日、1942 年 1 月 2 日、1944 年 1 月 15 日、1945年 2 月 21 日和 1957 年 2 月 28 日）

三度荣获红旗勋章（1941 年 11 月 12 日、1944 年 11 月 3 日和 1948 年）

三度荣获一级苏沃洛夫勋章（1944 年 8 月 23 日、1945 年 4 月 6 日和 1945 年 5 月 29 日）

一级库图佐夫勋章（1943 年 8 月 27 日）

以及许多奖章

外国方面：

蒙古人民共和国颁发的红旗勋章

波兰共和国颁发的英勇作战勋章（The War Order of Virtuti Militari）

波兰共和国颁发的格伦瓦尔德十字勋章

波兰共和国颁发的"华沙"奖章

波兰共和国颁发的"奥得 尼斯 波罗的海"奖章

▲ 别洛夫与其幕僚们正在制定作战计划。

西南方面军第 21 集团军副司令员：瓦西里·季莫费耶维奇·沃利斯基

瓦西里·季莫费耶维奇·沃利斯基（Василий Тимофеевич Вольский），苏联军事领导人、苏联武装力量坦克兵上将，1897年俄历3月10日（公历3月22日）出生，1946年2月22日在莫斯科逝世。

生平

沃利斯基 1916 年参军，作为一名士兵参加了第一次世界大战。1917 年 12 月担任地区军事政委，1918 年 6 月担任莫斯科地区肃反委员会委员和书记，1918 年 6—8

▲ 瓦西里·季莫费耶维奇·沃利斯基。

月担任卡兹洛夫步兵第 28 团政委，1918 年 9月—1920 年 8 月担任南方面军铁路防御部队副政委和政委，1920 年 9—11 月担任东西伯利亚军区内务部队副指挥，1920 年 11 月—1921 年 1 月担任西部步兵第 8 旅政治处主任，1921 年 2—4 月担任骑兵第 13 师政委，1921 年4—10 月担任塞米巴拉金斯克集群部队政委，1921 年10 月—1922 年 10 月担任骑兵第 10 师政委，1926 年 10月—1927 年 8 月担任骑兵第73 团骑兵连连长一职，1927

年9月—1929年12月先后在骑兵第86、第69和第37团担任团长一职。

1926年毕业于伏龙芝军事学院，1929年毕业于高级指挥人员进修班，1930年毕业于装甲兵指挥员进修班。

1931年9月担任工农红军摩托机械化部队副监察长，1932年2—5月作为驻英国All-Russian Co-operative Society（ARCOS）工程部首席军事代表，1932年12月—1934年12月担任机械化第6旅旅长，1935年1—12月在工农红军干部部从事管理工作，1935年11月作为苏联工程部代表访问意大利米兰，1936年1月—1939年5月在苏联红军总司令部情报部门任职，1938—1939年担任苏联驻意大利大使馆武官（负责情报工作），1939年5月20日起担任苏联红军机械化与摩托化军事学院副校长。

1940年6月4日晋升少将。

1941年7月1日—12月担任西南方面军第21集团军主管装甲部队的副司令员，1942年1—4月担任装甲兵总局副总监，1942年4—9月担任克里木方面军和北高加索方面军坦克部队副司令员，1942年10月起率部参加了斯大林格勒保卫战，后担任机械化第4军军长（该军1942年12月18日更名为近卫机械化第3军）。

1943年2月7日晋升中将

1943年3—6月因病住院，1943年6月—次年8月担任红军装甲部队和机械化部队副司令员，1944年8月18日—1945年3月16日担任近卫坦克第5集团军司令员。

1944年10月26日晋升坦克兵上将。
1945年3月再次入院治疗。

1946年2月22日，沃利斯基在莫斯科逝世，死后安葬在莫斯科新圣女公墓。

家庭成员

妻子瓦里斯卡亚·塔季扬娜·阿纳托利耶夫娜，她是一名工程师，上校衔。

所获荣誉

两度荣获列宁勋章
两度荣获红旗勋章
一级和二级苏沃洛夫勋章
"保卫斯大林格勒"奖章
"保卫高加索"奖章
"1941–1945年抗击德国卫国战争胜利"奖章
"攻克柯尼斯堡"奖章
工农红军建军20周年奖章

▲ 莫斯科圣女公墓内的沃利斯基墓地。

西南方面军第 21 集团军骑兵第 3 师师长：
阿尔卡季·鲍里索维奇·鲍里索夫

阿尔卡季·鲍里索维奇·鲍里索夫（Аркадий Борисович Борисов，大多数资料显示其真实姓名是阿隆·鲍里索维奇·希斯捷尔），苏联军事领导人，1901 年出生，1941 年授衔少将，1942 年哈尔科夫战役中被俘后被德军杀害。他参加过俄国内战和卫国战争。

▲ 阿尔卡季·鲍里索维奇·鲍里索夫。

生平

阿尔卡季·鲍里索维奇·鲍里索夫于 1901 年 5 月 13 日出生在塔吉克斯坦布哈拉博尔特诺戈村的一个裁缝家庭，他在塔什干长大。1918 年加入布尔什维克党，土耳其斯坦共青团的组织者之一。实科学校毕业后，于 1919 年加入工农红军。他从骑兵指挥员训练班毕业后成了一支骑兵连的连长。

他参加了俄国内战，他指挥的骑兵连作为土耳其斯坦机动支队的成员一直战斗到 1921 年。1924 年毕业于工农红军军事学院，毕业后担任土耳其斯坦军区副参谋长兼作战部部长。他曾指挥过驻扎在东布哈拉的第 3 师步兵第 13 旅的独立骑兵连。因在镇压巴斯马奇武装叛乱的战争中表现优异，他于 1925 年被授予红旗勋章。

1925—1928 年，阿尔卡季·鲍里索夫指挥巴拉绍夫骑兵第 84 团，随后调任乌克兰切尔沃诺哥萨克军参谋长和捷列克哥萨克军团参谋长。1926 年随第 84 骑兵团参加了剿灭塔吉克斯坦巴巴塔格山区的伊布拉吉姆别亚和古拉姆别亚匪帮的战斗。在战斗中他从马背上摔下来摔断了腿，因此负伤。1927 年，他指挥了土耳其斯坦独立骑兵第 8 旅骑兵第 84 团在卡拉库姆沙漠的行动，并且于 1928 年 5 月 27 日成为苏联首位伞降着陆的军人。这次伞降着陆行动中，有 3 架每架可容纳 15 名空降兵的"容克 -13"运输机，为首的便是第 84 骑兵团的团长鲍里索夫。从飞机上跳伞，在沙漠上安全着陆后，他们参加了 7 月 5 日的战斗，击败了勒朱奈德汗（生于 1857，死于 1938 年，花剌子模和土库曼斯坦独立运动的领袖）支队，取得了战斗的胜利。

同年，该团和鲍里索夫因击败了朱奈德汗被授予红旗勋章。他将自己指挥镇压巴斯马奇武装叛乱和朱奈德汗叛乱的经历撰写成了一本书，即《1927 年骑兵第 8 团卡拉库姆沙漠战记》，该书于 1932 年出版。

1928 年 11 月，他被调入工农红军总参谋部作战部工作。在那里，他专注于骑兵部队的组织问题，并出版了两本关于军事地理和历史的专著，发表了一些学术性的文章。1930—1937 年担任列宁勋章红旗特别骑兵第 1 旅（又名斯大林旅）的参谋长，1935 年 11 月 28 日晋升旅级指挥员，1937 年 5 月 26 日被任命为哥萨克第 4 军（又名布琼尼同志哥萨克军）军长。

"大清洗"期间，他于 1938 年 2 月 10 日被捕，关押在罗斯托夫的监狱中。1941 年

1月23日获得平反后，鲍里索夫被释放获得自由，重新在部队中服役。

1941年8月，他指挥中央方面军第3集团军建制下的骑兵第3师转战于波列西耶。1941年8月底鲍里索夫的骑兵集群被划归到布良斯克方面军第21集团军麾下，但旋即与敌人在西南方面军防区内接战并陷入基辅的大包围圈。他巧妙地组织部队作战并带领部队从包围圈中成功突围，展示出了个人的勇气和果敢，他这次率领麾下骑兵集群展开的行动为第26集团军的突围打开了一条活路。

不久之后，他被任命为骑兵第6军参谋长。1941年11月9日，晋升少将。1941年12月，鲍里索夫作为该军的一分子参加了解放叶列茨和叶夫列莫夫的军事行动。1942年1月，鲍里索夫的骑兵集群在他的指挥下在巴尔文科沃方向袭击了敌人的后方，为解放该城创造了有利局面。

在哈尔科夫战役期间，1942年5月7日，鲍里索夫指挥他的骑兵军麾下的骑兵独立集群成功突袭了德军后方，向德军阵地纵深挺进了170千米，并一举向克拉斯诺格勒方向实施了突破。尽管德军对西南方面军侧翼发动了强有力的装甲攻势，谢苗·铁木辛哥元帅仍然命令西南方面军麾下的骑兵第6军继续进攻。1942年5月23—24日，西南方面军的部队陷入包围圈，被包围的35万苏军部队只有约22万人设法突围出去。鲍里索夫的骑兵集群由于过于冒进，仍然身处德军防线后方150千米处，鲍里索夫下令麾下集群突围。1942年5月27日，鲍里索夫在试图突围的过程中被俘，同一天作为一名犹太人被德军枪杀。

家庭成员

儿子格里戈里·阿罗诺维奇·希斯捷尔，是乌兹别克斯坦苏维埃历史学家和社会学学家。

妹妹埃拉·鲍里索夫娜·希斯捷尔，经济学家，1903年出生，1920年担任塔什干共青团书记。她的第一任丈夫叶菲莫维奇·拉斐尔·格林贝格为共产国际执行委员会的一名工作人员，作为"背叛祖国分子的家庭成员"被镇压。第二任丈夫约恩·萨莫伊洛维奇·叶宁曾担任苏共波布里科夫（今图拉州新莫斯科夫斯克市）市委书记。

所获荣誉

三度荣获红旗勋章（1925年、1927年和1941年11月5日）

西南方面军第12集团军步兵第13军军长：尼古拉·库兹米奇·基里洛夫

尼古拉·库兹米奇·基里洛夫（Николай Кузьмич Кириллов），苏联军事领导人，1897年11月30日出生在萨拉托夫市，1950年8月25日死于莫斯科。他曾当选乌克兰最高苏维埃代表，军衔为少将。

生平

1897年11月30日，尼古拉·库兹米奇·基里洛夫出生在萨拉托夫市。

1916年5月加入俄罗斯帝国陆军，并被编入驻扎在萨拉托夫的第90补充步兵团。同年12月被派往奥伦堡尉官学校学习，1917年

▲ 尼古拉·库兹米奇·基里洛夫。

6月毕业后以下级准尉军衔被调往第305步兵团，担任排长一职，随俄军西方面军参加了军事行动，大战期间历任连长和营长。

1918年2月，他从部队复员后，就读于萨拉托夫建筑中等技术学校，随后在工厂工作。1920年2月参加工农红军，之后被派往高加索方面军的部队医疗机关任职。

1921年6月，他被任命为萨拉托夫省兵役委员会教导连连长，次年3月担任驻扎在萨拉托夫的第2旅步兵第4团排长。

1922年6月起，先后担任步兵第33师步兵第94团副连长和连长、师属学校校长、步兵第97团参谋长和团长。1928年12月被送往高级步兵学校的步兵战术训练班学习，于次年8月毕业。1931年加入苏联共产党。1932年毕业于伏龙芝军事学院的2年制函授培训班。

1932年8月，基里洛夫被派往空军军事学院学习。同年9月，他被部队召回，并被任命为防空兵第15旅监察员。

1933年3月，他被任命为步兵第50团团长。1937年1月，担任步兵第19师参谋长，随后担任该师师长。1938年2月，担任基辅军区步兵第13军军长。他曾当选乌克兰最高苏维埃代表。

卫国战争初期，第13军在基里洛夫的指挥下参加了斯塔尼斯拉夫市以西的边境战斗。8月初，该军遭到了德军对其侧翼的打击，并在随后向五一城地区撤退时被德军包围在乌曼市以南地区。1941年8月10日，基里洛夫少将被俘。1941年8月16日，在苏联最高统帅部大本营下发的第270号令上，基里洛夫被定性为违背誓言和背叛祖国的逃兵。1941年10月13日，在其缺席的情况下，苏联最高法院军事法庭判处他死刑。

基里洛夫被先后关押在沃立夫海德和达豪集中营中。1945年被盟军解放并移交给苏联军事当局驻德国的代表，之后被遣送回莫斯科，于同年12月30日被逮捕并接受审查。1950年8月25日，根据俄罗斯苏维埃联邦社会主义共和国刑法第58页第1条（军人叛国罪），苏联最高法院军事法庭判处他死刑，同一天执行枪决，死后被埋在顿河公墓。赫鲁晓夫上台后，开启了对尼古拉·库兹米奇·基里洛夫的重新审查，苏联最高法院军事法庭于1956年2月29日以"因缺少证据"为由撤销了对他的原判，恢复了他的军衔和荣誉，最终得以平反。

所获荣誉

红旗勋章

工农红军建军20周年奖章

西南方面军步兵第 27 军军长：帕维尔·丹尼洛维奇·阿尔乔缅科

帕维尔·丹尼洛维奇·阿尔乔缅科（Павел Данилович Артеменко），苏联军事领导人，1896 年 7 月 12 日生于哈尔科夫省的托波利农庄（今哈尔科夫州德武列奇纳亚地区），1940 年 6 月 4 日授衔少将，1950 年 8 月 26 日在莫斯科被枪决。

生平

1896 年 7 月 12 日，帕维尔·丹尼洛维奇·阿尔乔缅科出生在哈尔科夫省的托波利农庄。他从四年制学校毕业后，曾在复合地板工厂工作。

1915 年，他参加了俄罗斯帝国陆军，并被送往第 232 补充步兵团开办的军官培训班学习，为期 3 个月。毕业后被授予下士军衔，跟随第 699 萨罗夫斯基步兵团在西方面军麾下作战。

1917 年 11 月，阿尔乔缅科参加了苏梅的游击支队，之后随部队在乌克兰巴赫玛奇地区抗击盖达马基（Гайдамаки）突厥族匪帮和德军。

1918 年 5 月，他参加了工农红军，之后曾在苏梅方向集群部队的边防第 1 支队服役并担任苏梅县军事委员会侦查骑兵指挥员，1919 年 4 月担任乌克兰第 38 团机枪队副队长，随后担任苏梅要塞旅步兵第 1 团排长。

1919 年 7 月起，他随军参加了南方面军的军事行动，历任步兵第 41 师第

▲ 帕维尔·丹尼洛维奇·阿尔乔缅科。

123 旅步兵第 369 团机枪队副队长和队长。在普肖尔河、格卢霍夫、苏贾、奥博扬、谢夫斯克，他随军参加了抗击邓尼金指挥的白军的军事防御行动以及随后的奥廖尔—库尔斯克进攻战役。

1919 年 9 月，阿尔乔缅科在卡梅什洛夫卡村（位于哈尔科夫省）的战斗中负伤。同年 11 月，他参加了南方面军的攻势并随军解放了阿赫特尔卡、哈尔科夫、波尔塔瓦、巴甫洛格勒、锡涅利尼科沃，并在亚历山大罗夫斯克市地区清剿马赫诺匪帮。

1920 年春季和夏季的苏波战争期间，他参加了红军在波多利亚省和加里利亚的军事行动，同年秋参加了镇压乌克兰境内的尤里·奥西波维奇·秋秋尼克和朱利安·阿尔森季耶维奇·莫尔达列维奇领导的武装叛乱。

1922 年毕业于步兵第 44 师师部开办的第二期培训班。

所在的旅和师的军事行动结束后，他先后被调往基干步兵第 3 团任职，随后调到步兵第 263 团和独立基干步兵第 41 旅任职，之后被调往乌克兰军区步兵第 44 师步兵第 132 旅步兵第 396 团任职。在此期间，阿尔乔缅科历任机枪队副队长、机枪队队长、团属学校校长。

1927 年 8 月，他毕业于基辅联合军事学校，随后在乌克兰军区步兵第 95 师步兵第 285 团任职，先后担任机枪队队长、步兵连连长、代理营长、连长兼指导员、

团属学校校长。

1931 年，他毕业于高级步兵学校的指挥员进修班。1933 年 11 月被任命为步兵第 283 团团长，1937 年 4 月担任步兵第 285 团团长，同年 8 月担任基辅军区步兵第 95 师师长，1939 年 8 月担任步兵第 27 军军长。1941 年毕业于总参谋部军事学院的军官进修班。

战争爆发时，阿尔乔缅科仍在步兵第 27 军军长的岗位上。该军在他的指挥下参加了西南方面军的军事行动。1941 年 8 月，他被任命为第 37 集团军负责后勤的副司令员，之后随军参加了基辅保卫战，此期间该集团军陷入了包围圈。1941 年 9 月，该集团军试图突围。9 月 27 日，阿尔乔缅科少将被俘。

起初，阿尔乔缅科被关押在弗拉基米尔沃伦斯基市的战俘营中，随后转往德国，先后关押在第 73 号集中营（纽伦堡）和第 35 号集中营（魏森堡），在魏森堡集中营患上了营养不良症。

1942 年 4 月 10 日，西南方面军军事法庭在阿尔乔缅科缺席的情况下，以俄罗斯苏维埃社会主义共和国刑法第 58 页第 1 条 B 款（军事叛国罪）的罪名判处他死刑并没收全部财产。

1945 年 5 月初，阿尔乔缅科被美军解放，随后通过苏联驻巴黎军事代表团遣送回莫斯科，在莫斯科接受内务人民委员部的审查。1945 年 12 月 29 日，阿尔乔缅科被逮捕。1946 年 12 月，苏联国防人民委员会干部总局以工农红军条令第 44 页 B 款，下令开除他的军籍。

苏联最高法院军事法庭 1950 年 8 月 2 日裁定，撤销战时西南方面军军事法庭的判决，对阿尔乔缅科的案件展开重新调查，不久，苏联最高法院军事法庭于 1950 年 8 月 26 日再次宣判判处他死刑，当日执行枪决，死后被葬在莫斯科的顿河公墓。

2001 年 2 月 9 日俄罗斯联邦总军事检察厅对帕维尔·丹尼洛维奇·阿尔乔缅科进行了起诉和定罪，但是 2004 年 12 月 16 日，这一控诉被撤销，他最终获得平反，恢复了名誉。

军衔晋升

1938 年 2 月 22 日，晋升旅级指挥员。

1939 年 11 月 4 日，晋升师级指挥员。

1940 年 6 月 4 日，晋升少将。

所获荣誉

红旗勋章（1938 年 2 月 22 日）

工农红军建军 20 周年奖章

西南方面军第 26 集团军骑兵第 5 军军长：
费奥多尔·瓦西里耶维奇·卡姆科夫

费奥多尔·瓦西里耶维奇·卡姆科夫（Фёдор Васильевич Камков），苏联军事领导人，生于 1898 年 2 月 25 日，1951 年 7 月 18 日逝世。1942 年授衔中将。

生平

1898 年 2 月 25 日，卡姆科夫出生在圣彼得堡。

1916 年以列兵身份加入俄罗斯帝国陆军，

第一次世界大战期间在西南方面军中服役。

1918 年，卡姆科夫参加了红军。1920 年毕业于彼得格勒骑兵培训班。俄国内战期间，他在骑兵第 1 集团军骑兵第 14 师服役，其所在部队在乌克兰境内与尤登尼奇、弗兰格尔的白军作战。在苏波战争中，他在骑兵第 79 团历任骑兵连副连长、连长和副团长。

战间期，卡姆科夫在莫斯科军区骑兵第 14 师服役，历任骑兵第 58 团团长、骑兵第 57 团主管训练和总务的副团长。1924 年毕业于列宁格勒高级骑兵学校，1931 年 7 月起担任白俄罗斯军区骑兵第 6 师骑兵第 34 团团长兼政委。1934 年毕业于骑兵指挥员进修班，1937 年担任该军区骑兵第 3 军麾下骑兵第 7 师师长，1938 年 2 月 17 日晋升为旅级指挥员，随后他在骑兵第 7 师师长的任上参加了苏联入侵波兰的行动以及接下来的苏芬战争。在红军建立将军军衔制后，1940 年 6 月 4 日，卡姆科夫被授予少将军衔。1940 年 6 月起担任摩托化第 29 师师长，同年 7 月担任基辅特别军区骑兵第 2 军军长，1941 年 3 月 14 日起担任该军区骑兵第 5 军军长。

卫国战争爆发后，卡姆科夫所指挥的军被编入西南方面军第 6 集团军，参加了边境战役，随后又被转入该方面军第 26 集团军麾下参加了基辅保卫战和顿巴斯保卫战。卡姆科夫因出色的领导了该军而被授予列宁勋章。1941 年 11 月 28 日—1942 年 2 月 12 日以及 1942 年 2 月 25 日—10 月 25 日两度成为西方面军第 18 集团军司令员，期间率部参加了

▲ 费奥多尔·瓦西里耶维奇·卡姆科夫。

罗斯托夫进攻战役。而该集团军随后作为北高加索方面军的一员参加了阿尔马维尔—迈科普防御战。1942 年 3 月 27 日，卡姆科夫晋升中将。1942 年 10 月 19 日起担任外高加索方面军第 47 集团军司令员，该集团军在他的指挥下在图阿普谢防御战役中表现出色。1943 年 1 月 25 日起在高加索军区军事委员会任职，同年 3 月调入最高统帅部大本营任职，1944 年毕业于沃罗希洛夫军事学院速成班，同年 2 月起担任乌克兰第 1 方面军第 40 集团军（同年 2 月 22 日调入乌克兰第 2 方面军）副司令员，他在此任上率部参加了科尔松—舍甫琴柯夫斯基进攻战役、乌曼—博托沙尼进攻战役、雅西—基什尼奥夫和德布勒森进攻战役。1944 年 11 月 5 日，他作为伊萨·亚历山大耶维奇·普利耶夫上将的副手，担任乌克兰第 2 方面军近卫骑兵机械化第 1 集群的副司令员。1945 年 2 月 12 日起，卡姆科夫担任近卫机械化骑兵第 1 集群近卫哥萨克骑兵第 4 军军长，率部参加了布拉迪斯拉发—布尔诺进攻战役和布拉格进攻战役。

战后，卡姆科夫继续担任近卫哥萨克第 4 军军长。1946 年 10 月被借调到伏龙芝军事学院任教，1946 年 12 月担任独立近卫骑兵第 3 师师长，1948 年 5 月起担任独立近卫骑兵第 4 师师长，1949 年 11 月起担任北高加索军区副司令员。

1951 年 7 月 18 日，卡姆科夫在顿河河畔罗斯托夫市逝世。

所获荣誉

两度荣获列宁勋章（1941 年 10 月 22 日和 1945 年 2 月 21 日）

三度荣获红旗勋章（1938 年、1944 年 11 月 3 日和 1948 年）

一级库图佐夫勋章（1945 年 2 月 28 日）

二级苏沃洛夫勋章（1944 年 6 月 13 日）

红星勋章（1939 年）

工农红军建军 20 周年奖章

▶ 卡姆科夫被安葬在圣彼得堡的神学公墓中。

西南方面军步兵第 42 师师长：菲利普·费奥多西耶维奇·日马琴科

菲利普·费奥多西耶维奇·日马琴科（Филипп Феодосьевич Жмаченк），苏联军事领导人，生于 1895 年 11 月 26 日，死于 1966 年 6 月 19 日。他在 1943 年荣膺"苏联英雄"称号，并于 1945 年被授衔上将。

▲ 菲利普·费奥多西耶维奇·日马琴科。

生平

1895 年 11 月 26 日，日马琴科出生在莫吉利诺村（今日托米尔州科罗斯坚地区的波列斯基村）的一个农民家庭，属乌克兰族。1906 年从村办学校毕业后，他成了一名铁路运输工人。1915 年入伍，军衔列兵，随后参加了第一次世界大战。

从 1917 年开始，他成为一名赤卫队队员，随后加入布尔什维克党，次年参加红军。从 1918 年起参加了俄国内战，战争期间曾担任步兵连连长和骑兵连连长。1921 年起担任团政委，并于同年毕业于哈尔科夫赤色大士学校。1924—1926 年他被任命为该校负责政治工作的副校长。在其完成高级步兵学校的高级指挥员培训班的学业后，从 1926 年起担任团长一职，1937—1938 年担任某步兵师师长一职。1938 年 6 月，马日琴科因虚假举报被捕，直至 1939 年 7 月前都处于羁押状态，随后由于证据不足，获释并重新回到红军中任职。1939 年 11 月担任哈尔科夫军区参谋长，1941 年 3 月担任最高统帅部大本营预备队步兵第 67 军军长，同年晋升旅级指挥员。

1941 年 7 月，步兵第 67 军被划入西方面军第 21 集团军作战序列，随后该军在日马琴科的指挥下参加了博布鲁伊斯克战役。1941 年 7 月中旬，由于作战不利被撤职，库兹玛·尼基多维奇·加利茨基少将接替他担任步兵第 67 军军长，但他仍然在第 21 集团军中任职。1941 年 8 月担任步兵第 42 师师长并在战斗中负伤，直到 9 月才从基辅包围圈中撤出。

1941 年 9 月起担任西南方面军第 38 集团军副司令员，同年 11 月 9 日晋升少将。次年 2—5 月期间，日马琴科担任布良斯克方面军第 3 集团军司令员。1943 年 9 月起，他开始担任沃罗涅日方面军第 47 集团军司令员，同年 10 月直至战争结束担任第 40 集团军司令员。1943 年 10 月 20 日，晋升中将，随后，第 40 集团军在日马琴科的指挥下，在横渡第聂伯河、雅西—基什尼奥夫进攻战役以及解放罗马尼亚、匈牙利和捷克斯洛伐克的战役中表现出色。1943 年 10 月 25 日日马琴科因在横渡第聂伯河和夺取基辅南部桥头堡的出色表现，荣膺苏联最高荣誉——"苏联英雄"称号。1945 年 5 月 29 日晋升为上将。

卫国战争胜利后，日马琴科继续指挥第 40 集团军，随后被任命为驻奥地利的中央集群部队副司令员。1947 年他完成了总参谋部军事学院开设的高级军事速成班的学业，1948 年起先后担任白俄罗斯和喀尔巴阡军区副司令员，1955—1960 年担任乌克兰苏维埃全苏支援陆海空军志愿协会中央委员会主席，1960 年退役。

基辅市的一条街是以日马琴科的名字命名的。

荣誉

1943 年 10 月 25 日荣获"苏联英雄"称号，并获得编号为 1853 的金星勋章

两度荣获列宁勋章（1943 年 10 月 25 日和 1945 年 2 月 21 日）

四度荣获红旗勋章（1938 年 2 月 22 日、1943 年 4 月 28 日、1944 年 11 月 3 日和 1949 年）

一级苏沃洛夫勋章（1944 年 5 月 7 日）

一级库图佐夫勋章（1945 年 4 月 28 日）

两度荣获一级波格丹·赫梅利尼茨基勋章（1944 年 1 月 10 日和 1944 年 9 月 13 日）

红星勋章

荣誉勋章（1936 年）

工农红军建军 20 周年奖章

"1941—1945 年抗击德国卫国战争胜利"奖章

"攻克布达佩斯"奖章

"解放布拉格"奖章

西南方面军第 37 集团军参谋长：
康斯坦丁·列奥尼多维奇·多布罗谢尔多夫

康斯坦丁·列奥尼多维奇·多布罗谢尔多夫（Константин Леонидович Добросердов），苏联军事领导人，生于 1891 年，死于 1949 年。他曾参加过第一次世界大战和卫国战争，于

▲ 康斯坦丁·列奥尼多维奇·多布罗谢尔多夫。

1940 年授衔少将。1941 年，他被德军俘虏，战后获释回到苏联并继续在苏军中服役。

生平

1891 年 10 月 24 日，多布罗谢尔多夫出生在莫斯科的一个职员家庭。当他完成小学学业后，进入尉官学校学习，毕业后奔赴前线。第一次大战期间他指挥着一个连，终战时的最终军衔是中尉。1919 年 1 月，他参加了工农红军，并担任了一个步兵营的营长。在俄国内战期间，他曾指挥麾下部队跟邓尼金、弗兰格尔和哥萨克白军作战。

内战结束后，直至 1931 年，多布罗谢尔多夫一直担任一支步兵团的团长；1924 年，他毕业于高级步兵学校高级指挥员培训班；1931—1936 年担任一支步兵师的副师长，1936—1938 年升任该师师长；1939 年 3 月晋升为师级指挥员。他同时还兼任乌克兰苏维埃社会主义共和国最高苏维埃代表和国防人民委员会军事委员。1938—1940 年多布罗谢尔多夫在远东地区担任一支步兵军的军长，同年 6 月 4 日晋升少将。

1938 年 2 月 15 日—1941 年 8 月 2 日，他指挥隶属于哈尔科夫军区的步兵第 7 军（1938 年 10 月前），随后该军被调往敖德萨军区（从 1938 年 10 月开始）。1941 年 6 月 24 日，该军被调入南方面军的战斗序列。同年 6 月底由 2 个师组成的该步兵军又被转入西南方面军作战序列并参战。

卫国战争爆发后，1941 年 8 月，多布罗谢尔多夫被任命为西南方面军第 37 集团军参谋长。多布罗谢尔多夫随该集团军参加了基辅会战。随后与该集团军一起陷入德军的包围圈，但该集团军的抵抗一直持续到 1941 年 10 月。1941 年 10 月 14 日，以多布罗谢尔多夫为首的该集团军司令部军官团试图从包围圈中突围，但最终因寡不敌众被俘。最初多布罗谢尔多夫被关押在弗拉基米尔沃伦斯基战俘营，随后被转入哈辛施捷因集中营，1944 年又被转到魏森堡要塞。1945 年 4 月 27 日多布罗谢尔多夫被美军解放，随后经苏联驻巴黎军事代表团返回莫斯科。经过内务人民委员部的彻底审查后，他于 1945 年 12 月 31 日重返苏军中服役。1947 年 1 月，他毕业于总参谋部军事学院开办的高级军事速成班，这之后他担任莫斯科印刷学院军事教研组主任。1948 年 2 月起，开始担任莫斯科法律学院的同一职务。

1949 年 3 月 31 日，多布罗谢尔多夫在莫斯科逝世。

所获荣誉

列宁勋章（1946 年）

两度荣获红旗勋章（1937 年和 1946 年）

西南方面军第 6 集团军后勤部长：
格里戈里·莫伊谢耶维奇·祖斯曼诺维奇

格里戈里·莫伊谢耶维奇·祖斯曼诺维奇（Григорий Моисеевич Зусманович），生于1889 年 6 月 29 日，死于 1944 年 7 月。他曾担任过西南方面军第 6 集团军后勤部长，军衔为少将。在卫国战争期间，他带领自己分管的部队从包围圈中突围出来。他是战争中被德军俘虏的两位苏联犹太将军之一。他被军中同僚们亲切地称为"俄罗斯人民的犹太儿子"。

生平

1889 年 6 月 29 日，祖斯曼诺维奇出生在叶卡捷琳诺斯拉夫省霍尔季察村的一个犹太工匠家庭。毕业于四年制的农村学校。曾在哈尔科夫、别尔江斯克、巴甫洛格勒当过装卸工、加油工和轧工。1910—1917 年在沙皇陆军中服役，1914 年以上士军衔参加第一次世界大战，1917 年 12 月他参加了赤卫队，次年 2 月加入红军，1918 年担任俄罗斯苏维埃联邦社会主义共和国人民委员会征粮军指挥员兼政委，1918—1919 年成为预备队集团

军革命军事委员会委员，1919 年担任南方面军第 12 集团军步兵第 47 师师长，随后担任图拉步兵第 2 师政委，1920 年担任奥廖尔军区政委，1921—1922 年担任达吉斯坦共和国军区政委，随后至 1925 年担任斯塔夫罗波尔边疆区军区政委和顿河军区政委。

1926 年祖斯曼诺维奇从伏龙芝军事学院高级指挥员进修班毕业。1926 年 7 月 26 日—1928 年 3 月 15 日担任苏维埃自治共和国列宁格勒军区卡累利阿国土管理局局长，并在1928 年时曾短期在卡拉恰伊共和国军事委员会工作。1928—1935 年在乌克兰军区担任乌克兰护卫第 2 师的政委和师长，1935 年 11 月26 日晋升师级指挥员，1935—1937 年担任基辅军区步兵第 45 师师长，同时兼任沃伦斯基新城筑垒地域警备司令，1937—1940 年担任高加索军区后勤供应处主任，1940 年 6 月 4日晋升少将。他曾在军需学院中担任过高级讲师和副校长。根据一些 20 世纪的资料显示，他在 30 年代的"大清洗"中免于被捕，而其他资料则显示他曾在 1938—1939 年的"大清洗"中被捕过。

1941 年 9 月，祖斯曼诺维奇调任西南方面军第 6 集团军后勤部长。在基辅保卫战役中该集团军陷入敌军的包围圈。祖斯曼诺维奇带领麾下的士兵从包围圈中突围出来。随后继续留任该集团军后勤部长，并随军参加了西南方面军发动的顿巴斯进攻战役和巴尔文科沃—洛佐瓦亚进攻战役。1942 年 3 月在哈尔科夫战役中与部队一起在克拉斯诺格勒东面被围。他在战斗中由于腿部受伤无法行走而被德军俘虏。1942 年的秋冬季，祖斯曼

▲ 格里戈里·莫伊谢耶维奇·祖斯曼诺维奇。

诺维奇被关押在弗拉基米尔沃伦斯基的战俘营中，随后被转移到波兰霍尔姆市的德军医院里接受治疗。康复后被送回战俘营。1942年底被押往德国的哈默尔堡战俘营，由于其拒绝与纳粹合作而被转到纽伦堡监狱，随后又被转移到魏森堡要塞监狱。1944年7月祖斯曼诺维奇死在奥斯维辛集中营。

所获荣誉

红旗勋章（1924年）

乌克兰苏维埃劳动红旗勋章（1932年）

工农红军建军20周年奖章

第5集团军炮兵司令员：弗拉基米尔·尼古拉耶维奇·索坚斯基

弗拉基米尔·尼古拉耶维奇·索坚斯基（Владимир Николаевич Сотенский），苏联军事领导人，生于1899年，死于1945年。他参加过第一次世界大战、俄国内战和卫国战争，于1940年授衔炮兵少将。1941年，他在基辅包围圈中被俘，1945年被杀害于维尔茨堡（位于巴伐利亚州的西北部，即今拜恩州的西北部，著名的德军第2装甲师建军时的驻地就在这里）的战俘营中。

生平

1899年3月20日，索坚斯基出生在塔什干的一个沙皇军队的军官家庭。他的父亲是一名贵族上校。1916年，索坚斯基毕业于士官武备学校，后又毕业于米哈伊洛夫炮兵学校。随后参加了第一次世界大战，终战时的军衔是下级准尉。

1918年2月，索坚斯基志愿参加了工农红军。随后的3年中，他参加了俄国内战，在土耳其斯坦方面军麾下参加了镇压巴斯马奇武装叛乱的军事行动。直至1925年他都只是担任排连长的职务。1926年索坚斯基毕业于炮兵指挥员进修班，1926—1932年留在炮兵指挥员进修班任教，1932—1935年担任工农红军炮兵监察处主任，1935年毕业于伏龙芝军事学院的夜大系，1935—1938年担任炮兵团团长，1938—1940年担任基辅特别军区炮兵部某处主任，1940年担任基辅特别军区第5集团军炮兵司令员，同年6月4日被授予炮兵少将军衔。

卫国战争爆发，索坚斯基参加了边境战役和基辅会战。在此期间其所在的第5集团军陷入了德军的包围圈并且损失惨重。1941年9月初，索坚斯基试图从包围圈中突围，但在战斗中受伤后被俘。最初他被关押在哈

▲ 弗拉基米尔·尼古拉耶维奇·索坚斯基。

默尔堡集中营。1943年1月，由于索坚斯基在集中营中开展的反纳粹宣传，被转移到纽伦堡的监狱，同年9月，又被转到了维尔茨堡要塞。1945年4月关押该处的能够自行徒步行走的囚犯被疏散到莫斯堡的高山关押营中，但索坚斯基不在其列。1945年4月22日，一支党卫军部队抵达了维尔茨堡战俘营，枪杀了营中的囚犯，这其中包括索坚斯基，他是头部中弹当场毙命。

所获荣誉

工农红军建军20周年奖章

乌克兰苏维埃内务人民委员部副部长：
季莫费·阿穆夫罗西耶维奇·斯特罗卡奇

季莫费·阿穆夫罗西耶维奇·斯特罗卡奇（Тимофей Амвросиевич Строкач），苏联政治家，1903年3月4日出生在别洛采尔科维齐村（今属滨海边疆区汉卡伊斯克地区的阿斯特拉汉卡），1963年8月15日在基辅逝世。

1927年加入苏联共产党，1938—1959年担任乌克兰共产党中央委员会委员，1944年授衔中将，1946—1954年担任苏联最高苏维埃代表。在1946年1月16日—1953年3月19日和1953年7月3日—1956年5月31日期间，他两度担任乌克兰苏维埃社会主义共和国内务部人民政委。

生平

斯特罗卡奇出生在乌克兰的一个居民点的农民家庭，乌克兰族。

1919—1922年在远东地区参加红色游击运动，1924年起开始在苏联内务人民委员部边防部队服役，1925—1927年在哈尔科夫第2边防学校就读。1932—1933年，作为国家政治总局开办的高等边防学校的学员在该校学习。

1940年10月起，担任乌克兰苏维埃内务人民委员部副部长，先后参加了基辅保卫战和莫斯科保卫战。1942—1945年担任乌克兰游击运动司令部司令员，1945—1946年担任乌克兰苏维埃内务部（内务人民委员部）副部长，1946年1月起担任乌克兰苏维埃内务部部长。他直接领导了镇压乌克兰叛军的行动，在乌克兰发动了大规模的逮捕行动。

1953年3月19日，他被撤职并降职到利沃夫州内务部教育委员会。1953年7月—

▲ 季莫费·阿穆夫罗西耶维奇·斯特罗卡奇。

▲ 季莫费·阿穆夫罗西耶维奇·斯特罗卡奇的墓地。

▶ 乌克兰苏维埃成立 40 周年纪念游行上。从左至右是前传奇游击队指挥员费奥多罗夫、科夫帕克和斯特罗卡奇。

1956 年重新担任乌克兰内务部部长，1956—1957 年担任苏联内务部副部长。

　　1957 年 3 月 30 日，斯特罗卡奇因病退役。

荣誉

　　三度荣获列宁勋章

　　三度荣获红旗勋章

一级苏沃洛夫勋章

一级卫国战争勋章

两度荣获红星勋章

以及一些奖章

纪念

　　基辅有一条街道以他的名字命名。

西南方面军坦克第 10 师师长：谢尔盖·雅可夫列维奇·奥古尔佐夫

　　谢尔盖·雅可夫列维奇·奥古尔佐夫（Сергей Яковлевич Огурцов），苏联军事领导人，生于 1898 年 7 月 5 日，死于 1942 年 10 月 28 日。他参加过俄国内战、苏波战争、苏芬战争和卫国战争，于 1940 年被授衔少将。1941 年，他被德军俘虏后设法逃脱并加入了敌后游击队，随后在战斗中牺牲。

生平

　　1898 年 7 月 5 日，奥古尔佐

夫出生在斯摩棱斯克省切列米索沃村的一个工人家庭。他从村办学校毕业后，曾经受雇于当地的农场主。1917 年，奥古尔佐夫应征入伍，加入沙皇陆军。1918 年 4 月在波洛茨克志愿加入赤卫队的地方支队，同年 8 月加入工农红军。

　　奥古尔佐夫参加了俄国内战。1918—1920 年以红军排长和连长的身份在南方面军麾下与弗兰格尔和邓尼金的白军作战。1920 年参加了

▲ 谢尔盖·雅可夫列维奇·奥古尔佐夫。

苏波战争，在战争中曾两度负伤。1927 年从骑兵指挥员进修班毕业，从毕业到 1929 年期间他一直在各个骑兵部队中服役。1932 年毕业于军事技术学院，此后至 1935 年一直指挥 1 个坦克营，在此之后至 1939 年，担任坦克团团长。1939 年 2 月 16 日晋升上校。

1939 年底—1940 年初，奥古尔佐夫作为轻型坦克第 35 旅旅长率部参加了苏芬战争。之后他被任命为步兵第 123 师师长，参与了突破曼纳海姆防线的战斗。1940 年 3 月 21 日晋升旅级指挥员，同年 6 月 4 日晋升少将。

1940 年 6 月，奥古尔佐夫被任命为坦克第 10 师师长，卫国战争初期，该师隶属于西南方面军，与德军作战。随后他被任命为步兵第 49 军军长，但是还没上任，坦克第 10 师就被德军包围，损失惨重，奥古尔佐夫也被德军抓住成为俘房。起初，他被关押在波兰扎莫希奇市的战俘营。

1942 年 4 月，奥古尔佐夫被转往德国，在前往卢布林的道路上，他设法跳车逃脱了。一个多月，他穿越了波兰东部的森林，穿过苏联边境，与瓦西里·曼热瓦德泽领导的游击队取得了联系。之后奥古尔佐夫组织和领导了一支骑兵支队参与到对敌占区的侦察和敌后骚扰作战。

1942 年 10 月 28 日，奥古尔佐夫在波兰占领区内的一次战斗中牺牲，以军礼葬在托

▲ 波兰扎莫希奇市的奥古尔佐夫的墓碑。

马舒夫斯克地区泽林村附近的森林里。1970 年，奥古尔佐夫少将的遗体被重新安葬到波兰共和国扎莫希奇市的苏联军人公墓第 8 号集体墓地中。

所获荣誉

两度荣获红旗勋章（1928 年 2 月 20 日和 1940 年）

工农红军建军 20 周年奖章

西南方面军机械化第 16 军军长：亚历山大·德米特里耶维奇·索科洛夫

亚历山大·德米特里耶维奇·索科洛夫（Александр Дмитриевич Соколов），苏联军事领导人，生于 1898 年，死于 1941 年。

他参加过第一次世界大战、俄国内战、苏芬战争、卫国战争，于 1941 年被德国俘房，不久死于战俘营。

生平

1898 年 8 月 13 日，索科洛夫在圣彼得堡出生。1916 年 8 月参军，1917 年从巴甫洛夫军事学院毕业。第一次世界大战中，他因军功被授予少尉军衔。1918 年 3 月加入赤卫队，1919 年 3 月加入工农红军。俄国内战期间，他起初担任谢斯特罗列茨克赤卫队的指挥员和军事教官，随后被任命为红军步兵第 6 师机枪队的指挥员。1919 年 8 月，索科洛夫被任命为北方面军步兵第 1 师步兵第 5 团团长。从 1921 年 3 月起，索科洛夫开始担任步兵第 127 团团长，随后调任指挥步兵第 15 师（西瓦什斯克 – 什切青步兵师）的步兵旅。1921 年 10 月，他被送往高级指挥员高级军事速成班学习，1922 年 8 月毕业后被任命为乌拉尔军区步兵第 3 师步兵第 7 团团长。

1923 年 9 月，索科洛夫被任命为莫斯科军区步兵第 14 师步兵第 40 团团长，1924 年 3 月成为该师的副师长，1924 年 11 月成为工农红军步兵监察员，1926 年 9 月成为伏龙芝军事学院的一名学生，1929 年 6 月出任莫斯科军区步兵第 81 师参谋长，1930 年 9 月出任

▲ 亚历山大·德米特里耶维奇·索科洛夫。

步兵第 3 军副参谋长，而随后升为正职，1937 年 6 月成为该军的军长。1938 年 9 月被调入苏维埃国防人民委员会指挥人员管理局，1939 年 2 月成为伏龙芝军事学院战术教研组的一名高级讲师。

1939 年 11 月，他作为第 9 集团军参谋长参加了苏芬战争。战争中由于该集团军作战失利，该军军长米哈伊尔·巴甫洛维奇·杜哈诺夫被撤职，而索科洛夫也因此受到牵连被降职为上校。1940 年 2 月 1 日，他被任命为第 13 集团军直属第 615 后备团团长。1940 年 5 月起，索科洛夫恢复了伏龙芝军事学院高级讲师的工作。1940 年 8 月 8 日，索拉洛夫被任命为第 5 集团军参谋长，同时晋升师级指挥员。1941 年 3 月 11 日，他成为机械化第 16 军军长，之后指挥了别尔季切夫集群部队。1941 年 8 月，他在与德军的战斗中被俘，1941 年 8 月 17 日死于战俘营。

所获荣誉

红旗勋章

工农红军建军 20 周年奖章

西南方面军第 26 集团军作战处副主任：
阿列法·康斯坦丁诺维奇·布拉热伊

阿列法·康斯坦丁诺维奇·布拉热伊（Арефа Константинович Блажей），苏联军事领导人，生于 1902 年，1978 年逝世。他参加过苏联卫国战争，军衔为中将。在战争期间，他担任过的最高职务为第 37 集团军参

谋长。

生平

阿列法·康斯坦丁诺维奇·布拉热伊 1902 年出生在旧乌希察。1924 年开始在工农

红军中服役，持续到 1926 年。短暂休息后，1932 年再次在红军中担任干部职务。1939 年成为苏联共产党党员。

阿列法·布拉热伊少校以第 26 集团军作战处副主任的身份参加了 1941 年 6 月 22 日卫国战争爆发首日的战斗。战争首日，他作为传令官星夜兼程驱车 120 千米到达利沃夫，将西南方面军司令员基尔波诺斯上将下达的将机械化第 8 军划归给第 6 集团军司令员穆济琴科中将指挥的命令传达给机械化第 8 军军长里亚贝舍夫中将。

他跟随第 26 集团军撤退时被围。1941 年 9 月 25 日夜间，他将德军突进至奥尔日察郊区的消息传达给了司令员科斯坚科中将，科斯坚科旋即决定与其司令部麾下的军官们实施突围。

最终布拉热伊收拢了 23 名士兵和军官，组成了一个小队，并指挥该小队从包围圈内实施突围。途中，他加入了西杰利尼科夫少将指挥的骑兵第 47 师，被任命为西杰利尼

▲ 阿列法·康斯坦丁诺维奇·布拉热伊。

科夫的参谋长，随该师一起突围。在突围的过程中，他成功地将 96 名伤病员和部分器材于 1941 年 10 月带出了包围圈。随后他被任命为第 37 集团军作战处主任。

1943 年 7 月，布拉热伊上校成为第 37 集团军参谋长，担任此职务直至战争结束。1944 年 6 月 3 日晋升为少将。

二战结束后，他留在苏联陆军中继续服役，1949 年 5 月 11 日晋升为中将。

1978 年 6 月，阿列法·布拉热伊走完其人生的最后一程。

所获荣誉

两度荣获列宁勋章

三度荣获红旗勋章

二级库图佐夫勋章（1944 年 9 月 13 日）

二级波格丹·赫梅利尼茨基勋章（1944 年 3 月 19 日）

两度荣获红星勋章

还获得过一些奖章和国外荣誉

西南方面军通信部部长：德米特里·米哈伊洛维奇·多贝金

德米特里·米哈伊洛维奇·多贝金（Дмитрий Михайлович Добыкин），苏联军事领导人，生于 1895 年 2 月 11 日，死于 1966 年。1941 年 12 月 27 日授衔中将。

生平

多贝金出生在科斯托罗夫村（今属俄罗斯库尔斯克州雷利斯克地区别列兹尼基村委

会管辖）。他 1918 年加入工农红军。俄国内战期间在库尔斯克步兵第 9 师服役。1920 年，他被任命为苏维埃共和国革命委员会步兵第 9 师步兵第 27 旅通信第 502 连连长。他在此任上获得了红旗勋章。

俄国内战结束后直至 1932 年他在工农红军中服役。

他从 1936 年起再次进入红军中服役。

1938年秋，他作为苏联军事顾问团的一员被派往中国，在此期间获得了蒋介石颁发的云麾勋章。

1939年11月29日，根据国防人民委员第04821号委任令，多贝金被任命为第5集团军通信部主任，同时晋升为旅级指挥员。

1939—1940年他率部参加了苏芬战争，并因此再次获得了1枚红旗勋章。

经苏联苏维埃人民委员会审核通过，1940年6月4日，多贝金晋升为少将，

多贝金在战前加入了苏联共产党。

卫国战争爆发后，多贝金被任命为西南方面军通信部部长，参加了基辅保卫战。1941年11月9日，因其在战争中的优异表现，被授予列宁勋章。经苏联苏维埃人民委员会审核通过，1941年12月27日，晋升中将。

1942年7月起，他担任沃尔霍夫方面军通信部部长，1944年调任卡累利阿方面军通信部部长。1944年11月15日，第二次世界大战芬兰解放后，卡累利阿方面军被解散。1945年4月欧战基本结束后，该方面军的部队被调往远东，并在其基础上组建了远东第1方面军。多贝金中将作为远东第1方面军通信部部长参加了苏联对日作战，并因此获

▲ 德米特里·米哈伊洛维奇·多贝金。

得了1枚一级库图佐夫勋章。

战后他继续在苏联武装力量中服役。

1953年6月，多贝金辞去了苏军通信部队第1副司令员的职务，退役。

1966年，多贝金去世，死后被安葬在莫斯科的特洛耶库罗夫公墓中。

所获荣誉

两度荣获列宁勋章（1941年11月9日和1948年）

五度荣获红旗勋章（1920年、1940年、1943年1月24日、1944年11月3日和1945年）

二级库图佐夫勋章（1944年8月26日）

一级库图佐夫勋章（1945年9月8日）

二级波格丹·赫梅利尼茨基勋章（1944年11月2日）

一级卫国战争勋章（1944年2月22日）

工农红军建军20周年奖章（1938年）

"保卫列宁格勒"奖章

"保卫基辅"奖章

"保卫苏联北极地区"奖章

"1941—1945年抗击德国卫国战争胜利"奖章

"对日作战胜利"奖章

西南方面军摩托化步兵第219师师长：帕维尔·彼得罗维奇·科尔尊

帕维尔·彼得罗维奇·科尔尊（Павел Петрович Корзун），苏联高级军事指挥员，生于1892年8月15日，死于1943年9月16日。

他在卫国战争期间历任摩托化步兵第219师师长、骑兵第8军军长、第3和第47集团军司令员，军衔为中将。

生平

1892 年 8 月 15 日，帕维尔·科尔尊出生在科列舍沃村（今属白俄罗斯明斯克州管辖）。1913 年，他加入了帝俄陆军，军衔为下士。1918 年，科尔尊参加了红军。俄国内战期间，他指挥一支骑兵连参加了在塔吉克斯坦费尔干纳、布哈拉镇压巴斯马奇武装叛乱的战争。战争结束后指挥 1 个骑兵团。1920 年他毕业于联合骑兵学校，1924 年毕业于骑兵军事学校，1932—1934 年担任工农红军骑兵部队副监察长，1936 年毕业于伏龙芝军事学院，1937 年成为 1 个骑兵师的副师长，随后升任骑兵师师长。他从 1939 年起开始担任伏龙芝军事学院的高级讲师。

▲ 帕维尔·彼得罗维奇·科尔尊。

卫国战争爆发后，他被任命为摩托化步兵第 219 师师长，该师作为机械化第 25 军的组成部分参加了普罗博伊斯克市地区的战斗，由于其在战斗中的英勇表现，被授予了红旗勋章。授勋文件描述如下：

在 1941 年 7 月 18—21 日的战斗中，他表现出了非凡的勇气、韧性和自信。敌人在强大的步枪、机枪、迫击炮、火炮的攻击下，占领了普罗博伊斯克。科尔尊亲自率领 1 个营的兵力，夺回了该城的南郊地区……

1941 年 10 月起担任主管后勤的第 38 集团军副司令员。次年 1 月，担任骑兵第 8 军军长，在此期间该部队在其领导下参加了莫斯科保卫战以及 1942 年在沃罗涅日附近展开的春季防御战。1943 年 5—6 月，指挥第 3 集团军防御奥廖尔东面的祖沙河。

同年 8 月初，科尔尊被任命为第 47 集团军司令员，该集团军在他的指挥下参加了别尔哥罗德—哈尔科夫进攻战役，并在阿赫特尔卡地区反击德军的战斗中发挥了重要作用。

1943 年 9 月 16 日，在解放左岸乌克兰的战役中，科尔尊中将在波尔塔瓦州别列佐瓦卢卡村的战斗中触雷身亡，死后被安葬在加佳奇市的城市公园里。

同僚评价

帕维尔·彼得洛维奇·科尔尊是一位深受官兵真诚爱戴并且对自己有高要求的军事领导人之一。在他指挥的军事行动中，他努力做到了让自己所指挥的部队在获得每一场胜利时少流血。

——前第 47 集团军政治处主任米哈伊尔·哈里托诺维奇·卡拉什尼克上将

所获荣誉

两度荣获红旗勋章

二级布哈拉红星和新月勋章

工农红军建军 20 周年奖章

马特金战斗群指挥员：菲利普·尼古拉耶维奇·马特金

菲利普·尼古拉耶维奇·马特金（Филипп Николаевич Матыкин），苏联军事领导人，

▲ 菲利普·尼古拉耶维奇·马特金。

1936—1937年作为军事顾问参加了西班牙内战。

1938年1月被任命为步兵第87师师长（有资料显示他未曾指挥过团，而是从营长直接被越级提拔为师长）。1940年2月—3月13日，他指挥该师参加了苏芬战争（冬季战争），在3月12—13日攻克洛伊莫尔农庄的战斗中，临时代理指挥步兵第56军。

苏芬战争结束后，担任步兵第27军副军长。

1941年6月10日起，担任斯特鲁米洛夫斯基筑垒地域警备司令。不久，卫国战争爆发。1941年6月29日，他被解除职务，随后被任命为一支战斗群的指挥员参加了基辅保卫战，在西南方面军被围期间率部成功突围。1942年2月17日起，开始担任西南方面军第6集团军山地步兵第47师师长。根据一些缺失的资料显示，他在哈尔科夫战役期间于1942年5月25日失踪；而另外的资料显示他于1942年5月26日在洛佐维尼卡农庄附近的突围战斗中牺牲，死后被安葬在那里。

生于1899年11月24日，亡于1942年5月26日。1940年被授衔少将。

生平

1899年11月24日，马特金出生在俄罗斯帝国沃罗涅日省的新马尔科夫卡村。

他于1918年5月参加红军，以一名红军战士的身份参加了俄国内战。并在此期间成为俄共党员。

1925年毕业于步兵指挥员培训班，同年毕业于敖德萨步兵学校，随后在莫斯科无产阶级步兵师中历任排长、连长、营长和团长。

军衔晋升

1939年2月17日晋升旅级指挥员
1940年6月4日晋升少将

所获荣誉

红旗勋章
"荣誉徽章"勋章

平斯克区舰队司令员：德米特里·德米特里耶维奇·罗加乔夫

德米特里·德米特里耶维奇·罗加乔夫（Дмитрий Дмитриевич Рогачёв），苏联军事领导人，1895年俄历9月20日（公历10月2日）出生在卡卢加州茹科夫卡地区的大罗斯利亚科夫卡村，1963年6月1日在泽列诺多利斯克市逝世。他参加过俄国内战和卫国战争，1941 年授衔海军少将。

生平

德米特里·罗加乔夫 1915 年参军，在波罗的海舰队"光荣"号战列舰上服役。十月革命期间，他随起义军参加了占领海军军官学校的战斗、保卫塔夫里切斯基宫和涅瓦河大桥的行动，以及加特奇纳和皇村周边的战斗。

1929 年罗加乔夫毕业于伏龙芝海军军事学校。

俄国内战期间，他担任贝加尔湖西伯利亚区舰队舰艇支队的副支队长，之后担任工农红军东方面军通信处主任。1921 年担任浅水重炮舰舰长，随后担任浅水重炮舰大队大队长兼政委、支队队长兼政委。1938 年 5 月被任命为阿穆尔河区舰队副司令员。

1940 年，他被任命为平斯克区舰队司令员，该内河浅水舰队的部队参加了卫国战争

▲ 德米特里·德米特里耶奇·罗加乔夫。

初期的战斗。

1942 年 2 月担任伏尔加河区舰队司令员，次年 7 月担任苏联海军舰艇支队司令员，1944—1946 年担任基辅海军基地第聂伯河区舰队司令员。卫国战争期间，罗加乔夫海军少将指挥的伏尔加河区舰队在斯大林格勒保卫战中起到了重要作用。

大战结束后，罗加乔夫担任教导支队司令员，随后担任在建舰艇支队支队长和大队长。1956 年退役。

所获荣誉

两度荣获列宁勋章

三度荣获红旗勋章

一级卫国战争勋章

红星勋章

保卫斯大林格勒奖章

工农红军建军 20 周年奖章

西南方面军机械化第 4 军坦克第 8 师师长：叶菲姆·格里戈里耶维奇·普希金

叶菲姆·格里戈里耶维奇·普希金（Ефим Григорьевич Пушкин），苏联军事领导人，生于 1899 年 1 月 28 日，出生时的姓氏是"丘什金"，1944 年 3 月 11 日牺牲。他于 1920 年入党，1941 年荣膺"苏联英雄"称号，军衔为坦克兵中将。

▲ 叶菲姆·格里戈里耶维奇·普希金。

生平

普希金于 1899 年出生在谢尔多布斯克县马林诺夫卡乡克鲁捷茨村（今属萨拉托夫州勒季谢沃地区）的一个农民家庭，俄罗斯族。1914—1918 年曾在阿斯特拉罕从事渔业工作，1918 年加入红军，1918—1920 年俄国内战期间在前线作战，1923—1925 年

作为一名骑兵参加了镇压土耳其斯坦巴斯马奇武装叛乱的军事行动，随后历任班长、排长，在战争结束时成为一支骑兵连的连长。他毕业于列宁格勒初级指挥员培训班。1934 年起开始在装甲部队中服役。

卫国战争爆发时，普希金已是坦克第 32 师师长，他率部参加了利沃夫的战斗。所部先后在南方面军、西南方面军、斯大林格勒方面军和乌克兰第 3 方面军麾下参加了别尔季切夫保卫战、乌曼战役、第聂伯罗彼得罗夫斯克保卫战、斯大林格勒保卫战、解放顿巴斯和解放右岸乌克兰的战役。

在第聂伯罗彼得罗夫斯克周边战斗期间，1941 年 8 月 19—25 日，普希金上校指挥的机械化第 4 军坦克第 8 师共摧毁了 80 辆敌军坦克、许多其他战斗兵器和敌人的有生力量。该师的坦克手们顽强地防守，掩护着苏军部队有计划地撤退到第聂伯河左岸重新构筑防御阵地。

为了表彰叶菲姆·格里戈里耶维奇·普希金在第聂伯罗彼得罗夫斯克市保卫战中所表现出的个人勇气、优秀的指挥和领导才能，1941 年 9 月 9 日，苏联最高苏维埃主席团授予他"苏联英雄"称号。

1942 年春季，他被任命为西南方面军作战部队序列中新组建的坦克第 23 军军长，他率领该军参加了西南方面军接下来的数次战役。

经他指挥的部队数次成功击溃了挺进到伏尔加河的敌人，为此他被晋升为坦克兵中将，并被任命为西南方面军装甲和机械化部队司令员。

战争期间，苏联最高统帅斯大林曾单独向他下达过十数次命令，第一次是在 1942 年 1 月解放巴尔文科沃的战斗中。

1944 年 3 月 11 日，他死于德军对尼古拉耶夫附近的巴什坦卡镇的空袭中，当时他的坦克军指挥所正好设在那里。他的骨灰被安葬在第聂伯罗彼得罗夫斯克市的十月革命纪念公墓中。

家庭成员

妻子克拉夫季娅·伊万诺芙娜，她于 1984 年 1 月 16 日逝世，享年 83 岁，死后被安葬在苏尔斯科沃利托夫斯克公墓。她至死都保留着丈夫生前所获得的证书和奖章等遗物。

儿子维克多尔·叶菲莫维奇·普希金，是一名教授、科学院通信院士，同时也是国家矿业大学历史及政治理论系主任、人道主义问题研究所所长。

孙女伊莲娜·维克托罗芙娜·普希金娜，是一位法学博士、历史学副博士，也是第聂伯罗彼得罗夫斯克大学法学研究所所长。

所获荣誉

"苏联英雄"称号（金星奖章编号 622）

列宁勋章（1941 年）

两度荣获一级卫国战争勋章

红旗勋章（1942 年）

两度荣获二级苏沃洛夫勋章

二级库图佐夫勋章（1944 年）

保卫斯大林格勒奖章

工农红军建军 20 周年奖章

纪念

在第聂伯罗彼得罗夫斯克市靠近叶菲姆·格里戈里耶维奇·普希金墓地的主干道上，自 1967 年以来矗立了一座上置 T–34 坦克的纪念碑，基座上用乌克兰语题词——叶菲姆·格里戈里耶维奇·普希金将军，在此之前，此处有一座安放 T–70 坦克的纪念碑，纪念碑被拆除后，该坦克在第聂伯罗彼得罗夫斯克历史博物馆露天展览坪里展出；巴什坦卡（乌克兰）有他的纪念徽章；第聂伯罗彼得罗夫斯克有以普希金的名字命名的一条街道和一所中学（第 81 中学）；1980 年 10 月在他的家乡文化馆开馆时同时树立了一座纪念他的胸像纪念碑，2003 年 5 月，该纪念碑被转移到克鲁捷茨中学。

▲ 勒季谢沃地区克鲁捷茨村的叶菲姆·格里戈里耶维奇·普希金纪念胸像。

▲ 今第聂伯罗彼得罗夫斯克的叶菲姆·格里戈里耶维奇·普希金纪念碑。

▲ 第聂伯罗彼得罗夫斯克的叶菲姆·格里戈里耶维奇·普希金纪念碑，1967 年被拆除。

西南方面军步兵第 171 师师长：亚历山大·叶菲莫维奇·布德霍

亚历山大·叶菲莫维奇·布德霍（Александр Ефимович Будыхо），生于 1893 年 8 月 12 日，死于 1950 年 4 月 19 日。他参加过第一次世界大战、俄国内战、卫国战争，1940 年授衔少将，1941 年被俘，之后与德国人合作，加入了俄罗斯解放军。后来，他

▲ 亚历山大·叶菲莫维奇·布德霍。

从德国人手里逃出来，被苏联逮捕，最终被法院判处死刑并执行枪决。

生平

1893 年 8 月 12 日，亚历山大·布德霍出生在维捷布斯克省韦利日市（今属斯摩棱斯克州管辖）

的一个工人家庭，白俄罗斯族。

1914 年，他从市四年制中学毕业后，上了一战前线。1916 年布德霍毕业于尉官学校，终战时担任连长，军衔为中尉。

1918 年 4 月 18 日，他志愿加入工农红军，随后在俄国内战中随军与高尔扎克、邓尼金的白军在乌克兰作战。

1922 年毕业于彼得格勒红军指挥员进修班，1930 年毕业于高级步兵学校的高级指挥员培训班，1930—1938 年历任团参谋长和团长，1938 年被任命为步兵第 38 师副师长。

1939 年 8 月 19 日起担任步兵第 171 师师长，次年 6 月 4 日晋升少将。1941 年春，该师被编入基辅特别军区，驻扎在切尔卡瑟地区。

卫国战争爆发时，布德霍仍旧担任着步兵第 171 师的师长，该师作为一线部队参加了基辅保卫战。1941 年 9 月 21 日，步兵 171 师陷入了包围圈。两度负伤后，布德霍将指挥权交给了该师的参谋长，决定在两名战士和一名少尉的护送下从包围圈中突围。次日，他们被德军的一支巡逻队抓获。

起初他被关押在波尔塔瓦和弗拉基米尔沃伦斯基的战俘营，1942 年 4 月被转移至德国的哈默尔堡集中营。同年 6 月，他在别索诺夫的游说下加入"反布尔什维主义政治中心"（Политический центр борьбы с большевизмом）。1943 年 2—4 月底，布德霍担任反间谍机关的代理负责人，查清内部亲苏分子。1943 年 5 月，在肃清"反布尔什维主义政治中心"亲苏分子并逮捕别索诺夫、留比莫夫和布罗德尼科夫后，他向德军东线部队的海因茨·黑尔米希中将表达了加入俄罗斯解放军的意愿。同年 6 月起在德军东线部队司令部任职。9 月 7 日被黑尔米希任命为俄罗斯解放军的少将，隶属于德军"北方"集团军群第 16 集团军，担任负责训练和组建东线部队的第 710 东方团的参谋军官。同年 9 月 16 日到达了工作地奇迹山。但意外的事情发生了，10 月 10 日，2 个"俄罗斯"营打死了德国人，投奔了游击队。10 月 13 日深夜，等待他的是重新被遣送回集中营的结局。10 月 14 日，布德霍说服了看守他的勤务兵，逃跑了。10 月 19 日，布德霍向列宁格勒第 4 游击旅的党代表投降。11 月 7 日，他被飞机送往莫斯科并被关押起来。11 月 11 日，依据"叛国罪"，布德霍被逮捕。此时，布德霍才第一次得知大批苏联将军被俘后关押在哈默尔堡集中营中，而且大多数人仍然下落不明。

1950 年，苏联最高法院军事法庭判处苏联少将布德霍死刑，同年 4 月 19 日执行枪决。

所获荣誉

红旗勋章（1924 年）

工农红军建军 20 周年纪念奖章

西南方面军步兵第 87 师师长：米哈伊尔·伊里奇·布兰克

米哈伊尔·伊里奇·布兰克（Михаил Ильич Бланк），苏联军事家，军衔为上校。

生平

1898 年，米哈伊尔·布兰克出生在叶卡捷琳堡。之后举家迁往卢布内，他的父亲在

▲ 米哈伊尔·伊里奇·布兰克。

该市的一家商店当店员。

1916 年 9 月—1917 年，第一次世界大战期间，他在俄国陆军中服役，由于患上结核病复员。

1918 年 8 月，布兰克加入工农红军。他作为骑兵团的一名政工战士参加了抗击德国侵略者、叶甫根尼·彼得罗维奇·安格尔和尼基福尔·亚历山大罗维奇·格里戈里耶夫匪帮的战斗。随后他在炮兵营军事政委的任上参加了在莫斯科方向抗击邓尼金白军的战斗。在斗争中，他头部负伤，但他拒绝前往医院，而是选择和自己的战士们待在一起。

1919 年 10 月被送往莫斯科的炮兵训练班学习，1920 年 2 月患上斑疹伤寒，3 个月后重新回到红军队伍中，担任骑兵第 49 团军事政委。1920 年秋，他随军参加了击溃弗兰格尔匪军解放克里米亚的军事行动。1920 年 6 月担任骑兵独立营军事政委，该营作为第 14 集团军（司令员约罗尼姆·彼得罗维奇·乌博列维奇）麾下一部被派往波兰前线作战。布兰克在战斗中再次负伤，但他仍然选择了不离开火线。

1921 年 3 月起，他开始担任土耳其斯坦骑兵第 2 师骑兵第 1 团军事政委，随后担任骑兵旅的军事政委。1922 年 1 月—1926 年 8 月历任营属学校学员排排长、骑兵第 51 团骑兵连连长、团属学校校长、骑兵第 9 师某团参谋长，1926—1929 年进入伏龙芝工农红军军事学院学习，1929 年 6 月—1930 年 11 月担任乌克兰军区骑兵第 1 军作战处主任，随后担任新切尔卡瑟高级骑兵指挥员培训班战术科的讲师，1931 年 11 月担任北高加索军区作战处主任，1935 年 3 月担任中亚军区作战处主任，1935 年 9 月晋升少校。

1938 年 7 月 22 日，布兰克因被列入被镇压者名单而被开除出红军队伍（但可能并未被逮捕），然而随后他得到了赦免，1939 年 1 月重新回到了红军队伍中。

1939 年 9 月担任步兵第 13 军副参谋长，并在此任上参与了红军出兵西乌克兰的军事行动。1939 年 11 月晋升上校。1940 年 8 月担任驻扎在乌克兰沃伦斯基新城地区的步兵第 87 师参谋长，他在此任上一直到 1941 年 6 月 25 日。

在前任师长菲利普·费奥多罗维奇·阿利亚布舍夫少将阵亡后，布兰克接替了他的职务，1941 年 6 月 25 日—8 月 20 日担任步兵第 87 师师长。

在严峻的局势下，步兵第 96 和第 283 团的残部在布兰克的领导下在森林中连续作战 8 天，这些部队最终在他的带领下加入到第 5 集团军的麾下。布兰克集群并非仅仅直接摆脱包围圈，他们还袭击了比自己规模小的德军部队，破坏敌军的通信线路、焚烧仓库等。

1941 年 7 月 1 日，约 200 名步兵第 87 师的军官和战士摆脱了包围圈，该师的战旗一直保存下来从未丢失。之后布兰克还陆续收拢了约 2500 人，组成了一个防御战斗群，参加了保卫沃伦斯基新城的战斗。

1941 年 9 月 2 日，布兰克在切尔尼戈夫州佩斯基村的战斗中牺牲。

下面一段话描述了布兰克上校的最后时刻：

布兰克上校抓起一支从敌人手中缴获的步枪率先爬出了战壕。第 204 旅的伞兵们在旷野中紧随其后匍匐前进。他们很快并且几乎没有损失便通过了一半的路程，但随后遭到敌人重机枪的猛烈扫射，虽然上校仍然以点射和战士们继续朝着德军防线予以还击，然而距离德军的桥头堡仍有 300 米。突然，一切淹没在了连续不断的火炮轰鸣声和迫击炮弹的爆炸声中。原来德军事先在该地段进行了坐标勘测。伞兵们倒下了，攻击戛然而止。当上校再次站起来，高喊道："小伙子们跟我来！"他带头向前冲去，幸存的伞兵们响应他的号召，陆续爬起来跟随着他。但最终这个攻击营在佩斯基村郊外的德军阵地前折戟。

所获荣誉

红旗勋章

工农红军建军 20 周年奖章

|附录二|

平斯克（第聂伯河）区舰队的功绩和命运

　　自乌克兰独立以来，乌克兰当局所实行的去俄罗斯化政策直接造成了全乌克兰境内多座苏军纪念碑和建筑物被无情拆除，这其中就包括坐落在基辅的苏军水兵纪念碑——为纪念平斯克（第聂伯河）区海军舰队在1941年8—9月抵抗德国法西斯军队所进行的英勇战斗而建造的纪念碑。现在我们就来谈谈这支浅水舰队的命运。

　　卫国战争爆发后，平斯克区舰队奉命在西方面军和西南方面军防区交界处实施军事行动。至1941年7月11日，平斯克区舰队的主力才被编成了3个舰艇支队——别列津诺支队、普里皮亚季支队和平斯克（第聂伯河）支队。别列津诺支队和普里皮亚季支队直接归西方面军管辖，因被部署在别列津诺和普里皮亚季地区而得名；第聂伯河支队则归西南方面军管辖，因被部署在第聂伯河上而得名。

　　别列津诺舰艇支队配合了第21集团军的行动；普里皮亚季舰艇支队的一部分配合了第4和第5集团军的行动，而另一部分则配合了第26和第38集团军的行动。1941年8月，平斯克区舰队又成立了基辅支队和切尔尼戈夫支队。平斯克区舰队协助了苏军地面部队，使第聂伯河上的各个渡口长期掌握在自己人手中，并帮助友军守住了第聂伯河的左岸阵地。1941年8—9月，平斯克区舰队直接参加了保卫基辅的战斗，直到最后一刻。水兵们

完成了上级下达的炸毁己方船只的任务，并在陷入德军重围时仍继续奋勇杀敌。1941年10月，平斯克区舰队被正式解散。

　　俄罗斯国防民族学院人文学院军事历史教研组副教授、历史学副博士亚历山大·雷萨亚（Александр Лысая，他以海军上校军衔退役）这样描述1941年基辅保卫战："1941年7月中旬，德军已经接近基辅。在此期间，水兵们所担任的主要是防御者的角色，他们配合着西南方面军部队的军事行动。当时，平斯克区舰队按照海军人民委员和总参谋长的指示，于7月14日前完成了普里皮亚季、别列津诺和第聂伯河舰艇支队的组建。"

　　第聂伯河支队的河内舰艇在此期间一直集中在第聂伯河卡涅夫至基辅的河段上，在这里，苏军面临着德军接近第聂伯河的威胁。舰队司令部从7月13日至全军撤离基辅的命令下达的那一天都设在基辅的波多尔（Подол，因坐落在第聂伯河河岸基辅市山脚而得名）。

　　7月底，德军向白采尔科维和基罗沃格勒发动了攻势，同时从南面攻入基辅并接近了特里波利耶村、勒日谢夫和卡涅夫附近的渡口。第聂伯河支队的舰艇在支队长伊万·克拉维茨（И. Кравец）海军中校和参谋长奥良杰尔（Оляндер）海军少校的指挥下在该地区开始实施军事行动。7月31日，第聂伯河

支队的一艘浅水重炮舰和 2 艘炮艇在特里波利耶村的河边以炮火支援了机械化第 7 师的一部在该村展开的防御战。该师的一部与舰艇一起执行了保卫特里波利耶村和该村附近第聂伯河渡口的任务，他们掩护了方面军部队撤退到第聂伯河左岸，并使后者得以巩固新防线。

8 月 1 日—15 日，当第 26 集团军主力从第聂伯河右岸撤退到左岸时，在勒日谢夫、霍多洛夫和卡涅夫实施掩护任务的第聂伯河支队的舰艇战斗群承受着很大的压力。支队的舰艇不顾德国空军的猛烈空袭，掩护着在渡口等待渡河的苏军地面部队撤退到第聂伯河对岸。

8 月 16 日，第聂伯河支队的舰艇成功完成了掩护西南方面军左翼部队撤退到第聂伯河对岸的艰巨任务。第聂伯河支队的舰艇在完成了主要任务后陷入了与基辅隔绝的困境中。德军认为这些舰艇已成煮熟的鸭子，注定覆灭。然而，方面军司令员和区舰队司令员事先做了充分的准备工作，第聂伯河支队于 8 月 17—19 日在卡涅夫地区实施了对基辅方向的突围行动。被困的舰艇利用苏军第 26 集团军炮兵部队和德军炮兵之间的炮战（双方共投入了 300 余门火炮），在炮火声的掩护下航行到了卡涅夫并对德军发起了

▲ 平斯克区舰队的水兵们正在操作一门 76.2 毫米 1914/15 年式"连杰拉"高射炮（俄语昵称 Лендера，这是俄罗斯第一种专门用于攻击对空目标的火炮），远处可见炮舰"忠实"号（Dерный）。

▲ 平斯克区舰队的炮艇上，水兵们正在做对空警戒。

▲ 舰上的一名苏联水兵正在操作一挺马克沁重机枪实施警戒。

▲ 水兵们正在给高射炮做定期保养。

突袭，一举突破封锁向第聂伯河上游驶去。苏军的炮火摧毁了德军位于卡涅夫和第聂伯河右岸的火力点，并且掩护了舰艇前行，同时舰艇上倾泻的炮弹也掩护了友军的炮兵阵地。舰队的所有舰只都保留到了基辅撤军的最后时刻。

根据苏联官方战史记载，第聂伯河水手直接参加基辅战役始于8月6日，其用来支援基辅城防南部临河侧翼而组建的基辅舰艇战斗群包括：炮艇"克里姆林宫"号和"劳动"号、浅水重炮舰"弗利亚金"号和"斯摩棱斯克"号、巡逻舰"普希金"号和其他舰只。该战斗群由 C.帕列切克（С. Палечек）少校指挥。

装备了榴弹炮和远程海军火炮的浅水重炮舰和炮艇在2周多的时间里协助苏军地面部队击退了德军对维塔利托夫斯卡亚地区基辅防御圈南翼的多次攻击。他们占据了第聂伯河左岸附近的炮击位置，经常用精心伪装过的军用舰只袭击纳粹的炮兵连。德军的火炮一开火，便立刻暴露了其阵地位置，苏军舰艇便通过事先标定的坐标参数集中侧舷火力摧毁德军的远程火炮。摧毁了德军的火炮后，浅水重炮舰"斯摩棱斯克"号舰长 Б.尤欣（Б. Юшин）上尉收到了一张友军步兵们写的纸条，上面写着对他们的炮击表示感谢的言语。

防御基辅南翼的其他舰只在行动中也表现出了高超的战斗技能。1941年8月，德国陆军总参谋长弗朗兹·哈尔德上将不无忧伤地在日记里写道："第6集团军在基辅行动缓慢。从第聂伯河东岸而来的敌人炮火压制着我军的单位无法向前推进。这其中很多炮弹是来自敌人的浅水重炮舰。"在基辅保卫战期间并不缺乏有决心有勇气和有英雄主义精神的第聂伯河水兵们。仅9月14日，两支

分别由多布勒任斯基少校和卡利琴科大尉指挥的由1300余名水兵组成的支队被派往戈洛谢耶夫森林地区和波布里克火车站附近地区支援陆军部队。他们在战斗中经常要面对多于自己的敌人，并且能够以少胜多。比如，在奥利沙内村（село Ольшаны）附近的战斗中，第聂伯河区舰队一个连的水兵们独自消灭了德军的一个营。

基辅保卫战的最后几天里，著名的俄罗斯雕刻家鲍里斯·尼古拉耶维奇·伊万诺夫（Борис Николаевич Иванов）作为第聂伯河水兵表现出其英勇。第聂伯河水兵集群在戈洛谢耶夫森林地区陷入了德军大规模部队的包围圈，许多水兵受了重伤，似乎末日已不可避免。但就在这个时候，山上响起了嗒嗒的机枪声。开枪的是鲍里斯·伊万诺夫，小山上的2挺机枪同时响起，他通过自己的火力成功吸引了对方的注意力。这使包围圈里的水兵们得以成功脱险。伊万诺夫将德军的火力全部吸引了过来，战斗到最后一颗子弹。当弹药和手榴弹耗尽时，身上两处负伤的鲍里斯·伊万诺夫义无反顾地引爆了身上的最后一颗手榴弹与德军同归于尽。

2005年秋天，基辅公益组织"海军舰队退伍军人协会"的成员 A.马尔马绍夫（А. Мармашов）和 A.丘德诺维茨（А. Чудновец）找到了平斯克区舰队水兵们最后战斗的地方。这个地方是距离鲍里斯波尔地区伊万基夫村（село Иванкив）西南5千米的一大片玉米地。在玉米地中央，矗立着一座西徐亚人的古冢，人们称其为"伤坟"。站在古冢上可以清晰地看到2千米半径范围内整个地区的地貌。根据老兵、当地人回忆以及档案资料记载，有超过200名水兵英勇牺牲在这个地方。

随着基辅的陷落，第聂伯河两岸至赫尔松（Херсон）一线也随之被德军占领，这使平斯克区舰队的舰艇丧失了逃至黑海的可能性。当平斯克区舰队与从第聂伯河流域撤退的苏军联系上时，其剩余战斗舰艇如下：浅水重炮舰"列瓦切夫"号、"弗利亚金"号、"罗斯托夫人"号、"维捷布斯克"号，炮舰"斯莫尔尼"号，装甲快艇若干艘，巡逻艇和扫雷艇4艘。1941年9月19日，苏军水兵们将这些舰艇悉数炸毁于第聂伯河。水兵们上了岸后，加入战团掩护部队撤退，直至9月28日。区舰队司令员德米特里·德米特里耶维奇·罗加乔夫（Дмитрий Дмитриевич Рогачёв）海军少将因负伤乘坐飞机前往医院治疗。

1941年9月19日，苏军撤离了基辅市。平斯克区舰队的水兵们接下来的战斗历程非常艰辛。9月19日夜晚，舰队的成员——包括后勤人员和司令部的工作人员——在达尔尼察地区集结，他们临时组建了一个水兵支

▲ 正在靠岸的31号装甲快艇。

▲ 31号装甲快艇的远处是"突击"号浅水重炮舰。

▲ 平斯克区舰队的装甲快艇。

▲ 解开缆绳准备出发执行任务的装甲快艇。

▲ 行驶中的 31 号装甲快艇。

▲ 行驶中的 15 号装甲快艇。

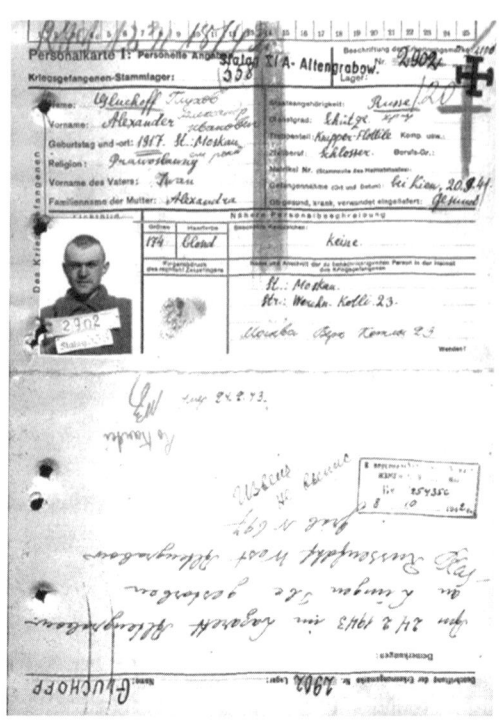

▲ 通过上面这张平斯克区舰队水兵俘虏的证件照片，我们可以了解到这名水兵在基辅周边被俘。他是在从包围圈中突围的第一天被俘的，可能是在鲍里斯波尔附近。德文写着他因受伤以致血液感染得了败血症，并最终患上坏疽而死在德国战俘营里，因此被"注销"了。

▲ 这幅油画描绘了在基辅激烈战斗的浅水重炮舰。

队，支队由 2 个营、1 个独立连和 1 个军官连组成。布拉赫曼（Брахман）海军中校担任支队长。

9 月 20 日黎明时分，第聂伯河水兵们在鲍里斯波尔附近迎来了自己上岸后的首战。由斯捷潘诺夫（С. Степанов）海军中校、格列佐克（М. Грецок）海军少校、普洛特尼科夫（П. Плотников）中校、瓦尔加诺夫（А. Варганов）上尉、利托夫金（Е. Литовкин）上尉、谢苗诺夫（Ф. Семенов）上尉和马卡里切夫（С. Макаричев）上尉指挥的水兵分队发起了反攻，将德军的一支掩护部队悉数歼灭。

在水兵猛攻下清醒过来的德国人集结预备队开始向勇敢的苏军水兵还击。在没有苏军炮火支援的情况下，水兵们被迫向鲍里斯波尔撤退。战斗结束后，有上百名苏联水兵再也没有站起来，永远地留在了这里。伊万科夫村（село Иванков）与鲍里斯波尔之间的田地里散落着上百具身穿黑色短呢上衣的水兵尸体。

水兵与西南方面军的部队一起在包围圈中奋战着。后来，小规模的水兵战斗群用自己的方式辗转于敌后，最终返回了舰队。而他们中也有一部分留在了敌后，继续开展地下工作或加入游击队作战。

1942 年 1 月 10 日，法西斯刽子手将半裸上身、满身污血的被俘水手拉上了基辅街头，试图"杀鸡儆猴"震慑基辅市的市民们，但站在街头的基辅市民却没有从即将被处死的水兵们的眼中看到丝毫的恐惧。虽然寒冷的冬日将水手们冻得瑟瑟发抖，但在最后时刻，他们昂首高唱着《海军之歌》慷慨赴死。无声的基辅人群含泪聆听着如亲人般的水兵们唱诵："跨越广阔的大海……"

平斯克区舰队指挥舰"普里皮亚季"号的命运

前沙俄时期的客运轮渡船"塔季扬娜"号，于 1919 年被苏军征用，1920 年 1 月又划归红色第聂伯河区舰队作为水上浮动基地使用。1920 年，波兰军队在切尔诺贝利俘获了该船，修复后将其划归波兰内河舰队作为运输船，命名为"T-1"（斯皮恰科夫的资料里显示该船被命名为"T-2"）。1922 年起，它被改名为"谢尔皮涅克海军上将"号（有资料显示该船加入维斯拉区舰队时立即改名为"谢尔皮涅克海军上将"），并作为指挥舰投入使用。

1939 年 9 月 17 日，该船被波兰船员自行凿沉。1939 年 11 月它被苏联捞起，维修翻新后于 1940 年 7 月划入平斯克区舰队序列，并命名为"普里皮亚季"号作为指挥舰使用。1941 年 9 月 18 日，该船与从基辅撤退的苏军部队取得联系，然后奉命作为爆破雷巴尔半岛附近港口的专用。该船因爆炸致使船体的尾部折断而沉没。1944 年"普里皮亚季"号被打捞出来，苏军专家对船体进行检查，发现船体中间部分损毁严重，因此没有对其进行修复。随后它被拆除回炉重铸。

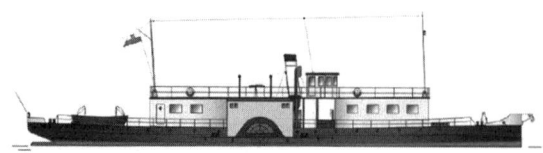

▲ 平斯克区舰队指挥舰"普里皮亚季"号侧视图。

▲ 停在岸边的平斯克区舰队指挥舰"普里皮亚季"号。

▲ 航拍照片中箭头所指的地方即是"普里皮亚季"号曾经搁浅的位置。

▲ 2011 年一次网上拍卖会上出现了一组基辅被占领期间（1941—1943 年）的照片，其中一张便是上面这张在雷巴尔半岛附近捕鱼的渔民。照片中可以看到远处岸边被捞起横放的"普里皮亚季"号船体。

|附录三|

战斗在基辅的内务人民委员部部队

内务人民委员部作战部队，这支在伟大的卫国战争岁月里坚定地跟在红军进攻步伐后面的队伍并非凭空捏造。事实上，他们是在苏联边境上打响抗击德国侵略者第一枪的部队，在整个卫国战争期间，他们与红军正规部队并肩作战，在战斗中主要执行侦察和敌后破坏的任务，甚至执行过一些复杂和艰巨的任务。

苏联统帅部大本营直至1941年9月中旬才决定将苏军撤出基辅。1941年9月18日深夜至19日凌晨，苏军的主力部队从右岸防线撤回，部队开始渡河向第聂伯河左岸实施退却。稍后必须炸毁基辅大桥——这个任务交给了费奥多尔·马克西莫维奇·马日林上校的内务人民委员部第4师来执行。

费奥多尔·马克西莫维奇·马日林少将在战后回忆道：

9月19日白天，阳光格外的明媚和温暖，第聂伯河的上方碧空如洗。上午11点，法西斯们在基辅西南郊发动了猛烈的炮火攻势，随后步兵开始谨慎地向大桥方向移动。桥梁必须炸毁！我们能够从自己的指挥所里看到冒着烟和火柱的铁路桥，这是爆破组点燃了炸药包的信号。瞬间"格里戈里·伊万诺维奇·彼得罗夫斯基"铁路桥被引爆了。而被事先浇上汽油、焦油的纳沃德尼茨基木质古桥也突然着火了。这些就发生在我的眼前，

扭曲变形的钢铁被烧得漆黑，还不时地冒着火光。桥梁中央桁架坠落水中的瞬间，激得第聂伯河河水翻滚，将河底的沙砾掀起。有那么一瞬，它仿佛插入沙底，紧接着第聂伯河的河水将其包围。不多时，一个巨大的水柱在靠近岸边的地方腾空而起：这是第聂伯河区舰队的水兵们在摧毁自己的舰只。第聂伯河的上空因此而蒙上了一层烟灰。

"炸毁桥梁后，我师开始向鲍里斯波尔方向撤退。9月20日，我师接到了第37集团军司令员的命令，随后我部奉命前往亚历山大罗夫卡村地区内的农场山，并在此构筑防御阵地，掩护该集团军撤退。由于情况紧急，我们没来得及构筑防御阵地便直接投入了战斗。2个敌步兵团在50辆坦克、2个炮兵营和2架飞机的支援下向我们发起了进攻，但都被我们成功地击退了，对方损失了10辆坦克和大约300人。但此时敌军突破了东北部的防御阵地，占领了鲍里斯波尔，我师陷入了包围圈。我们构筑了环形防御阵地。经过一轮火炮和迫击炮弹的准备后，我们向德军发起了反击。德军的第一次、第二次攻击都被击退了。我们的弹药耗尽，而且死伤者众多。

马日林少将如此描述这场战斗：

激烈的战斗随之而来，我们所有的同志在搏斗中都无惧生死。英勇战死的第57团团长阿尔图菲耶夫中校（П.К. Алтуфьев）在进

攻中夺取了敌方一门火炮并调转炮头把它指向了法西斯的阵地，但紧随而来的敌军炮火直接夺去了他的双腿。我们损失惨重，敌人从四面八方包围了我们。好在第227团分队和第81独立营设法从包围圈中突围了出去，并向东北方向遁去。而第56团机枪连、师属炮兵和辎重队则陷入了困境：周围的德军再次关闭了包围圈。在一边倒的战斗中，我部伤亡过半。幸存者设法从法西斯手中逃脱出来，并退入科瓦林村（село Ковалин）东南面的森林。穿越这片森林，他们跳出了包围圈。

战斗在基辅周边的内务人民委员部第4师部队的战士和军官们用实际行动证明了他们无比热爱自己的祖国。数字虽然是一个很生硬、无趣的东西，但我想说的是，该师在战斗中协助消灭了近9000名法西斯士兵和军官，摧毁了6架飞机、57辆坦克和装甲车、57门火炮、61门迫击炮、23挺机枪、9辆牵引车、200辆运输车和32辆摩托车。我们的战士还缴获了3面破损的法西斯部队军旗。

西南方面军的军事单位开始从基辅筑垒地域撤退。在激烈的战斗中，德军成功地包围了苏军第5、第21、第26和第37集团军。而在德军的包围圈中，苏军仍奋勇拼杀，他们试图突破普里卢基—卢布内—罗姆内地区。边防第18、第92、第98团和第233护卫团加入了第5集团军的战斗序列，边防第17团加入到第21集团军的行动中，而边防第94团和摩托化步兵第6团则加入第26集团军中。

边防第20团、内务人民委员会第4师一部以及内务人民委员部第4、第16和第227团跟随第37集团军部队一起撤退，边防第93团为陷入包围圈的第38集团军的后勤部队殿后。至此，乌克兰边防区所有撤离的西部边防支队都被重新编为内务人民委员部边防团。

▲ 1941年9月19日，部署在河堤上的德国重机枪组向从第聂伯河左岸退却的苏军开火。

掩护第37集团军部队撤退的瓦金（Т. И. Вагин）少校的第227团正深陷困境中。困在包围圈内的该团团党委书记杰尔加诺夫（Дерганов）指导员（政工系军衔）在日记中写道：

9月20日深夜，我们与团的其他单位在鲍里斯波尔公路上取得了联系。我们将继续担任殿后工作与尾随而来的希特勒匪军战斗。没有食物，仅剩的饼干得留给伤病员。敌人的步兵和坦克发起了又一轮的攻击，古济（Гузий）上尉的营迎了上去。攻击被击退了，但该营也损失殆尽，我们付出了300人伤亡的沉重代价。

9月23日10点，我团的第1营消灭了一支配备轻武器和刺刀的敌军分队。我们缴获了他们的军旗。这次小规模的战斗发生在斯塔罗耶村附近。

10月2日15点，我团在叶尔科夫齐村（село Ерковцы）地区被敌人摩托化部队分割成了两半。其中一半由瓦金少校带领，另一半则由团政委伊万诺夫营级政委指挥。

17点，瓦金少校的战斗组遭到了希特勒匪军大兵压境。我们听到了敌人大声呼喊着："罗斯，投降吧！"安东年科（Антоненко）

高级指导员和旗手阿布拉莫夫（Абрамов）大士回敬他们："宁死不降！"我们端起了所有的步枪和仅有的一挺机枪。

21点，团里仅剩下50人，许多人还负了伤。但是，我们对敌人更加仇恨，为了自己热爱的伟大祖国而战。

10月3日，我们只剩下45人，团长说道："我们所做的一切，虽然已经足够了，但我们可以做得更多。我们没有食物，甚至弹药。我命令将剩余的人分成5组并突围穿越前线。"

23点，我们向东移动。幸存下来的人很少，但我们为团的荣誉而战，我们用自己的方式突围出来了！

他们最终得以突围。几个月后，该团参加了保卫斯大林格勒的战斗。

戈罗季希村附近的局势极端恶劣。9月19日，西南方面军司令部和军事委员会抵达了这里。每过一小时，形势就愈发复杂。德军的飞机不断向村庄投掷炸弹，这里聚集了超过3000名士兵和军官、辎重队和技术兵器。德军的步兵在村庄周围不断地紧缩包围圈范围。

在戈罗季希村的一间木屋中，基尔波诺斯上将召集了他的指挥团队。巴格拉米扬元帅后来回忆道：

参谋长图皮科夫少将向司令员汇报了情况："敌人将我军团团围住，我部位于乌代河南岸的河口处，而德军在我部北面加强了防御。姆诺加河东岸已经被古德里安的坦克和摩托化部队占领，我部北面和西北面的所有城镇皆已被德军占领。"

在听到令人沮丧的消息后，屋子里陷入了沉默。就在此时，基尔波诺斯将军打断了他的汇报，说道："必须突围这一点，我们

是很清楚的。问题的关键是我们有必要先明确从哪个方向突围。我决定从切尔努希村附近实施突围，那儿有一截河段河水缓慢。我决定将部队分成3个战斗群：先锋群负责扫清道路，部署在方面军司令部的前方，另外2个战斗群位于两侧。先锋群由波塔波夫少将指挥。我已经下令要求内务人民委员部的1个连殿后，警戒敌人从后方接近我们……"

然而事态并未按苏军的计划发展。一支规模庞大的德军摩托化步兵集群占据了村东外一处高岭，并突袭了苏军的掩护部队。苏军受到了将被完全包围的威胁。

以巴格拉米扬少将为首的苏军支队，他们立场明确，完成了杀敌任务，占领了过河的桥梁。后来巴格拉米扬支队在戈罗季谢村（село Городище）高地的战斗中遇到了负责方面军后勤保卫工作的边防军参谋长罗加金上校带领的一小队边防战士。这支小队加入了他们。罗加金上校于1941年10月向新组建的方面军司令部提交了一份备忘录，他是这样描述的："9月19日18点30分，我们在戈罗季谢高地粉碎了德军，稳住了局势，从而消灭了敌人盘踞在村内的火力点……"

而在巴格拉米扬元帅的回忆录中也有这样的描述：

1941年9月20日黎明时分，经过争夺戈罗季谢村渡口的战斗以及35千米的夜行军后，我支队接近了先恰村。我们并未直接进村，而是在该村西南郊的道路上集结，清点人数……随后制定作战计划。我们决定发动袭击，先夺取先恰村的整个西部，然后再攻占村里的渡口。

德军的冲锋枪手被我支队打了个措手不及，并被驱赶到了村子的东郊。随后我们组织兵力从3个方向进攻先恰村渡口，第一次

进攻没有成功，敌人在路口事先部署了机枪和迫击炮迎接我们，猛烈的火力将我们打了回来……派去进行战斗侦察的士兵回来报告侦察结果，他们说发现桥上被安置了炸药，而渡口由2个营的德军步兵防守，另外还有2门75毫米火炮、5辆中型坦克和若干迫击炮。

鉴于德军随时都有可能炸毁渡口，所以我决定迅速带领部队绕道到该村以南3.5千米的卢奇基村地区，旨在就地取材扎木筏过河并将人员撤出包围圈……

为了确保渡口安全而在西面组织的进攻最终取得了成功。1941年9月21日深夜至9月22日凌晨，约有5000名战士和军官从此处渡过了河。

在戈罗季谢村、翁恰村和卢奇基村附近的战斗中，我们击溃了敌人1个步兵营，摧毁了4辆中型坦克，俘获和摧毁了2门反坦克炮和2辆卡车……

战士们不断地在接近前线的道路上移动着，消灭了途中遇到的数支小股德军。他们在敌后行走了超过700千米的路程，最终，巴格拉米扬的这支支队与其他红军部队一起于同年11月底在加佳奇地区跳出了德军的包围圈，回到了己方的怀抱。

内务部第4师一支由27名战士组成的小队在营级政委斯卢茨基（Е. С. Слуцкий）的指挥下历时67天走出了包围圈。军人的誓言和战友们的相互鼓励支撑着他们熬过了最艰难的时刻。

1941年10—12月的苏联内务人民委员部政治部的报告中显示：保卫基辅筑垒地域的第4师的指挥员和战士们，他们中的一些已经从包围圈中突围出来，而另一些正在包围圈中实施突围。该师的部队在敌后的行动中消灭了3000名德军，缴获了2面纳粹军旗、200多辆自行车和摩托车、10辆汽车、几十挺机枪和迫击炮。1941年10月5日，从包围圈中走出来并归队的有1513人。10月5日，仍然留在包围圈中的边防团和支队的人数有4528人……11月12日—12月1日，从德军包围圈中逃脱出来的有457人。截至12月1日，从包围圈中逃脱出来的士兵、指挥员和政工人员共计2897人。之后，仍有小组和个人陆续从包围圈中突围而出。此外，1941年10月30日的报告中称："部队的士兵、指挥员和政工人员在接到命令后，在敌后与敌进行了顽强的战斗并给敌人造成了相当大的损失。在与敌人优势兵力的战斗中，许多战士、指挥员和政治指导员表现出了无与伦比的勇气和大无畏的英雄主义精神。陷入包围圈的党政机关、共青团组织和其他单位，对部队做了大量鼓舞士气的工作，团结和动员战士、指挥员们与敌展开搏斗。支撑他们活下来的只有一个信念，那就是突围出去……"

包围圈里的战斗十分激烈，德占区内到处潜伏着死亡的气息，但这无法摧毁苏联人抗击自己所痛恨的敌人的意志和愿望。在这种局势下，每一个战士和军官必须做的事情只有一个：跳出包围圈，回到红军的怀抱。前内务人民委员部第13师副参谋长彼得·罗季奥诺维奇·萨夫琴科（Петр Родионович Савченко）中校在描述保卫基辅的英雄事迹时这样写道："究竟谁是英雄，在我看来，无论是我还是我的战友在此之前都无法说出来。我们抗击法西斯，首先，这是作为祖国人民的一员应履行的义务和职责。我记得自己于1941年秋天，在皮里亚京地区陷入了包围圈，当时情况非常艰难……我可以负责任地说，我们中间没有一个懦夫、叛徒和危言耸听者。我相信所有红军战士无一例外，都是榜样。我想尽快加入正规军的行列，将敌人赶出我们的祖国……"

1941 年 11 月底，从包围圈里走出来的包括边防第 19、第 92、第 94、第 98 团的部队和内务人民委员部的第 6、第 16 和第 28 团，他们在沃罗涅日地区集结休整。在西南方面军司令员的命令下，他们被组建成了摩托化步兵第 8 师，费奥多尔·马克西莫维奇·马日林上校任该师的师长。除了将炮兵第 10 团和重新组建的独立营调入该师外，以下部队也加入到该师的战斗序列中：坦克营、高射炮兵营、工程营、通信营，还有 1 个执行侦察、反坦克以及后勤保卫工作的独立连。1942 年 7 月，摩托化步兵第 8 师更名为步兵第 63 师。该师的第 6、第 16 和第 28 团被重新授予番号，分别为步兵第 226、第 291 和第 346 团。

这个师随后走上了一条光荣的战争道路。其麾下各团击溃了顿河谢拉菲莫维奇地区和克列特斯卡亚火车站的德军，他们的身影曾出现在斯大林格勒、库尔斯克郊区、乌克兰、波罗的海沿岸国家，也踏上过波兰的领土，随后还参加了柏林战役，并在此最终迎来了战争结束。1942 年 11 月，该师被授予了"近卫军"称号，这就是后来闻名遐迩的近卫步兵第 52 师。该师的军旗上获得了祖国的最高荣誉——列宁勋章，同时它还获得了苏沃洛夫勋章和库图佐夫勋章，以及柏林和里加的荣誉称号。该师先后有大约 25000 名战士荣获了不同级别的勋章和奖章，其中 11 人更是荣膺了苏军最高荣誉——"苏联英雄"称号。

|附录四|

筑垒地域

《苏联军事百科全书·军兵种和勤务》分册对"筑垒地域"这一专业军事术语的解释，如下：

1. 构筑有永备和野战设计工事以及其他筑城工事，并与各个工事障碍物相结合构成筑垒配系的地域或地带。能由专门指定的部队独立或与诸兵种合成部队（野战部队）协同进行持久顽强的防御。某些情况下也可仅由野战部队展开防守。第一次世界大战后，各国普遍建造了筑垒地域，目的在于掩护国境和海岸地段、重要的战役战略方向、行政和政治中心、经济区及其他目标。在苏维埃共和国，最早的筑垒地域是在国内战争年代建立的（莫斯科、彼得格勒、萨拉马岛筑垒地域），其构筑的主要是野战筑城工事。

两次大战之间的和平期，许多国家都制定了关于筑垒地域构筑和防御的理论。在苏联，军事工程师戈连金、赫梅利科夫、科汉诺夫等（其他国家有居尔曼、绍维诺等）对此做出了很大的贡献。到第二次世界大战开始前，法国、德国、芬兰和其他国家都在国境筑垒线（筑垒地带）配系中构筑了筑垒地域（如马其诺防线、齐格菲防线、曼那海姆防线）。日本帝国主义军队在满洲准备对苏联进攻实施屯兵时，也构筑了国境筑垒地域配系，其中最坚固的是绥芬河筑垒地域（苏联称之为波格拉尼奇纳亚筑垒地域）。苏联

在 30 年代为了抵抗可能存在的敌国入侵，沿西部国境线构筑了一系列筑垒地域，其中一部分在边境交战（1941 年）及防守列宁格勒、基辅和其他城市时发挥了作用。

战前构筑的筑垒地域由几道防御地带（阵地）和斜切地区组成。其基础为筑有永备射击工事的防御枢纽部。在防御枢纽部之间的间隙地，则构筑了野战工事，并由野战部队防守。有些筑垒地域涵盖数个地区。在筑垒地域前沿通常会构筑纵深达 20 千米的保障地带。战争年代按类似要图构筑筑垒地域，但构筑的主要是野战工事，通常由野战部队防守。在构筑这种筑垒地域的实践中常常非正式地将其分为永备和野战两类。永备筑垒地域具有坚固、复杂的钢筋混凝土结构和金属装甲结构的筑城工事构成的配系，工事内设有专用的火炮、机枪等武器。野战筑垒地域则主要由土木和土石工事构成，该类工事适合于使用野战部队的建制武器。根据所掩护的方向和目标的重要性，筑垒地域的纵深可从 6~8 千米一直到 50 千米甚至更大，1 千米正面上筑城工事和火器的密度：永备射击工事——可达 10~15 个或更多，野战火炮——可达 10~20 门，反坦克兵器——可达 10 件或10 件以上。

2. 指的是指定担负防御任务的成建制军事单位。苏联在卫国战争年代，为了提高防

御的稳定性，曾建立了相当数量的兵团，称为"筑垒地域"。每个兵团由数个机炮营以及若干保障和勤务分队组成。他们通常被编入诸兵种合成集团军，并在其编成内参加防御和进攻战役。

下面将就基辅会战中曾出现过的苏军数个筑垒地域一一进行介绍。

基辅筑垒地域（Киевский укрепрайон，军事代号 1）

基辅筑垒地域是苏联于 1929—1941 年在基辅州内修建的结构复杂的防御工事体系（包括永备工事、野战工事、工程障碍、交通壕等等），其目的是为了保护苏联重要城市基辅。整个基辅筑垒地域两翼之间的总长度约为 85 千米，防御纵深 1~6 千米。在 1941 年保卫基辅的战斗中具有重大的战略意义。

截至 2010 年，几乎被破坏殆尽的基辅筑垒地域，仅幸存下来一些永备火力点（俄语缩略词是 ДОТ）和一些战壕。由于它没有被设为正式的官方历史遗址，因此也不会得到国家的相应保护。只有一些军事爱好者组织的民间团体对其进行积极的探索和发掘。

历史背景

苏联革命军事委员会针对战争状况制定了在边境布防的方案，并于 1928 年 3 月 19 日下达了第 90 号命令。1928 年开始开工建造首批 13 个筑垒地域，这其中就包括基辅筑垒地域。

在此基础上，1928 年乌克兰军区司令员约纳·埃马努伊洛维奇·亚基尔（Иона Эммануилович Якир）指示驻扎在基辅的步兵第 14 军参谋长波波夫负责开发和建设基辅筑垒地域。1928 年 8 月 13 日，乌克兰军区司令员下达了第 00485 号令，任命帕维尔·叶菲莫维奇·克尼亚格尼茨基（Павел

Ефимович Княгницкий）为基辅筑垒地域警备司令，并且即日起生效。

1928 年 9 月 28 日，克尼亚格尼茨基制定了 1 号建造计划，该计划设想在 1929—1933 年 4 年间建造 120 座永备机枪火力点和 45 座用于炮兵观测和其他用途的观测所。同期还确定了一些防御地带的布置位置。

1928 年 11 月 14 日，克尼亚格尼茨基制定了一套新的基辅筑垒地域建造计划（2 号计划），他在乌克兰军区司令部命令的基础上做了修改和补充。该计划提出了在 1929—1931 年间筹建 90 座永备火力点和 30 座观察哨所。

1929 年 1 月 12 日，乌克兰军区司令员批准了第 0013 号指令，由军事和海事专员负责监督基辅筑垒地域的建造计划。事实上，该筑垒地域开工始于 1929 年，并在第一年里完成了 51 座设施的建造工作。

1929 年 9 月 5 日，克尼亚格尼茨基又制定了一套针对建造和完善筑垒地域的额外计划（第 131 号建造计划）。根据这一计划，筑垒地域内须建造总共 239 座设施。

1929 年 9 月 13 日，乌克兰军区参谋长谢苗·安德鲁耶维奇·普加乔夫（Семён Андреевич Пугачёв）指示克尼亚格尼茨基采用 2 号和 131 号建造计划，而同时在这 2 个计划方案的基础上对基辅筑垒地域的总建造

▲ 时任乌克兰军区司令员约纳·埃马努伊洛维奇·亚基尔（生于1896年8月3日，1937年6月12日被"清洗"）。

▲ 时任乌克兰军区参谋长的谢苗·安德鲁耶维奇·普加乔夫（生于1889年2月26日，1938年遭到逮捕，1943年死于狱中）。

▲ 基辅筑垒地域的首任警备司令帕维尔·叶菲莫维奇·克尼亚格尼茨基（生于1884年，1937年死于"大清洗"。1929—1937年在任）。

方案进行了修改。

1932年，对基辅筑垒地域的进一步建造施工被中止。参加建设工作的第28号军事施工建设管理指挥部被解散。

1933年，基辅筑垒地域的施工建设暂时停止。

1935年6月25日，基辅筑垒地域总工程师季比洛夫交给克尼亚格尼茨基关于销毁所有与基辅筑垒地域建造有关的文件图纸的第8号命令。

1937年8月，苏联当局对基辅筑垒地域的战备状态进行了审核。这些关于验收基辅筑垒地域的文件资料最终得以完整地保存下来。资料显示，截至1937年，该筑垒地域内共拥有246座设施，建造过程中共使用35769立方米钢筋混凝土，包括辅助设施和附属建筑物在内共花费1311.7万卢布。

下面是乌克兰社会主义共和国内务人民委员部副人民委员波格丹·扎哈罗维奇·科布洛夫于1939年1月11日提交的关于基辅

筑垒地域状态的报告：

致乌克兰共产党（布尔什维克）中央委员会
关于基辅筑垒地域的状态
1939年1月11日

目前，基辅筑垒地域仅仅只有雏形，这主要包括一些机枪设施……并没有按照方案建造完成相关的设施。

在现有地区内的257座设施中仅有5座具备良好的对敌作战准备。整个筑垒地域的左翼和右翼未受到保护，敌人可以在此自由通行（左翼有大约4千米的防御缺口，右翼的防御缺口则达到了7千米宽）。

筑垒地域的中央地带形成了一个大约7千米的防御缺口，敌人可以通过这里自由开放的通道直达基辅。

筑垒地域呈一线部署的前沿距离基辅市中心仅15千米，敌人完全可以在不入侵该筑垒地域的前提下，直接炮轰到基辅市内。

257座军事设施中有175座因丘陵、山地、森林、灌木丛等地形影响造成射角受限。

尽管有政府的指示，但战争的阴霾已笼罩欧洲，平整该筑垒地域地面的作业施工应立即执行。仅第三地段就需要铲除大于15000立方米的土方，这项工程至少需要花费不少于4个月的时间……全部整改，我们至少必须要清除掉不少于30万立方米的土方以及至少砍伐500公顷的森林和灌木丛。

由于存在射击时机枪子弹反弹导致防火阀门自动关闭的隐患，因此1930年建造的140处机枪设施所配备的防火阀门需要整改。

尽管我曾多次向基辅特别军区司令员反映基辅筑垒地域不具备战斗力，以及基辅特别军区军事反间谍处工作懈怠，但至今未见其采取任何措施……

乌克兰社会主义共和国内务人民委员部副人民委员波格丹·扎哈罗维奇·科布洛夫

1941年，基辅军区将基辅筑垒地域命名为1号筑垒地域。

整个基辅筑垒地域被划分为14个营区（每个营区都有自己的编号）。每个营区所装备的武器数量和性质都大相径庭。

整个筑垒地域呈现2个大的扇形：即北部扇形防御区和南部扇形防御区。

警备司令部作为整个筑垒地域的中枢机关，管辖着辖区内的如独立机枪营在内的各营、连、排级作战单位。

基辅筑垒地域的典型设施

基辅筑垒地域的主要防御设施为永备火力点。主要武器配备为机枪、火炮，火力点的形式主要有侧防暗堡、半侧防暗堡和正面火力点，最常见的有B型永备火力点。

基辅筑垒地域内的防御被视为基辅保卫战的一部分（1941年7月7日—1941年9月26日）。最初，守卫该筑垒地域的仅为常驻部队，后来参加边境战役的步兵师和团陆续撤退到基辅以及西南方面军预备队内，这些部队被陆续调入基辅筑垒地域内作为野战部队使用。1941年8月10日，苏军在基辅筑垒地域守军的基础上组建了第37集团军。从而使该区域内的各部队得到了统一指挥。

第131号永备火力点作为基辅筑垒地域中最著名的一座，坐落在基辅周边的克列门尼谢村。作为基辅筑垒地域中200多座永备火力点之一，该永备火力点不是混凝土结构，而是全金属结构。

该永备火力点地面以上结构就像威尔斯的小说《世界大战》中所描述的装甲炮舰，整个结构为一个直径3.5米的全金属圆柱形，外壁装甲板厚度高达20厘米。

131号曾遭受到各种口径火炮的持续性轰击，但并未被攻破。它不仅防御能力强悍，而且射击孔后还隐藏着数挺捷格加廖夫机枪。

设置在山丘上的这座永备火力点，犹如一座驻有少数驻军（11人）的钢铁要塞，可监视四周数千米范围内的土地。

1941年8月，该永备火力点抵挡了数次来自各个方向的德军攻击。德军摧毁了村庄后，在周遭烧焦的土地上将小山丘上的这座金属火力点团团包围住。德军要求苏联驻军投降，遭到后者的拒绝。

德军在4天里尝试了各种方法试图咬碎这枚"钢坚果"，最后德军甚至动用了喷火坦克，试图用坦克喷射出来的高温火焰灼烧火力点内的士兵。但即便如此，也没有一名苏军士兵试图逃离到地面。

11名年轻的战士，为首的是年仅19岁的瓦西里·亚库宁中尉，他们在火焰中得到了永生。他们为祖国遭受了可怕的折磨。他们的英勇事迹也终将被后人所铭记。

分段营区的武器配备情况

营区的编号	防御工事数量
1 号	13 处防御工事（共配备 36 挺机枪）
2 号	19 处防御工事（共配备 49 挺机枪）
3 号	21 处防御工事（共配备 2 门 76 毫米火炮和 45 挺机枪）
4 号和 9 号（综合体）	27 处防御工事
8 号	14 处防御工事
14 号	9 处防御工事
13 号	12 处防御工事
23 号	12 处防御工事
22 号	15 处防御工事
20 号（或称别尔哥罗德卡）	19 处防御工事

▲ 被德军攻占的基辅筑垒地域内的一处永备火力点。

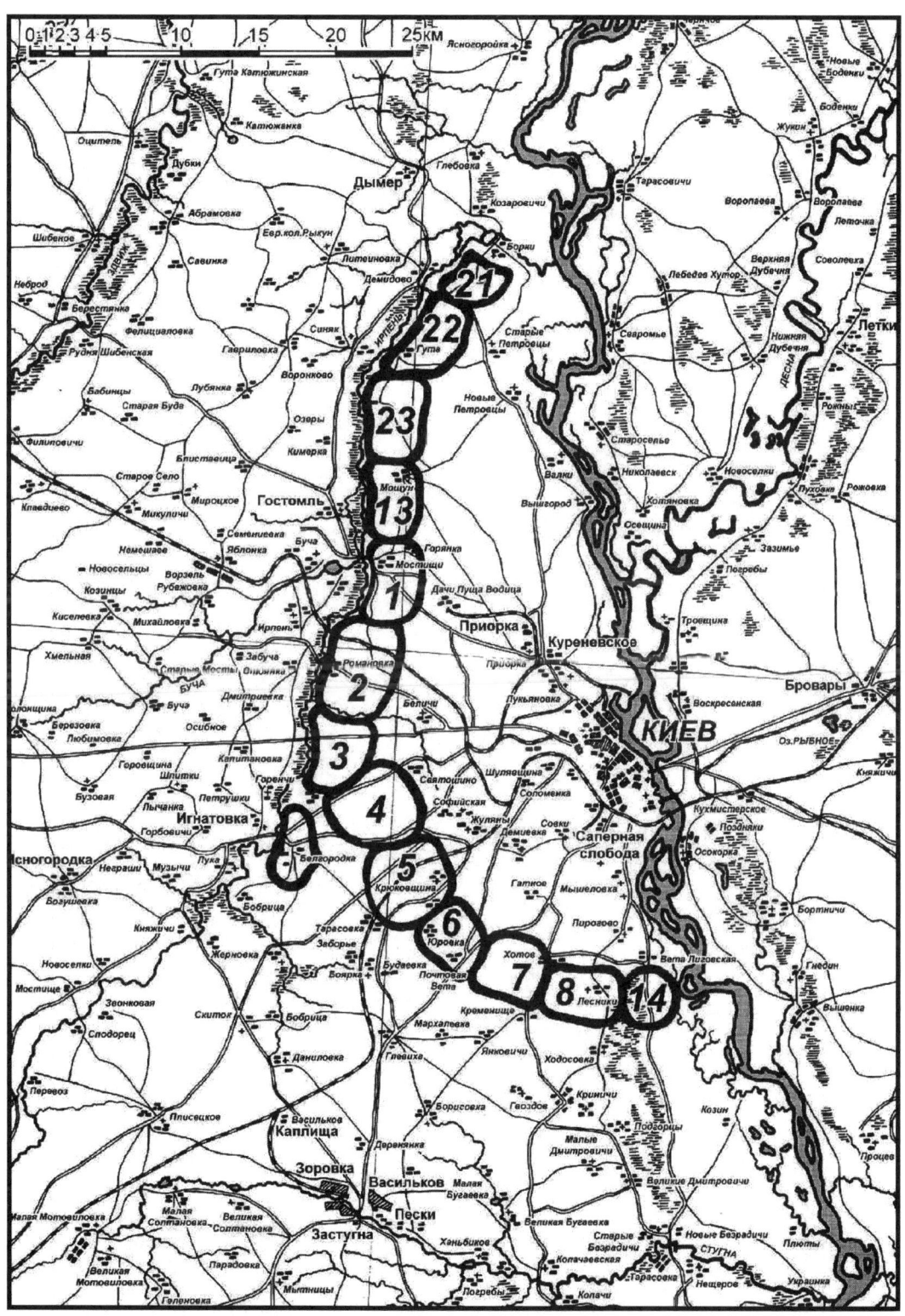

▲ 基辅筑垒地域各分段营区的位置分布图。

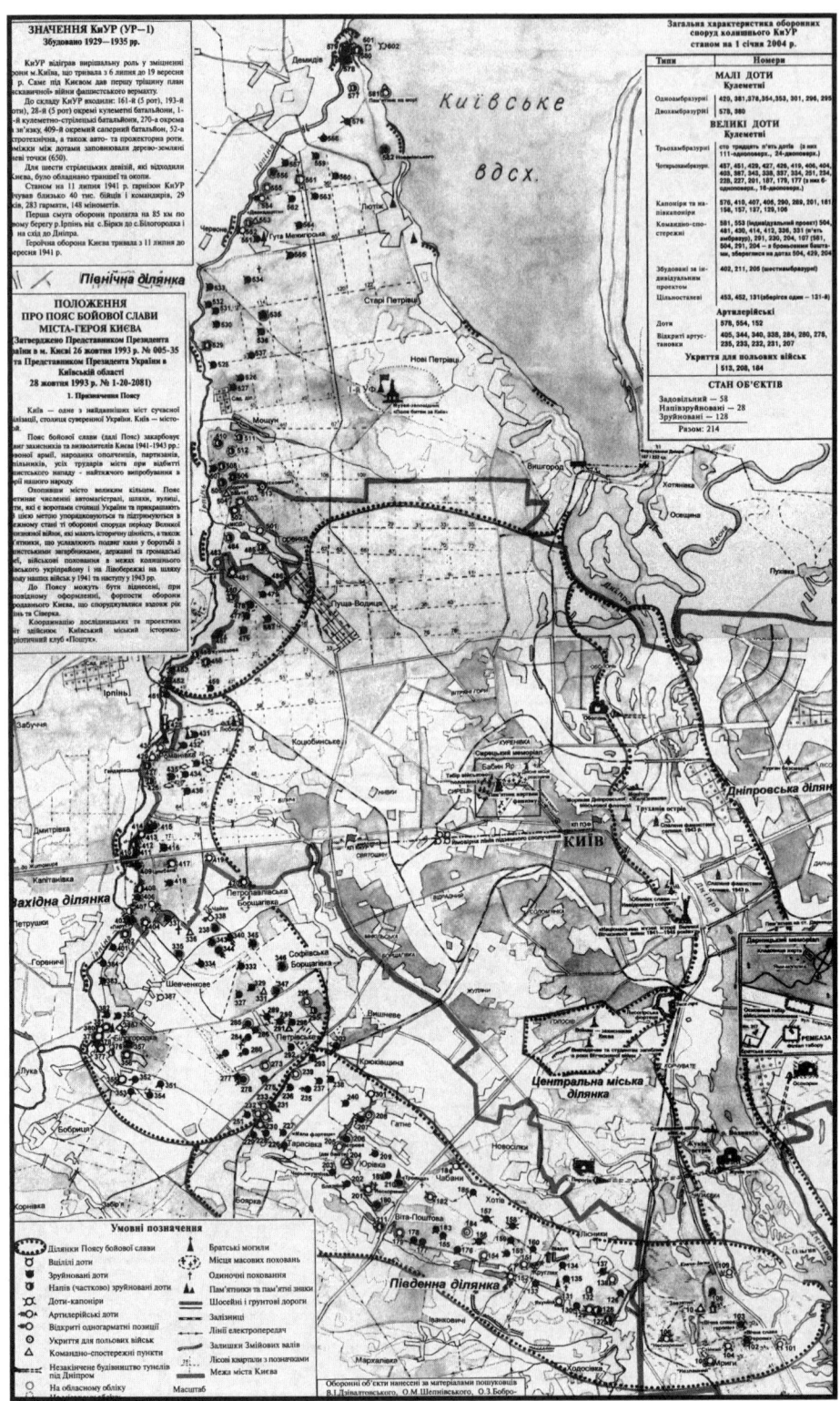

▲ 基辅筑垒地域的地图。

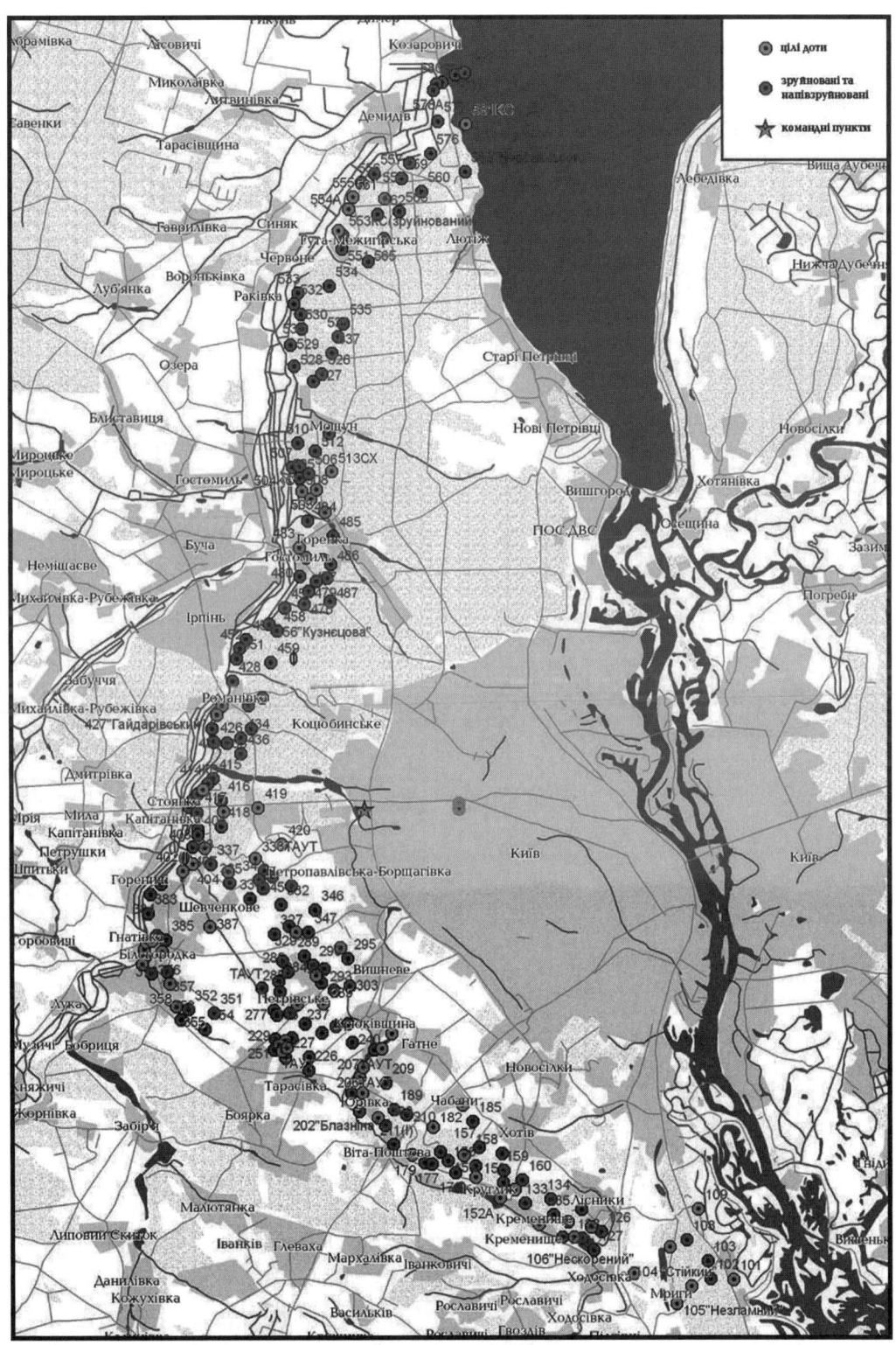

▲ 基辅筑垒地域的防御设施分布图（作者：卡拉夫琴科）。

▲ 131 号永备火力点，可见下方的进入口。

▲ 131 号永备火力点其中一个射击孔的特写。

▲ 131号永备火力点纪念碑上的碑文特写，墓碑上写着："这里是英雄城市基辅市 1941 年 7—9 月间城市防御线中的一环。第 131 号永备火力点。在保卫苏维埃乌克兰首都的战斗中，以亚库宁中尉为首的 11 名捍卫者表现出了勇气和英雄主义精神，英雄们长眠于此。"

▲ 131 号永备火力点遗址边矗立的纪念碑。

▲ 纪念馆中展出的在 131 号永备火力点周围发掘的历史文物。

列季切夫筑垒地域（3-й Летичевский укрепрайон，军事代号 3）

列季切夫筑垒地域是 20 世纪 30 年代苏联在乌克兰境内修建的结构复杂的防御工事群。整个筑垒地域覆盖文尼察方向。

1931 年关于建造列季切夫筑垒地域的决议获得了批准。原本计划 1931 年 4 月开始动工建造，然而工农红军总司令部关于建造 4 个新的筑垒地域——科罗斯坚筑垒地域、列季切夫筑垒地域、莫吉廖夫—扬波尔（莫吉廖夫—波多利斯基）筑垒地域和蒂拉斯波尔筑垒地域——的指令到 1931 年 4 月 16 日才签发，而同年 6 月下半月才开始实施土方工程，8 月份混凝土工程才开始动工。

主要永备工事的积极建设一直持续到 1934 年，但个别建筑物的建造一直持续到了 1936 年。列季切夫筑垒地域从 1931—1936 年的整个建造花费共计 16713521 卢布（1931—1932 年花费 13096821 卢布，1933 年花费 531800 卢布，1934 年花费 365900 卢布，1935 年花费 781300 卢布，1936 年花费 1937700 卢布）。1938 年开始在列季切夫筑垒地域建造补充设施。

根据不同的资料显示，列季切夫筑垒地域全长为 122~126 千米。苏联文献资料显示该工事群中包含 340 座机枪掩体和 7 座火炮永备火力点。按照德国人 1942 年公布的对该防御工事群的研究报告显示，列季切夫筑垒地域内拥有 22 座火炮掩体（另有 53 座未完工）、336 座机枪掩体（另有 23 座未完工）和 36 个指挥所。

筑垒地域的右翼毗邻赫梅尔尼克市（Хмельник），并沿着南布格河东岸穿过新康斯坦丁诺夫村（село Новоконстантинов）、苏斯洛夫齐村（село Сусловцы）、列季切夫、沃洛斯科耶（село Волосское）、加卢津齐村（село Галузинцы），从罗维茨河到巴尔市、科扎罗夫卡村（село Козаровка）、雅尔图什科夫村（село Ялтушков），从利亚多夫河到卡久扎内村（село Катюжаны）。列季切夫筑垒地域的左翼与莫吉廖夫—波多利斯基筑垒地域之间有一段 34 千米的防御空缺带，而从该筑垒地域右翼至沃伦斯基新城筑垒地域左翼则有一段 30~40 千米的防御空缺带。

1938 年夏季，基辅军区改编成基辅特别军区后，列季切夫筑垒地域成为新组建的文尼察集团军群的一部分。

1941 年 6 月 11 日，对列季切夫筑垒地域内的军火库清点的数据如下：带索科洛夫装置的马克沁重机枪 4 挺、带三脚架的维克斯机枪 2 挺、柯尔特重机枪 6 挺、37 毫米罗森贝格步兵炮 4 门、1932 年制 45 毫米无防盾型坦克炮 13 门、45 毫米口径炮弹 320 枚、76.2 毫米炮弹 800 枚、7.62 毫米口径步枪子弹 27000 发。

卫国战争期间

1941 年 7 月 7 日，在德军进攻舍佩托夫卡和普罗斯库罗夫方向的过程中，西南方面军司令员下达了命令，让第 12 集团军于 7 月 9 日上午撤退到列季切夫筑垒地域北翼并进驻该地域进行固守。

步兵第 13 军、机械化第 24 军和山地步兵第 96 师的部队防御了列季切夫筑垒地域。1941 年 7 月 16 日，第 12 集团军司令员波涅杰林少将写信给南方面军司令员，他在信中写到关于筑垒地域的现状："目前我部进驻列季切夫筑垒地域，对其了解如下：如果该筑垒地域被敌军攻破，将直接威胁到您的方面军。该筑垒地域的防御很薄弱。在 122 千米长的防御正面前沿阵地中的 354 座军事设施中火炮工事仅有 11 座；筑垒地域的防御设施以机枪永备火力点为主；而关于这些机枪掩体的装备，其中缺少 162 挺重机枪；该筑垒地域内部署 8 个机枪营的常备驻军，其中 4 个营是刚刚组建未经训练的；筑垒地域内没有炸药、地雷和铁丝网；该筑垒地域野战驻军的最低限度需求是 4 个完整的步兵师和 1 个坦克师，令人沮丧的是现有的 3 个山地师仅保有基本架构而已；与该筑垒地域右翼相邻的筑垒地域之间有一块宽度为 12 千米的未设防地段。"

7 月 17 日，德军在捷尔洛夫卡村（село Терловка）至斯尼托夫卡村（село Снитовка）地段、皮利波维科里琴齐（Пилиповы Кориченцы）至加卢津齐村以及科扎里夫卡村（село Козаривка）至马利蒙特农庄地段突破了列季切夫筑垒地域。7 月 17 日 14 时，德军攻占了日梅林卡（Жмеринка，乌克兰文尼察州的城市，距离州首府 35 千米，位于基辅西南方向 234 千米处）。德军将苏军第 12 集团军分割成几段，并且威胁到苏军第 6 集团军的后方。

第 12 集团军参谋长巴格拉德·伊萨科维奇·阿鲁沙尼扬（Баград Исаакович Арушанян）少将于当日晚间 18 点 40 分通过电话下令步兵第 13 军和机械化第 24 军的部队在撤出筑垒地域时，带走所有可搬运的武器和弹药，并摧毁一切带不走的设施。7 月 18 日深夜，他们开始从赫梅利尼克市、新康斯坦丁诺夫村、列季切夫、沃尔科文齐村（село Волковинцы）和巴尔市撤退，他们计划首先撤到文尼察，然后撤到切尔卡瑟。他们中的一部分（永备火力点驻军、警备排和通信部队的 237 人）被滞留在文尼察，在那里组成一个混成营，而后归入机械化第 24 军的坦克第 45 师。其他部分于 7 月 24 日在切尔卡瑟集结，随后被划入步兵第 116 师。

1941 年 12 月 27 日，筑垒地域警备司令部被解散。

筑垒地域内常驻驻军的编制

筑垒地域警备司令部

独立机枪第 24 营

独立机枪第 27 营

独立机枪第 29 营

独立机枪第 37 营

独立机枪第 233 营

独立机枪第 235 营

独立通信第 525 营（1941 年 7 月 1 日前为独立通信第 186 连）

独立工兵第 33 连

独立运输第 214 连

第 109 野战汽车面包房

所属

日期	所属方面军	所属集团军
1941 年 6 月 22 日	直属西南方面军	—
1941 年 7 月 1 日	直属西南方面军	—
1941 年 7 月 10 日	直属西南方面军	—
1941 年 8 月 1 日	直属西南方面军	—
1941 年 9 月 1 日	直属西南方面军	—
1941 年 12 月 1 日	直属西南方面军	—

筑垒地域历任警备司令

尤里·弗拉基米罗维奇·萨布林（Юрий Владимирович Саблин）师级指挥员，生于1897年11月12日，1937年6月死于"大清洗"，他在1931年—1936年9月25日担任列季切夫筑垒地域警备司令。

安东·伊万诺维奇·亚季莫维奇（Антон Иванович Якимович）旅级指挥员，生于1883年，1944年牺牲，他在1941年担任列季切夫筑垒地域警备司令。

▲ 安东·伊万诺维奇·亚季莫维奇。

▲ 现今筑垒地域遗址内用岩石垒砌而成的纪念碑。

▲ 德军前线指挥官在被摧毁的永备火力点上方查看地图。

▲ 筑垒地域内的永备火力点遗址。

▲ 德军在被摧毁的永备火力点旁休息。

▲ 德军在被摧毁的永备火力点前合影。

▲ 现今残留下来的原筑垒地域区域内的多处永备火力点残骸。

◀ 冬季在列季切夫筑垒地域遗址区域内所拍摄的景色。

科罗斯坚筑垒地域（5-й Коростеньский укреплённый район，军事代号 5）

20 世纪 30 年代苏联在乌克兰境内修建的结构复杂的防御工事群。整条防线沿鲁德尼亚村（село Рудня）—别洛科罗维奇村（село Белокоровичи）—奥索夫卡村（село Осовка）—别尔卡村（село Белка）—扎鲁宾卡村（село Зарубинка）—丰坦卡火车站（ст. Фонтанка）一线布置。

建造的历史背景

20 世纪 20 年代末，苏联红军将波兰作为主要对手。为了确保在西部边境调动和部署部队时能够得到掩护，红军经会议决定在波兰边境上修建一系列的筑垒地域。科罗斯坚筑垒地域距离边境 40~50 千米，其右翼为仅有少数可通行道路的大面积沼泽地带，筑垒地域覆盖奥夫鲁奇至科罗斯坚方向。

乌克兰军区司令员约纳·埃马努伊洛维奇·亚基尔提出了关于强化建设科罗斯坚筑垒地域的问题。1931 年春季，工农红军总参谋长亚历山大·伊里奇·叶戈罗夫提出了初步建设的计划。同年 6 月 30 日，总参谋部的建设计划通过审批。

1931 年夏季，科罗斯坚筑垒地域开始施工，当年 11 月已有 264 处建筑物竣工，至 1932 年 11 月，在现有建筑物的基础上又增加了 191 座。在科罗斯坚筑垒地域内还拥有一座地下指挥所。

1938 年，筑垒地域内又增加了 12 座半侧防火炮暗堡，然而战争爆发时，它们并没有获得充分的武器和装备。

整个筑垒地域延绵 182 千米长。其防御体系包括 14 个营级防御地区，2 条斜切防线以及一个设置在叶米利奇诺（Емильчино，乌克兰日托米尔州的城镇）的独立防御枢纽部。主要防御区域内的纵深为 2 千米。距离前沿阵地 7~8 千米处为没有防御纵深的第二条防御带。筑垒地域还布置了 20 千米长的壕沟和交通壕，以及 120 千米长的铁丝网。但筑垒地域内缺乏阻止坦克通行的反坦克壕沟。沿着防御线设置了水道，可用来放水淹没敌人前行的道路。

筑垒地域内配备了 16 座火炮、919 挺重机枪和 309 挺轻机枪，但武器配备数量仅达到必要需求的 1/3。军事委员会在战前对该筑垒地域进行调查的报告显示：被抽查的 178 处设施，大多数装备不齐全，伪装破损，驻军的训练水平低下。

科罗斯坚筑垒地域的北侧和莫济里筑垒地域的南侧之间有 60~70 千米的防御空缺带。从西北方向穿过米拉舍维奇至奥夫鲁奇方向的东南面，可以开辟通往基辅的道路。

1938 年夏季，基辅军区更名为基辅特别军区后，科罗斯坚筑垒地域内的集群被划归日托米尔集团军群管辖。

卫国战争期间

战争爆发后，科罗斯坚筑垒地域被划入西南方面军作战序列。

1941 年 7 月 5 日，德军突破了沃伦斯基新城筑垒地域，之后大本营命令第 5 集团军的部队于 7 月 7 日深夜至 8 日向科罗斯坚筑垒地域退却，并于 9 日早晨前进驻防御阵地。步兵第 15 军（下辖步兵第 45 和第 62 师）撤到鲁德尼察—别洛科罗维奇防线，步兵第 31 军（下辖步兵第 193、第 195 和第 200 师）进驻别洛科罗维奇村—叶米利奇诺镇—德米特里耶夫卡农场（колхоз Дмитриевка）防线。但 7 月 9 日，该集团军收到了向敌人发起反击的命令，然而行动未取得成功。步兵第 15 军于 7 月 11 日抵达了该筑垒地域的主要防御地带并进驻前沿防御阵地：步兵第 45 师进驻鲁德尼察的防御阵地，步兵第 62 师进驻鲁德尼亚奥泽兰斯卡亚村（село Рудня-Озерянская）至别洛科罗维奇村一线的防御阵地。

第 5 集团军司令部 7 月 11 日的作战报告称，步兵第 15 军防御地带没有给野战部队配备装备，而该地带主防御阵地前的设防地带的装备也很简陋。工兵建筑营仅仅在这里用砖石堆砌了一些似乎无法阻碍步兵进攻的建筑。防御地带中配属的军属机枪第 4、第 54、第 55、第 142 和第 224 营都缺乏武器和弹药，这导致整个筑垒地域仅第一条防线勉强可供使用，而所占领后方设施并未完工。截至 7 月 12 日，未满员的筑垒地域机枪营共装备有 76 毫米火炮 16 门、重机枪 333 挺、轻机枪 279 挺。

7 月 23 日，筑垒地域主要防御地带内的奥索夫卡村—古良卡村（село Гулянка）—别尔卡村—扎鲁宾卡村—雅戈金卡村（село Ягодинка）一线地段爆发了激烈的战斗。这些地段内的永备火力点没有配备武器。德军楔入了苏军步兵第 31 军的防御阵地数千米，但随后他们放弃并主动撤退。当日夜里 24 时，德军成功突破了奇梅利村（село Чмель），包围了叶米利奇诺村地区的苏军机枪第 38 营。

7 月 24 日，德军发起新的攻势，迫使苏军步兵第 193 和第 200 师撤退到古良卡村、乌希察村（село Ушица）和邦达列夫卡村（село Бондаревка）。截至 7 月 31 日，德军已深入苏军防御内 20 千米。苏军守备部队曾多次尝试消灭楔入的德军，恢复战线，但无济于事。

8 月 5 日，德军恢复了攻势，并逼迫苏军后撤 6~8 千米。德军于当日对科罗斯坚发起了攻击，其结果是苏军第 5 集团军司令员波塔波夫下达了把步兵第 31 军的部队调回科里沃京村（село Кривотин）—扎列西耶村（село Залесье）—莫济里诺村（село Могильно）一线的命令。步兵第 15 军将武器从筑垒地域的西南地带搬出来，撤退到别洛希齐村（село Белошицы，今日托米尔州的绍尔所夫卡村）—斯特列米哥罗德村（село Стремигород）—利普利亚内村（село Липляны）—尤泽福夫卡村（село Юзефовка）防线。掩护步兵第 135 和第 193 师的部队从包围圈中撤退。8 月 7 日，德军攻占了科罗斯坚市。此时，德军仅未对筑垒地域的北部区域发动军事行动。

经西南方向总指挥布琼尼元帅请求，苏军大本营允许第 5 集团军的部队撤过第聂伯河和放弃科罗斯坚筑垒地域。

1941 年 8 月 30 日，筑垒地域的警备司令部被解散。

如今在科罗斯坚指挥所的旧址上建立了一座军事历史博物馆，旨在纪念卫国战争期间第 5 筑垒地域捍卫者的壮举。

战时编制

1941 年 5 月 27 日

    筑垒地域警备司令部

    机枪第 49 营

    机枪第 142 营

    野战后备机枪营

    半侧防火炮暗堡排

    通信第 129 连

    军用仓库

    军事工程建设管理处

1941 年 6 月 22 日

    筑垒地域警备司令部

独立机枪第 15 营

独立机枪第 34 营

独立机枪第 38 营

独立机枪第 39 营

独立机枪第 48 营

独立机枪第 51 营

独立机枪第 55 营

独立机枪第 142 营

第 574 野战邮站

历任警备司令

1931—1936 年，谢苗·瓦西里耶维奇·尼基京（Семен Васильевич Никитин）师级指挥员。

1936 年 2 月，列奥尼德·阿列克谢维奇·达维多夫（Леонид Алексеевич Давыдов）旅级指挥员。

1940—1941 年，格里戈里·尼基托维奇·伊万诺夫（Григорий Никитович Иванов）上校。

所属

时间	所属方面军	所属集团军
1941 年 6 月 22 日	西南方面军	方面军直属
1941 年 7 月 1 日	西南方面军	方面军直属
1941 年 7 月 10 日	西南方面军	方面军直属
1941 年 8 月 1 日	西南方面军	第 5 集团军
1941 年 9 月 1 日	西南方面军	第 5 集团军

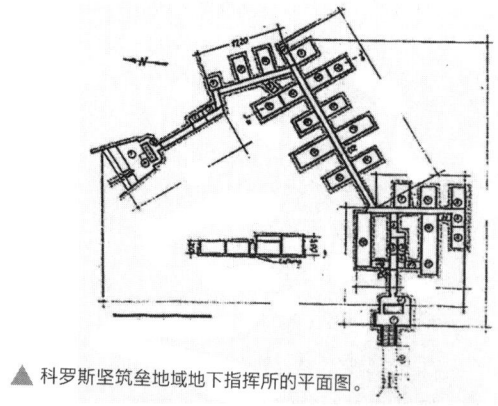

▲ 科罗斯坚筑垒地域地下指挥所的平面图。

▲ 地下指挥所内的通道。

▲ 地下指挥所内构模型。

▲ 科罗斯坚筑垒地域指挥所遗址上的标牌。

▲ 地下指挥所外的山包上展示　　▲ 地下指挥所旧址的入口，现在这里是一座博物馆。　　▲ 地下指挥所内的报务室。
着一门反坦克炮。

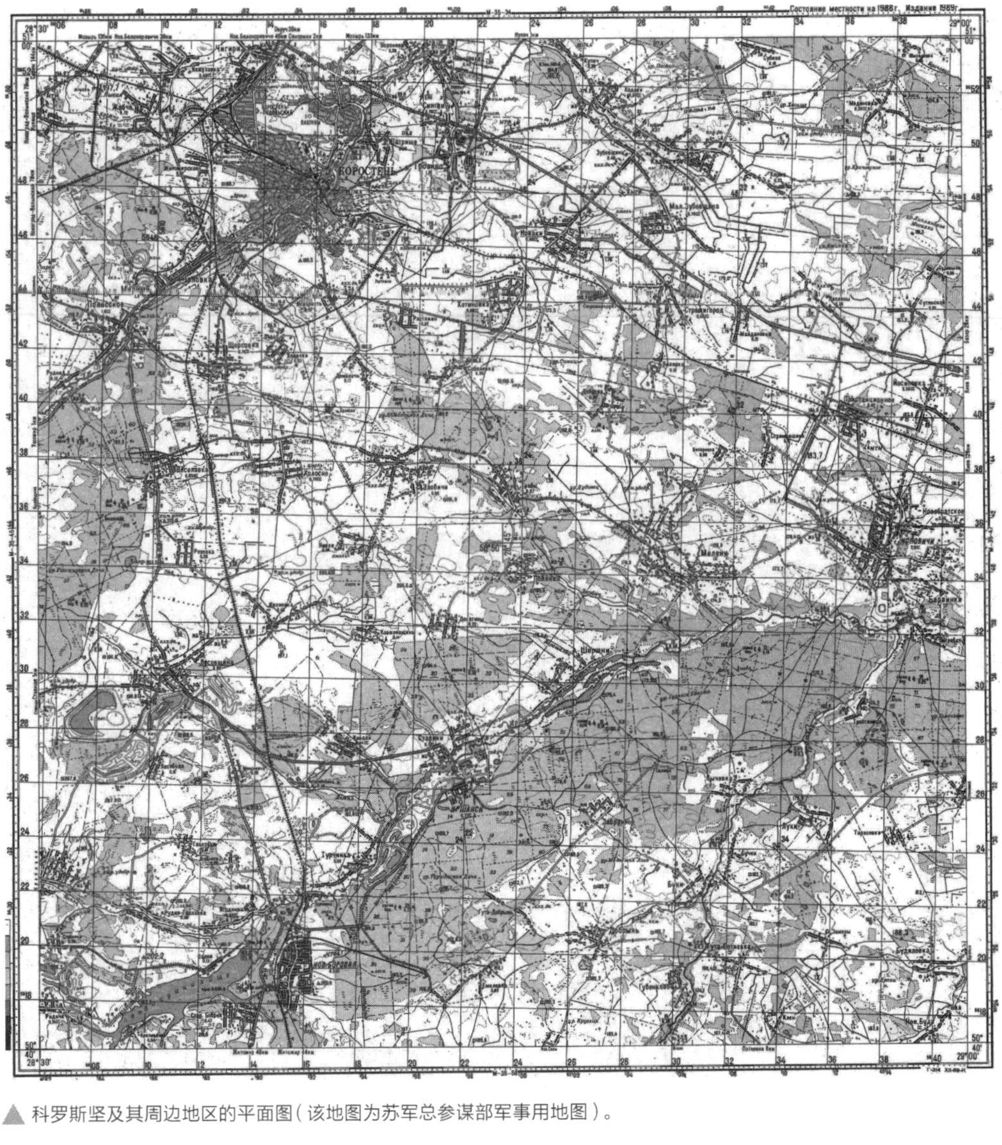

▲ 科罗斯坚及其周边地区的平面图（该地图为苏军总参谋部军事用地图）。

▲ 指挥所展示的某间办公室。

▲ 科罗斯坚筑垒地域中 M2 型第 866 号永备火力点遗址。

▲ 博物馆内的部分展品。

▲ 列季切夫筑垒地域旧址内的一座永备火力点遗址。

▲ 筑垒地域内的迫击炮发射阵地旧址。

沃伦斯基新城筑垒地域

（7-й— Новоград-Волынский укреплённый район, 军事代号 7）

沃伦斯基新城筑垒地域是苏联在乌克兰境内修建的结构复杂的防御工事群。作为苏联工农红军武装力量的军事单位之一，在卫国战争初期起到了一定作用。

历史背景

1932 年，苏联当局决定建造沃伦斯基新城筑垒地域。1932 年 2 月，乌克兰军区司令部下达了关于建造沃伦斯基新城筑垒地域而成立第 99 号施工建设管理指挥部的指示。建造该筑垒地域旨在填补科罗斯坚筑垒地域与列季切夫筑垒地域之间超过 140 千米的国土防御空缺。该指挥部于当年开始动工建造沃伦斯基新城筑垒地域。

1935 年 5 月 17 日，沃伦斯基新城筑垒地域正式编入基辅军区作战序列。同年秋季，第 99 号施工建设管理指挥部被步兵第 45 师师部改组。沃伦斯基新城筑垒地域划归该师管辖。

1936—1938 年，沃伦斯基新城筑垒地域内继续动工建造新的火力点。

整个沃伦斯基新城筑垒地域两翼之间的总长度为 120 千米，纵深 1~2 千米，筑垒地域内有 182 座永备机枪火力点和约 17 座永备火炮火力点。另一种说法是该筑垒地域前沿总长为 115 千米，共拥有 261 座永备火力点设施。

整个筑垒地域的结构呈一线布置，只有沃伦斯基新城和新米罗波利斯克居民点（населённый пункт Новомиропольск， 位于舍佩托夫卡至别列季切夫铁路线上的居民点）处有第二道防线。整个工事群沿瓦尔瓦洛夫卡居民点（Варваровка）—维尔什尼察村（село Вершница）—奇若夫卡村（село Чижовка）—叶利扎贝特（Елизабет）—纳塔尔耶夫卡村（село Натальевка）—沃伦斯基新城—苏斯雷村（село Суслы）—新米罗波尔斯克（ Новомирпольск）—科罗斯特基村（село Коростки）一线部署。整个筑垒地域基本沿斯卢奇河东岸布置。工事群至边境线的距离从 24 到 80 千米不等。从边境到筑垒地域之间的森林覆盖面积不超过 20%。筑垒地域内有许多道路。

工事群的主体结构完工于 1937—1938 年。

截至 1939 年 8 月 1 日，沃伦斯基新城筑垒地域内组建了 4 个连编制的独立机枪第 70 营，该营还配备了 2 个反坦克班，全营共计 541 人。另有 5 个火炮侧防暗堡排，共计编有 55 人。

1938—1939 年，沃伦斯基新城筑垒地域主体结构的混凝土浇筑作业基本完成。1940 年 1 月 16 日，沃伦斯基新城筑垒地域副总工程师奥列伊尼科夫和总规划师泽姆斯基对 1938—1939 年该筑垒地域内已完成的 58 座永备设施共计 27086 立方米的混凝土浇筑作业进行了验收。

根据基辅特别军区于 1940 年 9 月 6 日下达的编号为 4/1761 号的命令，沃伦斯基新城筑垒地域更名为 7 号筑垒地域。

筑垒地域全称

1932 年起称为沃伦斯基新城筑垒地域。

1940 年 9 月 6 日起，称为 7 号筑垒地域。

筑垒地域内常驻单位编制

1932 年 2 月

第 99 号施工建设管理指挥部

1935 年秋季

步兵第 45 师师部

师属步兵团

筑垒地域驻军

1939 年 9 月 16 日

筑垒地域警备司令部

独立机枪第 70 营：机枪 1 连、机枪 2 连、机枪 3 连、机枪 4 连、独立反坦克炮兵 1 班和独立反坦克炮兵 2 班

所属

时间	所属方面军（军区）[①]	所属集团军
1932 年 2 月—1935 年秋	基辅军区	—
1935 年秋—1938 年 7 月 26 日	基辅军区	—
1938 年 7 月 26 日—1939 年 9 月 16 日	基辅特别军区	日托米尔集团军级集群
1939 年 9 月 16 日—10 月	乌克兰方面军	舍佩托夫卡集团军级集群
1939 年 10 月—1941 年 6 月 22 日	基辅特别军区	—
1941 年 6 月 22 日—6 月 30 日	西南方面军	—
1941 年 6 月 30 日—7 月 3 日	西南方面军	第 5 集团军
1941 年 7 月 3—5 日	西南方面军	第 6 集团军
1941 年 7 月 5—12 日	西南方面军	第 5 集团军

① 方面军是苏联武装力量的战略战役军团，通常于战时由一个或多个军区组建而成，用于完成在陆战区数个战役方向（有时是一个战略方向）上的战略战役任务。非战时则恢复军区制。

火炮侧防暗堡 1 排

火炮侧防暗堡 2 排

火炮侧防暗堡 3 排

火炮侧防暗堡 4 排

火炮侧防暗堡 5 排

与沃伦斯基新城筑垒地域有关的军事行动

1939 年

1939 年 9 月 1 日，德国开始入侵波兰。同年 9 月 17 日，苏军开始了在波兰的军事行动。

1939 年 9 月，步兵第 45 师出发执行波兰东部地区至西乌克兰的军事行动后，沃伦斯基新城筑垒地域成了一个独立的军事单位，当年成立了筑垒地域警备司令部（根据该筑垒地域 9 月 12 日下达的第 1 号命令和 9 月 30 日下达的第 10 号命令）。

1941 年

根据基辅特别军区于 1941 年 6 月 2 日制定的边境防御计划，沃伦斯基新城位于后方的第四条防线。第 5 集团军将战地医院设在了该市，用来接收治疗从前线运来的伤病员。

1941 年 6 月 30 日，苏军大本营最高统帅斯大林做出了让西南方面军的部队于 7 月 9 日前撤退到 1939 年 9 月之前苏联和波兰之间旧国境线上的筑垒地域中。西南方面军军事委员会下令把第 5 集团军的部队调到科罗斯坚筑垒地域和沃伦斯基新城筑垒地域。

7 月 3 日深夜，西南方面军司令员基尔波诺斯上将根据第 0040 号指令所提供的任务，下令在沃伦斯基新城布防。该指令派发给了第 5 集团军（司令员波塔波夫坦克兵少将）和第 6 集团军（司令员穆济琴科中将）。第 5 集团军和第 6 集团军防区的分界线移动到了沃伦斯基新城以北 12 千米处。

苏军机械化第 19 军经罗夫诺[①]—科列茨[②]—沃伦斯基新城公路撤退到沃伦斯基新城筑垒地域的北部地段，该军再次被划归给第 6 集团军管辖。

第 5 集团军司令员派遣自己的前参谋长、现任步兵第 87 师师长布兰克上校组织沃伦斯基新城的防御，将筑垒地域地段内的所有部队划归给他统一指挥。

7 月 3 日清晨，苏军第 6 集团军摩托化第 109 师进入了舍佩托夫卡筑垒地域内斯拉武塔市（Славута）西郊的防御阵地。该师在这条防线上被配属给了布兰克上校的集群。

苏军摩托化第 109 师的部队还没来得及就地挖掘战壕，德军的攻击便开始了。该师经不住德军的猛攻，开始向通往舍佩托夫卡市的公路退却。

7 月 4 日，第 48 摩托化军奉德军第 1 装甲集群司令官克莱斯特上将之令在舍佩托夫卡方向实施了集结，并要求立即向撤退中的苏军展开追击。德军前锋第 11 装甲师在当日中午便打破了苏军的抵抗，立即突入到舍佩托夫卡市内。

当日，苏军摩托化第 109 师的部队与德军第 48 摩托化军的部队在舍佩托夫卡市内街头激战了一整天。

---

① 罗夫诺（Ровно），乌克兰罗夫诺州的州首府，罗夫诺地区的行政中心，乌斯季耶河穿城而过，位于克列茨以东 68 千米处。该市属于乌克兰的古城之一，最早见于 1283 年用拉丁文所编写的波兰编年史书《Rocznik kapituły krakowskiej》。

② 科列茨（Корец），乌克兰罗夫诺州的城市，科列茨地区的行政中心，该市位于科尔奇克河河岸，在沃伦斯基新城以东 38 千米处。

西南方面军司令员基尔波诺斯上将立即将几支坦克和步兵部队派往该地区。7月4—5日，苏军在舍佩托夫卡市东面对敌进行了顽强的抵抗。

德军的兵锋离沃伦斯基新城筑垒地域已近在咫尺。

苏军西南方面军指挥所设在了日托米尔市。

当晚21时，苏军机械化第19军在激战中撤往科列茨、别列兹多夫防线，并在此坚守到7月5日早上。

德军第3摩托化军（军长为埃尔伯特·冯·马肯森骑兵上将）和第1装甲集群的第48摩托化军（军长为维尔纳·肯普夫装甲兵上将）突破了沃伦斯基新城筑垒地域，并在苏军西南方面军防区的中央地段形成了一个宽85千米、纵深达70千米的"凹痕"，并造成日托米尔市和基辅市受到战术突破的威胁。在战斗中，进入筑垒地域内的守军和野战部队退守至该防线实施防御。

7月5日早上，苏军机械化第19军进入了科列茨、别列兹多夫村（село Берездов）防线。在德军摩托化第3军的打击下，苏军机械化第19军继续退却。当日早上，苏军机械化第109师（下辖摩托化步兵第381、第602团，摩托化步兵第2旅和其他特种单位）在赶到支援的步兵第7军（军长康斯坦丁·列奥尼多维奇·多布罗谢尔多夫少将）部队的协助下守住了舍佩托夫卡市。随后，摩托化第109师开始向沃伦斯基新城筑垒地域一线的波隆诺耶市退却。

西南方面军司令部于7月3日下达给第5集团军和第6集团军的指令，后者迟至7月5日才收到。而德军在此期间驱逐苏军，向东高歌猛进。该指令的一些要求已不符合两日后（7月5日）的战况。第5和第6集团军按照正确任务依托沃伦斯基新城筑垒地域展开攻势，但苏军部队未占据该指令中所要求的对应阵地。

目前根据文献资料我们无法考证苏军第5集团军是否将其麾下的步兵第7军和机械化第19军（军长尼古拉·弗拉基米尔洛维奇·费克连科坦克兵少将）转交给第6集团军。

步兵第7军和机械化第19军的军长未联系上第6集团军司令员。在当前紧迫的局势下，第5集团军司令员只好再次行使对这2个军的指挥权，并组织他们投入到沃伦斯基新城市的防御中。

7月5日，德军向沃伦斯基新城筑垒地域内的苏军发起了攻击，但攻势未取得成功。德军指挥官集结了新的部队。同日，西南方面军指挥所转移到了基辅市附近的斯维亚托希诺。

当日，苏军继续与德军第48摩托化军在舍佩托夫卡市东面激战。苏军机械化第19军退至克拉西罗夫卡、杰多维奇、科舍列夫、亚鲁尼一线，但再次遭到德军第3摩托化军的猛烈攻击，导致前者被迫于7月5日退守沃伦斯基新城西郊。

从7月5日深夜至次日凌晨，苏军机械化第19军且战且退，到达马里亚诺夫卡（Марьяновка）地区的费多罗夫卡村（село Федоровка，位于沃伦斯基新城以东15千米处）。

临近7月6日，苏军第5集团军的部队进驻了沃伦斯基新城筑垒地域内的阵地。同日，布兰克上校指挥的防御战斗群部队（步兵第228师和其他部队）进驻了沃伦斯基新城。该防御战斗群的人数约为2500人。机械化第19军的残余（约1500人和40辆坦克）

位于该市东面。

苏军摩托化第 109 师退守沃伦斯基新城筑垒地域内的波隆诺耶市（坐落在舍佩托夫卡至别列季切夫铁路线上）附近的阵地。

德军在沃伦斯基新城附近遭到了苏军的反击，不得不重新集结部队，继续在日托米尔和别列季切夫方向的沃伦斯基新城南面发动攻势。同时，德军指挥部在沃伦斯基新城附近集结了步兵师和装甲师，而这些部队都在向苏军发起持续性猛攻。

7 月 7 日早上，苏军第 5 集团军部队收到了西南方面军司令员下达的命令：于 7 月 7 日深夜至 7 月 8 日开始向科罗斯坚筑垒地域退却，并于 7 月 9 日进驻该筑垒地域。苏军第 6、第 12 和第 26 集团军同样收到在 7 月 9 日前将部队撤至沃伦斯基新城筑垒地域、奥斯特罗波尔筑垒地域和列季切夫筑垒地域一线的命令。

当日下午，西南方面军作战部部长巴格拉米扬上校将方面军司令员下达的机械化第 19 军和步兵第 7 军继续归第 5 集团军指挥的命令转达给了第 5 集团军司令员，命令中要求这两个军必须按照最新指示执行任务。这两个军的军长在当日仍然无法与第 6 集团军取得联系。

机械化第 19 军从激战中撤出，在马里亚诺夫卡地区费多罗夫卡村实施了集结后，第 5 集团军与该军军长费克连科少将迅速建立了联系。

临近 7 月 7 日时，德军指挥官在沃伦斯基新城附近集结了 6 个师的兵力，其中包括 2 个装甲师。当日白天，上述德军向苏军阵地发起了猛烈攻击。

德军第 25 摩托化师、第 14 装甲师和第 299 步兵师在飞机和重炮的火力支援下连续摧毁了沃伦斯基新城地区内的多座永备火力点。德军第 13 装甲师在城南的古利斯克村附近强渡斯卢奇河，进而突破了该处的永备火力群防线，进一步威胁到布隆尼奇大桥，该桥位于沃伦斯基新城至日托米尔的公路上，在沃伦斯基新城以东 10 千米处。

德军第 48 摩托化军在当日渡过了斯卢奇河。

当日苏军摩托化第 109 师守住了波隆诺耶市附近的防御阵地。

临近 7 月 7 日结束时，德军第 48 摩托化军的部分部队闯入了别列季切夫市。

驻守在沃伦斯基新城筑垒地域的几个常备独立机枪营、布兰克上校统一指挥的第 5 集团军的反坦克炮兵第 5 旅的部队、步兵第 228 和第 206 师、摩托化第 109 师的部队捍卫着该筑垒地域的阵地。

7 月 8 日早晨，德军第 48 摩托化军完全占领了沃伦斯基新城南面的别列季切夫市。当日 13 时，当德军第 13 装甲师切断了波隆诺耶地区的公路时，苏军机械化第 19 军奉第 5 集团军司令员波塔波夫少将的命令对敌实施了反击，击退了盘踞在玛鲁舍夫卡和柳波希内农庄地区树林处的德军第 13 装甲师的坦克部队。下午 15 时，苏军机械化第 19 军再次对德军第 13 装甲师发起了攻击，但这次进攻未获成效，而且此战使苏军损失惨重。从西面而来的德军设法突破了布兰克上校指挥的步兵第 228 师和其他单位组成的战斗群在沃伦斯基新城附近布防的防御阵地，随后占领了该市。筑垒地域的捍卫者们仅坚守了 3 个昼夜，该市就被德军占领了。当日苏军摩托化第 109 师仍然坚守住了波隆诺耶市附近的防御阵地。

7 月 8 日傍晚，沃伦斯基新城筑垒地域的大部分前沿阵地告破，并且德军第3摩托化军从一个点上突破了苏军的防御，从东面逼近日托米尔市，而后攻入日托米尔市。当晚23时，苏军机械化第19军退至罗曼诺夫卡地区，德军从南面楔入留在波隆诺耶市附近的苏军摩托化第109师的阵地。

7月9日，德军最终冲破了沃伦斯基新城筑垒地域的苏军守军的防御阵地，攻占了日托米尔市。整个沃伦斯基新城筑垒地域的土地上上演了激烈的争夺战。苏军摩托化第109师的南部部队在当日守住了自己位于波隆诺耶市附近的阵地。

苏军第5集团军司令员波塔波夫少将决定向敌人发起反击。他的设想是：将牢牢掌握在手中部署在鲁德尼察镇（посёлок Рудница）、别洛科罗维奇村、叶米利奇诺镇、谢尔贝村（село Сербы）防线上的部队——步兵第31军、机械化第9和第22军投入布隆尼奇村（село Бронники，位于沃伦斯基新城以东10千米处）、切尔尼察村（село Черница）方向，与第6集团军一起击溃德军集群，并在斯卢奇河重建西南方面军的左翼阵地。

布防在科罗斯坚筑垒地域内鲁德尼察镇、别洛克洛维奇村、谢尔贝村的苏军第5集团军步兵第15军的2个步兵师、步兵第31军的1个师、筑垒地域内的4个常驻机枪营汇同机械化第9、第19、第22机械化军（拥有130辆坦克）的部队，于7月10日早晨，从沃伦斯基新城的维尔什尼察村、捷斯诺夫卡村（село Тесновка）、米尔诺耶村（село Мирное）发动攻击并一度楔入了德军的阵地，但当日苏军组织的反击未能挽回局面。苏军摩托化第109师挫败了德军从南面楔入其在波隆诺耶市附近防御阵地的企图。

7月12日，布兰克上校的集群（下辖步兵第206、第228师和摩托化第109师）麾下的苏军摩托化109师守住了波隆诺耶市附近的防御阵地。该师防守沃伦斯基新城筑垒地域内的阵地直至7月12日，并在接到西南方面军司令员基尔波诺斯上将的命令后，向东撤出战斗，并退却到佐洛托诺沙市地区改编成步兵师。

▲ 某机枪永备火力点内部装备的水冷式重机枪。

▲ 德军在占领某座永备火力点后所拍摄的照片。

▲ 德军军官团在视察一座被严重损毁的钢筋混凝土永备火力点的残骸。

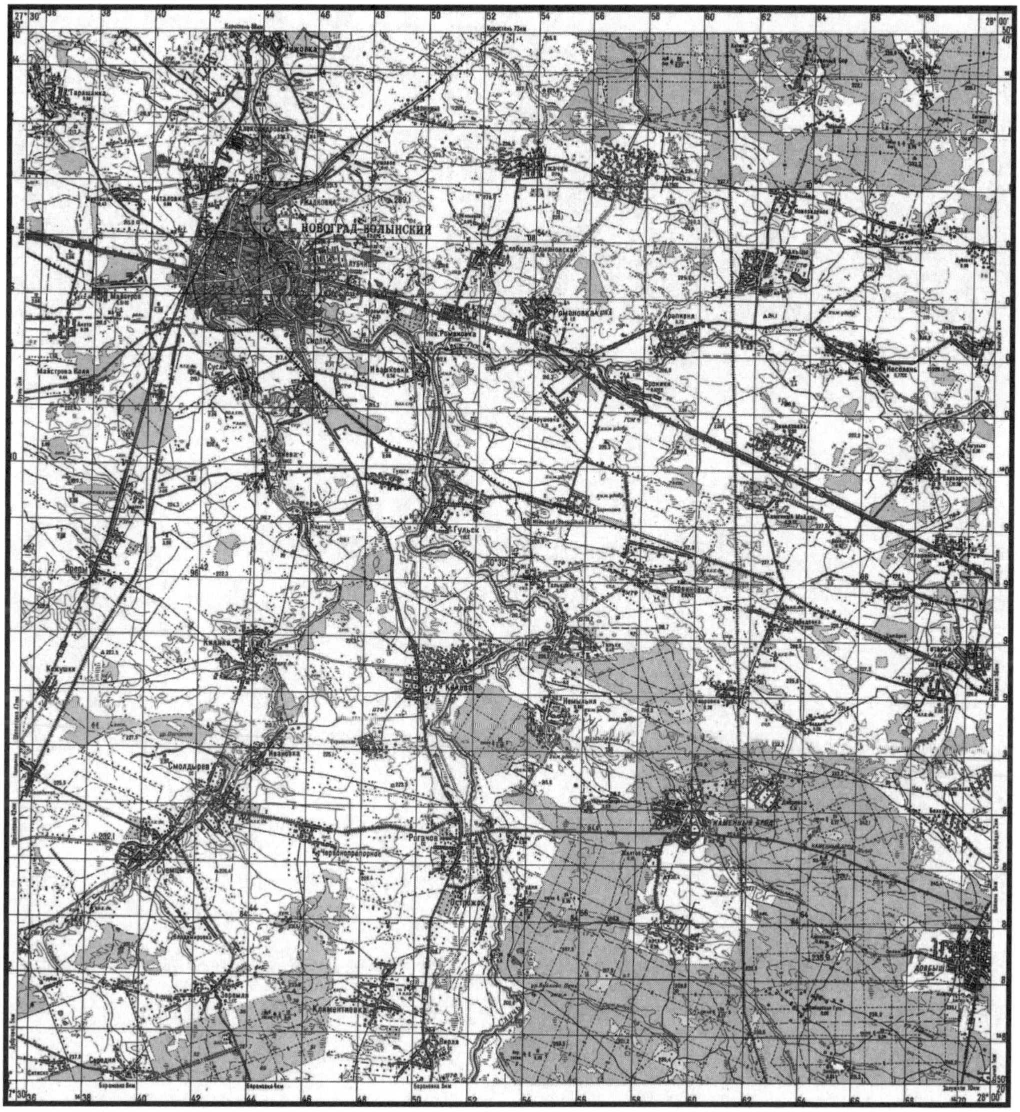

▲ 沃伦斯基新城及其周边地区的平面图（该地图为苏军总参谋部军事用地图）。

◀ 沃伦斯基新城筑垒地域内的火炮侧防暗堡。

▲ 沃伦斯基新城筑垒地域内的某座钢筋混凝土结构的永备火力点遗址。

▲ 沃伦斯基新城筑垒地域内与基辅筑垒地域中间名遐迩的 131 号永备火力点结构类似的一座机枪永备火力点遗址，上面的弹孔清晰可见。

卡缅涅茨—波多利斯基筑垒地域
（ 10-й Каменец-Подольский укреплённый район，军事代号 10）

卡缅涅茨—波多利斯基筑垒地域是 20 世纪 30 年代苏联在乌克兰境内修建的结构复杂的防御工事群。

修建

1938 年，8 个新的筑垒地域在苏联边境上开始建造，这其中就包括卡缅涅茨—波多利斯基筑垒地域。卡梅涅茨—波多利斯基筑垒地域的前沿全长 60 千米，防御地带纵深 3~5 千米。它共拥有 159 座军事设施。

1939 年 5 月 31 日，苏联苏维埃人民委员会下的国防人民委员会根据第 137 号《1939 年国防人民委员会关于防御建设计划》的机密决议，批准完成 1938 年动工的卡缅涅茨—波多利斯基筑垒地域的 4 个交叉点上的 2 期防御工程。

1939 年下半年，列季切夫筑垒地域中的独立机枪第 39 营划归给卡缅涅茨—波多利斯基筑垒地域。

自从新国境线以桑河为界起，位于喀尔巴阡山麓的卡缅涅茨—波多利斯基筑垒地域则失去了它之前的重要性。1939—1940 年冬季，苏联调配了大量的人员、施工工具和材料用以建造新的防线——柳博姆利（Любомль）—弗拉基米尔沃伦斯基—拉瓦—罗斯卡亚（Рава-Русская）—佩列梅什利（Перемышль）一线。

该筑垒地域因 1940 年夏季比萨拉比亚并入苏联后得以强化，并延伸到霍京市。

苏联国防人民委员会于 1940 年 10 月 8 日下达的第 0057 号命令宣布对卡缅涅茨—波多利斯基筑垒地域进行验收。

卫国战争期间

1941 年 7 月 5 日，德军攻占了舍佩托夫卡，而 7 月 7 日占领了别尔季切夫，从而威胁到南方面军防线的后方。苏联最高统帅部大本营下达的第 00226 号指令，命令南方面军司令员从卡缅涅茨—波多利斯基筑垒地域撤走武器，撤出驻军，将他们加强到列季切夫和莫吉廖夫—波多利斯基筑垒地域中的科帕伊哥罗德镇(Копайгород)和奥利霍维齐村(село Ольховцы ）地带。

指令抵达南方面军司令部，秋列涅夫大将立即执行了该命令，让卡缅涅茨—波多利斯基筑垒地域的驻军和步兵第 189 师一起随第 18 集团军主力撤退，并由他们殿后。另外，驻军还收到了对该主动放弃的筑垒地域内一切不能带走的设备和装备实施破坏的命令。

撤离该筑垒地域时被带走的武器有 300 挺重机枪和 22 门 76 毫米火炮。除此之外，他们摧毁了剩下的 21 门 76 毫米火炮和 59 门 45 毫米反坦克炮。在未经敌人进攻的情况下自行破坏军事财产和设施的做法引起了最高统帅部大本营的不满。

1941 年 7 月 11 日，匈牙利部队在未遭到抵抗的情况下进入了该筑垒地域。

至 7 月 15 日，卡面涅茨—波多利斯基筑垒地域常备驻军独立机枪第 39 营和第 148 营与山地步兵第 96 师一起捍卫了科帕伊哥罗德—沃洛季耶夫齐防线。独立机枪第 31 和第 149 营保卫了什皮科夫地区。

1941 年 8 月 30 日，卡缅涅茨波多利斯基筑垒地域警备司令部被解散。

序列

筑垒地域警备司令部
独立机枪第 31 营
独立机枪第 39 营
独立机枪第 148 营
独立机枪第 149 营
独立通信第 526 连
独立工兵第 287 连
独立汽车运输第 240 连
第 108 野战汽车面包房

该筑垒地域划归某集团军序列的时间分别为 1939 年 9 月 7—28 日和 1941 年 6 月 22 日—8 月 30 日。

历任警备司令

第一任警备司令为伊利亚·伊万诺维奇·什维金旅级指挥员（Илья Иванович Швыгин），1938 年在任。

1938 年 7—9 月，安德烈·尼基托维奇·阿斯坦宁上校（Андрей Никитович Астанин）在任。

1941 年，萨弗隆诺夫上校（Сафронов С.С）在任。

所属

日期	所属方面军	所属集团军
1941 年 6 月 22 日	西南方面军	第 12 集团军
1941 年 7 月 1 日	南方面军	第 18 集团军
1941 年 7 月 10 日	南方面军	第 18 集团军
1941 年 8 月 1 日	南方面军	第 18 集团军

▲ 卡缅涅茨波多利斯基筑垒地域内的永备火力点遗址。

▲ 原筑垒地域区域内留存下来的永备火力点遗址。

▲ 由于此处未经受过战火的摧残，因此存留下来的钢筋混凝土永备火力点都保存完好。

▲ 卡缅涅茨波多利斯基要塞（始建于 12 世纪）。

莫吉廖夫—波多利斯基筑垒地域

（12-й Могилёв-Подольский укреплённый район，军事代号 12）

莫吉廖夫—波多利斯基筑垒地域常被称为第 12 号筑垒地域，很多时候（包括官方文件）又称之为莫吉廖夫—扬波尔筑垒地域。20 世纪 30 年代苏联在乌克兰境内修建的结构复杂的防御工事群。该筑垒地域沿德涅斯特河东岸构筑，其右翼靠近列季切夫筑垒地域。

历史背景

1931 年，苏联国防人民委员会决定在乌克兰军区防区内开工建设 5 处新的筑垒地域，其中包括科罗斯坚筑垒地域、列季切夫筑垒地域、莫吉廖夫—波多利斯基筑垒地域、雷布尼察筑垒地域和蒂拉斯波尔筑垒地域。第 12 号筑垒地域于 1938 年完工。

1938 年 7 月 26 日，红军总军事委员会基辅军区改编为基辅特别军区，并在该军区内组建了集团军群。莫吉廖夫—波多利斯基筑垒地域划归文尼察集团军群管辖。

该筑垒地域全长 120 千米，纵深达 5 千米。区域内几乎没有前地（主防御阵地前的设防地带），其原因是筑垒地域前沿的德涅斯特河陡峭的河岸成了天然的前地。该筑垒地域右翼的谢列布里亚村（село Серебрия）毗邻列季切夫筑垒地域（这 2 处筑垒地域之间有约 34 千米的防御空隙），其左翼防御阵地在格鲁什卡村（село Грушка）附近结束，该地域与雷布尼察筑垒地域互为犄角。

第 12 号筑垒地域的主要任务是强化苏联国境线并保护野战部队的部署区域。

1939 年 1 月 16 日乌克兰内务人民委员部副人民委员波格丹·扎哈罗维奇·科布洛夫（Богдан Захарович Кобулов）的报告书所示，在莫吉廖夫—波多利斯基筑垒地域防区内共拥有 297 座火力设施（279 座永备火力点和 18 座火炮半侧防暗堡）。而根据德军 1942 年的研究资料显示，该筑垒地域内包含 18 座火炮半侧防暗堡、13 座反坦克暗堡和 264 座机枪掩体。一些史料声称，该筑垒地域大部分设施不是混凝土结构，而是土木结构。整个筑垒地域分为 2 个扇形防御带：第 1 扇形防御带位于筑垒地域的右翼，涵盖穆罗瓦内耶地区、库里洛夫齐地区、新乌希察地区、亚雷舍夫地区和部分莫吉廖夫—波多利斯基地区的领地；第 2 扇形防御带位于该筑垒地域的左翼，涵盖亚姆波尔—波多利斯基地区和部分莫吉廖夫—波多利斯基地区的领地。

科布洛夫在报告书中指出，筑垒地域内的火力设施的所用材料在检查时已处于不良状态。在第 2 扇形防御带中的 3 处分别被命名为"岩石"、"游击队员"和"泥"的半侧防火力暗堡没有通风设施。而火炮半侧防暗堡"斯大林"、"叶若夫"、"季米

▲ 乌克兰内务人民委员部副人民委员波格丹·扎哈罗维奇·科布洛夫。

特洛夫"虽然有通风装置，但风扇功率只有 5000 平方米 / 小时。许多永备火力点存在射界受到地形影响的问题。此外，他还发现一些严重缺陷，诸如半侧防火炮的状态差、人员编制混乱、训练水平低下等。该筑垒地域的这些严重缺陷曾被一再报告给基辅特别军区司令员二级集团军级指挥员铁木辛哥同志，但他没有采取任何措施。

卫国战争爆发时，第 12 号筑垒地域归西南方面军第 12 集团军管辖，随后被划归南方面军第 18 集团军管辖。

1941 年 7 月，德军突破了列季切夫筑垒地域，并开始向南和东南方向进攻，进而对苏军构成被德军直接绕过南方面军右翼的威胁。7 月 19 日上午，苏军南方面军司令部下达第 20 号作战指令：搬走莫吉廖夫—波多利斯基筑垒地域内的所有武器装备，并将筑垒地域内的所有防御设施炸毁。

7 月 21—22 日深夜，第 18 集团军司令员命令步兵第 55 军军长以及莫吉廖夫—波多利斯基筑垒地域内的守军撤往瓦普尼亚尔卡镇（Вапнярка）—米亚斯特科夫卡村（село Мястковка）—格鲁什卡村防线，并在 7 月 22 日上午进驻该防线。搬运武器装备和炸毁筑垒地域内的防御设施的任务由步兵第 55 军来实施。

1941 年 8 月 31 日，该筑垒地域被正式解散。

常驻驻军的编制

筑垒地域警备司令部

独立机枪第 41 营

独立机枪第 50 营

独立通信第 135 营

独立工兵第 153 营

独立汽车运输第 230 营

第 85 野战汽车面包房

历任警备司令

雅科夫·利沃维奇·达维多夫斯基（Яков Львович Давыдовский），生于 1897 年 4 月，1938 年 10 月 2 日被逮捕并于当天执行枪决。1931—1933 年曾担任过莫吉廖夫—波多利斯基筑垒地域警备司令。

期间空缺

伊万·伊万诺维奇·拉乌德梅茨（Иван Иванович Раудмец），生于 1892 年 1 月 1 日，1937 年 6 月 11 日被内务人民委员部逮捕，同年 9 月 9 日被苏联最高法院军事法庭判处死刑并在当日执行。他曾在 1935 年 1 月—1937 年 6 月 11 日担任过莫吉廖夫—波多利斯基筑垒地域警备司令。

菲利普·阿列克谢耶维奇·帕鲁西诺夫（Филипп Алексеевич Парусинов），生于 1893 年 11 月 27 日，死于 1973 年 10 月 25 日。他在 1937 年 7 月—1938 年 7 月期间曾担任过莫吉廖夫—波多利斯基筑垒地域警备司令。

期间空缺

叶甫多基姆·安德烈耶维奇·莫吉廖夫奇克上校（Евдоким Андреевич Могилёвчик），生于 1890 年 7 月 13 日，1947 年 2 月 12 日在莫斯科死于脑溢血，最终军衔为少将。他在 1940 年 6 月—1941 年 3 月曾担任过莫吉廖夫—波多利斯基筑垒地域警备司令。

谢尔盖·亚历山大罗维奇·伊格纳季耶夫上校，1941 年 3 月至该筑垒地域被德军攻破时在任。

所属

日期	所属方面军	所属集团军
1941 年 7 月 1 日	西南方面军	第 12 集团军
1941 年 7 月 10 日	南方面军	第 18 集团军
1941 年 8 月 1 日	南方面军	第 18 集团军

▲ 雅科夫·利沃维奇·达维多夫斯基。

▲ 伊万·伊万诺维奇·拉乌德梅茨。

▲ 菲利普·阿列克谢耶维奇·帕鲁西诺夫。

▲ 叶甫多基姆·安德烈耶维奇·莫吉廖夫奇克上校。

▲ 1941年莫吉廖夫—波多利斯基筑垒地域内的机枪掩体，可见弹痕累累。

▲ 莫吉廖夫—波多利斯基筑垒地域内的第112号永备火力点的残骸。

◀ 莫吉廖夫—波多利斯基基地区的地貌，中间的河流即是德涅斯特河。

▼ 1941年7—8月，基辅筑垒地域中的一处永备火力点（B型）的内部设备和室内布局切面图。

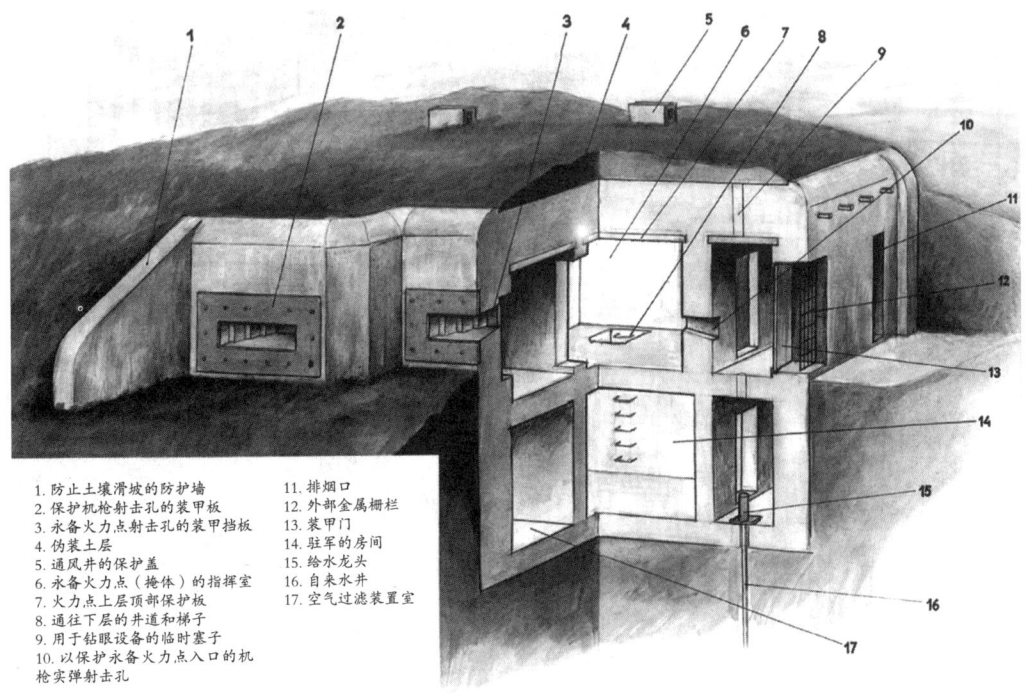

1. 防止土壤滑坡的防护墙
2. 保护机枪射击孔的装甲板
3. 永备火力点射击孔的装甲挡板
4. 伪装土层
5. 通风井的保护盖
6. 永备火力点（掩体）的指挥室
7. 火力点上层顶部保护板
8. 通往下层的井道和梯子
9. 用于钻眼设备的临时塞子
10. 以保护永备火力点入口的机枪实弹射击孔
11. 排烟口
12. 外部金属栅栏
13. 装甲门
14. 驻军的房间
15. 给水龙头
16. 自来水井
17. 空气过滤装置室

|附录五|
参加基辅会战的苏军主要装甲装备

▲ BA-10 型装甲车，1941 年 8 月初乌克兰乌曼地区，隶属于红军机械化第 15 军，也有可能属于坦克第 10 师。

▲ T-28 中型坦克，1941 年 7 月底隶属于西南方面军机械化第 8 军，其炮塔右侧的战术编号为 3323。

▲ 1939 年制 T-26 轻型坦克，或许这辆坦克隶属于
1941 年 8 月初乌曼地区的红军机械化第 16 军坦克第 39 师。

▲ T-37 轻型水路两用坦克。

▲ T-40 型轻型坦克。

▲ T-38 水陆两用轻型坦克。

▲ БТ-5 型轻型坦克。

▲ T-20 "共青团员"轻型牵引车。

▲ T-34-76 中型坦克。

▲ KV-1 重型坦克。

▲ KV-2 重型坦克。

▲ BT-7 轻型坦克。

|附录六|

克莱斯特上将指挥的德军第 1 装甲集群麾下
各装甲师和摩托化师的师标

▲ 第 1 装甲集群。

▲ 第 7 装甲师。

▲ 第 9 装甲师。

▲ 第 11 装甲师。

▲ 第 13 装甲师。

▲ 第 14 装甲师。

▲ 第 16 装甲师。

▲ 第 16 摩托化师。

▲ 第 25 摩托化师。

▲ 第 60 摩托化师。

▲ 党卫军"阿道夫·希特勒"警
卫旗队摩托化步兵师。

▲ 党卫军"维京"师。

文献资料

1 Материалы Центрального архива Министерства обороны РФ (ЦАМО).

2 Великая Отечественная война 1941-1945. Военно-исторические очерки. М.Библиотека/Мосгорархив, 1995.

3 История Великой Отечественной войны Советского Союза 1941-1945. М.,Воениздат, 1961.

4 Боевые действия советских войск в начальном периоде Великой Отечественной войны. М., ВАФ.1976.

5 Россия и СССР в войнах XX века (потери вооруженных сил). М. «Олма-Пресс», 2001.

6 Сборник военно-исторических материалов Великой Отечественной войны Вып.18.

7 Мещанский И.Б.Киев 1941. Киев, «Зирка», 2002.

8 Баграмян И.Х. Так мы шли к победе. М. Воениздат, 1988.

9 Галбдер Ф. Военный дневник т. 3, кн. 1.

10 Гудериан Г. Воспоминания солдата: Пер. с нем. М. 1954.

11 Жуков Г.К. Воспоминания и размышления. М. 1990.

12 Ленский А.Г. Сухопутные силы РККА (в предвоенные годы)/справочник.Санкт-Петербург, 2000.

13 Москаленко К.С. На юго-западном направлении. Кн.1. М. Воениздат, 1971.

14 Шмелев И.П. Бронетанковая техника Венгрии (1940-1945). М. М-Хобби,1995.

15 Мещанский И.Б. 1941. Битва за Киев. 7 июля - 26 сентября. — М.: Яуза, БТВ-Книга, Эксмо, 2008.

16 P. Thomas N. Germany's Eastern Front Allies 1941-1945. London, Osprey.1982.

17 Das Deutshe Reich und der Zweit Weltkrieg. 1983.

18 Haupt W. Kiew - die groesste kesselschacht der Geschichte. Bad Nauheim.1964.

19 Munzel O. Panzer- Taktik. Nekargemuend.1959.

20 Steets H. Gebirgsjaeger bei Uman.

21 Streit Ch. Keine Kameraden. Stuttgart.1978.

22　Guderian H. Erinnerungen eines Soldaten. Heidelberg, 1951.

23　Павлик В.С. Киевский укрепрайон: Документы, факты, свидетельства. — К.: Поисково-издательское агентство «Книга Памяти Украины», 2005. — 98 с— (Серия «60-р'ччю Великої Перемоги присвячується»).ISBN 5-88500-152-9.

24　Военный энциклопедический словарь (ВЭС), М. ВИ, 1984 г., 863 стр. с иллюстрациями (ил.), 30 листов (ил.). С. 329 - КиУР и 37-я армия.

25　Крещанов А., Гераймович С. Коростенский укрепрайон №5. — Коростень, 2008.

26　Краснознамённый Киевский. Очерки истории Краснознамённого Киевского военного округа (1919-1979) — Киев, 1979.

27　Военно-исторический журнал, № 12, 1987 г. Укреплённые районы на западных границах СССР. Полковник А. Г. ХОРЬКОВ, доктор исторических наук.

28　ЦГСА. Ф.37523; 172 д.; 1932—1941 гг. (Управление Новоград-Волынского укреплённого района. Сайт Архивы России.

29　Жуков Г. К. Воспоминания и размышления. В 3-х томах. Т. 2. — 10-е издание, дополненное по рукописи автора. — М.: Изд-во «Новости» (АПН), 1990. — 368 с., ил. (Б-чка АПН).

30　Краснознамённый Киевский. Очерки истории Краснознамённого Киевского военного округа (1919—1979). Издание второе, исправленное и дополненное. Киев, издательство политической литературы Украины. 1979. С.с.168-170-На линии укреплённых районов.

31　Белов И. И. Четырнадцатая гвардейская в боях за Родину / И. М. Белов. – Орёл: Орёлиздат, 1998.

32　Осипов А. Каменец-Подольский укрепленный район: история одной поездки // Цитадель, Вып. № 12, 2005.

33　Уманский Р. Г. На боевых рубежах. – М.: Воениздат, 1960.

网页资料

1　http://army.armor.kiev.ua/hist/linia-stalina.php/ Веремеев Ю. Анатомия армии. «Линия Сталина» и подготовка партизанской войны.

2　http://www.e-reading.org.ua/Анфилов. Начало Великой Отечественной войны. Большая онлайн библиотека. Глава шестая. Боевые действия Советских Вооруженных Сил на Юго-западном направлении (22 июня — 15 июля 1941 г.). 2. Боевые действия войск

Юго-Западного фронта на киевском направлении (3-5 июля 1941 г.).

3 Сайт "РККА". Раздел "Фортификация, укрепленные районы".

4 Сайт посвященный современным исследования Летичевского Укрепрайона.

5 Старые и новые укрепленные районы (УР). Из книги Валентина Рунова «1941. Победный парад Гитлера. Правда об Уманском побоище».

6 Сайт РККА. Фортификация, укреплённые районы. Перечень мероприятий по УР второй половины 1939 г. Выписка из перечня оргмероприятий, проводимых по УРам (1939 г.).

7 Звягель — арена ожесточённых боёв. Н. А. Короленко, с. Гульск.

8 gl2-4 5 армия.htm «Участие 5-й армии в танковом сражении: удары 9-го и 19-го механизированных корпусов по 1-й танковой группе противника 26—28 июня 1941 г.».

9 Сайт Механизированные корпуса. 19-й механизированный корпус.

10 Сайт Механизированные корпуса. 5-й механизированный корпус.

11 Оперативная директива командующего войсками Юго-Западного фронта № 0040 от 3 июля 1941 г. на отвод войск фронта на рубеж р. Случь, Славута, Ямполь, Гожымилов, Чортков, Городенка, Снятын.

12 Отчёт военного совета 5-й армии военному совету Юго-Западного фронта.